Falando de Shakespeare

Coleção Estudos
Dirigida por J. Guinsburg

Equipe de realização – Revisão: Ingrid Basílio; Sobrecapa: Adriana Garcia; Produção:
Ricardo W. Neves e Sergio Kon.

Barbara Heliodora

FALANDO DE SHAKESPEARE

 PERSPECTIVA

Dados Internacionais de Catalogação na Publicação (CIP)
(Câmara Brasileira do Livro, SP, Brasil)

Heliodora, Barbara
Falando de Shakespeare / Barbara Heliodora ;
[prefácio Gerd Bornheim]. – São Paulo : Perspectiva ;
2009. – (Estudos ; 155 / dirigida por J. Guinsburg)

1. reimpr. da 2ed. de 2007
ISBN 978-85-273-0130-5

1. Shakespeare, William, 1564-1616 – Crítica
e interpretação I. Bornheim, Gerd Alberto, 1929-
II. Título. III. Série.

97-4566   CDD-822.23

Índices para catálogo sistemático:
1. Shakespeare : Teatro : História e crítica :
Literatura inglesa 412

2ª edição – 1ª reimpressão
[PPD]

Direitos reservados à
EDITORA PERSPECTIVA LTDA.
Av. Brigadeiro Luís Antônio, 3025
01401-000 São Paulo SP Brasil
Telefax: (011) 3885-8388
www.editoraperspectiva.com.br

2019

Sumário

PREFÁCIO – *Gerd Bornheim* IX

INTRODUÇÃO XIX

Parte I
A TRAJETÓRIA 1

1. Os Antecedentes.. 3
2. O Aprendizado 17
3. O Amor no Bem e no Mal 35
4. O Jogo do Poder 55
5. A Harmonia do Estado... 73
6. O Herói e seu Antagonista.. 93
7. O Herói seu Próprio Inimigo... 115
8. O Fim... 133

Parte II
DAS PEÇAS... 153

Coriolano 155
Rei Lear (1).. 171
Rei Lear (2).. 187
Medida por Medida 207
Forma e Origens de *O Mercador de Veneza* 221

VIII FALANDO DE SHAKESPEARE

Parte III
DO AUTOR 237

A Condução da Reação do Público em Shakespeare 239
A Língua que Shakespeare Usou 249
A Influência de *Gorboduc* em *Rei Lear* 263
Otelo, uma Tragédia Construída sobre uma Estrutura Cômica 275
Tróilo e Créssida: O Amor Romântico Revisitado 287

OBRAS DE SHAKESPEARE CITADAS 295

AUTORES E OBRAS CITADAS 297

Prefácio

Precipita-se em erro insustentável quem pretende que a atividade teatral constitua uma dimensão por assim dizer natural do comportamento humano; tal ponto de vista, frequentemente afirmado, deriva, justamente em seu exagero, de uma das criações mais soberbas do espírito humano – o teatro e as paixões que ele sabe suscitar. Acontece, entretanto, que aquela tese não resiste ao menor esforço de inspeção nos acontecimentos históricos. O máximo que se pode adiantar é que o homem – e isso vale, em suas formas mais primevas também para outros tipos de animal – vem dotado de certa capacidade mimética, da aptidão de transmutar-se em outro; ou ainda, de desenvolver a cultura de algum nível de expressão mímica para determinados sentimentos, ideias ou situações; são ideias e gesticulações que chegam a alcançar até mesmo o nível de requintes sofisticados, tais como observáveis em comemorações bélicas ou em ofícios religiosos, e fazem florescer a dança e a liturgia. Dessa ritualística, no entanto, deve-se asseverar que ela pertence, no máximo, à proto-história da arte teatral; não fosse assim, o próprio conceito de teatro sofreria um alargamento que acabaria por encobrir as suas especificidades. Claro que o teatro pode tudo assimilar, de tudo fazer tema, pode retomar as raízes mais remotas, deixar-se inspirar até mesmo pelo que já desfalece na memória do tempo; pode até tentar a recuperação arquetípica de algum velho sentido obliterado, ainda que, como todo sentido, revele-se essencialmente histórico e destinado a perder-se nas armadilhas do esquecimento definitivo.

FALANDO DE SHAKESPEARE

O fato que deve ser reconhecido está em que o teatro constitui-se, através dos tempos, em uma atividade extremamente rara; digamos que essa síntese que constrói um espetáculo, agregado de elementos necessariamente plurais, dificilmente consegue acertar-se na composição de sua complexidade. Nem penso aqui nas pequenas e nas grandes culturas que souberam expressar-se nas mais diversas formas: nelas, ali ou mais além, encontram-se sem dúvida pérolas de rara pureza, e talvez só o Ocidente tenha sabido de fato reconhecê-las. Mas; prendo-me aqui tão somente ao nosso mundo ocidental. E lembro esse incrível privilégio, o de dispormos nada menos que de duas experiências teatrais inéditas, de duas vertentes de formas de teatro originais e únicas, a ponto de elas serem até mesmo irreconciliáveis – a grega e a medieval. Explicar-se-á isso aventando, e não sem razão, que o nosso mundo ocidental abebera-se na exuberância de uma dupla raiz: a cultura greco-romana de um lado e a hebraico-cristã de outro. As diferenças deixam-se inaugurar, portanto, já ao nível das raízes. Entendido isso, passa-se a entender também até mesmo os pormenores. Por exemplo, dentre suas obras principais, o único texto de Aristóteles que permaneceu praticamente ignorado na Idade Média foi a *Poética*; pois, de fato, como poderia o imaginário medieval ter acesso a esse texto, reflexo de uma fabulação totalmente outra? E veja-se: essas surpreendentes formas de maravilhamento teatral nunca deixaram de ser uma exceção: um século e pouco mais na Grécia ática, e o esplendor da alta cena nos momentos maiores da Idade Média. Penso aqui, claro está, nas manifestações mais solenes e por assim dizer definitivas daqueles dois tempos antigos. Mas as coisas se complicam: se pensarmos nos padrões vigentes no teatro moderno tal como ele começou a ser elaborado no curso do século XVI, seria de considerar aquelas solenidas já exauridas como expressões propriamente teatrais? Sim e não. Se observarmos o que se vê hoje em cena, certamente seríamos induzidos a endossar uma resposta redondamente negativa. Realmente, o que os gregos e os cristãos viam eram muito mais formas de celebração, de comemoração dos mitos, da palavra originária, do resgate sempre atual e sempre necessário dessa palavra mítica e que constituía a única razão de ser de tais teatros: tudo se anunciava na presentificação das coisas divinas e de suas vizinhanças.

Mas estou preferindo aqui insistir nas diferenças ao invés de tudo deitar num mesmo leito. E, em relação ao teatro moderno, no que respeita as diferenças, o nome próprio que melhor as sintetiza é exatamente este: Shakespeare. Em verdade, trata-se do teatro elizabetano, mas as vantagens, a preeminência de Shakespeare no contexto deste cenário não poderiam ser preteridas. Não entro em outro tema, os espanhóis, já por terem eles permanecido em tudo muito mais ambíguos. O que impressiona na figura de Shakespeare está precisamente em uma certa radicalidade em saber dizer as coisas novas, em expressar a aurora dos tempos modernos. Talvez, haja, entre seus pares, outro mais afoitos, mais agressivos e polêmicos; entretanto, o que impressiona em Shakespeare vem da amplidão de suas diretivas, e ele acaba dizendo muito mais do que permite o vislumbre de uma primeira frequentação de suas criações. O que acontece nestes inícios históricos é de fato extraordinário, e as reformas que se vão armando passam a estabelecer as bases de uma revolução no próprio sentido do teatro. E há aí, como se sabe, uma bem espinhosa questão: até que ponto Shakespeare tinha realmente consciência das metamorfoses geradas na intimidade de seu próprio empenho? Prefiro ignorar aqui as longas e por vezes especiosas discussões sobre o assunto, mas permito-me fazer duas breves observações. A primeira é curta e incisiva, e avança sem rodeios que Shakespeare tudo sabe – ele sabe o homem, e o sabia por uma razão simplíssima: é que o bardo tudo fez; um gênio de tais dimensões não poderia ser opaco a si mesmo, os cometimentos – não só de Shakespeare, mas também os de seus companheiros – construíam-se necessariamente com certo grau de transparência. E a segunda observação deriva por inteiro desse conceito de transparência. De fato, o homem moderno muito cedo entregou-se à edificação de seu próprio perfil, à elaboração de um projeto para um mundo novo, e tudo se passa, nesses tempos, como se o cálculo de qualquer evento fosse premeditado. Depara-se-nos aqui uma experiência única na história do homem. Nem os gregos conseguiram ir tão longe. Sem dúvida os gregos inventaram a transparência; lembro, apenas a título de exemplo, o desejo do velho Aristóteles de ver tudo –, mas tudo mesmo – atravessado pelo pensamento, de elaborar uma enciclopédia em que a realidade inteira permanecesse registrada na forma do conceito. E no entanto, o homem dos modernos tempos vai neste ponto muito além dos gregos, chegando até a inventar uma verdadeira fauna de panópticos, através dos quais esse novo homem pretendia tomar uma atitude crítica relativamente aos seus próprios sucessos. Pense-se, sempre como mero exemplo, em dois contemporâneos de Shakespeare, Morus e Montaigne: a utopia e o bom selvagem não encontram lugar real na sociedade que os projetou, são como que referenciais objetivos através dos quais o homem poderia ver a si próprio pela mediação de instâncias outras; eu invento o outro, para por ele ser julgado e era melhor ver a mim mesmo. Pois Shakespeare foi, também ele, um especialista do outro, um inventor das alteridades. Afinal, estamos na época das grandes navegações. Shakespeare sabia o seu tempo; sabia que também ele pintava a passagem, para usar a expressão de Montaigne.

Pois vamos, então, à passagem. Ou às passagens, que tudo se faz pródigo. Antes de tudo convém deixar claro que o teatro de nosso autor deita as suas raízes ao longo do teatro medieval. Claro que não se trata de admitir uma influência advinda de uma realidade por assim

XII FALANDO DE SHAKESPEARE

dizer estática, dada uma vez por todas à maneira de uma criação definitiva; trata-se, sim, de um rico teatro, de uma experiência em constante transformação, até alcançar, já com um ar um tanto cansado, o século XVI. Ao que tudo indica as coisas se passam de modo alheio a qualquer tipo de teoria mais consistente: o que conta está no evolver da prática teatral, nos modos como se forja a sua linguagem efetiva. E isso atinge a totalidade da arte cênica, em todas suas dimensões, desde os seus rudimentos cenográficos até uma certa estabilidade da linguagem e o modo um tanto avulso de compor a sequência das cenas. Digamos, portanto, que tudo se cristaliza na prática da teatralidade, prática obediente, como não poderia deixar de ser, a determinadas convenções veiculadoras da comunicação.

Aconteceu no entanto que, neste panorama geral da celebração dos mistérios, Shakespeare e seus colegas – mas observe-se que a figura do rebelde ainda não é de moda – atrevem-se a perpetrar uma ruptura que levou nada menos do que à reinvenção do teatro – situação esta que viria a complicar-se sobretudo com a contribuição que logo a seguir seria desenvolvida pelos franceses. O que se inaugura, pois, está no teatro tal como nós ainda hoje o concebemos, um teatro que ostenta, mesmo em seus altos e baixos uma vitalidade sem igual, que vem atravessando os séculos, e para nós, que já estamos mordendo os inícios de um novo milênio, não há indícios sérios de que a atividade teatral tenda a esmorecer – até a crise já se fez constitutiva do teatro.

Parece-me que essa ruptura, tão fortemente presente em Shakespeare, concentra-se toda em um ponto bem preciso: o abandono da fé, da fé entendida como o elemento de base que representava a própria razão de ser do teatro pretérito. Compreenda-se bem: nem interessa tanto saber se o homem Shakespeare era ateu ou não – o ateísmo é uma posição que só delineará claramente o seu perfil mais tarde, no século XVIII. Talvez Shakespeare seja um dos seus precursores, mas não é disso que se fala aqui. Fala-se do teatro, e na cena shakespeariana não se percebe tão somente a ausência de personagens movidos pela fé no sentido da singeleza do teatro medieval, já não se verificam atos que tendam ao místico ou ao orientamento a partir do mundo sobrenatural; é preciso catar, e bem, para topar com algum resquício, algum detalhe, algum reflexo de uma ordem divina que se dessacralizava na época com uma rapidez espantosa. É que nosso autor já é expressão do espírito novo da época moderna. Nem mesmo a esplêndida galeria dos reis consegue alhear-se a esse estranho processo. Barbara Heliodora observa em um ensaio notável e absolutamente indispensável que, dentre todos os reis shakespearianos, o único que continua afeito à ordem divina da realeza é Ricardo II, e a autora acrescenta que é justamente

PREFÁCIO   XIII

por essa razão que ele tudo perde[1]. Mas o mais significativo, repito, não está apenas nesse incrível dessoramento de atos, fatos e aconteceres de índole religiosa, mas na evaporação do próprio sentido essencialmente religioso que nutria a cena medieval.

O desaparecimento dessa fé objetivamente substancial não representa apenas um elemento entre outros, porquanto configura um complexo núcleo que desloca o sentido do teatro. Insisto: desaparecem a fé e os seus pertences. Por exemplo: os milagres; ou os três níveis teologais do mundo sobrenatural; ou a multidão das hierarquias angélicas substituídas agora pelo esquálido, escasso e policialesco espectro do pai de Hamlet. E por aí afora. Todos os aparelhos religiosos se desmancham ou se dessacralizam. Na melhor das hipóteses, os temas religiosos, ou político-religiosos, passam a ser, mesmo que raros, um mero tema entre outros; tudo passa a ser feito, pois, de modo nuclearmente profano. Talvez seja de lamentar que, nessa passagem, também a máquina tenha desaparecido – não há vestígios delas entre os elizabetanos. E no entanto, nos grandes momentos do passado, as máquinas ofereciam desempenhos simplesmente inacreditáveis. Dentre as máquinas gregas, basta lembrar o famoso guindaste que, vindo do alto, encarregava-se de depositar em cena deusas como Atena e a Justiça (*Dike*). O assunto se presta ainda hoje a controvérsias, e são autores do nível de A. W. Pickard-Cambridge e Siegfried Melchinger que o discutem até em detalhes que beiram o perfeccionismo. Por exemplo: como a deusa se desembaraçava dos cintos de couro que a prendiam ao tal guindaste? Também na Idade Média existiam carros voadores que transportavam anjos, para não falar dos popularíssimos "mestres dos fogos", que reproduziam com suas complicadas engenhocas os mais fantásticos milagres – São Pedro caminhando sobre as águas – e reconstruíam a própria estrutura do mundo sobrenatural: o céu, o purgatório e o inferno, com todos os condimentos que lhes eram característicos. Em verdade, as máquinas se fizeram presentes na cena até o final do teatro barroco, então já tudo enfraquecido por uma pedagogia um tanto postiça. Estes extraordinários engenhos que tanto preocupavam artistas, a começar por Da Vinci (que também queria "fazer milagres"), mudam completamente de sentido apenas com a Revolução Industrial; com ela, a máquina passa a ser interpretada a partir de paradigmas biológicos, e exercita as suas funções nos limites internos da dicotomia sujeito-objeto. Mas aqui também Shakespeare soube ser um precursor: a máquina some da cena precisamente com os elizabetanos. É fácil, sem dúvida, entender esse desaparecimento das máquinas: é que elas tinham por escopo a presentificação dos deuses e das deusas, tornar visível o so-

---

1. Barbara Heliodora, *A Expressão Dramática do Homem Político em Shakespeare*, Rio de Janeiro, Paz e Terra, 1978.

XIV FALANDO DE SHAKESPEARE

brenatural e os seus efeitos; e compreende-se que, no momento em que tais dimensões se fizeram ausentes, a própria máquina perdesse a sua razão de ser teatral. Ainda em nosso século, os esforços de Piscator para "remaquinizar" a cena nem de longe lembram o esplendor das grandes e complexas máquinas do passado. A questão da máquina mostra todo o seu interesse por tornar patente a intensidade da ruptura e o ocaso da presença do mundo sobrenatural: um teatro profano já não pode estar a serviço dos deuses e das pestes por eles enviadas.

O cerne que permite entender a inovação shakespeariana deixa-se ver no teatro entendido como instituição pedagógica. Avanço no tema, mas pouco que já abuso no espaço destas páginas. Como era vista tal pedagogia na tragédia grega e nos mistérios medievais? Através daquilo que deve ser entendido pela presença do conceito de universal concreto. Ou seja: era um teatro que se ocupava dos deuses e das deusas, de reis e de heróis, do Cristo e da Virgem, dos santos e novamente de reis e de heróis. Isso tudo compunha o catálogo dos ditos universais concretos; tratava-se de modelos, de protótipos a instigar a educação do homem através da exibição de figuras consideradas sagradas. Tais conceitos estão na base do que se chama de imitação na arte, e a essência da imitação daqueles conceitos constituía o campo da pedagogia. Pois o que Shakespeare faz é nada menos do que a invalidação desse conceito de pedagogia que apelava ao universal concreto.

Mas como realizar tal feito? Evidentemente, não caberia esperar de Shakespeare a proposta explícita de qualquer forma de teoria a respeito do assunto – isso só se fará possível com o passar do tempo. E qualquer bom apreciador de sua obra dá-se conta com facilidade da natureza do cometimento perpetrado. O que Shakespeare faz é mudar o conteúdo próprio de tal universal concreto. Ou seja: ele o despe de seu caráter religioso, tanto enquanto temática particular como também enquanto embasamento último do sentido do teatro, e dá-lhe um novo conteúdo. Parece-me que o universal concreto se esgota agora em duas categorias, o tempo e o espaço, ou melhor, na história e na geografia. Pois o nosso bardo viaja, ele é o primeiro grande viajor da história do teatro. Ou melhor, ele faz o seu teatro viajar. Basta alguma escassa lembrança para entender o que afirmo: ele vai à Dinamarca, e lá desenterra Hamlet, o quase-herói; é com essa personagem que tem início a lenta e inexorável crise da figura do herói no teatro moderno. No século XIV, vai à Verona, e comete o despudor de exibir dois amantes, Romeu e Julieta; é a primeira vez que se mostra com tanto frescor a paixão desenfreada de dois adolescentes. Outra breve subida na Itália, e Shakespeare, também pela primeira vez, põe um preto em cena, Otelo. As surpresas não param, e o poeta vai muito mais longe, viaja até a Grécia, e com Timão de Atenas põe em cena o dinheiro. De passagem, prende-se aos romanos, Coriolano, para não falar de todo o paço imperial de Júlio César. Nosso

PREFÁCIO XV

autor sequer se limita ao plano da realidade: uma peça como *A Tempestade* explora o plano do imaginário, e o faz de maneira surpreendente e totalmente moderna. E como ao menos não mencionar o destaque que alcança a comédia, desde os gregos (e até Hegel) praticamente alijada do campo da arte?

O contraste com o que se fazia anteriormente salta aos olhos. É que a tragédia grega e os mistérios medievais não exploram, em definitivo, o tempo e o espaço. Precisando melhor: qualquer incursão pelo espaço e pelo tempo só encontra a sua razão de ser no instante de presentificação da verdade absoluta. Os mitos são sempre, sejam gregos ou medievais, nuclearmente supra-históricos; são formas do teatro que acabam sempre e essencialmente na verticalidade do diálogo com o divino: o diálogo fundamental de *Édipo Rei* passa todo ele pela *Dike*, pela Justiça divina, e a deusa sequer precisa entrar em cena. Já em Shakespeare tudo se verifica no plano de uma horizontalidade plena. É nesse sentido que o espaço e o tempo constituem como que os limites ontológicos extremos da nova cena. Com outras palavras: a geografia e a história acabam sendo as fontes nutrientes da ação dramática – incluindo-se aí qualquer possível referência a algum elemento divino: a história, bem localizada, é histórica, e não mais história mítica. Tal é, de resto, o sentido da evolução global dos novos tempos, todo comprometido com a desestruturação das idealidades platonizantes; o homem passa a considerar-se um ser simplesmente mundano, esforçando-se por estabelecer-se de vez nesta Terra. O espantoso é que tais coordenadas anunciam-se, pela primeira vez, tanto quanto vejo, e com a inteireza que procurei ressaltar, no teatro de Shakespeare, ainda que não se possa esquecer, num ou noutro ponto, o contributo de outros autores, e penso aqui de modo especial na singularidade da presença de Montaigne.

Essa autêntica revolução moderna desbravadora de caminhos, instituidora de um mundo outro, prolonga-se sem aquietação para além de nossos dias – e é esse movimento criativo que leva a entender a atualidade de Shakespeare. Contudo, não se peça demais ao nosso poeta. Não se entra impunemente numa crise, e não se a supera como quem dobra uma esquina. O teatro é essencialmente mortal, ele se quer efêmero, todo apagar de luzes é de certo modo definitivo. O fato de que por períodos grandiosos o teatro tenha feito da eternidade o seu tema central não significa de forma alguma que o próprio teatro pretendesse ser eterno; essa ideia é, antes, moderna, invenção talvez de um ateísmo ainda envergonhado de si mesmo, a postular substitutos do Absoluto pelo recurso a supostos valores e sentimentos imutáveis. O que melhor define Shakespeare está exatamente no fato de que ele tem nas mãos o seu tempo enquanto atualidade claramente assumida – quem fez isso antes dele? Se nós ainda o ouvimos é porque a nossa atualidade continua sendo a mesma, em que pesem todas as metamorfoses. É por essa

XVI FALANDO DE SHAKESPEARE

razão que já nos custa aceder aos trágicos gregos, e não apenas porque já não se trata de nossos deuses, já não se quer aquela moral; hoje, na melhor das tentativas de revivê-los não se logra ir muito além de um exercício escolar bem realizado, um pouco à maneira do que faziam com Plauto os jesuítas barrocos em seus colégios. Pois o sentido vivido da tragédia já não nos é acessível, e tudo termina resumido na consciência de certa nostalgia justamente em razão daquilo que não se pode mais ver. Shakespeare não alimenta nenhum tipo de nostalgia – para o espectador de hoje suas peças continuam *sendo*.

Claro que as distâncias existem. Claro que elas só podem tender a aumentar. Assim, por exemplo, com as viagens de Shakespeare acima elogiadas. Em verdade, Shakespeare nunca viajou. Quero dizer: ele nunca abandonou a atualidade do atual. A frequentação de lendas e histórias antigas eram sempre outras e outras maneiras de discutir o seu próprio tempo. E nem poderia ter sido de outra forma. Shakespeare nunca foi historiador, nunca fez pesquisas históricas, nunca consultou arquivos, simplesmente porque isso tudo não existia. Ele se situa, incontestavelmente, nos primórdios de uma certa inquietação que iria gerar, bem mais tarde, a formação da consciência histórica. Mas tal consciência só adquiriria o seu estatuto específico no correr do século passado, e faz apenas um pouco mais de um século que se fundamentou a história como ciência. E quis aquela malvada distância que as coisas viessem a complicar-se precisamente em nossos dias. Chega a ser irônico, pois o que menos se tenta hoje é montar Shakespeare no estilo elizabetano. Qualquer tentame nesse sentido certamente nem poderia passar de mera curiosidade histórica a ser sepultada em algum arquivo. Sem dúvida uma certa margem daquela atualidade de Shakespeare se perdeu, e é a partir dessa perda que a situação se modifica, ou seja: as leituras possíveis de seus textos se ampliam. O elemento novo está precisamente neste ponto: há leituras, desamarradas agora de seu espetáculo conciso. Passa, pois, a haver leituras. Assim é que a lendária e estrepitosa leitura efetuada na virada do século pelo Duque de Saxe Meiningen de *Júlio César* construiu-se justamente na perspectiva do tal arquivo histórico, com arquitetos e arqueólogos a postos na própria Roma. Donde o problema: o que é um texto como *Júlio César*? Uma peça romana do século I, uma proposta singelamente elizabetana, ou um texto contemporâneo? O teatro, e com ele o cinema, vem preferindo a primeira hipótese. Aparentemente, tal abordagem pode até parecer um "progresso", um modo de "atualizar" Shakespeare precisamente por empurrá-lo para os idos romanos. Mas, todas as contas feitas, por mais que se deplore, tais procedimentos trazem consigo um pouco da maquilagem da máscara da morte. São os desvarios da consciência histórica, coisas que compõem a especificidade da experiência teatral de nosso tempo. Mas o santo é forte, e a tudo vem sabendo resistir.

PREFÁCIO

As ideias expostas são apenas formas de andar por generalidades que talvez pequem por perderem o contato com o solo concreto desse mar imenso que foi e continua sendo o nosso bardo. Mas são ideias que fazem parte, como simples itinerário, do meu esforço de entender Shakespeare, de torná-lo inteligível na variegada aventura de seus sucessos no caso, e como sempre, a inteligência de cada um é absolutamente obrigatória. Esse limite das afirmações genéricas leva com rigor ao óbvio: o que interessa, já por constituir o verdadeiro ponto de partida de tudo, está no *survey*, na pesquisa de campo, na minudência da análise que acompanha cada situação, cada frase, cada palavra. Que a pena passe, pois, à autora deste extenso e fascinante texto que agora é dado às mãos do leitor. Foi com prazer, com alegria mesmo que acedi ao convite de Barbara Heliodora para escrever esta breve meditação, já por ela, e principalmente por Shakespeare. A excelência dos ensaios que compõem este livro, alguns concebidos em língua inglesa e agora postos em português pela própria autora, mereceriam muito mais. Barbara ocupa, sem nenhum favor, um lugar privilegiado entre os maiores especialista em Shakespeare do mundo. É ler para ver.

Gerd Bornheim

Introdução

William Shakespeare tem sido um grande e bom amigo ao longo dos anos. Comecei a lê-lo bastante cedo, tateando aquela língua que ainda não dominava, compreendendo muito pouco (ou talvez nada) naqueles primeiros tempos, mas assim mesmo ficando desde logo embalada pelo ritmo de seus versos/diálogos. Com a passagem dos anos fui descobrindo aos poucos seus muitos tesouros, e quanto mais conseguia compreender (ao menos a língua), mais fascinada ficava pela beleza e imaginação de suas obras dramáticas, como também de seus sonetos, devendo admitir que os poemas longos foram digeridos bem mais lentamente (e nunca conseguiram ser favoritos).

No universo criado por Shakespeare, o peso da presença do ator e do palco, em sua dramaturgia, guiou-me muitas vezes por trechos mais complexos, como também sempre ajudou-me permitir que a poesia me levasse por caminhos ainda não apreendidos intelectualmente. Para falar a verdade, creio ser uma ilusão, a qualquer momento, alguém afirmar que agora já compreendeu Shakespeare, pois não me parece possível deixar de descobrir mais alguma coisa a cada vez que se torna a ler alguma de suas peças, mesmo aquelas que, por alguma razão, alguém tenha rotulado de "simples"; pelo menos quando essa leitura é acompanhada pela disponibilidade imaginativa que derruba barreiras e preconceitos, e permite ao leitor entrar em sintonia com o poeta.

Se o teatro tem como característica precípua o esclarecimento de comportamentos humanos, é por certo impossível negar a Shakespeare

XX FALANDO DE SHAKESPEARE

a supremacia entre os autores dramáticos de todos os tempos, pela amplitude de sua obra, como pela variedade e mescla de gêneros que lhe permitiu moldar sua dramaturgia segundo o tema a ser tratado, e comprovar a afirmação de Jacques em *Como Quiserem*, "O mundo é um grande palco, / E os homens e as mulheres são atores". Sua curiosidade a respeito do ser humano, como seu amor por ele, foram infindos; e por isso mesmo o autor-poeta buscou um número inacreditável de personagens, caminhos e descaminhos, todos eles provocadores da primeira e dignos do segundo. O universo de suas obras é imenso e o conhecimento de suas peças sempre altamente compensador; e ao reunir estes trabalhos em um volume, minha intenção foi tão somente a de apresentar esse precioso amigo e companheiro aos que ainda não o conhecem, ou estão apenas começando a conhecer.

Sempre tive horror aos que procuram apresentar Shakespeare como "difícil" ou "inacessível"; muito pelo contrário, Shakespeare foi um autor popular (Ben Jonson considerava-o até mesmo um autor de concessões), que escreveu para um público eclético, sem dúvida uma das razões de sua perene popularidade ao longo dos séculos e pelo mundo afora. Jamais hermético, Shakespeare escrevia para seu palco e para seu público – público esse que abrangia todo o espectro do mundo elizabetano. A leitura de seus textos deixa claro o quanto ele buscava seu público, trabalhando com uma dramaturgia que a todo momento tem a consciência da presença da plateia, e com frequência se dirige a ela.

Reunindo conferências proferidas em um espaço de cerca de quinze anos, optei pela organização que me pareceu mais lógica, principalmente para possíveis leitores que se iniciam no mundo shakespeariano: primeiro vem a série de oito conferências realizadas com o título conjunto de "A Trajetória", que tiveram como objetivo uma apresentação ou introdução ao universo shakespeariano, de forma bastante panorâmica, sempre com muita consciência da necessidade de citar trechos, para que todo o eventual público pudesse ter um primeiro contato direto com o que o poeta escreveu, mesmo que por intermédio de traduções.

Seguem-se palestras feitas a respeito de peças específicas: uma sobre *Coriolano*, que realizei em São Paulo, na época em que Paulo Autran estava sendo dirigido no papel-título por Celso Nunes, e como parte de uma série organizada em função desse evento; duas outras foram realizadas na Cultura Inglesa de Copacabana, sobre *Rei Lear*, à época da montagem do texto com Sérgio Britto no papel-título, também dirigida por Celso Nunes e a que trata de *Medida por Medida* foi encomendada pelas organizadoras do Fórum Shakespeariano do Rio de Janeiro, por estar sendo o texto usado para o treinamento dos alunos inscritos; e finalmente sobre *O Mercador de Veneza* foi parte de um curso sobre Shakespeare recentemente realizado em Curitiba, por professoras da

Universidade Federal do Paraná. Estas foram selecionadas, entre inúmeras outras, por me parecerem mais abrangentes e informativas, e por isso mesmo aceitáveis para leitores não muito íntimos dos textos shakespearianos.

Três outras palestras são menos presas a conteúdo ou a questões mais especificamente dramáticas ou teatrais: a que fala dos recursos dramatúrgicos usados por Shakespeare para balizar o caminho para o espectador foi realizada em um seminário de ensino das artes em Belo Horizonte e a que trata da linguagem de Shakespeare foi realizada durante um projeto sobre história da língua inglesa, realizado pelo Instituto Britannia. Três trabalhos aqui incluídos não foram palestras mas, sim, artigos publicados fora do Brasil, e que não tiveram divulgação entre nós: "A Influência de *Gorboduc* em *Rei Lear*" e "*Otelo*, uma Tragédia Construída sobre uma Estrutura Cômica" foram publicadas em *Shakespeare Survey*, e "*Tróilo e Créssida*, o Amor Romântico Revisitado" em *Shakespeare Quarterly*.

Minha única ambição é a de poder promover, com estes trabalhos, uma intimidade um pouco maior com William Shakespeare e, espero, estimular o desejo de se o conhecer melhor.

Devo acrescentar que, com a exceção das citações dos sonetos 23, 29 e 116, de *Ricardo III* e *Hamlet*, que são de Anna Amélia de Queiroz Carneiro de Mendonça, as traduções são todas minhas, e não posso concluir estas palavras sem agradecer a Jacqueline Laurence, Bárbara Bruno, Patrícia Bueno, Sérgio Viotti e Emílio Di Biasi tudo o que fizeram para enriquecer a primeira série de palestras, lendo os trechos citados.

Parte I
A Trajetória

1. Os Antecedentes

A trajetória de Shakespeare só se torna inadmissível ou incompreensível para os que não acreditam no imponderável do gênio nem, por outro lado, na identificação de todos os gênios com a época que os produz. Se o indivíduo fosse única e exclusivamente produto do meio, naturalmente a época elizabetana, por exemplo, teria fornecido à humanidade não um, mas dúzias de William Shakespeare, o que infelizmente não é verdade. Mas que o teatro estava no ar, e que os temas de que Shakespeare tratou eram assuntos do momento, também não há dúvida; e a época produziu Marlowe, Kyd, Webster, Middleton, Fletcher, Tourneur, Jonson e mais algumas dezenas de nomes menores. Mas a fagulha do gênio, gênio de primeiríssima água, só apareceu no terceiro rebento do casal John e Mary Shakespeare, o primeiro varão e o primeiro a vingar, batizado na Igreja da Santíssima Trindade, em Stratford-upon-Avon, no dia 26 de abril de 1564.

É preciso lembrar que, quando Shakespeare começou a escrever, no limiar da década de 1590, mesmo deixando de lado os mais antigos e tradicionais folguedos dramáticos da Grã-Bretanha pagã, já havia mais ou menos quatrocentos anos que a Inglaterra vinha tendo atividades teatrais regulares, a partir da introdução mais ampla, na ilha, do drama litúrgico que tivera início nos modestos tropos sobre a Ressurreição, nos idos do século X, no mosteiro de S. Galeno, na Suíça. A invasão normanda, em 1066, introduzira o francês como língua oficial e dera motivo ao aparecimento do inglês medieval, que seria o instru-

4 FALANDO DE SHAKESPEARE

mento da verdadeira popularização dessa dramaturgia, anteriormente apresentada dentro das igrejas e em latim.

Foi nessa nova língua, popular e experimental, que a Igreja eventualmente procurou contato com seu imenso rebanho analfabeto ou quase, e não tenho dúvidas de que foi por falar essa língua que ela perdeu, para esse mesmo rebanho, seu instrumento de ensino e edificação. Isso aconteceu quando o povo descobriu poder ser a forma dramática um maravilhoso entretenimento, que podia falar não só de Deus mas de homens, mulheres e crianças, não só da salvação da alma, mas das agruras e alegrias da vida. Só Geoffrey Chaucer, na verdade, conseguiu fazer desse inglês medieval um belo instrumento poético e, como Shakespeare, mesmo que em menores proporções, legar ao mundo um riquíssimo quadro do variado mundo em que viveu. Mas pelos idos do século XIV o teatro ainda não havia chegado a ser assunto para poeta, mesmo um poeta de corte tão pé-na-terra quanto Chaucer. Até o século XIV, as lentas mas contínuas descobertas a respeito de dramaturgia, do jogo cênico e da criação do personagem foram feitas por poetas anônimos que, como parte dos festejos de *Corpus Christi*, compunham em versalhada ingênua os episódios bíblicos nos quais a ingerência do cômico ou do prosaico jamais significou irreverência ou falta de devoção; o teatro no qual Shakespeare fez seu caminho é herdeiro direto do palco móvel, da plataforma sobre rodas, desses atores piedosos e amadores, graças aos esforços daqueles que, ao longo de décadas, gostaram tanto de representar que abandonaram seus ofícios de origem e acabaram passando de amadores apaixonados a profissionais.

Esse processo do abandono do amadorismo religioso pelo profissionalismo secular deu-se mais ou menos simultaneamente na Inglaterra, na França, na Espanha e na Itália; e se me detenho nele ao menos momentaneamente é porque o fenômeno é essencial para o aparecimento eventual de um Shakespeare. Vejamos: os Mistérios, Milagres, Paixões, Moralidades ou o que sejam eram, essencialmente, produtos religiosos concebidos para a salvação da alma dos espectadores ou, pelo menos, engajados em sua edificação espiritual; apresentados em ocasiões especiais, festas da Igreja, dias santos, tinham por isso mesmo uma espécie de público cativo, mas não por motivos teatrais. No momento em que os atores se profissionalizam, o panorama se altera radicalmente: privado da quase obrigação religiosa, o teatro tem de passar a ser a sua própria e única motivação para atrair o público, o que acarreta certas exigências e consequências.

Em primeiro lugar, é claro, o ator tem de se exercitar cada vez mais em seu ofício, a fim de poder satisfazer um público que irá pagar para vê-lo, sem outra razão para comparecer ao espetáculo senão a de o ver. Além disso, o ator profissional tem de se apresentar com muito maior frequência do que o amador, se quiser efetivamente viver de seu ofício. E, em terceiro lugar, o que mais nos importa no momento: para um

OS ANTECEDENTES

número maior de espetáculos, serão necessários mais textos. Quando o ator era autor, passou a ter de escrever mais; em não sendo, precisou encomendar textos a outros, o que acarreta eventuais aprimoramentos e transformações, porque o público, com o progressivo desenvolvimento do espetáculo, também fará novas exigências, segundo seu próprio desenvolvimento político e cultural.

Em 1985 a Inglaterra comemorou os quinhentos anos desde a batalha de Bosworth Field, em que foi derrotado Ricardo III, o que não só termina a Guerra das Rosas mas, pode-se dizer, dá fim oficial à Idade Média no país: com o advento dos Tudor, instala-se definitivamente na Inglaterra a monarquia nacional, e quinze anos depois de Henrique VII subir ao trono, em 1500, não só o Brasil é descoberto como também nasce, muito convenientemente, o inglês moderno.

Oito anos mais tarde sobe ao trono (depois de pela primeira vez em algumas décadas um rei inglês conseguir morrer na cama e de causas naturais) seu segundo filho, Henrique VIII: é o primeiro príncipe inglês integralmente renascentista, tão eclético em qualidades e vilanias quanto todos os seus pares da mesma época. Quando ele morreu , na verdade, a Inglaterra estava radicalmente mudada: a separação da Igreja inglesa da de Roma não só fez da Inglaterra uma nação integralmente independente (com um rei chefe da Igreja) mas determinou também, com seu gesto, toda uma intensificação no trânsito pela escala social, já que o rei confiscou terras e mosteiros da Igreja Católica e vendeu-os a ricos mercadores protestantes rapidamente enobrecidos para contrabalançar, no Parlamento, os lordes tradicionalmente católicos.

Muito mais do que isso, a mudança religiosa provoca o aparecimento da exemplar prosa inglesa do *Livro Comum de Orações*, como dos *Livros das Homílias*, parte de um estilo que tem origens anteriores mas que culminaria com a Bíblia James de 1616, desde então influência maior em toda a literatura inglesa. Numa corte brilhante tocava-se música, Holbein era apenas o mais famoso dos pintores que a frequentavam, Erasmo e Thomas More trocavam ideias, sendo que o primeiro, Mulcaster e outros professores desse altíssimo calibre criaram o currículo que consagrou o *grammar school* inglês, enquanto More escrevia a *Utopia*, antes de ser executado por sua fidelidade à religião católica.

É claro que a versalhada ingênua da episódica dramaturgia medieval não podia mais ser diversão do agrado da nova corte de um rei teólogo, latinista, caçador, que se tinha por bom dançarino, apreciador e compositor de boa música. Em 1533, quando nasce Elizabeth, John Heywood está escrevendo seus "interlúdios": vejam como já é um autor de nome e identidade certos, não mais aquele anônimo que servia a Deus com suas pecinhas precárias. O Interlúdio é a primeira forma cômica na qual se tenta substituir o pastelão pelo diálogo inteligente, espirituoso, que podia não raro ser grosseiro, mas não era mais dependente da palhaçada física. Acontece que nesse mesmo ano o rei estava

6 FALANDO DE SHAKESPEARE

finalmente rompendo com a Igreja Católica e a Inglaterra começaria a passar por toda uma série de crises, conflitos e adaptações que não poderiam ser de imediato propícias a um grande florescimento das artes, mas seriam grandes fontes geradoras, em poucas décadas.

A ânsia pelo real estabelecimento de uma dinastia levaria Henrique VIII a seus notórios seis casamentos: seu único filho homem, nascido em 1537, fora frágil e doentio desde o nascimento. Este, Eduardo VI, reinaria cerca de cinco anos após a morte do pai em 47, com minoridade dominada por regentes protestantes que perseguiram católicos. Morto aos quinze anos, foi sucedido pela irmã mais velha, Mary Tudor, que por sua vez reina também por cinco anos, à sombra da memória de sua mãe, Catarina de Aragão, filha dos Reis Católicos, e persegue os protestantes. Só portanto após os breves reinados desses dois irmãos é que, em 1558, finalmente sobe ao trono a filha de Ana Bolena, quase tão genial em seu ofício político quanto Shakespeare foi no seu próprio. Não há, portanto, milagres e nem truques de contos de fadas na explicação do sucesso do que, depois de tudo passado, não seria chamado de nada que não era elizabetana.

Encontrando um país absolutamente falido – emocional, religiosa e politicamente desgastado –, Elizabeth I levou trinta anos lutando, mentindo, conspirando, consertando, administrando e politicando até botar a Inglaterra naquele momento de equilíbrio instável mas esplendoroso que produziu o teatro elizabetano. Esse teatro seria tão deslumbrante quanto os espetaculares trajes com que Elizabeth queria ser vista, a fim de ser tomada como a própria imagem viva de seu país, configuração palpável do patriotismo de seus súditos. Nos 55 anos que se passaram entre o nascimento da rainha e a derrota da Invencível Armada em 88, não surge nada de extraordinário no teatro inglês, mas dois fatos têm de ser notados: a) o acúmulo de acontecimentos religiosos, políticos e sociais estava formando o vasto acervo de conflitos do qual o teatro se poderia servir muito bem, e b) os profissionais, a duras penas, estavam aprendendo a desenvolver suas técnicas, a aprimorar seu palco, a dominar comportamentos cênicos aceitáveis ao diálogo com o novo público mais sofisticado.

Em 1576, portanto aproximadamente dez anos antes do reconhecido momento da explosão da nova dramaturgia elizabetana, Londres ganha seu primeiro teatro permanente, que fixou a forma do palco nascido das carroças ambulantes da Idade Média: sem aquele palco despojado, projetado para o meio do público, com várias entradas e saídas, com suas áreas separadas de palco exterior, interior e superior, que podiam ser usadas em conjunto sempre que o autor assim o quisesse; sem aquele espaço cênico a céu aberto, sem cenografia, dependendo da palavra do poeta para estabelecer quando e onde estavam ou existiam aquelas personagens, ou se desenrolava aquela ação, Shakespeare jamais poderia ter percorrido exatamente o caminho que trilhou.

OS ANTECEDENTES 7

Mas, por outro lado, mesmo que ele tenha encontrado o seu caminho já em parte aberto pelos poetas que o precederam, sem seu gênio ele jamais poderia ter escrito nada tão diferente de tudo o mais que a época produziu, tão superior a virtualmente toda a produção elizabetana. Pode-se dizer que Shakespeare foi a cristalização perfeita desse longo processo de quatro séculos de aprendizado teatral; mas se, por um lado, é indispensável dizer que a cristalização saiu bem melhor do que a encomenda, por outro podemos até dizer que o gênio produziu o que a época sequer se dava conta de que poderia encomendar...

Não pertenço ao número dos que choram a não existência de algum diário sentimental de William Shakespeare, no qual seriam colhidas pérolas de obviedade sentimentaloide que comprovariam, por A + B, que toda a obra dramática do poeta corresponderia, *pari passu*, a momentos tristes ou alegres de sua vida particular. E, no entanto, é basicamente a esse tipo de coisa que se referem os que insistem em afirmar que o autor seja figura nebulosa, indefinida etc. A vida profissional de William Shakespeare é amplamente documentada, e se o teatro foi a forma ótima para a expressão de seu talento, é para o mundo de sua arte, seu palco, seus atores, sua dramaturgia que temos de nos voltar para compreendê-lo e à sua obra. Ele foi um cidadão inglês, que viveu de 1564 a 1616, produto de determinada sociedade, de determinado tipo de visão e processo de educação, produto do precário mas fascinante equilíbrio entre a herança medieval, a redescoberta da Antiguidade, as descobertas de novos mundos geográficos e científicos, as perplexidades religiosas da Reforma e Contrarreforma e as aberturas do humanismo, para mencionar apenas alguns dos elementos que tornavam o mundo de Shakespeare ricamente conflitivo, com fantásticas possibilidades dramáticas.

Em seu tempo, enquanto viveu, escreveu, trabalhou, ganhou dinheiro e até mesmo se aposentou em abastada respeitabilidade; ninguém jamais duvidou de que Shakespeare fosse ele mesmo, nem de que tivesse escrito sua obra. Havia pouco mais de 150 anos que ele estava morto quando Herbert Lawrence inventou a teoria de que Bacon seria o verdadeiro autor; e quando a americana Delia Bacon escreveu os artigos que popularizaram tal teoria, Shakespeare estava morto havia 240 anos. Mas, em 1623, apenas sete anos após a morte do poeta, dois atores, seus antigos colegas de palco, fizeram publicar sua obra completa e pediram a amigos e conhecidos para escrever palavras introdutórias. Um desses, Ben Jonson, um dos homens mais sérios e eruditos de seu tempo (aliás, só mais documentado do que Shakespeare em virtude de seu envolvimento com um assassinato), era não só amigo de Shakespeare como também seu crítico um tanto severo, sendo de todos os autores daquele tempo o único a obedecer os cânones do classicismo estabelecidos pela Renascença. Que razões poderia ter Ben Jonson para enganar a posteridade? Se Shakespeare não fosse o autor de sua obra,

8 FALANDO DE SHAKESPEARE

se não fosse ele aquele homem de teatro que durante anos a fio integrou a companhia do Lord Chamberlain, não vejo razão para que Jonson escrevesse os versos intitulados "To my beloved, the Author Mr. W. S. And what he hath left us", que ficaram, na verdade, mais famosos do que praticamente qualquer outra coisa em toda a sua obra. Eis o trecho mais conhecido do poema laudatório:

E assim começarei! Alma do tempo!
Glória e deleite destes nossos palcos!
Shakespeare, levanta; não te quero ver
Lutando por um canto onde jazer
Próximo a Chaucer, Spencer ou Beaumont.
Fora da tumba és um monumento –
És vivo enquanto vivo for teu livro
E nós inda capazes de louvá-lo.
Tenho razões pra não juntar-te àqueles
Cujas musas, se grandes, claudicaram:
Julgando a tua fama transitória,
Eu te poria ao lado de teus pares,
Dizendo o quanto brilhas mais que Lily,
Ou Kyd, ou do que a força que tem Marlowe.
E nem teu mau latim ou pior grego
Me fazem do passado evitar nomes:
Eu clamarei por Ésquilo troante;
Que Sófocles e Eurípides nos venham!
Paccuvius, Accius, mais o Cordovês
Ressuscitem ao som da tua trompa
Que abala os palcos e que, quando canta,
Deixa-te só para ser comparado
A tudo que a altivez greco-romana
Nos deu, ou nos têm dado as suas cinzas.
Vibra, Inglaterra! Tens para mostrar
Alguém que toda a Europa tem de honrar!
Não foi de nosso tempo; foi eterno!

Será que um poeta com obra séria e considerável iria sujeitar-se a fazer o elogio de um joão-ninguém, testa-de-ferro de algum outro autor que precisasse manter-se anônimo? Seja este Bacon, Essex, Southampton, Rutland ou não sei mais quem entre as dezenas de candidatos, a mais ridícula e patética verdade é que todos aqueles que "descobrem" o verdadeiro autor geralmente têm em comum apenas o pobre esnobismo de querer, como diz o brilhante Eric Partridge, que o autor da obra seja nobre, jamais levando em conta o quanto de experiência e vida teatrais está envolvido na composição de uma obra tão vasta, toda ela escrita especificamente em função de um palco e, a partir de 1594, de um mesmo grupo de atores.

Não há dúvida de que esse ator e autor teatral nascido em Stratford-upon-Avon era um gênio, mas como todos sabemos que o gênio é 2% inspiração e 98% transpiração, basta uma olhada no consenso

OS ANTECEDENTES 9

existente entre as várias cronologias propostas para o cânone shakespeariano para podermos verificar que todo estudioso sério do poeta
reconhece que uma larga dose de transpiração separa a hesitação de,
digamos, *Os Dois Cavalheiros de Verona* da mestria da fase dourada da
comédia romântica, com seu famosíssimo trio *Muito Barulho por Nada*,
Como Quiserem e *Noite de Reis*; ou entre o rígido exercício de retórica
senecana de *Tito Andrônico* e o esplendor da linguagem genuinamente
dramática do grande período trágico. Não é só a transpiração do dedicado aprimoramento técnico do ofício teatral que separa o estreante
do apogeu, por importante que ele seja; era igualmente necessário o
progressivo amadurecimento do próprio William Shakespeare como
indivíduo e como artista, já que mais do que qualquer outra coisa o
teatro elizabetano existiu em função de sua linguagem poética, capaz
de transformar aquele espaço cênico fixo, neutro, vazio – e por isso
mesmo flexível – em qualquer coisa que o poeta tivesse capacidade para
criar por meio da palavra. Bem antes da grande explosão da forma
dramática, a língua inglesa começara a produzir uma grande safra de
poetas, e quando mais um surto epidêmico de peste fechou os teatros
de Londres entre 1592 e 94, o jovem Shakespeare, autor até então de
apenas um pequeno punhado de peças que já começavam a fazer sucesso, embora ator não excursionou com nenhuma companhia pelo
interior da Inglaterra, preferindo ficar em Londres para estabelecer seu
nome como poeta – coisa que, acreditem ou não, não podia alcançar
por meio da composição de peças teatrais. Escreveu ele então dois longos poemas adequadamente elaborados sobre a mitologia clássica e
com pitadas de erotismo, que fizeram sucesso e lhe valeram do conde
de Southampton, a quem foram dedicados, o bastante em dinheiro para
entrar de sócio da companhia teatral dos Lord Chamberlain's Men, com
a qual passaria toda a sua vida profissional, a partir do momento da
reabertura dos teatros.

Além desses poemas, Shakespeare dedicou-se, ainda na década de
1590, à composição de uma outra forma poética em grande moda, a
da sequência de sonetos. Já foi escrito um mundo a respeito dos 157
que formam a série shakespeariana, mas até hoje discute-se sua interpretação correta: serão eles autobiográficos ou apenas exercícios segundo temas da moda? A quem são eles dedicados? Quem é o belo
rapaz, querido amigo, a quem tão urgentemente o poeta aconselha o
casamento e a perpetuação pelos filhos, mas cuja beleza ele mesmo
procura perpetuar em seus versos, já que o tempo destrói a juventude?
Quem é a mulher morena por quem o poeta se apaixona e que seduz
o jovem belo e com ele trai aquele que lhe dedica os sonetos? Quem é
o poeta rival? A verdade é que não é necessário ter resposta a nenhuma
dessas perguntas para apreciar cada um ou cada grupo ou o total dos
sonetos, que variam de tom e emoção, sempre alcançando essa pun-

FALANDO DE SHAKESPEARE

gente síntese de emoção e pensamento que servirá não só essa forma poética como também a economia da forma dramática.

O n. 15 adverte sobre a ameaça do tempo:

Quando eu lembro que tudo o quanto cresce
Só prende a perfeição por um momento,
Que neste palco é sombra o que aparece
Velado pelo olhar do firmamento;
Que os homens, como as plantas que germinam,
Do céu têm o que os freie e o que os ajude;
Crescem pujantes e, depois, declinam,
Lembrando apenas sua juventude.
Então a ideia dessa instável sina
Mais rico inda te faz ao meu olhar,
Vendo o tempo, em debate com a ruína,
Teu jovem dia em noite transmutar.
Por teu amor com o tempo então guerreio,
E o que ele toma, a ti eu presenteio.

No n. 18 a ideia volta, contrastando a decadência do ser humano com a permanência dos versos:

Se te comparo a um dia de verão
És por certo mais belo e mais ameno;
O vento espalha as folhas pelo chão,
E o domínio do estio é bem pequeno.
Às vezes brilha o sol em demasia,
Outras vezes desmaia com frieza;
O que é belo declina num só dia,
Na eterna mutação da natureza.
Mas em ti o verão será eterno;
Esse encanto que tens não perderás,
Nem chegarás da morte ao triste inverno:
Nestas linhas, com o tempo crescerás.
E enquanto sobre a terra houver um ser,
Meus versos vivos te farão viver.

Já o 29 expressa supremamente um estado de angústia e um momento de esperança:

Quando, malquisto da fortuna e do homem
Comigo a sós lamento o meu estado,
E atiro aos céus os ais que me consomem,
E olhando para mim maldigo o fado;
Vendo outro ser mais rico de esperança,
Invejando o seu porte e os seus amigos,
Desejando a arte de um, de outro a bonança,
Descontente dos sonhos mais antigos;
Se desprezado e cheio de amargura
Penso um momento em vós, logo, feliz,
Como a ave que abre as asas para a altura

OS ANTECEDENTES

Esqueço a lama que o meu ser maldiz:
Pois tão doce é lembrar o que valeis,
Que essa sorte eu não troco nem com reis.

Já o consagrado 116 cria uma das mais serenas imagens do amor que se possa conceber:

De almas sinceras a união sincera
Nada há que impeça: amor não é amor
Se quando encontra obstáculos se altera,
Ou se vacila ao mínimo temor.
Amor é um marco eterno, dominante,
Que encara a tempestade com bravura;
É astro que norteia a vela errante,
Cujo valor se ignora, lá na altura.
Amor não teme o tempo, muito embora
Seu alfanje não poupe a mocidade;
Amor não se transforma de hora em hora,
Antes se afirma para a eternidade.
Se isso é falso, e que é falso alguém provou,
Eu não sou poeta, e ninguém nunca amou.

Diante do exposto fica claro que, se para o teatro elizabetano era essencial que o autor fosse poeta, não seria por aí que Shakespeare encontraria quaisquer dificuldades em seu caminho. Mas de certo modo isso também não deixa de ser verdade, pois ele terá de manter sob rígida disciplina sua incrível facilidade para versejar, não havendo dúvida de que em várias obras dramáticas de sua primeira fase ele peca pelo excesso de facilidade.

Mas voltemos ao especificamente dramático, pois é essa a trajetória que vamos tentar acompanhar. A mais básica exigência para que alguém venha a produzir uma boa obra dramática é uma convicção total e absoluta de ser possível se dizer alguma coisa sobre o homem, seu comportamento e suas relações com seus semelhantes e com o universo em que vive, por intermédio de uma *ação*. Estou, desde há muito, persuadida de que em nenhum outro autor dramático do mundo tal noção foi mais inerente ou abrangente do que em Shakespeare (por mais respeito e consideração que me mereça Molière). Mas nem tal convicção nem a genialidade bastam só por si: tendo como ponto de partida o correto modelo cômico de *Os Gêmeos* de Plauto, foi possível ao estreante Shakespeare, com sua extraordinária intuição para o significado da ação, roubar mais uns pedaços e ideias do *Anfitrião* e construir com imaginação e até mesmo brilho uma *Comédia dos Erros* na qual, homem de seu tempo, integra elementos românticos, quebrando a estrutura clássica do riso do castigo de Plauto.

As observações sobre aparência e realidade – um tanto óbvias, baseadas em gêmeos idênticos – bem como as sobre certos relacionamentos humanos – inspiradas na Epístola de São Paulo aos Efésios – que norteiam a *Comédia dos Erros* estão perfeitamente dentro do âmbito da visão de um jovem de 24 anos que estudou a Bíblia e os mais consagrados autores latinos na escola. Porém, a mesma idade, mesmo que dotada de genialidade, não trazia em si o lastro necessário para a concepção de uma ação realmente satisfatória para a primeira tentativa no gênero trágico escrita pelo jovem ator/autor: se o esqueleto de Plauto foi gostosamente recoberto de carne dramática superficial mas saborosa, rodopiando com leveza pelo palco, o do trágico Sêneca só fica de pé sustentado por intenções não totalmente realizadas, mal recoberto por uma rígida carnadura de figuras de retórica e citações latinas, exibindo só de raro em raro pequenas réstias de vida. Não há dúvida: o talento está lá, naquela insatisfatória porém promissora primeira incursão de Shakespeare pela natureza do mal; mas em *Tito Andrônico* ainda faltava ao jovem autor a vivência, a maturidade, indispensáveis a uma reflexão adequada aos temas propostos.

Se falta ao *Tito* a mestria dramatúrgica que o Shakespeare da maturidade exibirá de forma ímpar, essa primeira tentativa de tragédia serve exemplarmente para a destruição dos mitos romantizantes: em seu período por assim dizer de aprendizado, Shakespeare escreve, com incrível prolixidade, comédia plautina com *A Comédia dos Erros*, comédia romântica com *Os Dois Cavalheiros de Verona*, comédia sofisticada com *Trabalhos de Amor Perdidos*; começa, com as três peças sobre *Henrique VI* e o *Ricardo III*, a forjar individualmente a nova forma da *peça histórica*, a partir da forma anterior da *chronicle play*, impondo ao mero relato cronológico uma preocupação com causa e efeito, com direitos e deveres, com as relações entre o homem e o poder, que transforma o mero relatório em investigações sobre a natureza do Estado, da *commonwealth*, do bom e do mau governo; e experimenta a tragédia com o *Tito*.

Em duas dessas peças Shakespeare trabalha seu gênio em tentativas bastante específicas sobre temáticas mais graves: são plantadas no *Tito* sementes que após mais de uma década vão florescer no esplendor do *Rei Lear* e, com sucesso mais imediato (embora com proposta talvez mais linear, menos profunda), são plantadas em *Ricardo III* as sementes de Iago. Será extraordinariamente difícil fabricar algum tipo de biografia sentimental do autor que possa justificar esse panorama que varia dos desencontros cômicos ao estupro e à mutilação, sem falar nos malabarismos verbais de um grupo principesco. Pois foi justamente essa explosão inicial do poeta que provocou a denúncia feita em 1592, por Robert Greene, de que havia um ator – um "sacode-cenas", fazendo brincadeira com o nome *shake-spear* – que tomava "emprestadas as plumagens dos poetas, julgando poder escrever versos tão bombásticos quanto" os da autoria daquele grupo que, embora educado em Oxford ou Cambridge, por falta de outra maneira mais rápida de ganhar a vida,

OS ANTECEDENTES 13

resolvera escrever para o teatro profissional. É um ataque sórdido, viperino; mas temos todos, mesmo assim, de permanecer para sempre gratos à amarga peçonha de Greene, sem a qual não saberíamos que, já na altura de 1592, Shakespeare alcançara sucesso considerável, pois ninguém escreve tratados atacando desconhecidos fracassados.

Shakespeare já estava, portanto, iniciando, e muito bem, sua memorável trajetória pelo universo do teatro; e como nossas próximas conversas serão todas dedicadas exclusivamente aos aspectos dramáticos e teatrais de sua obra, vale a pena pensar alguns momentos sobre o domínio do próprio instrumento literário, da forma da escrita essencialmente dramática, que ontem, hoje e sempre tem de ser elaborada com vistas à plena realização no palco. Por mais prazer que possamos ter na leitura da obra dramática de Shakespeare, a verdade é que esse prazer será sempre maior se a assistirmos em espetáculos ao menos razoavelmente bem feitos.

O fenômeno teatral e o texto que lhe dá origem são valores tão misteriosos e difíceis de definir que as coisas mais inacreditavelmente pitorescas já foram ditas a seu respeito, até mesmo por críticos do gabarito do notabilíssimo Dr. Johnson, no século XVIII. Diz ele, no Prefácio de seus estudos sobre Shakespeare: "Uma exibição dramática é um livro recitado com concomitantes que aumentam ou diminuem seu efeito". Ora, um espetáculo, ou uma "exibição dramática" como disse Johnson, fica longe de ser apenas isso: não há concomitantes que transformem À La Recherche du Temps Perdu, Ana Karênina, David Copperfield ou Memórias do Cárcere, na estrita forma em que foram criadas tais obras, em um espetáculo teatral, ou exibição dramática, ou em peça montada, ou seja lá como prefiram expressar-se: o teatro, tal como o temos conhecido desde o seu aparecimento como forma de arte em Atenas, no século V a.C., parte efetivamente de um texto literário, um livro, por assim dizer; porém de um tipo muito especial de livro, que toma vida quando apresentado em um palco, com todos os concomitantes a que tem direito, que podem ser muitos ou poucos.

Na análise desse livro que, como já disse Aristóteles, tem a forma de ação e não de narração, sempre falamos de fábula, enredo, estrutura, caracterização de personagem, ritmos e andamentos, mas o que não podemos perder nunca de vista é o fato mais básico, sem o qual nada mais existe: a peça teatral (texto + espetáculo) tem como ponto de partida o fato de um indivíduo, o autor do texto, saber não só criar uma ação significativa, mas de forma mais básica ainda, saber manipular palavras: nenhuma personagem, nenhuma situação ou ação preexiste ao momento em que o autor encontra as palavras certas para expressá-los em seu diálogo – cada personagem de uma peça é constituída, exclusivamente, pela soma de suas falas; cada situação é criada pela sequência dessas falas definidoras de temperamentos, de atitudes diferentes e geralmente conflitantes. Nenhuma personagem, nem mesmo

14 FALANDO DE SHAKESPEARE

um Hamlet, é mais do que uma função dramática – ou, melhor, ele pode ser muito *mais*, porém não será nada se, de início, não for uma função dramática. Shakespeare sabe muito bem de tudo isso desde o início da carreira: em *Trabalhos de Amor Perdidos*, o rei de Navarra quer transformar sua corte em uma "academia" e estabelece método de vida mais que espartano para si e três amigos: Shakespeare precisa de um personagem que critique tais exageros; Berowne, o único sensato dos quatro, quando expressa seu ponto de vista, revela que é inteligente, sofisticado, e que tem senso de humor; ninguém precisa *explicar* sua posição, quando ele assina o juramento:

> Tanto, Senhor, eu já jurara antes,
> Ou seja, por três anos só estudar.
> Porém existem novas observâncias,
> Como não ver mulher todo esse tempo,
> Que espero não estar nas arroladas;
> Um dia por semana sem comida,
> E uma só refeição nos outros seis,
> Que espero não estar nas arroladas;
> Dormir só por três horas cada noite,
> E não pestanejar durante o dia –
> Quando eu julgava não ser mal do escuro
> Ocupar toda a noite e meio dia –
> Que espero não estar nas arroladas.
> Será tarefa estéril e difícil
> Estudar sem mulher, comida ou sono.

Para complicar a situação, principalmente em um teatro como foi o elizabetano, de palco neutro e sem cenários, o diálogo tem de evocar, igualmente, épocas, locais e, principalmente, climas dominantes. Na trajetória da forma por assim dizer literária, a par da crescente segurança na caracterização da personagem pela fala, é preciso notar um implacável movimento da poesia pura e simples para a poesia dramática: os floreios e embelezamentos do início da carreira vão sendo abandonados, a rima vai se tornando mais rara, verso e prosa vão sendo usados alternadamente por razões da organicidade da concepção autoral. Tudo, enfim, caminha para que o versejador dos primeiros tempos aprenda que, no drama, o verdadeiramente poético é o que, de forma concisa, mesmo que densa e evocativa, expressa da melhor maneira possível cada momento do binômio personagem/situação, até que a mais famosa frase da poesia dramática do mundo inteiro possa ter a simplicidade de *to be or not to be*.

Nesse aprendizado, um aspecto fundamental é o do desenvolvimento do uso das imagens por Shakespeare. No início da carreira predominam o símile, a amplificação, a comparação e outros tantos recursos que rebordam, como miçangas ou paetês, o desenho do tecido básico do texto. Já na maturidade as imagens serão parte integrante da

OS ANTECEDENTES

própria trama, a metáfora toma o lugar do símile e torna a fala mais densa, compacta e evocativa a um só tempo. Depois da publicação, na década de 30, dos estudos de Caroline Spurgeon e Wolfgang Clemen, ninguém mais pôde falar nas peças de Shakespeare sem pensar em imagens dominantes ou recorrentes, que para cada peça constroem uma espécie de teia subjacente, de um baixo-contínuo que sublinha e ressalta o sentido essencial da obra. Já desde *Romeu e Julieta* que temos, por exemplo, a noite e as estrelas; em *Hamlet* é a podridão, o cancro, a corrupção; no *Lear* os animais, em *Macbeth* o escuro, o sangue e as roupas emprestadas que não servem, como a coroa que foi roubada.

Não podemos esquecer que o teatro elizabetano herdou uma grande parte de suas convenções do ingênuo teatro medieval, quando em cima de seu palco sobre rodas um ator dava uns poucos passos e ia de uma cidade para outra: sem isso seria impossível termos em cena, no último ato de *Ricardo III*, o rei e seu oponente em suas respectivas tendas, supostamente bem longe um do outro. Mas as convenções com a palavra também vieram dos inventivos anônimos medievais; quando, no texto de Wakefied no século XIV, Noé constrói sua arca em vinte e poucos versos, não creio que materialmente produzisse muita coisa, porém ele teria de ser suficientemente persuasivo para fazer seu público "ver" a arca, já que ao concluir ele aprecia sua obra, dizendo que saiu melhor do que esperava. Sem um tal antecedente seria impossível que, em 1601, ao escrever *Hamlet*, Shakespeare escrevesse uma primeira cena de 180 versos na qual descobrimos que os soldados que entram estão ao ar livre, de guarda, e em local onde estão todos sob tensão aparece um fantasma cuja história é contada, e ainda somos informados de que tudo aquilo deve ser contado ao jovem Hamlet, filho do rei morto. Se sabemos pelo diálogo que a ação começa à meia-noite, e o espetáculo começava por volta de uma ou duas da tarde, cabia ao poeta e seus atores uma tarefa imaginativa considerável; pois não seria muito mais fácil do que construir a arca de Noé em cena ao fim de uns dez minutos convencer a plateia de que a noite não só tinha existido como chegara ao fim simplesmente dizendo: "Mas, olha, a aurora, com seu manto róseo,/ Já pisa o orvalho nos distantes montes".

Para completar o quadro de pré-requisitos exigíveis de um candidato a autor teatral, Shakespeare vai comparecer, finalmente, com aquela que será sua maior característica e seu mais apaixonante aspecto: sua curiosidade infinita, seu amor, sua compaixão, seu fascínio por todos os aspectos das atividades humanas. Não importam as ironias que possam cercar a fala, a verdade é que ninguém seria mais indicado do que o próprio Shakespeare para escrever (novamente no *Hamlet*): "Que obra de arte é o homem! Como é infinito em faculdades! Na forma e no movimento, como é expressivo e admirável! Na ação, é como um anjo! Em inteligência, é como um deus! A beleza do mundo! O paradigma dos animais!" É a retratar esse homem, essa bela, feia, cruel,

FALANDO DE SHAKESPEARE

bondosa, feliz, sofredora, forte e fraca raça humana, que Shakespeare iria dedicar toda a sua obra dramática. Nos capítulos seguintes vamos começar a trilhar seu caminho, mas desde já podemos resumir – graças a ele – em poucas linhas a essência de seu tema favorito. A fala é de Jacques, em *Como Quiserem*:

> O mundo é um grande palco
> E os homens e as mulheres são atores –
> Têm as suas entradas e saídas,
> E um homem tem na vida várias partes,
> Seus atos sendo sete: Grita
> E soluça o infante aos braços da ama;
> Depois o colegial, com sua pasta
> E a cara matinal, como um lagarto
> Se arrasta sem vontade à escola. O amante,
> Bufando como um forno, uma balada
> Faz aos olhos da amiga. Eis o soldado:
> Com pragas e de barba arrepiada,
> Zeloso de sua honra, ágil na luta,
> A perseguir a ilusão da glória
> Mesmo na boca do canhão. E agora
> O juiz, de vasta pança bem forrada,
> Olhos severos e cerrada barba,
> Cheio de sábias leis e ocos exemplos,
> Faz seu papel. A sexta idade o muda
> Em Pantalão magrela e de chinelos,
> Óculos no nariz, sacola ao lado;
> As roupas bem guardadas são um mundo
> Para as canelas secas; sua voz
> Possante outrora, volta à de criança,
> Falha e assovia. Então, a última cena,
> Que põe um fim a essa vária história:
> É a segunda infância, o próprio olvido,
> Sem sentidos, sem olhos, sem mais nada.

2. O Aprendizado

"O cavalo branco atrás da cerca sempre pode ser uma zebra." Apesar de essa fala só aparecer no teatro inglês na década de 1960, serve muito bem para definir um tema que Shakespeare não só enfrenta logo no início de sua carreira de autor, mas que o acompanha incessantemente ao longo de toda ela: o da aparência e da realidade. Assim como com a justiça e a misericórdia, a harmonia e a desarmonia nas relações entre indivíduos ou entre governantes e governados, e o significado das relações do homem com a ordem do universo que o cerca, é notável o quanto, desde logo, a problemática shakespeariana se apresenta em sua obra.

É possível que em algumas das afirmações que faço aqui se possa pensar que o meu mais do que confesso entusiasmo pelo decantado Bardo, também conhecido pela alcunha de Cisne de Stratford, seja responsável por exageros; mas não é bem assim: a verdade é que, mesmo hoje, quando vamos conversar sobre o período do aprendizado de Shakespeare, o que ele escreveu e pode ser considerado como menor em sua obra ainda é, via de regra, consideravelmente superior ao que um número imenso de autores teatrais consegue em seus melhores momentos. A única coisa surpreendente, na verdade, é justamente o quanto ele ficou melhor ainda nos anos que se seguiram.

A primeira impressão será, no conjunto desse início, de excesso, excesso nascido da generosidade de um talento monumental que sente a necessidade de açambarcar o mundo com as pernas, os braços e, principalmente, com a imaginação: se Plauto escreve sua comédia *Os Gêmeos*

18   FALANDO DE SHAKESPEARE

com um par de gêmeos idênticos, será bom aprender a construir uma intriga com tão talentoso mestre, mas é claro que o talento de Shakespeare o faz perceber que a situação pode ficar muito melhor com *dois* pares de gêmeos idênticos; se Marlowe havia escrito seu *Tamburlaine* com 34 personagens (fora a comparsaria), ele podia muito bem enfrentar toda a Guerra das Rosas com uma tetralogia envolvendo 170 personagens; se a tragédia de Sêneca era brutal e sanguinolenta, além de retórica, ele começaria o *Tito Andrônico* com um general que já havia perdido 22 filhos na guerra, e continuaria com estupro, assassinato e mutilação múltipla, sem omitir sequer a antropofagia do mestre; e se em círculos aristocráticos os jogos verbais eram o auge da moda, Shakespeare podia escrever toda uma comédia em torno do advento das academias, com mais formalismo poético, mais jogos de palavras sobre acontecimentos e intrigas do momento, e mais trocadilhos por minuto do que o mais esnobe dos frequentadores da casa da Condessa de Pembroke, o próprio símbolo da sofisticação da época. Nenhum outro autor se aventuraria a experimentar sequência tão rápida por caminhos tão variados, mas não podemos esquecer que isso não foi feito por exibicionismo mas pela irreprimível vontade de aprender, descobrir, experimentar. O resultado é, naturalmente, bastante desigual; mas é uma grande experiência ver tudo o que ele não acertou nesse primeiro momento ser acalentado em sua mente para voltar a ser feito, anos mais tarde, com sucesso total: a história da trajetória de Shakespeare é a história de um progressivo encontro entre forma e conteúdo, atingido pelo progressivo amadurecimento do poeta como homem e como artista.

Comecemos pela *Comédia dos Erros* para ver o que, mesmo ainda aprendiz, Shakespeare fez com a ideia de Plauto: os gêmeos romanos compõem uma história um tanto grosseira: o gêmeo casado tem uma mulher (sem nome, "Uxor") rica e insuportável, uma megera típica, de quem ele rouba um manto e uma pulseira para dar à amante Erotium. Ele tem também um sogro tão grosseiro e machista quanto ele e, no final, quando os irmãos se encontram, a mulher é leiloada, quando nosso dúbio herói descobre que já era rico em casa, em Epidanum. Shakespeare transforma isso em uma fábula sobre a triste separação e eventual feliz reunião de uma família, a perda e o reencontro de identidades, e em algumas reflexões sobre os relacionamentos entre marido e mulher, governantes e governados, e escravos e senhores, sob a influência das epístolas de S. Paulo. A megera romana é transformada em uma esposa queixosa e ciumenta, Adriana, cujas reclamações são ainda hoje reconhecíveis:

> Aos que encontra na rua ele dá gosto;
> A mim, me nega a honra de um olhar –
> Pois perdi a beleza, aqui no lar.
> Mas perdi-a por ele! E a inteligência?

Estará também gasta, com a aparência?
Se falo com amargura e irritação,
É que sofro, com a falta de atenção.
Ele reclama porque sou instável;
Mas como sou reflexo, é inevitável.
Daquilo que hoje sou, ele é culpado;
Sendo o senhor, determinou meu fado.
É ele o responsável pela ruína:
Se estou murchando, o sol que me ilumina
Me refaria o viço. Mas, matreiro,
Cervo rebelde, sai do cativeiro
Pra comer fora, e eu fico com os restos;
E sempre são inúteis meus protestos.

Quando, em sua angústia por prender o marido em casa, Adriana agarra o cunhado recém-chegado de Siracusa, e reclama de suas constantes saídas de casa etc., o Antífolo solteiro começa a entrar na loucura de não saber mais quem seja:

Falais a mim, senhora? Eu não conheço
Ninguém aqui; cheguei há duas horas,
Estranho a esta cidade e às vossas falas.
Estando alheio a tudo o meu espírito,
Quisera eu entender uma palavra.

E, diante da insistência dela, indaga ao escravo:

Como pode chamar-nos pelos nomes?
Só pode ser por pura inspiração!

Adriana defende-se, levando-o a perplexidade ainda maior:

Fala de mim em sua fantasia!
Acaso a desposei em sonho, um dia?
Ou durmo agora, e penso ouvir tudo isto?
Que erro me envolve? Em que planeta existo?
Até que saiba o que é certo o que é errado,
Manterei este engano inesperado.

A confusão leva Dromio, um dos escravos gêmeos, a ficar igualmente tonto, quando tomado pelo irmão de Efeso. Procurando o patrão, pergunta: "O senhor me conhece? Eu dou Dromio? Sou seu escravo? Sou eu mesmo?"

A ideia de usar dois pares de gêmeos, tudo indica que inspirada no *Anfitrião*, também de Plauto, abriu possibilidades notáveis de comicidade e perplexidade à *Comédia dos Erros*; mas não menores foram as possibilidades abertas pelo abandono da rigidez do gênero único da comédia romana: a introdução do patético – com a triste narrativa do naufrágio do barco que transportava a família, pelo pai dos gêmeos

Antífolos – e a do romântico – com a criação de Luciana, irmã solteira de Adriana, por quem o cunhado irá se apaixonar – enriquecem muito o leque de emoções possíveis. E nem é menos significativa a substituição do pai da megera romana por um duque reinante que, como todos os futuros bons governantes de Shakespeare, tempera a justiça com a misericórdia. O toque, nesta peça de início de carreira, ainda é muito leve, porém a preocupação com o contexto de uma sociedade constituída, na qual suas personagens se integrem, é o que de forma mais definitiva distingue Shakespeare de seus contemporâneos. A preocupação com o natural e o antinatural, com a harmonia da vida individual e do grupo, o respeito pelo semelhante, a responsabilidade, a generosidade do amor, serão sempre parte da visão da *commonwealth*, do bem-estar da comunidade, estarão sempre junto ao coração do poeta. Aqui, numa comédia de um autor jovem, esse tipo de preocupação pode aparecer de forma um tanto ingênua mas divertida, no final da peça, quando a Abadessa (em cujo convento se abrigam um Antífolo e um Dromio, e que acabamos descobrindo ser mulher de Egeu e mãe dos gêmeos protagonistas), depois de muito interrogar sobre o quanto Adriana teria andado reprendendo o marido, adverte, ao saber que a moça reclamava em casa e em público, de manhã, de tarde e de noite:

> Então foi isso que o enlouqueceu.
> A língua de uma esposa enciumada
> Tem mais veneno do que a de uma cobra.
> Pelo que eu vejo, o homem não dormia;
> Não há cabeça que resista a isso.
> Diz-me que à mesa não lhe dava paz –
> Comer assim só traz indigestão;
> E dela nasce a febre que alucina,
> Pois o que é febre, se não é loucura?
> Confessa que o irritava sem cessar;
> Mas se um homem não pode divertir-se,
> Vai no caminho da melancolia,
> A qual, num passo, chega ao desespero,
> Atrás do qual, em bando, chegará
> Tudo o que amarga e prejudica a vida.
> O sono, a mesa, a vida, sem repouso,
> Enlouquecem o homem e o animal:
> O seu ciúme é que causou o dano,
> Deixando louco o seu marido humano.

Nada como o final feliz da *Comédia dos Erros* a distingue tanto do clima da obra de Plauto: ao invés de uma harpia repudiada por um marido que só a aturara por dinheiro, temos uma Adriana um pouco mais sábia, reconciliada com um marido que nunca a respeitou como o seu modelo romano, e a promessa de um futuro igualmente feliz para o outro Antífolo e Luciana. Acima de tudo, temos, graças a uma im-

O APRENDIZADO

provável mas deliciosa sequência de coincidências, a reunião da família cuja separação abrira a peça; é um reencontro não só de indivíduos separados, mas de cada um consigo mesmo, uma clara sensação de as coisas terem entrado no lugar, encontrado finalmente sua verdadeira identidade, retomado seu melhor caminho; é, enfim, a semente da comédia que deixa de pensar só na condenação de erros para voltar-se para a busca de acertos. Tudo isso, é claro, aproveitando de Plauto o que ele tem de melhor: a comicidade forte da situação de desencontros é explorada ao máximo e sem qualquer preconceito contra um humor mais aberto e farsesco, como é o caso no par de Dromios. Vale a pena reparar, também, na alta incidência da rima parelha, que com o passar do tempo passará a ser usada como no último exemplo citado, para marcar finais.

A outra comédia que parece ser também desse primeiro período é um dos grandes mistérios shakespearianos: *Trabalhos de Amor Perdidos*. Ela é tão elizabetana, tão integrada em sua época, que até a recuperação de uma noção clara do palco elizabetano e da estrutura correspondentemente aberta de sua dramaturgia, no século XX, era repudiada como totalmente indigna de Shakespeare. Nas últimas décadas, no entanto, tem sido cada vez maior o sucesso dessa melancólica e sofisticada comédia, em que a desmedida de um rei e seus três amigos, dedicados a uma vida acadêmica de tal modo exagerada que vai contra a natureza, tem um elaborado contraponto de personagens bem pouco nobres emprestados à *commedia dell'arte*. Em um aspecto sua compreensão escapa também ao século XX: sendo de todos os enredos de Shakespeare o único para o qual não existe nenhuma fonte reconhecível, a comédia foi obviamente criada para um público muito especial, e contém o maior número de referências a pessoas ou eventos não identificáveis de todo o cânone. Não deixa até mesmo de ser um tanto surpreendente que, em relativamente pouco tempo, o jovem ator de Stratford tivesse conseguido ficar tão entrosado com aquele universo privativo de tão poucos: há em toda a peça um clima de jogo galante, a partir de uma situação engenhosamente criada. Fascinado com a moda das academias de culto ao intelecto e às artes, que haviam nascido na Itália e florescido intensamente na França, o rei Ferdinando de Navarra convence três amigos a dedicar três anos de suas vidas exclusivamente aos estudos, em regime espartano, em um palácio do qual seriam banidas as mulheres. Todos têm de jurar que respeitarão as regras determinadas pelo rei, e só um deles, Berowne, adverte que diante de tanta insensatez todos eles em breve serão perjuros. O rei insiste, todos assinam, e imediatamente chega uma embaixada formada pela Princesa de França e três damas de sua corte e, com elas, as consequências inevitáveis desse empate de quatro a quatro... Berowne e Rosaline são as matrizes de todos os apaixonados inteligentes e ricos de senso de humor que virão mais tarde, e é divertida, como já vimos, a reação dele às imposições do rei. É importante

22 FALANDO DE SHAKESPEARE

notar que não é ao estudo, ao espírito correto das melhores academias da época, que Berowne faz objeção: ele é tão ou mais sofisticado que os outros três; nem o Rei e nem os dois outros companheiros, Dumaine e Longaville, tem o jogo de cintura de Berowne para se entregar às delirantes brincadeiras de trocadilhos e jogos de palavras que estavam em moda entre a jovem aristocracia inglesa. Mesmo em meio ao malabarismo verbal, no entanto, o bom senso de Berowne contra o isolamento das mulheres transparece.

Brincando e rindo, Shakespeare conduz a peça de modo a mostrar não só que os quatro quebram suas juras, mas também que é certo que as quebrem, pois de outro modo iriam contra as sensatas normas da natureza. Se em certos momentos todos falam um pouquinho demais, se é só mais tarde que Shakespeare vai resistir à facilidade com que amplifica e exemplifica cada pensamento, certos excessos são aqui bem utilizados. Basta um exemplo: todos conhecem o velho truque teatral no qual alguém é desmascarado porque um outro, escondido, ouve suas revelações; não é nem muito engraçado e nem muito sutil, mas vejam só o que Shakespeare faz com ele: Berowne entra e monologa, sentindo-se culpado por estar apaixonado por Rosaline; ao ver entrar o Rei, ele se esconde e ouve Sua Majestade quebrar sua jura lendo o soneto que escreveu para a Princesa; ouvindo Longaville entrar, o Rei se esconde e, como Berowne, ouve o soneto que ele escreveu para Maria; e, finalmente, quando entra Dumaine, Longaville esconde-se e os três ouvem o último companheiro que restava cantar os louvores de Katharine. Longaville é o primeiro a sair e gozar o amigo por sua traição à palavra dada, dando-se por inocente; imediatamente sai o Rei de seu esconderijo e, assumindo agora ele ares de inocência, denuncia Longaville. É o momento de triunfo de Berowne, que, apoiado em suas previsões de que aquelas juras eram impossíveis, denuncia os três, confiante no fato de não poder ter sido ouvido por nenhum deles; é o bastante para que Costard, o mais bobo dos bobos, entre a fim de devolver ao suposto único invicto o soneto que mandara a Rosaline, e que fora entregue por engano a Jacquenetta – a camponesa que não achou os versos tão bons assim.

O tema de aparência e realidade está bem presente nessa comédia que mostra a ilusão, o autoengano, que o excesso traz mesmo a um propósito positivo como o estudo; e vamos ver que, mesmo desmascarado, ainda é Berowne quem coloca, com grande exuberância, o acerto daquele perjúrio coletivo, pois é com grande charme que (graças a Shakespeare) ele lembra aos outros que a mulher é o melhor livro em que poderiam estudar:

BEROWNE

Atentem para as juras que fizeram:
Jejuar e estudar sem ver mulher;

É traição contra a sua juventude.
Passar fome? Com corpos assim jovens?
Muita doença nasce da abstinência.
Senhores, nós juramos estudar,
Mas banimos, com as juras, nossos livros:
Quando e onde, Senhor, ou vocês dois,
Teriam descoberto, só nas letras,
As métricas fogosas com que os olhos
Dessas belas tutoras nos dotaram?
Artes mais lentas fixam-se no cérebro
E, esbarrando com um trabalho estéril,
Muito labutam por colheitas fracas;
Mas o amor aprendido em belo olhar
Não fica limitado só à mente
Mas, agitando-se com os elementos,
Com força corre como um pensamento,
E a toda força dá força dobrada,
Para além da função de seu ofício.
Ao olho empresta uma visão precisa:
O olhar do amante cega o de uma águia;
O ouvido amante ouve o menor som
Se um fio de suspeita ergue a cabeça;
Sentimento de amor é mais sensível
Que o chifrinho de um frágil caracol;
Mais sutil do que Baco em paladar,
Não tem o amor a bravura de Hércules
A colher pomos nos jardins de Hésperus?
É sutil como a Esfinge, e musical
Como os cabelos da lira de Apolo.
E quando fala o amor, a voz dos deuses
Embala em harmonia o próprio céu.
Nenhum poeta ousa usar da pena
Sem a tinta dos ais de algum amor,
E, então, seus versos domam os selvagens
E ensinam aos tiranos a humildade.
Isso aprendi dos olhos femininos:
Deles tirou sua chama Prometeu;
Eles são livro, arte, academia,
Em que o mundo se mostra e se alimenta;
Sem eles, nada atinge a perfeição.

No Ato V, em festa com disfarces e confusões de identidade, os personagens cômicos procuram divertir os nobres apresentando um espetáculo teatral, tão ruim que a corte se revolta e impede que ele chegue ao fim. Tudo o que Shakespeare fizera bem ele nunca mais sequer experimenta; mas o que não conseguira fazer direito aqui ele fará lindamente com o espetáculo dos artesãos em *Sonho de uma Noite de Verão*. O próprio gênero dessa comédia privativa de um grupo será completamente abandonado – mas o que ele ensinou ao poeta servirá para novas criações futuras.

24 FALANDO DE SHAKESPEARE

Se a narrativa de um naufrágio dera o toque melancólico da *Comédia dos Erros*, também em *Trabalhos de Amor Perdidos* nem tudo são rosas sem espinhos: ouve-se a história de uma linda jovem que morreu por amor e, no final, em meio à festa, quando finalmente Navarra pede a princesa em casamento, chega a notícia da morte do Rei de França, e ela pede o prazo de um ano para responder (recurso oriundo dos contos de fadas, que Chaucer usara, duzentos anos antes, no final do *Parlamento das Aves*); é Shakespeare mais uma vez impingindo as pressões da realidade sobre seu mundo de ficção e trazendo-o, por isso mesmo, para mais perto da experiência humana.

O mundo não é feito de enganos galantes, e, no inverno de 1587-88, as duas peças que marcaram definitivamente a abertura do que hoje chamamos de teatro elizabetano, *Tamburlaine*, de Christopher Marlowe, e *A Tragédia Espanhola*, de Thomas Kyd, tratavam de mundos violentos em que a presença do mal se faz sentir dolorosa e catastroficamente. Em sua sofreguidão pelo aprendizado de todos os gêneros dramáticos que estavam aparecendo, Shakespeare vai experimentar a tragédia de clima senecano, que deveria misturar o tom elevado da linguagem retórica com acontecimentos violentos e sangrentos, tirando desse complexo ensinamentos morais e de cidadania. O resultado é a confusa e um tanto insatisfatória tragédia de *Tito Andrônico*. J. C. Maxwell, em sua edição para a Arden, tem um trecho notável sobre a peça:

> Sob quase todos os aspectos, *Romeu e Julieta* é uma peça vastamente superior ao *Tito*; porém pode-se sustentar que, estritamente falando, o *Tito* é mais *promissor*. Pode-se conceber do autor de *Romeu e Julieta* que ele tivesse chegado, com essa peça, ao máximo até onde poderia ir na tragédia – e na verdade o desenvolvimento trágico de Shakespeare não se concretiza pelo caminho de *Romeu e Julieta* – mas é óbvio que o autor do *Tito* está *a caminho de alguma coisa*, muito embora ainda não estivesse certo que ele conseguiria ficar longe do melodrama episódico e violento, por um lado, e da narrativa em diálogo exageradamente ovidiano, por outro.

Na *Comédia dos Erros* não há dúvida de que o acréscimo de um segundo par de gêmeos e dos elementos românticos e cívicos foram enriquecedores e bem assimilados; mas no *Tito* as coisas, em vez de mais complexas e significativas, ficam apenas mais complicadas e confusas, porque o estreante não consegue armar a ação como metáfora do significado pretendido, o segredo de todo bom teatro. É possível que o jovem poeta estivesse um pouco preocupado demais em mostrar que podia ser tão erudito quanto seus colegas que haviam frequentado Oxford ou Cambridge, mas o resultado é só uma incidência atípica e gratuita de frases em latim.

No dramalhão que encontrou em uma história italiana hoje perdida, aqueles romanos e godos do tempo de Teodósio falam difícil e não parecem muito com gente de verdade. Ao contrário de Marlowe, sempre à vontade com a mitologia clássica, Shakespeare vai criar suas

O APRENDIZADO

mais belas imagens a partir do cotidiano; e mesmo que seja fora de propósito, em um momento de amor entre os dois maiores vilões da peça, Tamora tem uma fala na qual dá um ar de sua graça o Shakespeare que conhece o campo: há realmente duas caçadas em andamento: a de animais pelo Imperador, e a de Lavínia, filha de Tito, pelos dois filhos de Tamora; e enquanto isso esta tem seu encontro de amor:

TAMORA

> Meu belo Aaron, por que ficar triste,
> Se tudo em volta explode em alegria?
> Em todo ramo canta um passarinho,
> Ao sol se deita a cobra enroladinha,
> O vento fresco agita as folhas verdes
> E faz xadrez de sombras sobre o solo.
> Vamos sentar na sombra doce, Aaron;
> O eco falador confunde os cães
> Co' estridente resposta à clarinada,
> Como se ouvíssemos caçada dupla.
> Vamos sentar e ouvir a barulhada,
> E depois de conflito semelhante
> Ao que se diz viveram Dido e Enéas,
> Retidos por bondosa tempestade,
> Em caverna discreta e aconchegante,
> Poderemos, nos braços um do outro,
> Adormecer após nosso deleite,
> Enquanto o canto, aves, trompas, cães,
> Nos servirão de canto de ninar
> Que embala o sono do recém-nascido.

A fala só fica menos satisfatória quando recorre aos clássicos, ou seja, quando Shakespeare sai do mundo com o qual tinha real intimidade. *Tito* é mais que generoso em vilões de toda espécie: os dois filhos de Tamora, assassinos, estupradores e mutiladores de Lavínia, não chegam a interessar, mas Tamora, que tem outra encarnação preliminar como Duquesa de Gloster no 2 *Henrique VI*, anos mais tarde cumprirá integralmente seu destino como Lady Macbeth. O "mouro" Aaron, com suas nítidas ligações com Ricardo III, terá seu pleno florescimento como Iago em *Otelo*. Nessas primeiras aparições, no entanto, ambos ainda são óbvios e canhestros; mas mesmo neste caso, ainda aprendiz, Shakespeare faz o que seu modelo desaparecido não fez: dá alguma medida de sentimento humano mais positivo até mesmo às mais violentas e sórdidas encarnações do mal. A aversão da rainha goda por Tito, na fonte, era apenas um resto de conflito de guerra; em Shakespeare ela jamais perdoa ter tido um filho, por quem intercede em vão, sacrificado no altar dos Andronici heróis de guerra. Dissimulada e calculista, ela quer a vingança sem perder o poder, e quando o lastimável imperador Saturnino, que Tito tolamente indicara para o trono,

FALANDO DE SHAKESPEARE

quer reagir violentamente à rebeldia do orgulho do velho guerreiro, ela revela bem o seu temperamento:

> Que os deuses desta Roma, meu senhor,
> Impeçam que eu lhe traga tal desonra!
> Pois minha honra faz-me interceder
> Em favor da inocência do bom Tito,
> Cuja fúria só fala de sua dor:
> Eu lhe imploro que o veja com bons olhos;
> Não perca um tal amigo em causa vã,
> Não lhe fira, com o olhar, o coração.

(À parte, para Saturnino)

> Senhor, imploro, siga o meu conselho;
> Disfarce as suas dores e desgostos:
> Em seu trono só está recém-plantado,
> E então, pra que nem povo e nem patrícios
> Se postem, com justiça, junto a Tito,
> E o destronem por sua ingratidão,
> Que Roma tem como pecado odioso.
> Ceda aos rogos, que o mais faço sozinha.
> Eu acho um dia para massacrá-los,
> Pra arrasar seu partido, sua família,
> O pai cruel e os filhos traiçoeiros –
> A quem pedi a vida de meu filho –
> Para ensinar-lhes o que é deixar
> De joelhos, na rua, uma rainha,
> A implorar, em vão, sua piedade.

Mesmo sendo tão do início da carreira do autor, o mouro Aaron já tem uma característica de todos os grandes vilões shakespearianos: uma espécie de prazer no mal, que lhe empresta considerável vitalidade; seu único aspecto redentor, a violenta defesa do filho recém-nascido, que a imperatriz repudia por ser negro como ele, não é suficiente para interferir no mal que sempre quer fazer. Ao encontrar os dois filhos de Tamora disputando entre si o direito de conquistar Lavínia, a filha de Tito que se casou com Bassiano, irmão do imperador, ele interfere com bastante cinismo:

> Que é isso? Façam planos como amigos:
> Intriga e estratagema é que farão
> O que desejam; têm de resolver
> Que o que não podem ter como queriam,
> Precisam conquistar como puderem.
> Nem Lucrécia, eu garanto, era mais pura
> Que essa Lavínia, o amor de Bassiano.
> Trilha mais rápida que penas lânguidas
> Precisamos buscar, e eu sei qual é.
> Senhores, 'stá saindo uma caçada,

E as belezas de Roma lá irão:
Os caminhos da mata são imensos,
E cheios de locais não frequentados
Feitos pro estupro e para a vilania:
Isolem lá a sua linda corça,
Ferindo à força e não pela palavra;
Pois só assim terão o que hoje aspiram.
À mente santa da Imperatriz
Consagrada à vingança e à vilania,
Vamos dar parte deste nosso intento.
Ela irá afiar, com seus conselhos,
Nossos esquemas, e impedir que briguem,
Pra que ambos possam ter o seu desejo.
A corte é casa aonde mora a Fama,
O palácio tem língua, vista e ouvido;
A mata é implacável, surda e muda.
Ataquem lá, rapazes, um e outro;
Longe do olhar do céu tenham prazer,
Gozando do tesouro de Lavínia.

Nada caracteriza tanto o trecho como obra do início da carreira de Shakespeare quanto o tipo de construção, que faz cada verso de dez sílabas comportar um pensamento completo; e nada faz Aaron ser tanto o precursor de Iago quanto a sua total falta de arrependimento quando na solução da trama é apanhado e tem de prestar contas de seus atos. Lúcio, que será o herdeiro do poder após a mortandade final, pergunta-lhe se está arrependido de ter cometido tantos atos maus, e esta é a resposta:

AARON

Só não ter perpetrado uns outros mil.
Maldigo os dias, muito embora poucos,
Nos quais não cometi um mal notório,
Como matar ou tocaiar um homem,
Violar uma moça, ou planejá-lo,
Perjurar-me, acusar um inocente,
Criar ódio mortal de dois amigos,
Matar o gado de quem já é pobre,
Incendiar celeiros e colheitas,
Pros donos apagarem com seu pranto.
Quantos defuntos não tirei da tumba
E abandonei à porta de um amigo,
Na hora em que a tristeza esmorecia,
Talhando em sua pele, com uma faca,
Letras, como em um tronco, que diziam:
" 'Stou morto, mas não morre a sua dor"
Assim fiz mil ações apavorantes
Com o entusiasmo de quem mata moscas;
E nada me entristece o coração
Senão eu não ter feito mais dez mil.

É demais: nem mesmo a desmedida da tragédia pode aguentar maldade, digamos, de tão baixa qualidade. Mesmo criando a preocupação com o governo, Shakespeare não foi capaz, em última análise, de criar um protagonista trágico. Tito Andrônico não tem riqueza interior suficiente, não tem dimensões telúricas, que pudessem compensar seus erros de julgamento – mas se o próprio Tito não evolui o bastante, isso não significa que o autor não tenha aprendido muita coisa na tentativa de sua criação.

O clima do reinado de Elizabeth I, ainda mais do que o de Henrique VIII, provocara na Inglaterra um ardor patriótico muitas vezes expressado em intensa curiosidade a respeito da história do país, do que acontecera até que a nação chegasse àquele momento feliz, triunfal mesmo, que seu povo sentia estar vivendo. Quando Elizabeth subiu ao trono, havia só sessenta anos que acabara a Guerra das Rosas entre os Lancaster e York, que, entre o endêmico e o epidêmico, durou mais de trinta anos e deixou o país arrasado pelas mortes e o abandono. Todos haviam continuado a sofrer, a seguir, com as perseguições religiosas dos dois breves reinados dos irmãos de Elizabeth, que chegaram bastante perto de fazer prever novos conflitos civis. Vários autores haviam escrito o que ficou conhecido como *chronicle plays*, influenciados pelas inúmeras crônicas medievais e renascentistas que catalogavam cronologicamente – e não raro enfeitavam – reinados, guerras e tratados. Alguns cronistas, como Jean Froissart, mudavam de lado durante um mesmo conflito e até dão duas versões de alguns fatos, segundo o patrono do momento.

Essas peças cronológicas e laudatórias lembravam muito o conceito medieval da Roda da Fortuna: quem sobe, cai, a vida é um ciclo inevitável etc. etc., razão pela qual não há tragédia na Idade Média. Mas a Renascença redescobriu causa e efeito, e Shakespeare vai alterar radicalmente a face do gênero. A peça *James IV* de Robert Greene é parte dessa transição, mas não chega sequer perto da abrangência e da penetração mesmo de um Shakespeare principiante.

A guerra civil do século XV sempre tivera o nome de Guerra das Rosas, mas não existe qualquer documento que pudesse servir de fonte à brilhante cena no Temple Garden, imaginada por Shakespeare na Parte I de *Henrique VI*, em que partidários dos York colhem rosas brancas e dos Lancaster vermelhas, e passem a usá-las como distintivo de suas posições. Em um monumental painel épico, Shakespeare faz o retrato do conflito, apontando seu início para os perigos de uma minoridade real, principalmente quando ela é seguida pela maioridade de um rei fraco: se quem manobra o poder não é quem usa a coroa, os conflitos são inevitáveis. Se um rei é bom, compreensivo e piedoso, mas destituído da inteligência política e da fibra indispensáveis ao bom governo, a catástrofe é inevitável. Enquanto Lancaster fortes – Henrique IV e Henrique V – usaram a coroa, os York não tiveram condições para reclamar o trono, segundo um direito que a ele alegavam ter, com qualquer possibilidade de sucesso; mas o reinado de Henrique VI é diferente, porque Henrique VI ocupa o cargo de rei porém não o preenche.

A guerra, em seu total, vai ocupar quatro peças: três com o nome de *Henrique VI* e uma intitulada *Ricardo III*. Até as primeiras décadas deste século, quando ninguém ainda sabia como funcionava o teatro elizabetano, essas peças eram exibidas como prova da incompetência do homem de Stratford e da bárbara ignorância de sua época. Na verdade, embora um pouco prolixas e muitas vezes excessivamente retóricas, elas constroem com clareza surpreendente o quadro que o autor quer apresentar: na primeira peça, a incompetência e os conflitos internos levam a consequências periféricas, e a Inglaterra perde seus domínios na França; na segunda, eles trazem a revolta para dentro do país; e na terceira atingem a própria coroa, ilustrando no conjunto como tudo isso leva ao pior dos reis.

A dócil e tímida figura de Henrique VI cumpre bem demais a missão de mostrar o mal que pode provocar um rei omisso. O conjunto das três obras que levam o nome do monarca não têm um protagonista efetivamente unificador, e por vezes sugere esfacelamento; mas apesar das falhas, das excessivas preocupações com lições morais e cívicas, não se pode chamar só de aprendiz um poeta que sabe mostrar a falta de vocação para o governo em um rei que, expulso do campo de batalha, como incompetente, pela própria mulher autoritária, encontra um canto abandonado para sentar e refletir:

HENRIQUE

Oh Deus, como seria boa a vida
Se eu fosse apenas um homem do campo.
Sentado sobre um monte, como agora,
Talhando em lenho relógios de sol.
Nos quais veria passar os minutos,
E quantos deles fazem uma hora,
E quantas delas formarão um dia,
E quantos dias passarão num ano,
Quantos anos na vida de um mortal.
Sabendo disso, repartia o tempo:
Por tantas horas olho o meu rebanho,
Por tantas horas devo descansar,
Por tantas horas fico contemplando.
Por tantas horas devo divertir-me.
Tanto tempo estão prenhes as ovelhas,
Em tanto tempo se desmama a cria,
Em tanto tempo posso tosquiá-la.
E assim minutos, horas, dias, anos,
Bem vividos na forma que lhes cabe,
Levariam o velho à sepultura.
Que bela a vida assim! Que paz! Que encanto!

Não é mais doce a sombra que a folhagem
Dá ao pastor que vela o seu rebanho
Do que a que dá dossel todo dourado
Ao rei, que vê em tudo a falsidade?
Por certo ela é mil vezes mais suave.
E ainda o rude queijo do pastor,
O magro caldo que carrega ao campo
E o sono bom que tira sob as árvores,
E usufrui com segurança e gosto,
São bem melhores que o manjar dos reis,
Do que seus vinhos em copos dourados,
Do que o esculpido leito em que se deita,
Para encontrar cuidados e traições.

O que faz a doçura desse patético Henrique VI é o que Shakespeare vai chamar, em *Macbeth*, de leite da bondade humana. Pensar no outro, ser solidário, amar, pensar no grupo social, no benefício de todos, essas são as qualidades que Shakespeare empresta a personagens positivas. Ao longo de três peças vemos um Duque de York que luta, conspira e morre pela coroa que, afinal, seu filho Eduardo ganha, perde, e torna a ganhar sucessivamente, alternando-se no trono com Henrique VI; mas, à medida que o tempo vai passando, uma figura vai aos poucos crescendo e se afirmando, o terceiro dos filhos de York, Ricardo, duque de Gloster. Fisicamente defeituoso, é o que tem mais garra, mais fome de poder, sem dúvida o mais destituído das qualidades que Shakespeare aprecia. Para garantir os York de uma vez, ele mata o suave Henrique, prisioneiro da Torre da Londres, e sonha com a morte dos irmãos, o rei (Eduardo IV) e Clarence, também mais velho do que ele. O prazer da maldade, visto em Aaron, está um pouco mais sofisticado, e já transparece aquela que será a mais extraordinária e inesperada qualidade de Ricardo, seu senso de humor. Raros homens se apresentam tão despudoradamente:

GLOSTER

Eu, sem piedade, sem amor, sem medo;
É bem verdade o que me disse Harry:
Cheguei ao mundo co'as pernas pra frente.
Pois não tinha eu razão para apressar-me
Para arruinar os que nos usurparam?
A parteira assustou-se, outras gritaram
"Jesus, socorro! Já nasceu com dentes!"
O que é verdade, e quer dizer, bem claro,
Que hei rosnar, morder, bancar o cão;
Pois já que os céus assim me deformaram,
Que fale o inferno, me entortando a mente:
Não tenho irmão, não me assemelho a irmão,
E o amor, palavra que abençoa o velho,
Reside em homens que são parecidos,
E não em mim. Eu sou eu só, sozinho.

Cuidado, Clarence; estás na minha luz,
Mas eu farei teu dia escurecer;
Espalharei no ar tais profecias
Que Eduardo há de ter medo mortal,
E eu te mato, para acabar o medo.
O rei Henrique e o filho já se foram;
É a vez de Clarence e, depois, do resto.
Ou subo ao topo ou eu, pra mim, não presto.
Seu corpo, Henrique, eu largo aí, assim,
Pois meu triunfo é o dia do seu fim.

De morte em morte, na quarta peça da tetralogia Ricardo chega ao trono. Aparece finalmente um grande protagonista, justamente o cruel irmão mais moço, deformado, frio e corajoso. Com um problema grave de dramaturgia, o de ter como protagonista exatamente o vilão da história, Shakespeare mostra que já completou seu aprendizado de autor: a peça abre com o famoso monólogo no qual ele fala de si e de seus planos, de tal cinismo que compra a conivência da plateia desde logo, se não pela admiração, ao menos pela curiosidade de saber se Gloster conseguirá chegar ao topo, como já proclamara querer:

RICARDO

E agora o inverno de nosso desgosto
Faz-se verão glorioso ao sol de York;
E as nuvens que cobriam nossa casa
'Stão todas enterradas no oceano.
Nossas frontes ostentam as coroas
Da glória; os braços erguem-se em estátua;
O alarma foi mudado em bons encontros,
As marchas, em compassos de alegria.
E a guerra – com o semblante transformado –
Em vez de galopar corcéis hirsutos
Para aterrar as almas do inimigo,
Vai saltitar no quarto de uma dama
Ao lascivo tanger de um alaúde.
Mas eu, sem jeito para o jogo erótico,
Nem para cortejar meu próprio espelho,
Que sou rude, e a quem falta a majestade
Do amor pra mostrar-me ante uma ninfa;
Eu, que nesses fraquíssimos momentos
De paz não tenho um doce passatempo,
Senão ver minha própria sombra ao sol,
E cantar minha própria enfermidade;
Já que não sirvo como doce amante,
Para entreter esses felizes dias
Determinei tornar-me um malfeitor,
E odiar os prazeres destes tempos.
Armei conspirações, graves perigos,
Profecias de bêbados, libelos,
Para pôr meu irmão Clarence e o rei
Dentro de ódio mortal, um contra o outro:

32 FALANDO DE SHAKESPEARE

E se o rei Eduardo for tão firme
Quanto eu sou falso, fino e traiçoeiro,
Já neste dia Clarence será preso,
Pois uma profecia diz que G
Será o algoz dos filhos de Eduardo.
Fugi, meus pensamentos; aí vem Clarence.

G, naturalmente, tanto serve para o George do nome do irmão quanto para o Gloster do título de Ricardo, o que o diverte muito. A personagem é um ator supremo, que engana a todos com suas brilhantes atuações de tímido, franco, injustiçado etc. Havendo historicamente uma falta concreta de Lancaster, todos mortos, para enfrentar Ricardo (Richmond, o futuro Henrique VII, vem da Bretanha e só aparece no final da peça), Shakespeare dá um golpe magistral: a antiga rainha Margaret, viúva de Henrique VI, violenta e má enquanto no poder, a essa altura já vivia de volta na França havia algum tempo; mas Shakespeare faz Margaret reaparecer, transformada por seu sofrimento em uma espécie de sibila louca, que não interfere na ação mas tem uma brilhante função córica.

Os York no poder, como vimos pela fala de Ricardo, não são lá muito unidos, e quando estão brigando suas várias facções Margaret aparece, ouve o conflito com o mais total deleite e, finalmente, fala para lançar sua famosa maldição à dinastia inimiga. Dirige-se de início ao grupo, a seguir à nova rainha, mulher de Eduardo IV, depois a três nobres que, segundo ela, efetivamente viram Ricardo matar seu filho enquanto ela ainda era rainha, e finalmente a Ricardo:

MARGARET

Rosnavam todos antes de eu chegar,
Prontos a se esganarem uns aos outros,
E agora voltam o ódio contra mim?
Paira no céu a horrível maldição
De York de modo tal que a própria morte
De Henrique, a morte de meu belo Eduardo,
A perda do meu reino, o meu exílio,
São o resgate de um fedelho ousado?
Se é dado às maldições entrar no céu,
Abri-vos, nuvens, ao meu brado de ódio!
Que o teu rei seja morto, não na guerra,
Mas pelo excesso, como assassinado
Morreu o nosso, pra fazê-lo rei!
Teu filho Eduardo, príncipe de Gales,
Pelo meu Eduardo, que era o Príncipe,
Morra jovem, também pela violência!
Tu, rainha, por mim que fui rainha,
Sobrevivas à glória, como eu mesma!
Vivas muito a chorar pelos teus filhos!
Vejas outra, como hoje eu vejo a ti,
Coberta dos direitos que hoje gozas,

O APRENDIZADO

Como estás instalada tu nos meus!
Morra tua alegria antes que morras,
E após as longas horas de tristeza
Morras não sendo mais mãe nem esposa,
Não sendo mais rainha da Inglaterra!
Rivers e Dorset, fostes testemunhas,
Como fostes, Lord Hastings, que meu filho
Foi abatido por punhais sangrentos:
Peço a Deus que nenhum de vós desfrute
Uma vida normal, mas seja morto
Por qualquer acidente inesperado.
Eu não te esqueço, cão; espera e ouve:
Se o céu possui alguma horrenda praga
Que exceda estas que eu lanço sobre ti,
Guarde-a, até que sazonem teus pecados,
E então derramem sua indignação
Sobre ti, destruidor da paz do mundo!
Que o verme do remorso te roa a alma!
Que os amigos suspeites de traidores,
Só tomes vis traidores por amigos!
Que o sono não te feche os olhos tristes
Senão para algum sonho tormentoso
Que te amedronte como diabo horrendo!
Tu, cão maldito, assombração que ladra!
Tu, que foste marcado de nascença.
Escravo ignóbil, filho dos infernos,
Difamador do ventre em que pesaste,
Fruto odioso da ilharga de teu pai!

Já não é principiante um autor que constrói toda uma peça sobre essas duas expectativas criadas pela fala: à medida que Ricardo galga mortes, as maldições de Margaret vão-se cumprindo, até que, numa Inglaterra exorcizada, sobe ao trono Henrique Tudor, conde de Richmond, o fundador da dinastia que, por casar-se ele com Elizabeth de York, junta as duas famílias e cria a rosa da paz, a Tudor, vermelha e branca.

3. O Amor no Bem e no Mal

Os criadores do teatro elizabetano não tinham princípios estéticos normativos a seguir; seu critério básico ao escrever para o teatro parece ter sido "se funcionar bem no palco pode, se não funcionar não pode". O que tinha sucesso passava a ser usado rotineiramente na gramática teatral da época, seja em tratamento de temas, estrutura cênica, recursos de diálogo, de figurinos ou de marcas. Não existiam tampouco limitações de gênero, tais como a rígida separação de trágico e cômico; muito pelo contrário, inúmeros gêneros, todos eles mistos, foram aparecendo, como a comédia urbana, a comédia de fantasia, a comédia romântica, a tragédia poética, a de sangue, a de vingança e a doméstica. Apareceram a *chronicle play*, que Shakespeare transformou na peça histórica, e mil variantes de tragicomédia. Em praticamente todas elas Shakespeare escreveu (a exceção é a tragédia doméstica), e em todas elas aparece o amor.

Shakespeare não inventou o amor, naturalmente; mas ocupou-se muito dele, em suas mais variadas formas: amor romântico, amor que enobrece, amor que escraviza ou é escravizado, amor de si mesmo, amor da humanidade, e mais outros tantos. Embora ele apareça em todos os gêneros, é naturalmente na comédia que com maior frequência vamos encontrar o tema do amor e sua realização; e muito embora Shakespeare não tenha dedicado exclusivamente ao amor nenhum período de sua atividade, foi nesse tipo particular de relação interpessoal que ele alcançou seus primeiros sucessos definitivos. Já na *Comédia dos Erros* a maior alteração que faz é a introdução do amor: logo de saída no amor à famí-

FALANDO DE SHAKESPEARE

lia do patético relato de Egeu, mas, com grande ênfase, não só o Antífolo casado se reconcilia com a mulher Adriana no final, como o gêmeo solteiro se apaixona por Luciana, irmã da cunhada. E é claro que a confusão entre os gêmeos ajuda a complicar o namoro: Adriana agarra o cunhado à força para almoçar em casa pensando que é o marido, e depois da refeição Luciana, achando frio o comportamento do suposto cunhado (que não conhece nenhuma das duas) para com sua suposta mulher, dá-lhe conselhos segundo o que sua inexperiência apresenta como sabedoria:

LUCIANA

Por que anda esquecido dos deveres
De marido? Ouça bem, caro cunhado,
Em plena primavera dos amores
Acaso já se encontra o seu fanado?
Se casou só por causa do dinheiro,
Pela mesma razão tenha cuidado;
Ou, se a trair, que seja mais discreto:
Mascare o falso amor com certo zelo,
Não deixe que ela o veja nos seus olhos;
Não proclame você a sua culpa.
Mostre-se terno, fale com doçura,
Dê ao vício a aparência da virtude,
Dê ao pecado um ar de santidade.
Seja falso em segredo, sem magoá-la;
Que ladrão vai gabar-se de seus furtos?
É erro duplo atraiçoar o leito
E deixar que ela o veja, quando à mesa.
A vergonha encoberta tem bom nome;
Os atos maus dobram com as más palavras,
Pobres de nós, mulheres! Sendo crédulas,
Só pedimos que finjam que nos amam;
Aceitamos o aspecto pela essência.
Volte pra casa, pois, gentil irmão;
Conforte a minha irmã, chame-a querida;
Quem mente até merece louvação
Quando a lisonja cura uma ferida.

ANTÍF. DE SIRACUSA

Gentil donzela, cujo nome ignoro,
E não compreendo como sabe o meu,
A não ser que esse encanto me revele
Não milagre terrestre mas divino,
Ensine-me a pensar e a responder,
Explique a este cérebro terreno,
Perdido em erros, fraco, débil, rude,
O sentido de frases tão estranhas.
Por que buscar tornar em tal mistério
A verdade mais pura da minha alma?
Por que, qual Deus, há de querer criar-me?
Mas, se ainda sou eu, eu lhe garanto
Que a sua irmã não é minha mulher
E ao seu leito eu nunca prestei jura.
Muito mais para si é que me inclino:

O AMOR NO BEM E NO MAL

Não tente, com o seu canto de sereia,
Afogar-me nas lágrimas da irmã;
Cante para si mesma que eu me rendo;
Nas ondas negras desses seus cabelos,
'Stou pronto a mergulhar e me entregar,
Pois sei que ali, feliz, eu julgarei
Que é bom morrer quando se morre assim:
Deixe que o amor, que é luz, se afogue neles.

LUCIANA

Suas palavras são de um tresloucado.

ANTÍFOLO

Não sei, só sei que estou apaixonado.

LUCIANA

É dos seus olhos que nasce o pecado.

ANTÍFOLO

Quem olha o sol sempre acaba ofuscado.

LUCIANA

Olhe onde deve, pra ficar mais puro.

ANTÍFOLO

E o que é que adianta, amor, olhar para o escuro?

LUCIANA

Diga amor à irmã, e não a mim.

ANTÍFOLO

À irmã da irmã.

LUCIANA

Não pode ser assim.

ANTÍFOLO

Só a você, que me trouxe esta calma,
Luz dos meus olhos, alma de minh'alma,
Meu sonho de esperança, meu tormento,
Meu céu na terra, flor do firmamento.

LUCIANA

À minha irmã é que isso é devido.

ANTÍFOLO

Então direi irmã ao seu ouvido.
É com você que vou querer viver,
Somos livres, podemos escolher.
Dê-me sua mão.

LUCIANA

A sua jura é vã;
É melhor ir falar com a minha irmã

Nem sempre o amor será assim verdadeiro, ingênuo e brincalhão. O arremedo do amor, a exploração do sentimento do outro por quem não o tem também aparecem desde logo. Uma das mais impressionantes cenas, em termos de domínio da situação dramática por parte de um autor iniciante, é a I.ii. de *Ricardo III*. Anne Neville, viúva de Eduardo, que era o príncipe de Gales da linhagem Lancaster, está acompanhando o enterro de Henrique VI, seu sogro, pai e filho mortos por Ricardo. Quem quiser condenar Anne por leviana deve pensar na situação de uma mulher tão nobre quanto a filha do conde de Warwick, chamado The Kingmaker, ligada por casamento aos Lancaster, o último dos quais está sendo enterrado: sua situação é de total desamparo, em uma corte que agora é dos York, numa época em que ninguém jamais ouvira falar em casamentos que não de conveniência de poder. Ela, além disso, não é do nível intelectual de Ricardo, nem tem seu privilégio de ser totalmente imune ao "leite da bondade humana", tão caro a Shakespeare. Vejamos como faz a corte um vilão protagonista:

GLOSTER

Não é o causador das duas mortes
De Henrique e Eduardo, os dois Plantagenetas,
Tão censurável quanto o executante?

ANNE

Tu foste a causa e mais o odioso efeito.

GLOSTER

Vossa beleza foi a causa e o efeito.
Beleza que surgia no meu sono,
E que exigia a destruição do mundo,
Pra que eu repousasse em vosso seio.

ANNE

Se o acreditasse, afirmo-te, homicida,
Destruiria eu mesma esta beleza,
Arrancando-a das faces com estas unhas.

GLOSTER

Estes olhos jamais tolerariam
Esse desastre; ele não se daria
Se eu 'stivesse por perto, e como o mundo
É todo iluminado pelo sol,
Por ela eu sou, meu dia, minha vida.

ANNE

Negra noite encobriu-te a luz do dia,
E a tua vida, sombreou-a a morte.

GLOSTER

Não te acuses assim, pois tu és ambas.

ANNE

Antes fosse, e a vingança em ti teria.

GLOSTER

É contra a natureza esse desejo
Vingar-se sobre aquele que te ama.

ANNE

É um desejo bem justo e natural
Vingar-me sobre quem matou-me o esposo.

GLOSTER

Quem te privou assim de teu marido,
Fê-lo para te dar melhor marido.

ANNE

Não há na terra alguém melhor que ele.

GLOSTER

Há quem te ame melhor que ele amava.

ANNE

Quem é?

GLOSTER

Plantageneta.

ANNE

Isso ele era.

GLOSTER

O mesmo nome, mas um ser melhor.

ANNE

Onde está ele?

GLOSTER

Aqui *(ela cospe nele)*. Por que me cospes?

ANNE

Antes fosse pra ti mortal veneno.

GLOSTER

Veneno nunca teve tal doçura.

ANNE

Nunca caiu sobre animal tão sujo.
Vai-te daqui. Teus olhos me infeccionam.

GLOSTER

Os teus, senhora, infectam mais os meus.

ANNE

Antes fossem serpentes e matassem!

40 FALANDO DE SHAKESPEARE

GLOSTER

Antes causassem morte repentina,
Pois matam-me com morte viva e lenta.
Teus olhos põem no meu salgadas lágrimas,
Enchem-nos de vergonha e de tristeza.
....
Nunca implorei amigo ou inimigo;
Meu lábio nunca soube usar ternuras;
Mas, hoje, essa beleza é a recompensa
Que peço e que meu lábio busca e implora.
....
Olha, aqui tens este afiado gume;
Se o queres esconder num peito amante,
E libertar esta alma que te adora,
Eu o ofereço aberto ao rude golpe,
E peço a morte, humilde e de joelhos.
Não hesites, pois eu matei Henrique,
Mas foi tua beleza que o exigiu;
Vamos, golpeia: assassinei Eduardo,
Mas foi teu lindo rosto que o mandou.
Apanha a espada ou fica, então, comigo.

ANNE

Levanta, falso; quero ver-te morto,
Mas não hei de ser eu o teu carrasco.

GLOSTER

Diz-me então que eu me mate, e eu o farei.

ANNE

Isso eu já disse.

GLOSTER

Foi em meio à raiva.
Diz outra vez, e só com essa palavra
A mão que já matou o amor menor
Por teu amor mata este amor maior.
De ambas as mortes serás tu culpada.

ANNE

Quisera eu conhecer-te.

GLOSTER

É clara a minha fala.

ANNE

Creio que ambos são falsos.

GLOSTER

Então é falso o homem.

ANNE

Bem, guarda a tua espada.

GLOSTER

Diz que estamos em paz.

ANNE

Isso verás depois.

GLOSTER

Mas fico na esperança?

ANNE

Só dela vive o homem.

GLOSTER

Toma; aceita este anel.

ANNE

Tomar não é ceder

(Põe o anel no dedo)

GLOSTER

Assim como esse anel serve ao teu dedo,
Teu peito há de encerrar meu coração;
Usa-os ambos, pois ambos te pertencem.
....
Diz-me um adeus.

ANNE

É mais do que mereces;
Mas como me ensinaste a lisonjear-te,
Imagina que já me despedi. *(Sai)*
....

GLOSTER

Nesse tom, que mulher foi cortejada?
Nesse tom, que mulher foi conquistada?
Eu a terei, mas não por muito tempo.
Eu, que matei-lhe o esposo e o pai do esposo,
Encontrá-la no extremo de seu ódio,
Com maldições na boca, água nos olhos,
Junto à prova sangrenta do meu ódio;
Tendo Deus, consciência e tantas forças
Contra mim, sem amigos do meu lado,
A não ser o diabo e o fingimento,
E conquistá-la! O mundo contra um nada!
Ha!!

A cena é bem maior e pede para ser apresentada na íntegra, mas é preciso continuar nossa caminhada.

Tenho a impressão de que, quando se fala de amor em Shakespeare, as duas peças que vêm à cabeça de quase todo mundo são *A Megera*

Domada e *Romeu e Julieta*, hoje mais do que nunca transformadas ambas que foram em filmes de sucesso. *A Megera* tem, na realidade, profundas ligações com *A Comédia dos Erros*: a esposa-megera vem do teatro romano e todo o clima pertence à tradição do *ridendo castigat mores*, da comédia como alegre lição de moral, com o tom romântico bastante atenuado. Shakespeare é muitas vezes chamado de machista em função dessa comédia, porém por certo não era assim que ele via a situação: a chamada subserviência de Kate no final é muito mais, para o poeta, o encontro de Kate consigo mesma, sua plena realização ao encontrar seu lugar certo no grande quadro do encadeamento dos seres, que era a visão do universo dominante na época. O caminho romano da crítica não seria o escolhido por Shakespeare para a sua melhor comédia, ou melhor, o instrumento adequado para expressar sua visão cômica, que será sempre a da busca da harmonia, mais do que a crítica ao desarmônico; mesmo em *A Megera* a mensagem essencial não é a da obediência cega da mulher ao marido mas sim a felicidade nascida da compreensão entre os dois – com o que o poeta humaniza a forma romana.

Não deixa de ser interessante que também a outra peça famosa por tratar de amor, *Romeu e Julieta*, pertença a um gênero abandonado depois dessa única e bem-sucedida experiência, o da tragédia lírica. Em um período no qual, em todos os gêneros, Shakespeare usa linguagem intensamente lírica, esta atinge seus níveis máximos não no clima romântico das comédias, como seria de esperar, mas em uma peça histórica, o *Ricardo II*, e em uma tragédia, essa mesma *Romeu e Julieta*, uma vitória difícil, sob vários aspectos.

Romeu e Julieta é de tal modo envolvente, apaixonante, que ao menos dois aspectos são normalmente esquecidos: por um lado, até que ponto a linguagem é excessiva em momentos de crise; por outro, o fato de a obra não ser (ou pelo menos não ser só) uma história de amor mas, sim, um sermão sobre os males da guerra civil: Romeu e Julieta compram com suas vidas a paz entre suas duas famílias, que viviam em luta gratuita e danosa para a comunidade. Está será, talvez, a primeira tragédia comunitária, pois quem passa pelo doloroso aprendizado trágico são as famílias e não os jovens amantes, vítimas destruídas porque se amam em um mundo de ódio. Quando conhecemos Romeu, ele está – ou pensa que está – apaixonado por Rosaline. Na realidade, no entanto, o jovem está em ponto de bala para se apaixonar, e o fato de Rosaline, que não corresponde a seus arroubos românticos, ser uma Capuleto e, portanto, integrante do campo oposto, provoca a criação de uma delirante sequência de elaborados paradoxos:

> Amor de ódio, ódio apaixonado,
> Tudo que pelo nada foi criado,
> Leve peso, vaidade circunspecta,

Disforme caos de deslumbrantes formas!
Fogo gelado, mórbida saúde,
Sono desperto, sem ser o que for,
Esse o amor que sinto, sem amor.

Como veem, uma fala totalmente autorreferente, uma preocupação exclusiva com ele mesmo, escrita por um autor que sabe que uma emoção espontânea e autêntica não se dispersa em tamanha elaboração. No momento em que vê Julieta, o discurso de Romeu se altera radicalmente: jovem e romântico, é claro que ele ainda cairá em excessos verbais, mas deixa de falar de si para falar de Julieta. O deslumbramento é imediato, ele pensa logo em aproximar-se dela e, se conseguir tocar a mão dela na dança, ficar com a dele abençoada. Shakespeare tinha um problema: *Romeu e Julieta* tem de longe o mais alto percentual de rima entre as tragédias; no gênero, a que tem menos rimas é *Coriolano* (menos de 1%), e a média geral é 5,1%, enquanto *Romeu e Julieta* tem nada menos de 15,5% de seu texto rimado. Como marcar o encontro dos dois jovens de forma definitiva? A solução é memorável: as primeiras catorze linhas de diálogo entre os dois formam um soneto:

ROMEU

Se a minha mão profana esse sacrário,
Pagarei docemente o meu pecado;
Meu lábio, peregrino temerário,
O expiará num beijo delicado.

JULIETA

Bom peregrino, a mão que acusas tanto
Revela-me um respeito delicado;
Juntas, a mão do fiel e a mão do santo,
Palma com palma se terão beijado.

ROMEU

Os santos não têm lábios, mãos, sentidos?

JULIETA

Ai, têm lábios apenas para a reza.

ROMEU

Fiquem os lábios, como as mãos, unidos;
Rezem também, que a fé não os despreza.

JULIETA

Imóveis, eles ouvem os que choram.

ROMEU

Santa, que eu colha o que os meus ais imploram.

44 FALANDO DE SHAKESPEARE

É claro que para falar de amor poderíamos continuar com *Romeu e Julieta* por muito tempo; mas como não será esse o caminho de Shakespeare, temos de passar adiante: no *Mercador de Veneza* Shakespeare já definiu a comédia romântica na qual toda a trama é armada em torno de uma série de obstáculos no caminho da plena realização do amor dos protagonistas, mas na qual o interesse é sempre distribuído entre vários personagens. Nunca existe apenas um casal de apaixonados; no *Mercador* são três, em *Noite de Reis* são dois, no *Sonho de uma Noite de Verão* três, em *Como Quiserem* quatro.

No *Mercador* Shakespeare explora brilhantemente velhos temas de contos de fadas: a ação se alterna entre o Rialto, o mundo dos negócios, onde se desenvolve o obstáculo ao amor de Pórcia e Bassânio no empréstimo com a libra de carne como garantia, e Belmonte, onde mora Pórcia, onde o obstáculo a ser vencido são os desejos do pai morto, que só permitem que ela se case com quem fizer a escolha certa entre três arcas, uma de ouro, uma de prata, uma de chumbo. Tanto o empréstimo quanto a escolha das arcas são motivações perfeitas para que Shakespeare use aqui, mais do que em qualquer outra obra, a imagem do amor como comércio (mas que ele usa com alguma frequência, em outras peças). A diferença é que no comércio em si o que leva à riqueza é a busca do interesse próprio, enquanto no amor a riqueza só chega com a generosidade; o contrato que une um casal só é bem-sucedido quando cada contratante põe em primeiro lugar o bem do outro, enquanto os filhos é que serão vistos como o lucro da transação. No *Mercador* vemos primeiro o príncipe de Marrocos errar escolhendo o ouro, e depois o de Aragão errar escolhendo a prata. Quando chega a vez de Bassânio, o próprio momento da escolha já é encantador: o regulamento reza que quem escolher errado tem de ir embora imediatamente, e Pórcia, que sempre cumprira à risca os desejos do pai, finalmente hesita:

PÓRCIA

> Eu lhe peço que espere um dia ou dois
> Para arriscar-se; pois se escolhe errado
> Perco sua companhia. Aguarde um pouco;
> Algo me diz (mas que não é amor)
> Que eu não quero perdê-lo, e o senhor sabe
> Que não é ódio que aconselha assim.
> Mas pra que eu saiba que me compreende...
> Embora eu deva me manter calada –
> Gostaria de retê-lo um mês ou dois
> Antes que se arriscasse. Eu poderia
> Ensiná-lo a escolher, porém não posso;
> Não o farei – e, então, pode perder-me...
> E, em me perdendo, me fará pecar,
> Querendo ter falado. Esses seus olhos
> Enfeitiçaram-me e dividiram-me:
> Eu sou metade sua, e o resto sua;

O AMOR NO BEM E NO MAL 45

Isto é, metade minha e, sendo assim,
Sou toda sua porque o meu é seu.
É triste que entre o dono e o seu direito
Existam condições e obstáculos.

Bassânio alega não poder resistir à tortura da espera, e finalmente
vai enfrentar as arcas:

BASSÂNIO

O aspecto pode ser contrário à essência –
O mundo muito engana na aparência.
Na lei, que causa chega tão corrupta
Que a palavra sonora e adocicada
Não lhe atenue o erro? E, na igreja,
Que pecado não tem quem, muito austero,
O abençoe, citando as Escrituras,
Ocultando o que é sórdido com o belo?
Não há vício tão claro que não traga
Vislumbre de virtude em seu aspecto:
Quantos covardes, cujos corações
Não são mais firmes que muros de areia,
Não têm aspecto de Hércules ou Marte,
'Stando por dentro pálidos de medo?
Mas só por terem ares de coragem,
Eles ficam famosos. E a beleza
Que vemos, muitas vezes é comprada
A peso e, alterando a natureza,
Torna levianas as que mais carregam.
Os cachos que, dourados, serpenteiam
Tão cheios de malícia, quando ao vento,
Muitas vezes, sabemos, são presentes,
A essas falsas belezas, de outro crâneo,
Que ora jaz em alguma sepultura.
O ornamento é a praia traiçoeira
De um mar bravio: o deslumbrante véu
Que encobre a bela indu. Numa palavra,
A aparente verdade com que o esperto
Engana o sábio. E então, ouro vulgar,
Alimento de Midas, não te quero;
Nem a ti, que és a pálida criada
Do comércio entre os homens: mas a ti,
Ó pobre chumbo, que me falas mais
De ameaças que promessas, eu darei
A minha escolha. Que ela seja alegre!

PÓRCIA

Todas as paixões mais se desvanecem!

(À parte)

O medo, os olhos verdes do ciúme.
Amor, modera-te; controla o êxtase;

FALANDO DE SHAKESPEARE

Faz cair leve a chuva da alegria!
Evita o excesso! Sinto bênçãos tais,
Tão enormes, que deves diminuí-las
Para eu não sufocar.

BASSÂNIO

Que vejo aqui?
O retrato de Pórcia.

....

Eis a mensagem
Que diz o que me coube por fortuna.
"Quem o aspecto não tentou,
Escolheu bem, na verdade;
Se a fortuna te tocou,
Não busques mais novidade.
Se alegria ela te dá,
E riquezas benfazejas,
Beija a noiva que aqui está,
Se é a ela que desejas".
Essa mensagem, como pode ver,
É promissória pra dar e pagar.
Assim como, no fim de uma contenda,
Um lutador pressente que agradou
Mas, ao ouvir o aplauso que o consagra,
Ainda tonto, fica sem saber
Se os louvores são seus ou são do outro,
Assim, bela entre as belas, estou eu,
Sem crer nessa fortuna que me é dada,
Sem tê-la, por sua voz, avalizada.

PÓRCIA

Senhor Bassânio, aqui me vê agora
Tal como sou; e embora por mim mesma
Não tivesse ambição de ser melhor
Do que aquilo que sou, por sua causa
Desejaria eu ser multiplicada
Por mil no aspecto, dez mil na riqueza,
Tão só pra merecer a sua estima.

....

Eu e o que é meu a si e ao que é seu
Nos entregamos. Inda até há pouco
Era eu o senhor desta mansão,
Na qual reinava; mas daqui em diante
A casa, a criadagem, e até eu
Somos seus, meu senhor, com este anel:
Se o senhor o perder, der ou tirar,
Nisso eu verei o fim do seu amor,
Cabendo-me o direito do protesto.

BASSÂNIO

Senhora, não me restam mais palavras;
O meu sangue pulsando é que lhe fala.
Em meus sentidos há o burburinho
Que, ao findar a magnífica oração

O AMOR NO BEM E NO MAL 47

De um príncipe adorado, faz-se ouvir
Na multidão feliz e murmurante,
Quando um milhão de coisas, misturadas,
Tornam-se nada num só todo alegre
Que, sem dizer, diz tudo. E se algum dia
Eu deixar este anel, é o fim da vida!
E aceito que proclamem minha morte.

A questão da libra de carne, e os anéis que Pórcia e Nerissa dão a Bassânio e Graciano serão, naturalmente, obstáculos a serem superados. Muito se tem falado sobre Shylock e suas memoráveis falas que lhe emprestam a estatura de defensor de sua raça; mas raramente é notado o delicado toque de Shakespeare mostrando o quanto, também para o judeu, o amor era importante. Quando sabe que a filha Jessica, que fugiu com um cristão, não só esbanja o dinheiro que lhe roubou mas também, certa noite, trocou um anel por um macaco, ele exclama: "Infeliz! Você me tortura com isso, Tubal – era a minha turquesa, que ganhei de Lia quando era solteiro: eu não a trocaria nem por uma floresta inteira de macacos."

Nem só o amor romântico aparecerá nas comédias, e logo a primeira fala de *Noite de Reis*, "Se a música alimenta o amor, tocai, / Dai-ma em excesso...", indica que os erros do excesso estarão presentes em toda a obra. É em *Noite de Reis* que Shakespeare aproveita para, na figura do puritano Malvólio, criticar o amor de si mesmo, a pretensão, o convencimento. Maria, a aia de Olívia, é quem prepara a armadilha na qual cai tão lindamente o administrador das propriedades da jovem condessa Olívia, deixando para que ele a encontre, no chão, uma misteriosa carta:

MALVÓLIO

Juno sabe que eu adoro;
Mas a quem?
Lábios, quietos; eu imploro:
Ninguém saberá a quem.
"Ninguém saberá". O que se segue? Agora muda a métrica!
"Ninguém saberá". E se fosses tu, Malvólio?
....
Ao que amo posso ordenar;
Mas o silêncio, que é lâmina aguda,
Meu coração vive a cortar.
M.O.A.I. a minha vida muda.
....

"M.O.A.I. a minha vida muda." Não; mas primeiro deixe-me ver, deixe-me ver, deixe-me ver.
....

"A quem amo posso ordenar". Ora, ela pode ordenar-me: eu a sirvo; ela é a minha senhora. Ora, isto está óbvio para qualquer cérebro normal. Quanto ao final: o que poderá significar essa disposição alfabética? Se pudesse fazê-la assemelhar-se a qualquer coisa em mim! Calma! "M.O.A.I."
....

48   FALANDO DE SHAKESPEARE

M. Malvólio. M. – ora, é a inicial do meu nome.

....

M. Porém depois não há consonância na sequência. Não resiste a uma análise detalhada. O A deveria seguir-se, porém segue-se o... E atrás vejo um I.

....

M.O.A.I. Essa dissimulação não é como a primeira; entretanto, se eu forçasse entram no meu nome. Atenção! Agora temos algo em prosa

(Lendo)

"Se isto cair em tua mão, resolve-o na mente. Minha estrela pôs-se acima de ti, mas não temas a grandeza. Alguns nascem grandes, alguns conquistam a grandeza, e a outros a grandeza é impingida. Teus fados abriram as mãos; que teu sangue e teu espírito os abracem e, para acostumar-te ao que provavelmente serás, abandona tua pele de humildade e aparece renovado. Sê hostil a um parente, grosseiro com os criados. Que em tua língua ressoem problemas de Estado; cultiva a excentricidade afetada. Assim te aconselha a que suspira por ti. lembra-te de quem te elogiou as meia amarelas e desejou que usasses sempre as ligas em cruz. Digo-te que te lembres. Avante, estás feito, se assim o desejares. Se não, que eu ainda e sempre o veja feitor, companheiro de criados, indigno dos dados da Fortuna. Adeus. Aquela que gostaria de trocar de posição contigo,
A Venturosa Infeliz"
A luz e o céu aberto não são mais reveladores.
Isso é óbvio. Serei orgulhoso, lerei autores políticos, humilharei Sir Toby em público, repudiarei conhecidos de baixa classe, seguirei cada sugestão, para ser o homem certo.
Não estou me enganando, não estou me deixando levar pela imaginação, pois toda razão me incita à mesma coisa: que a minha senhora me ama. Ainda recentemente ela apreciou minhas meias amarelas, e elogiou minhas pernas pelas ligas em cruz: nesta carta ela se manifesta ao meu amor e, com bondosas indiretas, me encaminha para os hábitos que gosta. Meus astros, estou feliz! Serei presunçoso, orgulhoso, com meias amarelas.
Louvados sejam Júpiter e meus astros.
Ainda há um *post-scriptum*.

(Lendo)

"Não podes deixar de perceber quem sou. Se aceitas meu amor, que isso se revele em teu sorriso. Teu sorriso te vai muito bem. Portanto, em minha presença, sorri sempre, meu doce, meu caro, eu te imploro." Júpiter, obrigado! Eu sorrirei, farei tudo o que quiseres.

Em *Noite de Reis* todo excesso é criticado e, no caso, a presunção e o condenável amor de si mesmo é que perdem Malvólio, em sua supervalorização de si mesmo; e na casa de Olívia, onde o excessivo luto de sete anos pela morte do irmão havia sido decretado, já se pode desde logo prever como serão recebidos os exagerados sorrisos de Malvólio.

As variedades de amor retratadas são muitas, e dentro do mesmo período é bem outro o tipo de amor, maduro e responsável, que Shakespeare apresenta em *Júlio César*. Brutus foi envolvido na conspiração contra César e à noite, inquieto, não consegue dormir após a visita dos que planejam a morte de seu pai adotivo. Pórcia, sua mulher, sente a preocupação do marido e quer saber o motivo; ele alega doença, no que ela não acredita.

O AMOR NO BEM E NO MAL

PÓRCIA

Brutus, 'stá doente?
Mas escapole do saudável leito
Pra enfrentar os contágios vis da noite
E tentar os miasmas do ar impuro
A piorar seus males? Não, meu Brutus;
Algo doente ofende a sua mente
Que, em virtude de minha posição
Eu tenho de saber; e de joelhos
Aqui conjuro, em memória da beleza
Que em mim outrora foi tão proclamada,
Pelo amor que me deu, e pela jura
Que nos incorporou e nos fez um,
Que a mim, sua metade, hoje revele
Por que 'stá triste e que homens, esta noite
Vieram vê-lo; pois aqui estiveram
Uns seis ou sete, escondendo seus rostos
Até da noite.

BRUTUS

Mas não de joelhos,
Doce Pórcia.

PÓRCIA

Não me ajoealharia
Se você fosse ainda o doce Brutus.
Nos laços do Himeneu, diga-me, Brutus,
É dito que eu não posso conhecer
Os seus segredos? Eu sou você mesmo;
Porém, ao que parece, em limites,
Para atendê-lo bem em cama e mesa
E, às vezes, conversar? Viver na fímbria
Do seu prazer, apenas? Se é só isso,
De Brutus sou rameira, não esposa.

BRUTUS

Você é minha esposa, fiel e honrada,
Tão cara quanto o sangue que me corre
No triste coração.

PÓRCIA

Se assim fosse eu sabia esse segredo.
Eu sei que sou mulher mas, mesmo assim,
Uma mulher com quem Brutus casou;
Eu sei que sou mulher mas, mesmo assim,
Mulher de nome, filha de Catão.
Não serei eu mais forte que meu sexo,
Tendo tal pai e tendo tal marido?
Conte-me tudo, que eu não falarei.
Para dar forte prova de constância,
Vibrei em mim um corte voluntário
Aqui na coxa: posso calar dele,
Porém não dos segredos de um marido?

BRUTUS

Deuses! Fazei-me digno dessa esposa!

Não é só o clima da decantada gravidade romana que faz Shakespeare escrever esse diálogo tão despojado; antes, ele revela uma relação estável, com bases em posturas culturais e emocionais comuns, capaz – por isso mesmo – de enfrentar crises. E é justamente isso o que não acontece quando, depois de já haver abandonado desde algum tempo a comédia romântica (o que fizera por volta de 1601), Shakespeare cria sua mais patética tragédia em torno da fragilidade do amor romântico e sua vulnerabilidade quando atacado antes de um período de, por assim dizer, assentamento. Otelo e Desdêmona, ao contrário de Brutus e Pórcia, nada têm em comum senão o seu amor: um general mouro e guerreiro, com cerca de cinquenta anos, apaixona-se perdidamente por uma veneziana muito jovem, criada de forma quase conventual, que também se apaixona perdidamente por aquele homem só e sofrido que traz, para dentro da casa do pai dela, todo um mundo de aventuras e maravilhas. A não ser por isso, não se conhecem, não têm um período de convívio mais normal, menos romântico, antes do casamento (para o qual fogem, obviamente já convencidos de que Brabâncio, o pai dela, seria contra a união). Denunciados pelo "honesto Iago", Otelo é acusado, no senado veneziano, de, por suas origens bárbaras, ter usado bruxarias e mágicas para enfeitiçar Desdêmona.

Otelo é, muito provavelmente, de todos os personagens trágicos, o mais espontâneo, instintivamente, majestoso, dispensando qualquer pompa e circunstância exterior para se impor. E é justamente essa imensa dimensão interior de Otelo que torna mais comovente o depoimento que faz ao senado sobre seu amor o principal general das forças venezianas:

OTELO

Reverendos Senhores, poderosos,
Meus amos comprovadamente nobres:
Que a filha desse velho está comigo
É verdade, como é que nos casamos.
O auge e a dimensão da minha ofensa
Não passam disso. Rude eu sou de fala;
Falta-me a bênção das frases da paz,
Pois estes braços, desde os sete anos,
Até há nove luas, só empenharam
Suas forças agindo em campo aberto.
E pouco deste mundo eu sei dizer
Que não pertença a lutas e batalhas.
E, assim, não farei bem à minha causa
Se falo eu mesmo; mas (se o permitirdes)
Eu farei um relato sem enfeites
Do curso deste amor; que drogas, ritos,
Que invocações e mágicas potentes
Teria usado (pois assim me acusam)

O AMOR NO BEM E NO MAL

Pra ter-lhe a filha.

....

Seu pai me amava e, ao convidar-me,
Sempre indagava sobre a minha vida,
Ano por ano: os cercos e batalhas
Por que passei:
Eu revi tudo, desde a minha infância
Até o momento em que me fez falar.
Narrei então acasos desgraçados,
Atos terríveis em dilúvio e campo;
Como escapei da morte por um triz,
Como fui prisioneiro do inimigo,
Vendido como escravo e redimido.
E, junto a isso, o quanto viajei.
Falar de vastos antros, de desertos,
De rochas cujos topos vão aos céus,
Foi minha sina, pois tais são os fatos:
Também dos canibais, que se entrecomem,
E de antropófagos, cujas cabeças
Crescem-lhes entre os ombros; a escutar-me,
Desdêmona tendia seriamente;
Os trabalhos da casa a afastavam,
Mas tão logo depressa os atendesse,
Ela voltava e, com ouvido sôfrego,
Devorava o narrado; eu, ao notá-lo,
Achei um' hora livre e consegui
Ouvir dela um pedido emocionado,
Pra que eu contasse todo o meu caminho,
Do qual só lhe coubera ouvir pedaços,
Sem atenção. Com isso eu concordei
E muitas vezes arranquei-lhe lágrimas,
Ao relatar passagem mais terrível
Vivida quando jovem. Terminando,
Ela pagou-me as penas com suspiros;
Jurou-me que era estranho, muito estranho;
Que era de dar pena, imensa pena,
Que não quisera ouvir; mas desejava
Que o céu dela fizesse um homem tal.
Agradeceu-me e pediu-me que, no caso
De eu ter algum amigo que a amasse,
Eu devia contar-lhe a minha história,
Pra cortejá-la. E eu, então, falei:
Ela me amou porque passei perigos,
E eu a amei porque sentiu piedade.

A destruição desse amor superidealizado pelas sórdidas acusações do "honesto Iago" é penosa. Otelo sabe que na sofisticada Veneza há muito marido complacente, e seu próprio sogro abre o caminho para a intriga despedindo-se da filha e do genro com "Cuidado, Mouro; atente pro que vê:/ Quem trai o pai pode trair você". Sem tempo para que o convívio estabelecesse um clima de confiança mútua, a catástrofe é inevitável porque Otelo não concebe que alguém possa mentir sobre assunto tão sério (do mesmo modo que Brutus, em *Júlio César,* julga os outros por sua própria integridade), e Desdêmona é jovem demais para saber se defender. Amor romântico na idade de Otelo é coisa muito perigosa.

A mais terrível lição sobre a verdadeira natureza do amor, no entanto, é aprendida por Lear. Toda a tragédia do *Rei Lear* vai girar em torno do estabelecimento do que serão nos relacionamentos humanos as medidas justas, adequadas segundo os ditames da natureza e da organização social. As falsas e exageradas declarações de amor ao pai por parte de Regan e Goneril (que o velho rei, habituado à bajulação, aceita com prazer) são depois desenvolvidas no falso amor – mero desejo carnal – no qual as duas brigam por Edmund, que por seu lado só as procura por lhe servirem como instrumento para sua sede de poder. Depois dos mais terríveis sofrimentos, o que Lear aprende é justamente a reconhecer a harmonia na medida certa, a aceitar a verdade. Cordélia jamais diz que não ama o pai: é a desmedida dele que entende assim a medida justa do amor; e Shakespeare constrói tão bem o personagem que somos levados a reconhecer que, nele, é um desejo injusto mas compreensível esperar da caçula favorita proclamações ainda mais exibicionistas de amor do que as das duas filhas mais velhas:

LEAR

Agora a nossa Alegria,
Embora a última, por cujo amor
Vinhas da França e o leite da Borgonha
Se desafiam; que dizes pra ter
Terço mais opulento que as irmãs?

CORDÉLIA

Nada, meu Senhor.

LEAR

Nada?

CORDÉLIA

Nada.

LEAR

Nada não produz nada; fala mais.

CORDÉLIA

Pobre de mim, não sei trazer na boca
Meu coração. Eu amo Vossa Alteza
Nem mais nem menos do que o que nos liga.

LEAR

Vamos, Cordélia; acerta a tua fala,
Para não macular tua fortuna.

CORDÉLIA

Senhor, vós me gerastes e me amastes;
É meu dever retribuir a isso
Com amor, com honra e obediência a vós.
Por que minhas irmãs terão maridos
Se amam só a vós? Quando eu casar,
Meu Senhor levará, com a minha jura,
Meio amor meu, metade dos deveres.
Jamais me casarei como elas duas,
Para amar só o pai.

LEAR

Isso é de coração?

CORDÉLIA

Sim, meu senhor.

LEAR

Tão jovem e tão dura?

CORDÉLIA

Tão jovem, meu Senhor, e verdadeira.

O preço que Lear paga por seu erro de julgamento é terrível, e a tragédia inteira é uma monumental metáfora sobre os vários níveis de afeto que determinam o equilíbrio na família, no Estado e na natureza: esses níveis serão apoiados, em termos de linguagem, não só nas frequentes imagens de animais, que caracterizam a degradação do humano, como também pela variedade de usos dos termos *kind, unkind, kindness*, com a ambivalência impossível de conseguir em português, entre bondade e espécie: ser *kind* é ser bondoso mas é também ser fiel à espécie e seus desígnios; ser *unkind* é produzir algo de mau por ser contra a natureza.

Esses são apenas alguns dos muitos e muitos tratamentos que Shakespeare faz do amor nas mais variadas ocasiões e circunstâncias; mas talvez em nenhuma delas com a profundidade com que nos mostra que o Lear rei é *unkind* porque, errando como pai, deixou de ser fiel à sua espécie. É só quando finalmente, perdendo a condição de rei, Lear retoma a sua condição de homem, que ele se torna verdadeiramente *kind*, compreendendo e retribuindo o amor de Cordélia na medida justa.

É na imensa variedade do panorama que temos a comprovação de que o amor maior do próprio Shakespeare é por toda a humanidade.

4. O Jogo do Poder

A preocupação de Shakespeare com a criação de um quadro sociopolítico no qual sejam inseridas suas personagens, e em relação ao qual adquiram credibilidade maior suas tramas, faz com que desde seus primeiros passos ele se tenha preocupado não só com o bom e o mau governo, mas também com a luta pelas mais variadas formas de poder. A visão global de Shakespeare é bastante coerente e pautada por preocupações com uma ordem harmônica, responsabilidade mútua, generosidade e preocupação com o outro. No plano político, ele vai se preocupar com a natureza do governante desde o *Tito Andrônico* e a *Comédia dos Erros* até *A Tempestade*, e sua definição é clara: o bom governante é aquele que subordina seus interesses pessoais aos dos governados, aquele para quem o bem-estar da comunidade é a preocupação maior; o mau governante é, pura e simplesmente, aquele que deseja o poder para benefício próprio, para gozar de seus privilégios sem pensar em seus deveres. Esse poder terá seu equivalente nas relações sociais e pessoais, e é coerente com a noção Tudor de que todo privilégio é pago com grandes responsabilidades. Do mesmo modo, também estarão sempre presentes em todas as peças as pressões sociais, as consequências de privilégios e de preconceitos, os interesses de classe e de toda espécie de grupo organizado, sua interferência na vida do indivíduo e do grupo.

Fala-se em "jogo do poder" nos casos de obras dramáticas que tratam de disputas políticas, e ele é visto, mais naturalmente, nas peças históricas, sejam elas inglesas ou romanas; porém o tema só muito ra-

FALANDO DE SHAKESPEARE

ramente é proposto em termos efetivos de um jogo, como Shakespeare faz no *Henrique V*. O início da peça mostra o rei recém-coroado consultando a hierarquia da Igreja a respeito de seu direito à coroa da França; e em longuíssima explicação, só aceitável para ouvidos elizabetanos sôfregos de reafirmações patrióticas, somos informados de todas as bases para a decisão que toma Henrique de invadir a França. Logo a seguir chega o embaixador francês trazendo um presente do Delfim para o novo rei (que, como era amplamente sabido, tivera acidentada e irresponsável juventude). Ao indagar o que seja o presente, o rei tem a desagradável surpresa de ser informado que são bolas de tênis. Sua reação expressa sua nova postura como governante responsável:

HENRIQUE

> Alegra-me o Delfim brincar comigo;
> Agradeço o presente e o seu trabalho:
> Quando nos defrontarmos, com essas bolas,
> Vamos jogar na França, eu juro, um set,
> Valendo até a coroa de seu pai.
> Digam-lhe que arranjou um adversário
> Cujos pontos vão abalar as cortes
> Da França inteira. E vemos muito bem
> Que ele lembrou loucuras de outros tempos,
> Sem medir que proveito elas nos deram.
> Nunca demos valor ao trono inglês
> E, por isso, vivendo longe dele,
> Nos permitimos vil devassidão;
> Mas digam ao Delfim que, em grande pompa,
> Serei real com as velas da grandeza
> Quando ascender ao meu trono da França:
> Deixei de lado a minha majestade
> Para enfrentar jornadas de trabalho;
> Mas lá hei de subir numa tal glória
> Que ofuscarei os olhos dos franceses,
> Cegando o seu Delfim, se ele me olhar.
> Digam ao príncipe que essa brincadeira
> Fez balas de suas bolas; e sua alma
> Será julgada pelo desperdício
> Da vingança que trazem. Mil viúvas
> Vão ver, no jogo alegre, seus maridos,
> As mães, seus filhos; e, também, castelos.
> E muitos dos que ainda não nasceram
> Hão de sofrer com a graça do Delfim.
> Mas tudo isso está nas mãos de Deus
> A quem agora apelo, e em cujo nome
> Podem dizer a esse Delfim que irei
> Vingar-me, se puder; e levantar
> Esta mão justa em causa sacrossanta.
> Partam em paz e digam ao Delfim
> Que a brincadeira saberá bem fria
> Quando chorar quem se ri hoje em dia.

O JOGO DO PODER 57

Esse autocontrole irônico, essa ameaça com os males inevitáveis de toda guerra em si, e não com crueldades pessoais, são produto de 1599, de um autor experimentado e já no limiar de sua plenitude. As convicções básicas de Shakespeare a respeito do Estado e dos homens que disputam o jogo do poder foram definidas bastante cedo, produtos da própria conjuntura inglesa e, mais particularmente, da formação que o poeta recebeu em casa, na escola e na igreja. Em sua trajetória de indivíduo, elas iriam tornar-se mais sofisticadas e complexas; e certamente em sua trajetória de autor ele passará do mais óbvio, linear e maniqueísta para o mais sutil, mais denso, mais profundo. Os dois planos implicam uma evolução do domínio dos recursos, convenções e limitações do próprio teatro elizabetano, cujo principal obstáculo era, sem dúvida, a ausência de atrizes.

Casa de espetáculo e dramaturgia daquele período são produtos diretos do teatro medieval; e este, primeiro na Igreja e a seguir nas mãos dos *guilds*, as corporações dos vários ofícios, sempre foi interpretado exclusivamente por homens: como foram os amadores dos *guilds* que se transformaram em atores profissionais, a tradição permaneceu, e o resultado é o de serem as poucas heroínas de Shakespeare – como vimos nos trechos mais famosos sobre o amor – todas muito jovens. Quando não o são, os papéis femininos tendem a ser o que hoje chamamos de papéis de composição, ou seja, papéis em que o personagem é dominado por alguma característica que de algum modo o altera ou deforma. Um desses, o primeiro de seu gênero no jogo do poder, é o de Margaret de Anjou, cujo casamento com Henrique VI, negociado pelo conde de Suffolk, é altamente manipulado por Shakespeare para servir seus objetivos dramáticos. Margaret é retratada sem dote, sem peso político que justifique o casamento, e aceitando Suffolk como amante desde o momento em que o conhece. Para sublinhar a fraqueza do rei, ela se torna uma figura de ambição desmesurada, que inverte todos os valores do bom governo. Margaret manda no marido, comanda tropas e, como já foi mencionado anteriormente, chega mesmo a expulsar o pobre Henrique do campo de batalha, alegando sua incompetência militar.

O personagem deve ter feito sucesso excepcional, já que uma fala sua na cena 4, Ato I da terceira parte de *Henrique VI* serviu de base para o trocadilho que Robert Greene faz em seu ataque a Shakespeare em *A groatsworth of wit bought with a million of repentance* (algo como "um tostão de sabedoria comprado com um milhão de arrependimento"), a primeira referência conhecida ao autor William Shakespeare. De certo modo, o próprio panfleto de Greene pode ser tomado como parte do jogo do poder, pois a razão do ataque do integrante do grupo dos University Wits, predecessores imediatos de Shakespeare, é sua perda de prestígio como autor para os teatros profissionais justamente quando Shakespeare despontava, já tendo alcançado alguns sucessos. A certa altura Greene refere-se a Shakespeare como tendo um *Tygers hart wrapt on a Playersd hyde*, paródia de "O tiger's heart wrapped in a woman's hide", com que York – aliás muito acertadamente – descreve a rainha.

York o faz com razão, reagindo a uma fala de Margaret na qual a virulência do personagem fica muito bem caracterizada; ela não só exulta com o fato de Clifford, um de seus generais, haver assassinado brutalmente o adolescente Rutland, filho de York, durante uma batalha na qual ele não tomava parte, como também está triunfante com o aprisionamento do próprio York. Com ódio por tudo o que ele vinha fazendo para conquistar o trono, ela efetivamente lhe põe na cabeça uma coroa de papel, e ordena que seja decapitado. A cabeça, com seu arremedo de coroa, fica depois exposta acima das portas da cidade. Ninguém pode negar a força de Margaret, mas Shakespeare terá muito de caminhar até alcançar maiores profundidade e equilíbrio na apresentação de contendores na luta pelo poder:

MARGARET

    Bravos guerreiros, Clifford e Northumberland:
    Podem botar aqui, neste barranco,
    Quem pra montanhas levantou os braços
    Mas cujas mãos só alcançaram sombras.
    É você que queria então ser rei?
    Você quem se exibiu, no parlamento,
    Pregando seus sermões de alta linhagem?
    Não 'stão aqui seus filhos, em matilha?
    O devasso Eduardo e o sonso George?
    Por onde anda o prodígio corcunda,
    Seu filho Dickie que, com voz sangrenta,
    Sempre ajudou o pai em seus motins?
    E pr'onde foi o seu querido Rutland?
    Veja, York, este lenço que encharquei
    Com o sangue do punhal que o nobre Clifford
    Do peito do menino fez jorrar;
    Se os seus olhos choraram sua morte,
    Eu lho darei para enxugar as faces.
    Pobre York; sem meu ódio – que é mortífero –
    Eu lamentava a sua sina horrenda;
    Mas só rogo que sofra, pr'eu gozar.
    Seu coração queimou suas entranhas?
    Por Rutland morto, nem uma só lágrima?
    Que paciência! Devia enlouquecer,
    E eu ajudo a loucura com o deboche.
    Sapateie e delire pr'eu dançar!
    Vai querer paga, pra me divertir?
    Tem de usar a coroa pra falar?
    Uma coroa pra York! Saúdem-no!
    Prendam-lhe as mãos, enquanto eu a coloco!
    Coroa York com uma coroa de papel
    Ora viva, senhor; parece um rei!

O JOGO DO PODER

Foi quem tirou o trono ao rei Henrique;
Foi ele o adotado como herdeiro.
Mas como foi que o herói Plantageneta
Se perjurou e coroou tão logo?
A falta é por demais imperdoável!
Arranquem-lhe a cabeça, co'a coroa;
A ele, a morte; a nós, a vida boa.

York ainda tem forças para responder e começa sua fala com "Loba da França, mas pior que os lobos da França", o que é compreensível, já que na verdade a fala chega a ter algo de *grand-guignol*, com a maldade a ser mostrada em estado virtualmente puro. À medida que Shakespeare for caminhando, porém, ele irá chegar cada vez mais perto da polifacetada realidade do ser humano, abandonando simplificações como essa.

Uma força bruta como a de Margaret, no entanto, é sem dúvida mais fácil de ser construída do que figuras mais detalhadas e sutis; e no jogo do poder, nesta terceira etapa de *Henrique VI*, o principal inimigo de Margaret, em particular depois da morte de York, será o terceiro filho deste, Ricardo, duque de Gloster, o futuro Ricardo III. Logo após a morte do pai, essa tortuosa figura, física e mentalmente deformada, mesmo que ainda não totalmente amadurecida, por assim dizer põe as cartas na mesa a respeito da própria personalidade. É só na peça seguinte, que leva seu nome, que Ricardo se completa e se realiza inteiramente: confiando na quase ritualização do conflito entre o bem e o mal na disputa do poder, Ricardo revela-se o primeiro grande protagonista de Shakespeare. Há quem faça restrições à peça justamente em função do quanto ela se apoia em recursos formais de contrastes, confrontos, equilíbrios e desequilíbrios, atingindo por vezes quase um clima de responsório ou antífona. Mas na parte 3 de *Henrique VI* o jovem e imaturo Ricardo ainda é tosco, óbvio, tão primário em seus sonhos e ambições quanto Margaret; só aqui, neste início de caminho, é que Shakespeare fará o desejo do poder tão despido de complexidades e reflexões maiores:

RICARDO

Farei meu céu o sonhar com a coroa,
E viverei um inferno aqui na terra
Até a cabeça deste tronco torto
'Star empalada por coroa de ouro.
Mas como hei de chegar até a coroa?
Há muitas vidas entre o alvo e eu.
Como o perdido em floresta espinhosa,
Que quebra espinhos e os espinhos rasgam,
Procurando e perdendo o seu caminho,
Sem saber onde está o campo aberto,
Mas a buscá-lo sempre, em desespero,

60 FALANDO DE SHAKESPEARE

Assim busco a coroa da Inglaterra.
Ou consigo esquecer esse tormento,
Ou com machado em sangue encontro a trilha.
Eu sei sorrir, eu sei matar sorrindo,
Mostrar-me alegre com o que me tortura,
Lavar com falsas lágrimas as faces,
Mudar de rosto a cada situação.
Afundarei mais barcos que a sereia,
Matarei mais que o olhar do basilisco,
Discursarei melhor do que Nestor;
Como Sinon, tomarei outra Troia.
Sei colorir-me qual camaleão,
Mudar de forma melhor que Proteu,
Ensinar truques a Maquiavel.
Capaz disso, eu não pego essa coroa?
Ora, mesmo mais longe eu a agarrava.

A luta pelo poder toma várias formas, e, em seu caminho pela investigação da natureza dos governantes por intermédio dos reis da Inglaterra, Shakespeare vai voltar a ocupar-se do assunto, pela primeira vez, depois daquela primeira tetralogia do início de sua carreira, com uma de suas peças menos bem-sucedidas, *Rei João*. O segredo do sucesso de Shakespeare em suas peças históricas é o saber escolher o reinado ou o acontecimento certo por intermédio do qual poderá transmitir, de forma integralmente dramática, o tema que escolheu para tratar, naquela obra ou naquele conjunto de obras. O fato histórico é, sem dúvida, manipulado, exagerado ou atenuado: muitas vezes duas batalhas ou dois parlamentos fundem-se em um, com passagens de tempo compactadas; mas – igualmente sem dúvida – sem violação frontal dos fatos. Pois vem exatamente daí o problema fundamental do *Rei João*: seguindo com excepcional fidelidade obra de autor desconhecido e anterior, *The Troublesome Reign of John, King of England*, Shakespeare herdou o personagem Phillip Faulconbridge, chamado Phillip the Bastard, suposto filho bastardo de Ricardo Coração de Leão. Este é de longe o personagem mais rico e interessante da peça, mas extrapola das funções córicas cumpridas, por exemplo, por Margaret em *Ricardo III* (que ao tempo da ação já fora para a França, de onde nunca mais voltaria), pois passa a ser quase a personalização do ímpeto patriótico da Inglaterra, o candidato mais óbvio ao trono, por suas qualidades; mas como ninguém pode alterar a sequência dos monarcas ingleses, Shakespeare acaba com uma situação impossível nas mãos. São de Phillip as duas falas mais famosas da obra, ambas relacionadas com o jogo do poder, mesmo que de formas diversas. A primeira trata do poder corruptor do dinheiro e sua aplicação no jogo do poder político: Phillip the Bastard tem muito do cinismo e do senso de humor de Ricardo III, com a diferença de usá-los não no aplauso mas na condenação do mal. Felipe, rei de França, vinha defendendo

O JOGO DO PODER

o direito ao trono inglês de Artur, filho de Geoffrey, falecido irmão mais velho de João; diante da oferta de uma aliança com o rei da Inglaterra por casamento, no entanto, Felipe muda de lado para gozar das vantagens advindas de tal acordo – e que provocam a famosa reação de Phillip:

Ó lucro, que és a distorção do mundo,
Do mundo que, de si, foi bem pesado
E feito pra rolar em terra plana;
Até que o ganho, que essa tara vil,
Esse dono da estrada, o grande lucro,
O fez perder o senso da isenção,
Da direção, do curso, do objetivo:
Pois essa mesma tara de ganância,
Palavra cafetina que corrompe,
Lançada ao caprichoso rei francês,
Fê-lo negar o auxílio prometido
A uma guerra honrosa e acertada,
Por uma paz selada em sordidez.
Por que insulto eu todo esse lucro?
Só porque ele não me quis, ainda,
E não por poder eu fechar a mão
Se os seus anjos buscarem minha palma;
Só porque minha mão, sem ser tentada,
Como o mendigo insulta quem é rico.
Pois enquanto mendigo eu bradarei
Que o maior dos pecados é a riqueza;
E, quando rico, eu digo, virtuoso,
Que não há vício igual à mendicância.
Se um rei quebra a palavra pra lucrar,
O ganho é o deus a quem hei de adorar.

É preciso esclarecer que um "anjo" era uma moeda de alto valor, na Inglaterra. Não é só o rei da França o acusado de buscar o poder pela corrupção: vários nobres ingleses são temporariamente aliciados por grandes promessas de lucro mas, inspirados em boa parte pela integridade do suposto filho bastardo de Coração de Leão, reconciliam-se com João e voltam a dedicar sua lealdade à Inglaterra. A peça termina em grande ardor patriótico, com o Bastardo cantando o poder da própria nação:

Esta Inglaterra nunca irá ficar,
Ou já ficou, sob pés conquistadores,
Senão quando ferida por si própria.
Agora, com seus príncipes em casa,
Que se arme contra nós o mundo inteiro,
E o enfrentaremos. Não há dor nem fel
Se a si mesma a Inglaterra for fiel.

62 FALANDO DE SHAKESPEARE

Na próxima vez que Shakespeare volta à história da Inglaterra, ele já havia atingido um outro patamar em sua trajetória. A partir de 1595 ele entra no que já tem sido chamado o seu período lírico, que inclui, muito naturalmente, *Sonho de uma Noite de Verão* e *Romeu e Julieta*. O próprio *Rei João* não deixa de ser uma espécie de prelúdio insatisfatório desse período, já que esta e *Ricardo II* são as duas únicas peças, no quadro geral da obra dramática de Shakespeare, que não contêm uma única linha de prosa. E é justamente sobre *Ricardo II* que vamos falar agora, a primeira peça da segunda tetralogia histórica, completada pelas primeira e segunda partes de *Henrique IV* e por *Henrique V*.

É preciso lembrar aqui que não é só no mundo contemporâneo que aparecem problemas para os autores de peças políticas; existe no Museu Britânico uma cópia da peça *Sir Thomas More*, provavelmente de Anthony Munday, duas vezes reescrita, e ainda remendada por mais três ou quatro escritores, duas vezes recusada pela censura do Master of the Revels e jamais montada. Inesperadamente, três páginas desse texto condenado são hoje em dia geralmente aceitas como o único texto dramático de próprio punho de Shakespeare ainda existente (fora isso, em sua letra só são conhecidas seis assinaturas) em trecho que sugere seu pensamento em outras peças, reconhecidamente suas.

Foi em função de sua capacidade para escolher o reino certo – ou, pelo menos, o mais conveniente – que Shakespeare conseguiu escrever suas memoráveis reflexões sobre problemas políticos, em termos teatrais igualmente memoráveis. Na primeira tetralogia ele fala mais da sede de poder e, nos três *Henrique VI*, junto com *Ricardo III*, apresenta um impressionante quadro da luta por ele: a patética figura do próprio Henrique VI, tão fraco quanto bom, torna-se um símbolo de poder só por usar a coroa; mas sua incompetência leva Shakespeare a construir sua ação em torno das várias figuras que o dominam ou tentam dominá-lo, para por meio dele ter o poder nas mãos. A última peça da tetralogia mostra que a incompetência do rei, assim como o egoísmo dos que o cercam, levam inexoravelmente ao pior dos reis, o ambicioso Ricardo.

A segunda tetralogia, iniciada apenas quatro anos após a conclusão da primeira, mostra aspectos menos exteriores do poder, e investiga principalmente o modo pelo qual este afeta o monarca que o detém, desenhando – ao contrário do que acontece na primeira – uma curva em ascensão: quando o poder deixa de ser irresponsável e passa a ser dedicado primordialmente ao bem-estar da comunidade, os próprios frutos do bom governo levam ao melhor dos reis.

Tanto em uma quanto em outra das tetralogias Shakespeare levanta problemas difíceis: na primeira, o de como um bom homem (na peça desaparece a loucura, histórica, de Henrique VI) não é necessariamente um bom rei, podendo mesmo ser prejudicial para a nação; na segunda,

O JOGO DO PODER

questão ainda mais delicada, a de o que seria melhor, o mau rei hereditário ou o bom rei usurpador? Para passar na censura, Shakespeare usa, para discutir este último assunto, os reinados de Ricardo II e Henrique IV; se a censura reclamasse, podia permanecer tranquilo, pois não fizera mais do que dramatizar o fato, sobejamente conhecido, de Ricardo ter sido deposto por seu primo Henrique IV em 1399. E Shakespeare é de grande habilidade como autor: ele cria uma figura sensível, requintada, atraente, para Ricardo II, que conclama para este a solidariedade emocional do espectador; mas por outro lado o austero Henrique é, a todos os momentos, o que atua como deve um governante, preocupado com a comunidade como um todo: nós o vemos, de certo modo, ser o instrumento adequado das reivindicações de um número grande e representativo de injustiçados, nobres e povo, enquanto vemos Ricardo abusar, com arbítrios e pesados impostos, do poder que não fez nada para conquistar. Rei aos nove anos, conhecendo privilégios muito antes de sequer saber da existência de responsabilidades, Ricardo é totalmente autorreferente, preocupado com sua importância e com o que acreditava ser sua imunidade aos sofrimentos do comum dos mortais. É precipitado, irrefletido, seu clima emocional instável: tudo sempre lhe parecera fácil porque jamais deixara de ter o que queria; mas quando a nobreza se une contra ele, com o apoio do povo, e as tropas que lhe são leais começam a perder batalhas, cai na mais profunda depressão e se acha injustiçado:

RICARDO

Peço por Deus, sentemo-nos no chão,
Pra recontar assim tristes histórias
De como morrem reis: alguns depostos,
Outros mortos na guerra, e ainda outros
Pelos fantasmas dos que depuseram.
Outros mortos dormindo, assassinados;
Pois na oca coroa que circunda
A cabeça mortal de todo rei,
A morte tem seu reino e ali impera,
Rindo de sua pompa e de seu trono.
Concede-lhe que – um dia – represente
Ser monarca, temido ao simples gesto,
Inflamando-lhe a chama da vaidade,
Como se a carne que sustenta a vida
Fosse bronze invencível; distraindo-o,
Para no fim, com minúsculo alfinete,
Furar o muro do castelo e adeus,
Oh reis. Cobri então vossas cabeças,
E não zombeis da carne nem dos ossos
Com reverências tolas; desprezai
Respeito, tradições e cerimônias,
Pois me tomastes sempre por um outro:
Vivo também de pão, tenho desejos,

Sujeito a isso eu sofro, eu busco amigos;
Como podeis dizer-me que eu sou rei?

É preciso um sentido de privilégio altamente desenvolvido para acreditar que um rei seja isento dos processos normais da vida. Shakespeare, sob esse aspecto, foi extremamente fiel ao fato histórico, já que Ricardo II foi um dos primeiros monarcas ingleses a elaborar, pelo menos *grosso modo*, uma teoria de direito divino dos reis: na peça tal atitude fica muito bem colocada porque em várias ocasiões, quando se fala das consequências de seus atos, da revolta que se arma contra ele, Ricardo responde, confiante, que os céus enviarão legiões de anjos para defender seu trono, em virtude de ser ele um rei ungido. Ricardo não reflete, no entanto, sobre as razões pelas quais é rei, ou seja, ser o primogênito de Edward, the Black Prince, primogênito de Eduardo III, que morreu ainda Príncipe de Gales: quando Ricardo bane o primo Bolingbroke e, durante seu exílio, confisca todos os bens do tio John of Gaunt, duque de Lancaster, o mais poderoso duque da Inglaterra, não se dá conta de estar abalando a estrutura sobre a qual repousa seu próprio direito ao trono. Toda a nobreza hereditária do país sente-se ameaçada ao ver o filho de Gaunt privado de sua herança, seus castelos distribuídos entre favoritos do rei, suas propriedades retalhadas de qualquer modo para atender às necessidades imediatas de um rei esbanjador que põe luxo e caprichos acima de quaisquer outros interesses.

Shakespeare cria meios brilhantes para expor suas propostas: Ricardo casou-se duas vezes; a primeira com Ana da Boêmia, que morreu em 1394, e logo depois com Isabela de Valois, que tinha seis anos na hora do casamento e nove no momento da deposição. Shakespeare resolve o problema não dando nome à rainha mas fazendo-a adulta no momento da abdicação forçada. Cena exemplar é a em que, acompanhada de suas damas, a rainha ouve um jardineiro e seu ajudante conversando, com o mais velho dando instruções para que se podem as árvores, sejam destruídas as ervas daninhas, se cuide bem do jardim, pois de outro modo tudo ficará fora do lugar, como o reino que – exatamente por não o ter cuidado bem – Ricardo acaba de perder. A rainha fica revoltada (estamos no Ato III, a abdicação formal ainda está por vir) e finalmente dirige-se ao velho:

RAINHA

Ai, eu sufoco, à falta de falar!
Tu, velho Adão, que cuidas do jardim,
Como ousa a tua língua dar tais novas?
Que Eva, que serpente, sugeriu-te
Fazer o homem cair uma outra vez?
Por que proclamas que o rei foi deposto?

Será que ousas, barro sem valor,
Prever a sua queda? Diz-me como
Soubeste essa má nova? Fala, vil!

JARDINEIRO

Perdão, senhora; não traz-me alegria
Contar tais novas, mas são verdadeiras.
O rei Ricardo está nas mãos possantes
De Bolingbroke. Após ambos pesados,
Só seu senhor ficou no prato dele,
Feito mais leve por vaidades várias.
Porém no prato do alto Bolingbroke,
Com ele 'stá a nobreza da Inglaterra;
E a diferença derrubou Ricardo.
Se for a Londres, verá que estou certo;
Só digo o que já todo o mundo sabe.

A nobreza, no jogo do poder, fica do lado do que estaria interessado em garantir a preservação de seus interesses. Shakespeare ainda usará um momento da peça, a grande cena que ocupa todo o Ato IV, para dar uma noção exata da estranha relação de Ricardo com o poder, e sua efetiva falta de contato com a realidade das coisas. Ao encontrar o primo Bolingbroke no castelo de Flint, o rei se torna seu virtual prisioneiro: o tio York, sem apoio de ninguém e sem força militar, tenta agarrar-se a suas convicções legalistas e defender Ricardo, mas pragmaticamente apoia Henrique quando este também encontra argumentos legalísticos para justificar sua volta do exílio: fora banido Hereford, volta Lancaster; só reclama e só almeja aquilo que lhe cabe por direito, por herança.

Os acontecimentos, no entanto, se precipitam e o apoio dos nobres, sem o qual Henrique não poderia ter rompido seu exílio, o conduz à grande cena no Parlamento, onde se pede a Ricardo não só que abdique (para emprestar foros de legalidade à subida de Bolingbroke ao trono) como também que leia alto uma grande confissão de seus erros e crimes. Ao rei não resta qualquer alternativa que não a suposta abdicação voluntária. Exatamente por julgar-se, sempre e sempre, o detentor de todo o poder – até mesmo por direito divino –, Ricardo acaba por, de certo modo, tornar verdadeira a farsa da abdicação, porque mesmo tendo perdido o jogo do poder, ainda nutre a ilusão de o deter e poder dispor dele – embora não engane a ninguém senão, talvez, a si mesmo. Quando lhe perguntam se é de livre e espontânea vontade que abdica, sua resposta é uma fala extraordinária:

RICARDO

Sim, não, não, sim; pois não devo ser nada.
Nada não nega; a abdicação foi dada.
E, agora, vê eu acabar comigo:
Eu dou o que pesou-me na cabeça,

Este canhestro cetro em minha mão,
E o orgulho de ser rei no coração.
Eu lavo com meu pranto a minha unção.
Com minha mão eu dou minha coroa,
Com minha língua eu nego a sagração,
Com minha voz libero os juramentos.
Eu repudio a pompa e a majestade,
Abro mão de castelos e de rendas,
Renego minhas leis e meus decretos.
Deus perdoe a quem quebre jura a mim,
Deus guarde toda jura feita a ti.
Que eu, sem nada, não tenha cuidado,
E tu benesses pelo conquistado.
Viva quem hoje esse meu trono encerra,
E breve eu tenha uma cova na terra.
Deus salve o rei, quem era rei deseja;
E lhe dê sol e vida benfazeja!

É uma estranha ilusão, essa de ter o poder para dar um poder já perdido; mas é justamente a partir da perda do poder que Ricardo se torna mais rico como ser humano, porque é só a partir daí que ele se relaciona um pouco melhor com a realidade exterior.

Bolingbroke é o vencedor nessa luta, mas sua vitória não lhe traz grande felicidade: Shakespeare consegue levar a figura de Ricardo quase ao plano da tragédia, dando-lhe um momento de esclarecimento, de melhor perspectiva do universo, logo antes de ser assassinado por Sir Pierce of Exton, que ouvira o novo rei dizer: "Será que não há quem me livre desta ameaça?" É interessante ver como o poeta conduz a reação do público a suas personagens, aproveitando bem o fato de estar escrevendo, naturalmente, com amplo conhecimento de fatos passados posteriormente, sem esquecer que ostentando, na trama, uma certa solidariedade a Ricardo, ele se protegia de reações mais extremas à sua obra. Ricardo é apresentado como personagem mais carismático e, recorrendo à suposta encomenda de seu assassinato pelo primo, Shakespeare concentra nesse ponto uma reação de condenação a Henrique, embora não condene em momento algum a sua ação política.

O novo rei, Henrique IV, merece duas peças com seu nome, nas quais Shakespeare examina vários aspectos do jogo do poder. Já no final do *Ricardo II* o rei deposto fizera a previsão muito fácil, quando se escreve *a posteriori,* de que os nobres que haviam servido de escada para que Henrique subisse ao trono em breve se mostrariam insatisfeitos: como aceitar um pouco de quem eles consideravam ter ajudado a ter tudo, é o que diz Ricardo. Efetivamente um dos aspectos principais do *Henrique IV*, em suas duas partes, vai girar em torno dos Percies, pai e filho, e seu tio Northumberland, que – ao sentirem que não podem manipular Henrique para seu próprio benefício – passam justamente a considerá-lo seu devedor e conspiram na busca de um novo candidato ao trono, pois consideram-se competentes fazedores de reis. Mas Henrique não é Ricardo, e sua posição é firme. Ele é um rei sofrido, obsessivamente dedicado ao bem comum, permanentemente culpado em relação à morte do primo deposto. Se Ricardo falava em privilégios, Henrique só pensa em responsabilidades; e, se sente seu peso, não lhe ocorre a momento algum abandonar o poder em troca de bucólicos sonhos como os que, no início da carreira, Shakespeare fizera ter Henrique VI; sua função é ser rei:

HENRIQUE

> Quantos súditos meus, dos mais humildes,
> Dormem agora! Oh sono, oh doce sono,
> Conforto e paz, que sustos te causei
> Que já não pesas mais nas minhas pálpebras
> Nem me afundas o ser no esquecimento?
> Por que te deitas em imundos berços
> E te estendes em catres sem conforto,
> Acalentado por zumbir de moscas,
> Em vez de vir às camas perfumadas,
> Sob dosséis bordados, de alto preço,
> Embalado por doces melodias?
> Oh, sonolento deus, por que repousas
> Com os vis em camas sórdidas, mas fazes
> Do real leito um posto de vigília?
> Por que, tonto, te elevas no alto mastro
> Para selar os olhos do grumete,
> E seu cérebro embalas, sobre o mar
> Ríspido e rude, quando passa o vento
> Erguendo no alto as ondas malfazejas,
> Enrolando as cabeças monstruosas,
> Pendurando-as nas nuvens tumultuárias,
> Com tais clamores despertando a morte?
> Como podes, oh sono faccioso,
> Dar repouso ao grumete em tais borrascas
> E, na serena calma desta noite,
> Negá-lo ao rei? Então, humilde povo,
> Descansa em paz enquanto, torturada,
> Jaz na noite a cabeça coroada.

Essa noção do peso da responsabilidade sobre o governante, ou qualquer outro detentor de poder, mesmo revelando nítido cunho paternalista, caracteriza um considerável avanço político do período Tudor, com o diálogo entre poeta e público pondo em cena valores do tempo em que viviam, bem mais do que os prevalecentes ao tempo da cisão Lancaster-York.

Mas o jogo do poder tem, nos dois *Henrique IV*, um outro enfoque, da maior importância na trajetória do poeta como autor dramático: aqui, exatamente aqui, foi criado algo de completamente novo; a

68   FALANDO DE SHAKESPEARE

partir daqui a forma do drama ficou bem mais rica como instrumento de expressão do artista que a quiser usar. Para explicar o que aconteceu temos de ainda uma vez lembrar que o teatro elizabetano é herdeiro direto do teatro medieval, no qual o talento popular instintivamente adotara a mistura do sério e do cômico (que sentia ser característica da própria vida humana), mesmo quando ainda essencialmente religioso. No processo de secularização, essa necessidade quase orgânica de alívio para o peso dos assuntos mais sérios levara à inclusão, em várias peças, de cenas cômicas, virtualmente de pastelão, sem outro objetivo que não o do riso. Acontece que Shakespeare usou, como fonte de informações para sua segunda tetralogia, além das consagradas crônicas de Hall e Holinshed, a peça *The Famous Victories of Henry the Fifth*, onde já aparecia o fato – parte integrante do lendário inglês – de o mais consagrado rei-herói da Inglaterra, Henrique V, ter sido, enquanto Príncipe de Gales, um emérito baderneiro, envolvido em toda espécie de aventura, inclusive ao menos um notório assalto de beira de estrada (quando, depois, mandou pagar todas as vítimas). É ao escrever *Henrique IV*, e tendo bem em mente as cenas cômicas porém gratuitas das *Famous Victories*, que pela primeira vez Shakespeare transmuta em ouro o metal inferior da mistura que encontrou em sua fonte: pela primeira vez, em uma peça que trata do quadro do poder em um país, o leque se abre e o cotidiano longe da corte, a realidade de ruas e tavernas, são apresentados não como motivo de chacota gratuita mas como dado relevante para o conhecimento mais amplo e profundo da vida desse mesmo país. Com sua elaboração de Falstaff, Shakespeare consegue emprestar notável significado aos destinos da juventude do príncipe, já que o gordo e alegre cavaleiro, amparado em sua amizade com o jovem Hal, constrói seu lance para o jogo do poder sobre o desrespeito e a desmoralização das instituições e dos valores éticos.

Que maior castigo pode haver para um rei por conquista, que justificou sua subida ao trono com os desmandos do antecessor, do que ter seu filho mais velho, seu herdeiro, conhecido como parte de um grupo de marginais, ou quase, e cujo aparente maior amigo, Falstaff, por espirituoso e charmoso que pareça a muitos, é notório como corrupto e corruptor? Essa perfeita organicidade de um enredo paralelo, com muito de cômico mas principalmente ilustrativo de segmento da população que não a dominante, esse enriquecimento do que conhecemos a respeito do rei e seus companheiros de governo por meio também do que vamos conhecendo de Hal e seus companheiros de farras, nasce aqui, com consequências memoráveis para a trajetória do autor: a abrangência das ações do período trágico seria impossível sem esse passo definitivo dado no *Henrique IV*, com o correspondente aprimoramento no uso da prosa como eficiente instrumento para determinados objetivos dramáticos. Sem todos os novos patamares dramatúrgicos aqui conquistados, nem sequer aquela ironia de Henrique V apresentada logo

O JOGO DO PODER 69

no início desta conversa teria sido possível; com eles, toda a prosódia shakespeariana ficou mais autêntica.

O jogo do poder nunca mais vai deixar de estar presente na obra de Shakespeare, sempre com maior significação naquelas obras de têmpera mais séria; nas mais das vezes, no entanto, tudo ficará mais enfatizado em personagens secundários, mais como parte do pano de fundo, quando a proposta principal da obra não é política. Se no *Hamlet* a sede de poder leva Cláudio ao assassinato, só em uma tragédia, *Macbeth*, essa sede de poder será o tema fundamental, detalhadamente analisada. Mesmo aí, no entanto, nem no protagonista e nem em sua mulher haverá mais aquela violência bruta, aquela tranquila ausência de dúvidas que encontramos em Margaret ou em Ricardo III. Lady Macbeth recebe uma carta do marido relatando o encontro com as três bruxas, quando estas previram que ele viria a ser rei, bem como *thane* (título mais ou menos equivalente ao de barão, na Escócia) de Cawdor (além de *thane* de Glamis, que já era), previsão já confirmada por ter ele recebido o segundo título em lugar do traidor derrotado por ele, já executado. A exaltação do marido contagia Lady Macbeth, que obviamente sempre apoiara com entusiasmo sua ambição. Eis a reação dela à carta e, sem interrupção, sua reação à notícia de que o rei, Duncan, virá hospedar-se naquela noite com ela e o marido:

LADY MACBETH

Já és Glamis e Cawdor, e serás
O resto; mas temo-te a natureza!
Sobra-lhe o leite da bondade humana
Para tomar o atalho: sonhas alto,
Não te falta ambição, porém privada
Do mal que há nela. Teus mais altos sonhos
Têm de ser puros; temes o ser falso,
Mas não o falso lucro. Tu precisas
Quem diga: "Glamis, faz, se é o que queres!
Se é o que não fazes mais por medo
Do que por desejar não seja feito".
Vem, pra que eu jorre brio em teus ouvidos,
E destrua, com a bravura desta língua,
O que te afasta do anel de ouro
Com que o destino e a força metafísica
Por tudo te desejam coroar.
....
Que boa nova! É rouco o próprio corvo
Que grasna a fatídica chegada
Do rei à minha casa. Vinde, espíritos
Que guiam os mortais: tirai-me o sexo
E inundai-me, dos pés até a coroa
De vil crueldade. Dai-me o sangue grosso
Que impede e corta o acesso do remorso.
Não me visitem culpas naturais,
Para abalar meu sórdido propósito,

70 FALANDO DE SHAKESPEARE

Ou me fazer pensar nas consequências;
Tornai, neste meu seio de mulher,
Meu leite em fel, espíritos mortíferos!
Vossa substância cega, aonde andar,
Espreita e ser o mal. Vem, negra noite;
Apaga-te na bruma dos infernos,
Pra não ver minha mão o próprio golpe
E nem o céu poder varar o escuro
Para gritar-me "Pára! pára!"

Macbeth, dos dois, é de longe o mais rico em imaginação e, por isso mesmo, hesita ante o assassinato que ela tem a ilusão seja um ato simples. Estava ela de tal modo enganada que o mero fato de ser forçada a ver o rei morto, porque o marido esquece de deixar os punhais junto aos criados a serem acusados, é suficiente para enlouquecê-la e levá-la ao suicídio. Macbeth apresenta maiores preocupações antes do primeiro crime, mas depois vai continuar a matar e matar, com o único objetivo de reter o poder em suas mãos. O autor capaz de criar a complexa alma de alguém que entra no jogo do poder com os problemas morais de Macbeth já tem 42 anos de idade, e em torno de 16 de carreira no teatro londrino: caminhou muito como homem e como autor. Macbeth tem dúvidas, porém fica bem claro que a força da ambição é maior do que elas:

MACBETH

Ficasse feito o feito, então seria
Melhor fazê-lo logo: se o matar
Trancasse as consequências, e alcançasse
Com seu cessar sucesso; se esse golpe
Pudesse ser o fim de tudo aqui,
E só aqui, nesta margem do tempo,
Riscava-se o futuro. Mas tais casos
São julgados aqui e nos ensinam
Que os truques sanguinários que criamos
Punem seus inventores, e a Justiça
Conduz o cálice que envenenamos
Aos nossos lábios. Ele está aqui
Por dupla confiança ao meu cuidado:
Primeiro, sou seu súdito e parente –
Ambos são contra o ato. E, hospedeiro,
Devia interditar o assassino,
E não tomar eu mesmo do punhal.
Duncan, além do mais, tem ostentado
Seu poder com humildade, e tem vivido
Tão puro no alto posto, que seus dotes
Soarão, qual trombeta angelical,
Contra o pecado que o destruirá:
E a piedade, nua e recém-nata,
Montada no clamor, com os querubins
A cavalgar os correios dos céus,

A todo olhar dirá o feito horrível,
Fazendo a lágrima afogar o vento.
Pra esporear meu alvo eu tenho apenas
O salto da ambição que, atropelando,
Derruba o outro.

Depois da segunda tetralogia histórica, só aí o sonho do poder se mostrará tão especificamente estudado. Mas muitas vezes Shakespeare voltará ao problema do poder para falar sobre seu exercício em relação ao bem-estar comum. A isso chegaremos depois.

5. A Harmonia do Estado

A contrapartida da luta pelo poder é a preocupação com o bom governo, com o bem-estar da comunidade como um todo, presente na obra de Shakespeare desde os estágios iniciais até a última das peças que escreve sozinho. Essa preocupação é o reflexo de, na concepção Tudor do mundo, ainda restar muito da visão medieval de uma hierarquia perfeita em que tudo tem seu lugar e onde há um lugar exato para cada coisa, e na qual tudo é detalhadamente hierarquizado: no mais alto ponto está Deus, abaixo dele seus anjos, abaixo dos anjos o homem, abaixo dos homens os animais. Cada homem terá seu lugar exato entre seus semelhantes, sendo melhor do que alguém e pior do que alguém. Entre os animais a cadeia irá do mais ínfimo dos vermes até o leão, no mundo mineral da poeira até o ouro etc. E tudo isso existia, na Idade Média, para a maior glória de Deus, em um mundo no qual foi totalmente desconhecida a forma da tragédia, porque a morte era a felicidade, o encontro com Deus, com todas as ações humanas sendo avaliadas em termos de ótica divina. Esse encadeamento dos seres vinha do *Timeus*, de Platão, mas o sincretismo com a visão cristã foi perfeito.

O quadro medieval era irretocável e completo, dando uma visão metafísica, teológica e moral do mundo, que durante séculos foi a dominante; no mundo Tudor, de certa forma ainda o era, e um alto percentual de escritores da época de Shakespeare continuava a usá-la como referencial de fácil comunicação que continha conceitos basicamente otimistas: o homem era o centro predestinado de um universo criado por Deus e sustentado por Ele, como parte de uma ordem mais ampla.

Por sua bondade, Deus havia dado ao homem dois "livros", nos quais encontrar sua essência: A Bíblia e a natureza. O primeiro é conceitual (e, até a Reforma, interpretado exclusivamente pela Igreja Católica Apostólica Romana) e o segundo prático, funcionando da seguinte maneira: conhecer Deus é conhecer suas obras; conhecer suas obras é conhecer a natureza do homem, já que esta é parte de suas obras; conhecer a natureza do homem é seu fim, seu objetivo, que é conhecer a Deus.

Tudo, como viram, entra no lugar, tudo tem seu lugar certo, tudo tem seu "fim", seu objetivo certo. A noção de *chain of beings*, do encadeamento dos seres, se enquadra perfeitamente nessa visão, e é usada igualmente para falar da hierarquia da Igreja e do Estado. Tal visão é otimista na medida em que cada indivíduo, dentro ela, pode sentir o quanto ele faz parte dos desígnios de Deus. E não era só o homem; *tudo* entrava na ordem ideal da natureza: essa ordem é que tinha de ser compreendida pelo homem, no seu geral e no particular, segundo sua função como parte dela (com suas obrigações, atribuições, privilégio e responsabilidades).

Na visão elizabetana, a Natureza era um vigário de Deus que governava um conjunto de hierarquias, por assim dizer, de três reinos: o cosmológico (que é o universo), o natural (que é dos objetos criados na terra) e o humano (que é o do homem na sociedade). Não só há paralelos bastante exatos entre eles, como são os três totalmente inter-relacionados. É tudo muito bonito: o primeiro desses reinos, o universo, é dividido em duas partes: o mundo "sublunar", fixo e estacionário, no centro de uma esfera, todo ele composto de quatro elementos (fogo, ar, terra e água), cuja mistura produz minerais, plantas, animais e homens, em hierarquia ascendente.

A segunda parte, a celeste, compreende oito esferas concêntricas que ficam para além do fogo: a Lua, Mercúrio, Vênus, o Sol, Marte, Júpiter, Saturno e, fechando tudo, as estrelas fixas; o conjunto, em funcionamento, é que emite a música das esferas. É claro que no século XVI, desde o início, as coisas já não estavam tão perfeitas assim, porque Copérnico por um lado e Maquiavel por outro contribuíram com novas colocações que acabavam com toda aquela harmonia. As coisas já estavam mudando mas, não podemos esquecer, Shakespeare não era cientista e sim poeta, e na verdade a grande maioria de seu público só podia ser alcançada por meio das ideias mais largamente estabelecidas, não pelas mais recentes e ousadas.

Isso não significa que Shakespeare estivesse preso ele mesmo aos conceitos mais tradicionais; porém ele aceita, sem dúvida, um conceito de ordem no Estado, ordem essa essencialmente hierárquica: se era possível saber, pelas mais caras tradições cristãs, que o céu ficou negro como a noite na tarde da sexta-feira, no momento da morte de Cristo, se a tradição histórica dizia que toda espécie de abalo da natureza pre-

A HARMONIA DO ESTADO

cedeu o assassinato de Júlio César, não é de espantar que, anunciando maus tempos para a Inglaterra, logo no início da carreira ele descreva com chuvas e nuvens negras a morte do rei-herói Henrique V e o início do reino de Henrique VI, que, *a posteriori*, ele sabia ter sido desastroso. E desde *Tito Andrônico*, mesmo sem atingir sucesso total, o herdeiro do poder, após o morticínio trágico, tem como função primordial a reposição do Estado na unidade e na harmonia que são o caminho para o bem estar da comunidade; tal é a advertência de Marco, irmão de Tito, antes do sobrinho Lúcio subir ao trono:

MARCO

> Filhos de Roma, de semblante triste,
> Dispersados quais aves pelo susto,
> Espalhados por ventos e tormentas,
> Deixai que eu vos ensine a recompor
> O grão disperso em uma só braçada,
> Os membros rotos em um corpo só,
> Pra que Roma não cause a própria morte,
> E aquela a quem os outros prestam preito
> Como um refúgio, só, desesperada,
> Acabe o próprio e vergonhoso algoz.

Essa imagem do contraste entre o dividido em conflito e o reunido em harmonia, na família, no Estado e na natureza, colocada aqui de forma ainda singela, cerca de doze anos mais tarde vai ocupar uma tragédia inteira, o *Rei Lear*; mas antes de chegar lá, a essa explosão de dimensões de tal modo monumentais, Shakespeare vai manifestar de modo constante – mesmo que de formas as mais variadas – a sua preocupação com a harmonia do Estado, e sua equivalência na harmonia familiar e na da natureza: já nos referimos aqui várias vezes aos três *Henrique VI* e a *Ricardo III*, exemplos de desarmonia, de mau governo; mas o importante mesmo, ao acompanharmos essa linha na trajetória de Shakespeare como autor em desenvolvimento, é o fato de essa problemática estar *sempre* presente em sua obra – e não só nas peças oficialmente políticas, naquelas em que se fala de reinos e coroas. O que não pode a momento algum ser esquecido é que na obra de Shakespeare, em toda a sua trajetória, não existe final feliz para o indivíduo onde há mau governo.

Não tenho a menor dúvida de que tudo o que a Inglaterra sofreu com a Guerra das Rosas deve ter pesado na composição de *Romeu e Julieta*: ao retrabalhar o longo e bastante tedioso poema de Arthur Brooke, *Romeus and Juliet*, Shakespeare opera dois milagres de transformação: usando essencialmente a mesma história e os mesmos acontecimentos, seu talento essencialmente dramático sabe que nos seis meses que, no poema, Romeu e Julieta passam casados, alguma explicação seria possível; portanto, sua ação começa no domingo pela ma-

76 FALANDO DE SHAKESPEARE

nhã e termina na madrugada de quinta-feira; em tal precipitação, realmente ninguém pode explicar nada a ninguém.

Mais importante ainda, no entanto, é a radical transformação do significado da obra: o medíocre Brooke, em constrangedor prefácio no qual brada aos céus suas intenções moralizantes e didáticas, esclarece a certo ponto:

> [...] o exemplo do bom homem conclama os homens a serem bons, e as maldades do homem mau advertem os homens quanto a não serem maus. A esse bom fim servem todos os maus fins de maus começos. E para tal fim (bom Leitor) é escrito este assunto trágico, que para ti descreve um par de infelizes amantes, emaranhados em desejo desonesto, negligenciando a autoridade e o conselho de seus pais e amigos, buscando seus principais conselhos com ciganos bêbados e frades supersticiosos (os instrumentos naturalmente adequados para a falta de castidade), tentando todas as aventuras perigosas para alcançar sua luxúria desejada, usando a confissão auricular (a chave da prostituição e da traição) para a conquista de seu objetivo, abusando o nome honrado do matrimônio legal, que é o manto da vergonha de todos os contratos subrepitícios, e finalmente, pelo caminho de uma vida desonesta, precipitados para uma morte infelicíssima.

Na mesma história Shakespeare vê ocasião para a denúncia da guerra civil, do mal que o ódio e as lutas entre facções poderosas dentro de uma mesma comunidade podem trazer ao todo, destruindo a possibilidade da existência da mais positiva de todas as forças da vida, que é o amor. O "prefácio" de Shakespeare propõe, assim, algo bem diverso daquilo que Brooke proclama no seu: é a única das tragédias do poeta na qual o tema é proposto, e até mesmo o final revelado, antes de a ação se iniciar.

PRÓLOGO

> Duas casas, iguais em seu valor,
> Em Verona, que a nossa cena ostenta,
> Brigam de novo, com velho rancor,
> Pondo guerra civil em mão sangrenta.
> Dos fatais ventres desses inimigos
> Nasce, com má estrela, um par de amantes,
> Cuja derrota em trágicos perigos
> Com sua morte enterra a luta de antes.
> A triste história desse amor marcado,
> E de seus pais o ódio permanente,
> Só com a morte dos filhos terminado,
> Duas horas em cena está presente.
> Se tiverem paciência para ouvir-nos,
> Havemos de lutar pra corrigir-nos.

Eu gostaria de apresentar, como prova da modernidade de Shakespeare, essa tragédia lírica na qual pela primeira vez o herói trágico é uma comunidade: como na *Antígona* de Sófocles, são seus antagonistas e vítimas que merecem a honra de dar título à obra, enquanto representantes dos valores mais positivos aos olhos do autor. Romeu e

A HARMONIA DO ESTADO

Julieta não têm nada o que aprender: seus pais, os mantenedores do ódio (cujas causas jamais são apresentadas) é que têm de passar pelo processo trágico. E, como disse anteriormente, faz-se presente o problema do bom e do mau governo: a tragédia só tem o que podemos chamar de *happy ending* moral, ou seja, a reintegração do Estado na paz – ao preço das vítimas da guerra civil – porque desde o início, Escalo, o príncipe, é contra o conflito, como fica dito ao fim da primeira e gratuita briga que presenciamos:

PRÍNCIPE

> Maus cidadãos, inimigos da paz,
> Que profanais com aço o sangue irmão,
> Não me ouvireis? Sois homens ou sois feras,
> Já que apagais o fogo deste ódio
> Com o jato que sai rubro de vós mesmos?
> Sob pena de tortura ora arrancai
> Das mãos sangrentas vossas armas vis,
> E ouvi o vosso príncipe indignado.
> Três lutas fratricidas, por palavras
> Ditas por vós, Montéquio e Capuleto,
> Três vezes perturbaram nossas ruas,
> Fazendo os anciãos desta Verona
> Pegar nas velhas mãos podres de paz
> As velhas armas contra esse ódio podre.
> Se uma vez mais as ruas agitardes,
> As vossas vidas pagarão a paz.
> Por hoje, que se afastem daqui todos!
> Vós, Capuleto, podeis vir comigo,
> E vós, Montéquio, vireis hoje à tarde,
> Até o tribunal de julgamento
> Pra receber a solução do caso.
> Que partam todos, pois a pena é morte!

A destruição do amor pelo ódio, como acontece em *Romeu e Julieta*, será para Shakespeare a imagem do mais negativo e terrível que pode acontecer no Estado: *Romeu e Julieta* é uma história exemplar, um sermão contra os males da guerra civil, contra os danos causados à comunidade por aqueles que botam seus interesses individuais acima do bem comum. Shakespeare não estrutura gratuitamente suas obras: é um erro crasso ignorar ser o soneto inicial realmente o enunciado da temática principal da obra. E é o conflito *em seu todo* que a conclui, também, inclusive com o Príncipe preocupado com o que lhe parece ter sido culpa sua nos acontecimentos. Quando são descobertas as mortes dos dois jovens que acreditaram no amor, toda a comunidade está representada no encontro final junto ao túmulo dos Capuleto, sendo que a fala do príncipe é mais do que significativa:

PRÍNCIPE

78 FALANDO DE SHAKESPEARE

Aonde estão esses dois inimigos?
Capuleto e Montéquio, vede aqui
Que maldição recai em vosso ódio,
Pro céu matar, com amor, vossa alegria.
E eu, por não olhar vossa disputa,
Perdi dois primos. Todos são punidos.

As duas famílias finalmente, ao grave preço de suas perdas, fazem as pazes e é ainda o Príncipe que encerra a tragédia, na triste madrugada que começa:

Príncipe

Uma paz triste a manhã traz consigo;
O sol, de luto, nem quer levantar.
Alguns terão perdão, outros castigo;
De tudo isso há muito o que falar.
Mais triste história nunca aconteceu,
Que esta de Julieta e seu Romeu.

Na mesma época de *Romeu e Julieta*, Shakespeare começa a escrever sua segunda tetralogia histórica, composta por *Ricardo II*, 1 e 2, *Henrique IV* e *Henrique V*. A primeira peça é quase tão lírica quanto a tragédia dos amantes de Verona, mesmo girando em torno do problema da harmonia no Estado, ao indagar, com grande ousadia para o quadro político da época, se seria melhor um rei legítimo porém incompetente e irresponsável ou um rei usurpador dedicado e responsável.

Que Shakespeare já caminhara muito na trajetória de seu amadurecimento de autor fica evidenciado pelo uso, já magistral, da ironia dramática no *Ricardo II*, da qual podemos usar dois exemplos notáveis: a peça abre com cena de excepcional pompa e circunstância, na qual o jovem e belo rei deve julgar as graves acusações mútuas que se fazem seu primo Henrique Bolingbroke, duque de Hereford, e Thomas Mawbray, duque de Norfolk: cada um atribui ao outro a responsabilidade pelo assassinato, em Calais, de Thomas of Woodstock, duque de Gloucester, tio do rei. É tudo formalíssimo, e impressiona muito a posição de Ricardo, quando afirma que o parentesco com Bolingbroke não terá nenhuma influência sobre seu julgamento: a cena seguinte, no entanto, nos informa nada menos que o ter sido por ordem do próprio rei que Mawbray, quando governador de Calais, permitiu que assassinos pagos tivessem acesso ao tio Woodstock. Isso não é só dramaturgia mais sutil, é também um brilhante método para pôr em cheque a figura de Ricardo, contrastando a aparência de realeza com a hipocrisia ante a realidade de seus atos.

No final do Ato I, após ter banido Mawbray para sempre e o primo por dez anos, Ricardo tem notícia de que seu tio John of Gaunt está morrendo. Shakespeare retrata Gaunt como figura da mais alta inte-

A HARMONIA DO ESTADO

gridade e sabedoria, forçando um tanto ou quanto a verdade histórica, mas preenchendo uma função dramática indispensável. Cercado por seus mais irresponsáveis amigos, Ricardo recebe com alegria e irreverência a notícia que o deveria entristecer:

RICARDO

> Que Deus, neste momento, inspire o médico
> A levá-lo pra tumba sem demora.
> O que forra seus cofres vestirá
> Nossos soldados na guerra da Irlanda.
> Senhores, vamos todos visitá-lo,
> Rezando pra, correndo, chegar tarde.

Mas o uso da ironia não pára aí: Gaunt efetivamente está morrendo e seus últimos pensamentos são para o bom governo da Inglaterra, para a condenação da irresponsabilidade do sobrinho. Dado o temperamento de Ricardo, no entanto, Shakespeare sabe que não o poderia apresentar dando pacientes ouvidos a condenações por parte do tio, e é só na presença de seu irmão York, representante portanto da mesma geração chocada com os desmandos do rei, que Gaunt diz a mais famosa fala patriótica de toda a obra de Shakespeare:

GAUNT

> Eu me sinto um profeta iluminado
> E, ao expirar, pra ele isto eu prevejo:
> Sua chama impudente será breve,
> Pois o fogo violento se consome;
> Perdura a chuva fina, não a forte;
> Cansa-se logo o que corre demais;
> Engasga-se quem, sôfrego, abocanha;
> A vaidade, que é corvo insaciável,
> Depois de tudo o mais, come a si mesma.
> Este trono de reis, ilha coroada,
> Trono de Marte, terra majestosa,
> Este outro Eden, quase um paraíso,
> Forte que a natureza fez pra si
> Contra o contágio e contra a mão da guerra;
> Esta raça feliz, pequeno mundo,
> Pedra preciosa presa em mar de prata,
> Que a serve na função de uma muralha
> Ou fosso defensivo de uma casa
> Contra a inveja de povos infelizes;
> Esta gleba, este reino, esta Inglaterra,
> Ventre fértil que gerou tantos reis
> Famosos por seus feitos, pelo mundo,
> Como o sepulcro, entre os judeus teimosos,
> Daquele que é o resgate deste mundo,
> O abençoado filho de Maria;
> Esta terra de almas tão queridas,
> Cara por sua fama em todo o mundo,

80 FALANDO DE SHAKESPEARE

'Stá arrendada, eu afirmo, morrendo,
Retalhada em pedaços de meeiros.
Inglaterra, cercada pelo mar,
Cuja praia rochosa, triunfante,
Corta o cerco invejoso de Netuno,
Agora está cercada de vergonha,
De pergaminhos podres e manchados;
A Inglaterra, que outrora conquistava,
Derrotou-se, em conquistas vergonhosa.
Findasse o escândalo com minha vida,
Como seria boa a minha morte!

Quando o fútil e irrequieto Ricardo deixa claro, ao chegar, que não
tem paciência para conselhos de velhos tios, Gaunt pede para ser reti-
rado da sala e morre. É a imprudência que Ricardo então comete, porém, que na verdade prepara seu fim: sequestrando os bens do tio
Gaunt, duque de Lancaster, impedindo que o primo, como herdeiro,
os receba, ele fere o próprio princípio da monarquia hereditária, única
responsável por estar ele no trono.

A seriedade, a dedicação e, por que não, a culpa, do reinado de
Henrique IV não formam, na realidade, o principal foco das duas peças
que levam o seu nome: o desenho principal dessa obra dupla, com seu
constante contraponto entre a vida na corte e a vida na taverna – contribuição definitiva de Shakespeare que dá forma à peça histórica – é
o processo da educação do príncipe que, no *Henrique V*, será apresentado como o melhor dos reis (num desenho ascendente, portanto, em
oposição ao desenho descendente da primeira tetralogia, que acabava
com o pior dos reis). Na primeira parte temos a educação militar de
Hal: seus contatos com Falstaff e outros companheiros de duvidosas
aventuras são aspecto importante dessa educação, porque um rei tem
de estar em contato com todas as realidades de seu reino. No final da
primeira parte, Hal mostra não só que é bom nas armas, matando pessoalmente a Hotspur, o herói do levante dos Percies (que historicamente
ninguém sabe quem matou), como se mostra indiferente à glória pessoal, deixando o covarde Falstaff, que se fingia de morto perto de onde
se deu o combate singular, reclamar para si a honra do feito.

A segunda parte de *Henrique IV* é dedicada à investigação da obediência à lei e à importância da incorruptibilidade da justiça; muitos
gostam de condenar Hal por repudiar Falstaff; e sempre me pergunto
o que diriam de um rei que mantivesse a seu lado um amigo corrupto,
que mesmo enquanto Hal é príncipe começa a tentar vender sua influência a tolos e carreiristas. O repúdio de Falstaff é peça indispensável
para o advento do bom rei, respeitador da lei.

Vinha de longe a tradição de que, indo longe demais em uma de
suas aventuras, o príncipe fora mandado para prisão pelo Lord Chief
Justice (seria o nosso presidente do Supremo). No final da segunda

A HARMONIA DO ESTADO

parte do *Henrique IV*, no momento da coroação, Henrique V encontra os irmãos e o dito juiz, todos um tanto preocupados com o que o futuro lhes traria, o antigo farrista agora no trono. O novo rei pergunta ao Lord Chief Justice se pensa que ele lhe tem ódio e o provoca, perguntando se o juiz acha fácil esquecer que, como herdeiro do trono, fora mandado para a cadeia. Recebe uma memorável resposta:

CHIEF JUSTICE

> Eu era, então, a voz de vosso pai;
> Tinha na minha imagem seu poder;
> E, na ministração de suas leis,
> Quando eu velava pelo bem comum,
> Quis Vossa Alteza esquecer meu lugar,
> A majestade da lei e da justiça,
> A figura do rei que eu ostentava,
> E agredir-me em meu próprio tribunal.
> E então, a um ofensor de vosso pai,
> Ousando usar de minha autoridade,
> O confinei. Se então fiz mal agindo,
> Contente àquele que hoje usa a coroa
> Ter um filho a pisar em seus decretos,
> Derrubar a justiça de seu trono,
> A distorcer a lei, cegando a espada
> Que guarda e salva a vossa própria paz?
> Mais, desprezar vossa real imagem
> Ao debochar de quem, por vós, opera?
> Em vossa mente fazei vosso o caso,
> Sede ora o pai e concebei tal filho,
> Ouvi-o profanar a vossa honra,
> Vede ignoradas vossas leis mais altas,
> Pensai-vos desdenhado por um filho
> E, então, pensai que tomo a vossa parte,
> E em vosso nome calo o vosso herdeiro.
> Após pensar assim, sentenciai-me
> E, como rei que sois, dizei, bem alto,
> Que o que fiz não condiz com meu ofício,
> Minha pessoa, ou com meu soberano.

A peça toma vários caminhos no aprendizado do respeito à lei, inclusive o do tolo amigo de infância de Falstaff, o juiz Shallow, deslumbrado em ser explorado por alguém que é amigo do príncipe herdeiro. Não importa para Shallow (e o nome é significativo) que esse amigo seja alguém que se deixa subornar para livrar os bons homens do serviço militar imposto pela rebelião dos Percies, e acaba levando como sua tropa o pior rebotalho do país. O Falstaff dessa segunda parte não é só um *bon vivant*, mas um mau amigo que calunia o príncipe quando pensa que este não está presente e, sempre que pode, transgride essa mesma lei que, para o bem do Estado, tem de ser respeitada por todos.

82 FALANDO DE SHAKESPEARE

Se a linguagem do Lord Chief Justice é despojada e austera, como convém ao mais alto juiz da Inglaterra, a resposta do antigo Hal, já agora Henrique V, também tem a simplicidade, a autodisciplina, a noção da medida justa, não só adequada à nova posição mas também, não nos esqueçamos nunca, a conquista de um autor que, a esta altura, já conseguiu transformar o verso branco em um veículo dramático da mais alta eficiência, mesmo quando sugere a forma de uma prosódia do cotidiano, apenas intensificada pela concisão e o ritmo que lhes empresta a métrica. Chegou a hora de pôr à prova seu argumento de que suas aventuras e farras haviam feito relevante contribuição para a sua formação de futuro rei; e se a fala do juiz não deixa de ser um desafio, a resposta de Hal vem à altura:

HAL

O senhor julgou bem, como juiz;
Retenha, pois, a espada e a balança.
Eu só desejo aumentar suas honras
Até viver pra ver um filho meu
Como eu ofendê-lo e obedecê-lo,
Pra que eu possa dizer, como meu pai,
"Feliz de mim, que tenho alguém tão probo
Que ousa justiçar meu próprio filho";
E não menos feliz por ter um filho
Capaz de submeter sua grandeza
À justiça da lei. Se me prendeu,
Por isso mesmo eu prendo, em suas mãos,
A espada impoluta que hoje ostenta,
Com este só lembrete – que a utilize
De modo justo, ousado, imparcial,
Como fez contra mim. Eis minha mão:
Seja ora um pai pra minha juventude;
Minha voz só dirá o que eu lhe ouvir,
E as minhas intenções se curvarão
À orientação da sua experiência.

Última peça da tetralogia, *Henrique V* já tem sido acusada de patrioteira e militarista mas foi, na realidade, escrita para inserir o jovem rei Lancaster no contexto das definições do que seria o governante ideal aparecidas no *Institutio Principis* de Erasmo (1516) e, ainda mais especificamente, em *Of the Institution and First Beginning of Christian Princes*, de Chelidonius, traduzida para o inglês por Chillester em 1571. Como vimos no diálogo com o Lord Chief Justice, o rei já saiu da peça anterior respeitando a lei, e no *Henrique V*, em novo episódio sobre a justiça, ele tem sido condenado pelo modo como enfrenta, logo antes de embarcar para a França para disputar a coroa francesa (aceitando um conselho dado pelo pai, antes de morrer, de que fizesse guerras estrangeiras para alcançar a paz doméstica) a informação de que três

A HARMONIA DO ESTADO

nobres pretendem trair a Inglaterra. Em vez de acusá-los de imediato, Henrique apresenta ao trio um caso hipotético de traição, pedindo que sugiram a punição adequada; quando esta é morte, o rei revela que acabam de se condenar. No próprio caso da guerra com a França, o novo rei pede ao arcebispo de Canterbury que lhe garanta ser legítimo seu título à coroa francesa, pois de outro modo seria terrível despertar o horror da guerra. E é interessante que em nenhuma outra obra Shakespeare condene a guerra por tantas razões e de tantos modos quanto nesta, tão acusada de militarista.

O envolvimento essencial do monarca com seu povo vai aparecer, principalmente, no núcleo central da obra, que gira em torno da batalha de Agincourt (Azincourt, para os franceses, a 25 de outubro de 1415), na qual, por incrível que pareça, realmente os ingleses perderam um total de 13 nobres e cerca de cem soldados de infantaria, enquanto os franceses perderam em torno de 5 mil nobres, sendo outros mil feitos prisioneiros, quando as tropas francesas eram mais de quatro vezes o número das inglesas. Em torno do momento da batalha, várias falas revelam a preocupação de Shakespeare com a questão da responsabilidade do rei para com seus súditos, crucial para toda a noção Tudor de bom governo. Antes da batalha o rei caminha, envolto em uma capa, por seu acampamento e, sem ser reconhecido, dialoga com um soldado que levanta dúvidas, primeiro sobre a legitimidade daquela guerra, depois sobre a disposição do rei de participar da batalha e, finalmente, sobre a responsabilidade do rei pela vidas e a salvação de suas tropas. Ambos têm consciência do perigo que os aguarda, e vale a pena ouvir o que dizem um e outro.

WILL

Mas se a causa não for boa, o próprio rei terá contas sérias a prestar; quando todas aquelas pernas, e braços, e cabeças, decepados em batalha, se reunirem no último dia e gritarem todos "Nós morremos em tal lugar"; alguns em chamas, outros chamando pelo médico, outros pelas mulheres que deixaram pobres atrás de si, alguns falando de suas dívidas, alguns de filhos abandonados de repente. Temo que haja poucos que morram bem, dos que morrem em batalhas; pois como podem pensar com caridade sobre o que quer que seja, quando seu assunto é sangue? Então, se esses homens não morrerem bem, a questão será negra para o rei que os conduziu a isso, já que desobedecê-lo seria contra todas as obrigações de um súdito.

Na resposta de Henrique vem muito da noção Tudor da relação entre governante e governado:

HENRIQUE

Então, se um filho mandado por seu pai para algum negócio, tiver uma infelicidade no mar de forma pecaminosa, a responsabilidade por sua maldade, segundo as

84 FALANDO DE SHAKESPEARE

suas regras, deveria recair sobre o pai que o mandou: ou se um servo, sob ordens do amo transportando uma soma em dinheiro, for assaltado e morrer sem absolvição de seus pecados, você poderá dizer que é questão do amo a danação de seu servo. Mas isso não é verdade: o rei não é obrigado a responder pelo fim particular de seus soldados, nem o pai pelo de seus filhos, nem o amo pelo dos servos: pois ele não propõe suas mortes quando propõe seu serviço. Além do que não há rei, por mais imaculada que seja sua causa, que se tiver de chegar ao arbítrio das armas, possa defendê-la só com soldados imaculados. Alguns deles, por acaso, poderão levar consigo a culpa de um assassinato premeditado e planejado; alguns, o da sedução de uma virgem com o selo partido do perjúrio; alguns, o de fazer da guerra seu baluarte, quando anteriormente já haviam ferido o seio delicado da paz com pilhagem e roubo. Ora, se esses homens derrotaram a lei e fugiram à punição em sua terra, muito embora possam escapar dos homens, faltam-lhes asas para fugir de Deus: a guerra será seu meirinho, a guerra será sua vingança; de modo que tais homens, agora, serão punidos por transgressões anteriores das leis do rei, nas lutas do rei de agora: quando temeram a morte, haviam tirado vidas; onde pensam estar a salvo, pereçam. Assim, se morrerem imprevidentes, o rei não é mais culpado de sua danação do que fora antes das impiedades pelas quais eles agora são visitados. O dever de todo súdito é do rei; mas a alma de cada súdito é só sua. Por isso cada soldado, na guerra, deveria fazer como todo doente em seu leito: lavar até a mais mínima mancha de sua alma e, morrendo assim, sua morte será para ele uma vantagem; ou, se não morrer, terá sido ganho de forma abençoada o tempo gasto em tal preparação: e ao que escapar não será pecado pensar que, ao fazer oferta tão livre a Deus, ele o terá permitido sobreviver a esse dia para que visse sua grandeza e ensinasse a outros como deveriam fazer sua preparação.

Como podem ver, na visão mais popular e acessível do bom governante, que seria a que Shakespeare usa para alcançar fácil comunicação com o grande público, a conceituação ainda é próxima da medieval, ou seja, basicamente teológica. Depois do diálogo com os soldados, Henrique fica só e tem seu grande monólogo sobre a condição do rei, que é diferente do escapismo de seu filho e da culpa de seu pai, centrado sobretudo na posição paternalista mas profundamente responsável da visão Tudor do governante, e em sua opção pela subordinação dos interesses pessoais aos de suas obrigações: a fala é provocada pela atitude dos soldados:

HENRIQUE

Sobre o rei! Nossas vidas, nossas almas,
Nossas dívidas, nossas companheiras
Dedicadas, os filhos, os pecados,
Tudo lancemos sobre o rei!
Temos de arcar com tudo. Oh triste sina,
Gêmea da glória, mas sujeita à boca
De qualquer tolo que não sente mais
Que o próprio sofrimento! Que doçura,
Que paz, têm de esquecer os reis, mas gozam
As pessoas comuns. E que possuem
Os reis que os outros homens não possuam,
Exceto a pompa, a grande cerimônia?
Que és tu, ídolo dessa cerimônia?

A HARMONIA DO ESTADO

Que grande deus és tu que assim ostentas
Mais dores do que aqueles que te adoram?
Quais são teus benefícios, tuas rendas?
Oh, cerimônia, mostra-me o que vales!
Qual a essência da tua adoração?
És algo mais que grau, lugar e forma,
Pondo medo e terror nos outros homens?
Sendo menos feliz em ser temido
Do que se sentem eles em temer?
Que bebes, como doces homenagens,
Senão falsa lisonja envenenada?
Caso adoeças, grande realeza,
Pede que te dê cura a cerimônia!
Pensas que a febre em fogo fica extinta
Com títulos que sopra a adulação?
Cederá ela a vênias e mesuras?
Podes tu, comandando a reverência
Do mendigo, influir-lhe na saúde?
Não, oh sonho orgulhoso, sutilmente
Brincando com o repouso do teu rei.
Eu sou um rei que te conhece e sabe
Que não será o cetro, o óleo, o orbe,
A espada, a maça, a imperial coroa,
O manto entretecido de ouro e pérolas,
O nome augusto que precede o rei,
O trono em que se senta, a onda de pompa
Que se ergue contra as praias deste mundo,
Não, cerimônia; nem teu triplo brilho,
Nem tudo isto em leito majestoso,
Dorme tão fundo quanto o vil escravo
Que, cheio o corpo e o espírito vazio,
Dorme entupido com o seu pão bem ganho;
Não teme a noite feia como o inferno
Mas, qual lacaio, do levante ao poente,
Sua aos olhos de Febo e, toda a noite,
Dorme no Elísio; e ao despontar do dia
Ajuda Hipério em sua montaria;
E segue assim, no decorrer dos anos,
Com trabalho profícuo até o túmulo.
E a não ser pela corte esse infeliz,
Que trabalha de dia e dorme à noite,
Tem mais vantagens e favor que um rei.
O escravo, que usufrui da paz do reino,
Em seu cérebro rude pouco sabe
Das vigílias do rei para manter
A paz de que desfruta o camponês.

Esse rei solitário, meditando sobre sua condição, é uma visão de
fim do século XVI (já que a peça é de 1599), que difere da de hoje mas
difere também, e muito, dos que buscaram o poder como um Ricardo
III. Na hora de começar a batalha, esse rei que no encontro noturno
com seus soldados concordara, sem exageros para o otimismo ou o

86 FALANDO DE SHAKESPEARE

pessimismo, que a situação de suas tropas era de extraordinário perigo, tem de dar coragem a seus homens, e o tom de companheirismo com que ele fala a seus soldados fica bem mais próximo de uma visão nova e moderna, de uma outra postura política do governante, a de Nicolau Maquiavel, quando este fala do príncipe capitão de seu povo, o príncipe ligado a seus súditos por um interesse comum. O número reduzido das tropas inglesas a ponto de enfrentarem a avassaladora superioridade francesa leva o conde de Westmoreland a desejar que estivessem com eles mais só dez mil dos homens que, naquele dia, não trabalhariam na Inglaterra. A reação do rei é notável, principalmente porque Shakespeare consegue dar a impressão do improviso, da ideia apanhada no ar, no momento em que é formulada, servindo para provocar tudo o que é dito: e a essência da fala dramática reside exatamente nessa ilusão de ela nascer com o pensamento, como acontece nos diálogos da vida real. Mal Westmoreland expressa seu desejo, e Henrique retruca:

HENRIQUE

Quem o deseja?
Meu primo Westmoreland? Não, caro primo:
Se estivermos marcados pra morrer,
Somos perda bastante para a pátria;
Se pra viver, maior a nossa honra.
Por Deus, não quero um homem só a mais.
Eu juro que por ouro eu não anseio,
Nem me importa quem coma à minha custa;
Tanto faz que outros usem minha roupa,
Não é desejo meu a ostentação.
Mas se é pecado cobiçar a honra,
Peca mais que ninguém a minha alma.
Não, primo; nem um homem da Inglaterra.
Por Deus, não abro mão de tanta honra
Quanto um homem a mais me tiraria
Em esperanças. Não, nem mais um só.
Antes proclame, Westmoreland, às hostes,
Que aquele que não tem fome de luta
Pode ir embora, com licença e passe,
Levando umas moedas na sacola:
Não queremos morrer na companhia
De quem não quer ser amigo na morte.
Hoje é o dia da festa de Crispim:
Quem viver hoje e for pra casa a salvo,
Quando ouvir esse nome vai alçar-se
E vibrar, só com o som de Crispiniano.
Para quem ficar vivo e envelhecer,
Vai ter vigília e festa todo ano,
Pra dizer "Amanhã é São Crispim",
Abrir a manga, mostrar cicatrizes
E contar que as ganhou de São Crispim.
Quando o velho esquecer de tudo o mais,

A HARMONIA DO ESTADO

Mesmo assim há de ter sempre memória
Dos feitos deste dia; e os nossos nomes –
De Harry, o rei, de Exeter e Bedford,
Warwick e Talbot, Salisbury e Gloster –
Serão lembrados nas canecas cheias
Do que contar ao filho a nossa história;
E nunca a festa Crispim Crispiniano,
Desde este dia até o fim dos tempos,
Há de passar sem que de nós se lembrem –
De nós, bando feliz, poucos irmãos...
Pois o que hoje vai sangrar comigo
É meu irmão. E quem for mal nascido
Será fidalgo só por este dia.
Os fidalgos ingleses que hoje dormem
Vão maldizer não ter estado aqui,
E ter vergonha quando ouvir falar
O que lutou no dia de Crispim.

Não é de espantar que esta peça, escrita sobre a incrível vitória de um pequeno exército inglês sobre tropas francesas incomparavelmente mais fortes, tenha sido escrita logo depois de a modesta Inglaterra conseguir derrotar a chamada Invencível Armada da poderosa Espanha de Felipe II, e filmada em 1944, logo depois da Batalha da Grã-Bretanha na Segunda Guerra Mundial: ela é constituída em torno de um herói, e expressa emoções patrióticas tão exaltadas quanto, por exemplo, La Marseillese.

Continuando suas preocupações com a definição de Henrique V como um bom governante, a peça inclui também uma das cenas de maior encanto que Shakespeare escreveu: a do namoro de Henrique e Catarina, a filha do rei de França, temperada com os problemas que os dois têm com as línguas um do outro. Menciono a cena como parte do quadro de bom príncipe que Shakespeare cria, porque casar com a pessoa certa é parte disso: Henrique VI, na primeira tetralogia, devia casar-se com a irmã do rei da França, mas Suffolk se apaixona por Margaret de Anjou, resolve vê-la rainha, e o rei, com sua fraqueza habitual, se deixa entusiasmar e quebra sua palavra. Ricardo III, é claro, casa por interesse, e Eduardo IV, seu irmão, faz pior (em tempos políticos): deixa Warwick numa situação altamente constrangedora quando está na França, negociando o casamento dele com Bona, irmã do rei francês, e se apaixona por Elizabeth Grey, viúva com dois filhos, cujo primeiro marido lutara ao lado dos Lancaster, casamento sem qualquer proveito político e que leva a brigas internas no partido dos York. Henrique V casa com Catarina e, no acordo, fica dito que o filho dos dois será a coroa francesa que Henrique foi buscar.

Porém, a maior preocupação da peça, me parece, é realmente a com a paz: os males da guerra são repetidamente denunciados; e quando, depois de Azincourt, os dois reis se reúnem para discutir o

FALANDO DE SHAKESPEARE

acordo final na paz de Troyes, o duque da Borgonha tem uma das mais impressionantes falas de todo o conjunto das peças históricas:

BORGONHA

A ambos meu dever, com igual amor.
Ó grandes reis de França e de Inglaterra!
Que trabalhei, lutei, sofri, sonhei,
Pra juntar vossas altas majestades
Em real entrevista nesta corte,
Vossos poderes ambos testemunham.
Já que meus bons ofícios conseguiram
Que face a face, olho em real olho,
Vos reunísseis, que não me envergonhe
Indagar, ante tanto olhar real,
Que obstáculo ou barreira existe ainda
Para que a pobre e massacrada paz
Que cria as artes, a fartura e a vida,
Não deva, no melhor jardim do mundo,
A fértil França, plantar seu semblante?
Ai, ai, faz tempo foi dela banida,
Deixando-lhe a lavoura em pilhas sujas,
Fazendo podridão do que era fértil.
O vinhedo, que alegra o coração,
Morre sem poda; e as sebes bem cuidadas,
Quais prisioneiro com o cabelo imenso,
Brotam sem ordem. Pela terra ociosa,
O joio, a cicuta, a erva daninha,
Botam raízes enquanto, em ferrugem,
Jaz, sem livrar-nos deles, nosso arado.
O doce prado que floria outrora
Com a prímula pintada e a pimpinela,
Sem foice pra contê-lo, hoje pulula,
Procria louco, e nele nada vinga
A não ser cardo, ouriço, carrapicho,
Sem beleza ou usança.
Como o vinhedo e os campos, sem cuidados,
Crescem selvagens e desnaturados,
Assim nos lares nós e os nosso filhos
Perdemos, ou deixamos de aprender,
Toda a ciência que condiz com a pátria;
Nos tornamos selvagens, como sempre
Acontece aos soldados, a quem falta
No que pensar senão apenas sangue,
Pragas, roupas rasgadas, ar zangado,
E tudo o mais que é antinatural.
O que, pra devolver ao velho aspecto
Aqui viestes; dizei, pra que eu saiba,
Quais as razões por que a doce Paz
Não poderá banir todo esse dano
E abençoar-nos com os dons de outrora.

A HARMONIA DO ESTADO 89

Não é cega ou chauvinistamente patriota um autor que faz essa apologia falando da França e não da Inglaterra, que vê os danos da guerra e as bênçãos da paz não só em relação ao seu próprio país.

Quando paramos um momento para pensar nas pressões de censura política existentes durante o período Tudor – e não podemos nos esquecer de que não só o equilíbrio entre forças religiosas e políticas era realmente precário, como que estamos apenas a quarenta anos da guerra civil que levou Cromwell ao poder – parece-me que ao invés de condenar Shakespeare por uma suposta pouca ousadia política, temos de ficar admirados com o quanto de pensamento pouco convencional, inquieto, reflexivo, ele conseguiu introduzir nas peças históricas que falam da Inglaterra.

Logo depois de concluir sua segunda tetralogia, o poeta vai pela primeira vez enfrentar, já agora em forma de tragédia, um outro quadro político, do qual poderá falar com maior desenvoltura, principalmente porque ele não é condicionado pelos preceitos da sagração cristã e da monarquia hereditária, o de Roma. Como visões políticas, *Júlio César* e *Coriolano* são incomparavelmente mais modernas do que as peças inglesas; mas o método, o talento especial para escolher o governante ou o período por intermédio do qual ele poderia dizer o que queria sobre o homem animal político, vai servir Shakespeare tão bem aqui quanto antes. Não desejo alijar *Antônio e Cleópatra*; mas esta trata mais da relação do poder com a personalidade do governante, enquanto nas outras duas o próprio processo do governo é que fica em jogo. Em *Júlio César*, a que voltaremos mais adiante, Shakespeare faz uma extraordinária análise da ação política de homens e facções com visões opostas de governo e mostra, com sua ação crucial, o assassinato de César, a inutilidade do gesto individual para a interrupção de um processo político já instaurado: matar César não impede que Roma se transforme de república em império; o gesto só precipita os acontecimentos.

O texto no qual o fato político é tratado de forma mais inesperada, no entanto, é *Coriolano*: um Shakespeare totalmente maduro, um pouco como no *Ricardo III* de quinze anos antes, tem um protagonista que fica longe de ser herói; mas o poeta não precisa mais fazê-lo um vilão integral e nem recorrer ao monólogo revelador para que o público saiba que não deve estabelecer com ele identificações emocionais maiores.

Coriolano é uma personagem complexa, cheio de qualidades que foram, em sua maioria, distorcidas por uma educação errada, devido às tentativas de Volumnia de fazer as vezes do marido morto: valores como família, nobreza, orgulho, ficam desmesurados: ele não admite nenhuma mudança no quadro social, não admite que o cidadão comum possa ter seus representantes no poder, nem que faça valer suas reivindicações. Se o povo que se revolta instigado pelos Percies em *Henrique IV* é infantil e irresponsável, é porque naquele momento o que impor-

90 FALANDO DE SHAKESPEARE

tava ao poeta era mostrar os nobres como manipuladores; mas não se pode daí determinar que Shakespeare seja sempre a favor das classes dominantes, como já foi dito. Os homens que se revoltam em *Coriolano* sabem muito bem o que os afeta, como fica claro pela fala do 1º Cidadão logo no início da obra:

1º CIDADÃO
Somos tidos por maus cidadãos, os patrícios por bons. O que empanturra as autoridades nos aliviaria. Se eles nos cedessem tão somente o que sobra enquanto ainda saudável, poderíamos até pensar que nos quisessem amparar humanitariamente; mas eles nos têm por muito caros: a magreza que nos aflige, espetáculo da nossa miséria, é um inventário que lhes mostra, item por item, sua abundância: nosso sofrimento é um ganho para eles. Vinguemo-nos com nossos forcados, antes que nos transformem em ancinhos. Pois sabem os deuses que eu digo isto faminto de pão e não sedento de vingança.
....

Preocuparem-se conosco? Essa é boa! Jamais se preocuparam conosco. Deixam-nos famintos, com os armazéns abarrotados de grãos; baixam decretos contra a usura que protegem usurários; revogam diariamente qualquer lei salutar promulgada contra os ricos, e produzem estatutos mais severos, todos os dias, para acorrentar e oprimir os pobres. Se as guerras não nos comerem, eles o farão; e é esse todo o amor que eles nos têm.

Não surpreende tal colocação para quem estuda com cuidado a trajetória de Shakespeare; surpreendente é a modernidade dos métodos pelos quais os cidadãos da república romana conseguem derrotar seu inimigo nobre e poderoso: cônscios de não terem poder suficiente para derrotar Coriolano em confrontação direta, eles são suficientemente inteligentes e hábeis para fazer aquilo que numa tradicional expressão da língua inglesa, define muito bem os acontecimentos: dão a ele corda suficiente que ele se enforque sozinho. Sabem que se apontarem os defeitos de Coriolano, serão contestados e chamados de caluniadores; porém negando seu voto a ele provocam uma reação de tal violência que os defeitos se evidenciam diante de todos. Furiosamente ferido em seu orgulho, Coriolano abandona Roma e vai oferecer seus excepcionais dotes militares a seu antigo antagonista, inimigo de Roma, Tulo Aufídio. Muito já se tem escrito sobre a peça, boa parte confundindo valores, caindo no engano de tratar Coriolano, por ser o protagonista, como um herói: mas não foi isso que Shakespeare escreveu; tanto ele quanto, sem dúvida, seu público, sabiam que perder uma eleição não é razão para ninguém se juntar ao inimigo e ameaçar a própria pátria; e que um cidadão, por mais nobre que tenha nascido, falha no cumprimento de seus deveres cívicos quando despreza seus concidadãos não nobres de forma tão violenta quanto esse Coriolano que, afinal, acaba não passando de um traidor, um péssimo candidato a governante,

A HARMONIA DO ESTADO 91

já que põe sua própria figura na frente de quaisquer outros interesses. Eis o momento em que ele resolve deixar Roma:

CORIOLANO

> Oh matilha de cães de hálito imundo
> Como o do poço envenenado! Odeio-vos
> Como às carcaças que, desenterradas,
> Corrompem-nos o ar. Eu vos renego;
> Fiquem assim, com as vossas incertezas
> Que meros boatos fazem palpitar!
> Que o farfalhar das plumas do inimigo
> Enchem de horror! Tendes poder ainda
> Pra banir os fiéis – até que um dia
> Vossa ignorância (oculta mas sentida)
> Poupando apenas vossos próprios seres
> (Algozes de vós mesmos) vos entregue
> À nação que vos vença sem um golpe.
> Por vós desprezo esta cidade e parto:
> Existe um mundo fora destes muros!

Shakespeare pode ter aceito muito bem a visão política dos Tudor, mas basta ler *Coriolano* para perceber que sua visão do paternalismo não é extrema: o povo talvez tivesse de ser velado, mas não tutelado ao ponto de não poder expressar suas angústias e seus anseios, ou de assumir suas responsabilidades: a voz dos comuns no parlamento é fundamental; sem isso não pode haver um bom governo, e em um quadro de bom governo alguém como Coriolano é inevitavelmente expelido pelo grupo, por ser um elemento insuportavelmente perturbador. Tudo o que Shakespeare escreve em sua maturidade condiz exatamente com essa visão.

6. O Herói e seu Antagonista

A transição para o período trágico começa ainda em 1599, com *Júlio César*, uma peça sob inúmeros aspectos exemplar, na qual toda a experiência de Shakespeare em utilizar fatos históricos conhecidos como núcleo para a discussão dramática de determinados temas que o interessam é explorada de forma brilhante: há qualquer coisa de até mesmo irônico no fato de frequentemente, na Inglaterra e nos Estados Unidos, *Júlio César* ser a primeira peça de Shakespeare a ser lida, em escolas etc., sob a alegação de se tratar de peça muito simples: na realidade ela é complexa e sutil – embora construída de forma surpreendentemente escorreita.

Antes da peça em si, no entanto, seria bom dizer alguma coisa sobre a própria tragédia shakespeariana, pois é nesse momento, com dez ou doze anos já percorridos em sua trajetória de autor, que Shakespeare fica pronto para o desafio do mais exigente dos gêneros dramáticos, e também dos mais difíceis de serem definidos. Podemos dizer que a tragédia apresenta um processo de conscientização de um indivíduo, tanto em relação a si mesmo quanto em relação ao universo em que existe, atingido por intermédio de uma vivência dolorosa que o compele à reavaliação e o conduz à morte. Ela tem de ser também uma obra de arte concebida como um todo – forma e conteúdo têm de ser equivalentes, indissociáveis. Isso significa que o autor concebe uma ação (a fábula de Aristóteles) que expresse seu pensamento, e para viver a qual ele cria personagens. Cada personagem é uma função dramática: ela existe porque para a ação existir é necessário que haja alguém A com

94 FALANDO DE SHAKESPEARE

tais e tais características, diversas das de B, C, D etc., pois assim são construídos os conflitos, os contrastes.

E. E. Stoll coloca muito bem a questão quando diz que o bom autor vive à procura de uma "situação", seja ela nova ou velha, e que a situação escolhida é sempre aquela em que o contraste ou conflito é mais claro e marcante, com a plausibilidade, fatual ou psicológica, tendo apenas um valor secundário. Ele afirma ainda que "nas maiores tragédias (bem como comédias e épicos), a situação tem sido fundamentalmente improvável, irrazoável", citando tudo, desde a *Ilíada* até Wagner, passando por Shakespeare, Goethe etc. Para concluir, Stoll ainda dá um tiro de misericórdia:

todas essas obras são construídas em torno de situações do mais alto grau de improbabilidade. Sua improbabilidade é o preço de sua eficácia: situações assim depuradas e frutíferas a vida em si não nos oferece. O teatro elizabetano, antirrealista por excelência, rico de convenções, era veículo ideal para esses universos implausíveis em termos de vida real, porém perfeitamente capazes de nos persuadir enquanto estão sendo apresentados, e com determinado significado relevante para a realidade implícito em sua sequência.

Gostaria de lembrar também a mais famosa de todas as teorias sobre o assunto, aquela que tem de ser conhecida mesmo que para ser em parte contestada mais tarde, ou seja, a de A. C. Bradley: a tragédia shakespeariana é uma "história de excepcional calamidade, que conduz à morte de um homem de alta condição. Entretanto, as calamidades da tragédia não *acontecem*, simplesmente; nem são, por outro lado, arbitrariamente mandadas por poderes absolutos: elas nascem primordialmente de ações, ações de determinados homens. O que estes *fazem* é que constitui o fator predominante, por suas ações serem características, idiossincráticas: no centro da tragédia reside a ação que nasce do caráter, da personalidade, ou caráter que se deduz da ação. Vou passar ao longo de boa parte das mais que famosas afirmações de Bradley, para chegar apenas a um ou dois pontos que me parecem básicos:

uma das emoções mais significativas da tragédia é a do desperdício; um considerável potencial de vida é perdido com a morte do herói, mas por outro lado, ao mesmo tempo que temos a sensação de o herói ser um homem condenado, de os acontecimentos conspirarem para conduzi-lo a seu fim, sentimos igualmente que ele é, em medida mais que considerável, o responsável por sua própria destruição.

Se juntarmos tudo isso, e mais a influência de Sêneca, acabamos tendo uma obra na qual um protagonista, em uma situação da qual participa com suas características individuais (mas com uma dominante que o conduz ao erro, segundo Bradley), sofre um processo doloroso por intermédio do qual se conscientiza. Fechando o conjunto, porque Sêneca ensinou os elizabetanos a escrever tragédias e ele era um filósofo estoico, além de memorável retórico, o protagonista expressa todo o seu processo em falas brilhantes e alcança, antes de morrer, um comovente momento de calma e equilíbrio, que nos deixa com forte sensação de perda, de desperdício, porque na riqueza da personalidade que o poeta criou para sua personagem, entrevemos o quanto ele poderia ter contribuído ainda para a vida da comunidade retratada na obra. Pode-se passar horas, dias ou semanas tentando encontrar uma definição satisfatória para a tragédia, gênero difícil e fugidio, mas não deve ser esquecida a passagem do *Hamlet* da qual Bradley tirou a ideia do aspecto dominante que se transforma na falha trágica do herói. É o próprio Hamlet quem fala:

HAMLET

> Isso acontece às vezes com um homem
> Que tenha um vício inato, de nascença –
> Do qual não é culpado, pois a vida
> Não escolhe as origens – ou ainda
> Por um exuberante e oculto impulso,
> Ou por costume que domina e invade
> As boas normas – essa criatura,
> Que traz, repito, o estigma de um defeito,
> Por herança infeliz ou má estrela,
> Suas virtudes – sejam as mais puras,
> Ou infinitas quanto possam ser –
> Ficarão corrompidas ao contato
> Dessa pecha, essa gota venenosa
> Que apaga às vezes toda a nobre essência,
> Para o seu mal.

Mas voltemos ao início do período trágico, ao *Júlio César*, onde a questão da inter-relação entre situação e personagem é excepcionalmente bem colocada: a diferença entre um debate e uma ação teatral é o fato de, no primeiro, duas pessoas discutirem, em plano intelectual, assunto que pode ser da maior transcendência, mas que permanece separado da experiência emocional dos debatedores. Já na situação dramática a personagem *vive* a sua posição, ele a põe em jogo em circunstância nas quais sua vida inevitavelmente se altera, se modifica, pelo fato de ele agir segundo suas convicções. É exatamente o que acontece em *Júlio César*, que gira em torno de um conflito político. Shakespeare tinha um fato básico conhecido: o assassinato de César e o papel importante desempenhado neste por Brutus. A partir disso ele cria um personagem, Brutus, essencialmente republicano, que acredita não haver indivíduo, por excepcional que seja (como é o caso de Júlio César), que compense, com sua presença no governo, a perda de qualquer parcela dos direitos e deveres do cidadão. Como radicalmente oposto a tais ideias, o poeta cria um Marco Antônio aristocrático, uma personalidade de *hero-worshipper*, adorador de heróis, convencido de que a

96 FALANDO DE SHAKESPEARE

maior parte das pessoas não está realmente muito preocupada em se envolver com seus deveres cívicos e que, portanto, se aparece um homem de excepcionais talentos disposto a governar, não importa que isso leve à perda de parte dos direitos do cidadão comum.

A personalidade de Brutus é a mais complexa mas, na verdade, ele fica ainda aquém das dimensões do herói trágico que surgirá mais adiante. Em Brutus, além da confrontação mortal com Marco Antônio, Shakespeare trata de problemas paralelos também suscitados pela ação: o principal é o que indaga se existe, ou pode existir, o assassino movido por motivos exclusivamente nobres em pensamento mas que, ao mesmo tempo, opta pela morte de César antes mesmo de saber se, como prevê, o poder o corromperá. Brutus é de uma integridade total, e os conspiradores o procuram justamente porque sua figura emprestaria ao golpe uma dignidade acima de qualquer suspeita. Cássio, Casca e os outros desejam matar Marco Antônio ao mesmo tempo que César, mas Brutus não o permite, para ele e seus comparsas "não parecerem carniceiros"; os outros advertem do perigo de se permitir que Marco Antônio fale no enterro de César, mas Brutus o tem em pouca conta intelectual e, além do mais, garante que como irá falar antes de Antônio, esclarecendo inteiramente o acontecido, não há dúvida de que o povo o apoiará. Seu discurso é uma joia de clareza, objetividade e contenção e, para alcançar seu objetivo de dizer a verdade e chamar todos à responsabilidade, um Shakespeare maduro e dono de seu ofício o faz falar em prosa digna do mais clássico estilo romano:

BRUTUS

Romanos, compatriotas e amigos! Ouvi-me por minha causa e ficai em silêncio para poder ouvir: acreditai-me por minha honra, e respeitai minha honra para poder acreditar: censurai-me em vossa sabedoria, e despertai vosso sentidos para julgar melhor. Se houver alguém nesta assembleia, algum querido amigo de César, a ele eu direi que o amor de Brutus por César não foi menor do que o seu. Se, então, esse amigo perguntar por que Brutus levantou-se contra César, esta é a minha resposta: Não foi porque amei menos a César e, sim, porque amei mais a Roma. Preferiríeis vós que César estivesse vivo, para que morresseis todos escravos, a que César estivesse morto, para viverdes todos livres? Porque César me amava, choro por ele; porque foi feliz, regozijo-me; porque foi bravo, honro-o; mas, porque era ambicioso, matei-o. Há lágrimas por seu amor, regozijo por sua felicidade, honra por sua bravura, e morte por sua ambição. Quem há aqui tão baixo que quisera ser escravo? Se há alguém, que fale, pois a ele eu ofendi. Quem há aqui tão rude que não quisera ser romano? Se há alguém, que fale pois a ele eu ofendi. Quem há aqui tão vil que não ame o seu país? Se há alguém, que fale, pois a ele eu ofendi. Espero uma resposta.

Brutus, como podem ver, apresenta sua posição com a mais total honestidade, explicita exatamente as razões que o levaram à ação crucial, ou seja, ao assassinato de César, deixando claro que engajou sua vida em seu ponto de vista, e agiu de acordo com ele. Seu ponto cego, talvez sua falha trágica, é não saber julgar os outros homens, errando em sua avaliação de Marco Antônio só porque este gosta de praticar esportes e ir ao teatro. Brutus, como qualquer outro bom puritano, e sem outras bases mais confiáveis, conclui que Antônio é intelectualmente limitado e politicamente inoperante sem a presença de César. Tal convicção o deixa absolutamente incapaz de desconfiar da maneira abjeta pela qual o popularíssimo general vem pedir para fazer o elogio fúnebre de César, com inacreditáveis protestos de admiração pelo grupo que acaba de assassinar o homem que mais respeitava e cultuava na vida.

O mesmo tipo de cegueira já fizera Brutus acreditar piamente que seus parceiros de conspiração fossem movidos por motivos tão irretocavelmente responsáveis quanto os seus próprios e, com um pouco de maldade por parte de Shakespeare, o fizera também, por meio dos constantes elogios que lhe fazem todos os conspiradores, acusar César de cultor de aduladores, mas também é vulnerável à bajulação, quando apresentada como admiração à sua incontestável integridade. O fato é que, incapaz de avaliar corretamente o caráter alheio, Brutus permite que Marco Antônio fale no funeral de seu amigo Júlio César, certo de que, falando depois de ele explicar o significado de seu ato, o fútil e superficial Marco Antônio não impressionará ninguém. Engana-se redondamente: o famoso discurso de Marco Antônio é, de todos os pontos de vista, a antítese do de Brutus: Antônio jamais expõe a natureza exata de sua posição, buscando alcançar, tão somente, as emoções daqueles que o ouvem, contando inclusive com um grande domínio de psicologia de massa adquirido no trato com suas tropas, junto às quais tinha enorme popularidade. O poeta domina o jogo tão bem quanto nos quer fazer crer que Antônio o dominava e, por isso mesmo, seu discurso não só é em verso, para com seu ritmo embalar as emoções de seus ouvintes, como até mesmo tem um refrão, cuidadosamente planejado para deixar o povo contra os conspiradores:

MARCO ANTÔNIO

Amigos, cidadãos de Roma, ouvi-me!
Venho enterrar a César, não louvá-lo.
O mal que o homem faz vive após ele,
O bem se enterra às vezes com seus ossos.
Com César assim seja. O honrado Brutus
Disse que César era ambicioso;
Se isso é verdade, era uma dura falta,
E duramente César a pagou.
Com a permissão de Brutus e dos outros
(Pois Brutus é um homem muito honrado,
Tal como os outros, todos muito honrados)
Venho falar no funeral de César:
Foi meu amigo, justo e dedicado;
Mas Brutus diz que ele era ambicioso,
E Brutus é um homem muito honrado.

FALANDO DE SHAKESPEARE

Ele nos trouxe a Roma mil cativos
Cujo resgate enchia os nossos cofres;
Mostrou-se assim a ambição de César?
Quando o pobre clamava, ele sofria:
Ambição deve ter mais duro aspecto;
Mas Brutus diz que ele era ambicioso,
E Brutus é um homem muito honrado.
Vós todos vistes que, no Lupercal,
Três vezes lhe ofertei a real coroa:
Três vezes recusou. Isso é ambição?
Mas Brutus diz que ele era ambicioso,
E sabemos que é um homem muito honrado.
Não falo pra negar o que diz Brutus,
Mas para aqui dizer tudo o que sei:
Todos vós o amastes, não sem causa;
Que causa vos impede de chorá-lo?
Bom senso, hoje existes só nas feras!
O homem perde a razão! Mas, perdoai-me,
Meu coração com César vai, no esquife,
E eu calarei, até que ele me volte.

Uma vez estabelecido um clima violentamente emocional, Marco Antônio passa a mencionar o testamento de César, com imensas benesses para o povo, afirmando que não o lê para não fazer o povo voltar-se contra os honrados assassinos... daí até a revolta contra os conspiradores é um passo. O fato é que esses dois homens engajam suas vidas em suas posições antagônicas; ambos *agem* segundo suas convicções e Shakespeare em momento algum moraliza a respeito: ele apenas nos mostra ações e consequências dessas ações. O resultado principal, no caso, é a guerra civil, o eventual desencanto de Brutus e sua morte.

A construção de peça é magistral: *Júlio César* merece o título porque a ação, até o Ato III, gira em torno do planejamento de sua morte, no Ato III ele é morto, e a segunda metade é dedicada às consequências e à vingança dessa morte. Na primeira metade, o partido anti-César está unido e coeso, já que tem um objetivo determinado; mas como, ao contrário de Brutus, a maioria não tem outro objetivo senão essa morte, e como são, ao contrário de Brutus, quase todos covardes, assim que a oposição a eles se arma, entram em conflitos graves entre si e caminham para uma catástrofe inevitável. Já na segunda metade iremos ver uma união quase tão falsa quanto a anterior, que fora a dos conspiradores, de um novo conjunto, por assim dizer pró-César. Antônio, Otávio e Lépido não têm interesses comuns a não ser os da vingança e de vingar César (ostensivamente) e o de (na realidade) preservar o poder patrício. Com um objetivo imediato em mãos, unem-se: suas diferenças só irão aparecer, com consequências de ação política, em *Antônio e Cleópatra*. Shakespeare não faz de Brutus um herói particularmente atraente: talvez ele seja realmente um pouco arredio e ensimesmado demais, como todo bom intelectual, porém creio que,

O HERÓI E SEU ANTAGONISTA

principalmente, não parece ter apetecido ao poeta emprestar ao processo Brutus a característica de conscientização, de descoberta, de aquisição de melhor perspectiva do universo, que é fundamental para seus "grandes" heróis: um arrependimento quanto ao assassinato fica claro, mas não seria lógico que o autor fizesse qualquer alteração nas convicções republicanas de Brutus. Mas pelo menos a terrível sensação de desperdício está presente, e é o antagonista Marco Antônio, originador de todo o contra movimento que acaba por destruir Brutus, o responsável por seu elogio final, que maior não poderia ser:

MARCO ANTÔNIO

> Este foi o mais nobre dos romanos;
> Todos que conspiraram, menos ele,
> Agiram mal, de inveja ao grande César.
> Ele só, por honesto pensamento
> E pelo bem comum, tornou-se um deles.
> Foi bom em vida, e os elementos
> Nele se uniram tão equilibrados,
> Que a Natureza pode finalmente
> Anunciar ao mundo: Ele era um homem!

Estamos em pleno humanismo: nada mostra tão claramente que o antigo universo teocêntrico da Idade Média já não é o dominante, tanto quanto esse "He was a man!", com que Marco Antônio conclui seu elogio de Brutus. No vocabulário shakespeariano não haverá elogio maior a ser feito a qualquer indivíduo do que esse. Quando Horácio diz a Hamlet que se lembra de seu pai morto e afirma "Eu o vi uma vez; um belo rei", Hamlet responde imediatamente "Ele era um homem"; e é esse homem, medida de todas as coisas, esse homem que não tem mais um lugar tão fixamente definido entre anjos e animais, numa terra em torno da qual girava o universo, esse homem feito de dúvidas, incertezas, indagações, porém cada vez mais obrigado a responder por seu destino, esse homem que finalmente, na Renascença, assumiu o livre arbítrio que o cristianismo lhe imputara, é que será o protagonista perfeito para a tragédia elizabetana. E é na primeira tragédia escrita depois de *Júlio César*, a primeira das chamadas "quatro grandes", no *Hamlet*, que poderemos encontrar a maior concentração de características da época e de sua forma mais privativa de tragédia, a da tragédia de vingança.

Não há caminhada pela trajetória de Shakespeare que não tenha de fazer uma parada um pouco mais prolongada nesta peça que, sozinha, já motivou a criação de uma bibliografia maior do que qualquer outra obra de arte, e bem maior do que altíssimo percentual dos temas de não ficção. Temos de aceitar, diante disso, que deva haver alguma razão para que o *Hamlet* seja tão famoso, o que não ajuda muito, dada

100 FALANDO DE SHAKESPEARE

a multiplicidade de razões pelas quais tanta gente se tem ocupado dessa única obra.

Por que motivo essa tragédia, mais do que outras, é tão fascinante? Uma das respostas mais frequentes é a de que o *Hamlet* seria uma metáfora da própria vida: a um homem é imposta uma tarefa que ele não buscou, mas da qual tem se desincumbir, como a todos nós é dada a vida que temos de levar avante. O grande processo Hamlet, na verdade, é constituído exatamente por sua procura de um sentido, uma integração, uma validação, da tarefa que lhe foi proposta. Essa tarefa, calcada no exemplo de Sêneca e na fórmula estabelecida por Thomas Kyd com a *Tragédia Espanhola*, é uma vingança, a da morte de seu pai. Tal vingança deverá ser contra o tio por quem Hamlet, mesmo antes de ter conhecimento do crime, não nutre a menor simpatia, como podemos saber desde o primeiro monólogo, definidor do clima emocional de depressão em que o príncipe já está desde a morte do pai:

HAMLET

 Oh, se esta carne rude derretesse,
 E se desvanecesse em fino orvalho!
 Ou que o eterno não tivesse oposto
 Seu gesto contra a própria destruição!
 Oh Deus, como são gestos vãos, inúteis,
 A meu ver esses hábitos do mundo!
 Que horror! São qual jardins abandonados
 Em que só o que é mau na natureza
 Brota e domina. Mas chegar a isto!
 Morto há dois meses só! Não, nem dois meses!
 Tão excelente rei, em face deste
 Seria como Hipérion frente a um sátiro.
 Era tão dedicado à minha mãe
 Que não deixava nem a própria brisa
 Tocar forte o seu rosto. Céus e terras!
 Devo lembrar? Ela se reclinava
 Sobre ele, qual se a força do apetite
 Lhe viesse do alimento; e dentre um mês –
 Não, não quero lembrar. Um mês apenas,
 Antes que se gastassem os sapatos
 Com que seguiu o enterro do meu pai,
 Como Níobe em pranto – eis que ela própria –
 Oh Deus! um animal sem raciocínio
 Guardaria mais nojo – ei-la casada
 Co'o irmão de meu pai, mas tão diverso
 Dele como eu de Hércules: um mês!
 E apenas essas lágrimas culposas
 Deixaram de correr nos falsos olhos,
 Casou-se: Oh pressa infame de lançar-se
 Com tal presteza entre os lençóis do incesto!
 Não 'stá certo, nem pode ter bom termo:
 Estala coração – mas guarda a língua!

O HERÓI E SEU ANTAGONISTA 101

É desse tio que, até então e durante muito tempo ainda, só Hamlet e Horácio, seu confidente, de toda a corte da Dinamarca, deixarão de ver como rei exemplar, imponente e resoluto, que Hamlet terá de se vingar, por ordem de um Fantasma. Terá de se vingar por um assassinato que, a não ser segundo o Fantasma, não fora cometido. Mas o primeiro monólogo, quando diz que os hábitos do mundo "são qual jardins abandonados em que só o que é mau na natureza brota e domina" faz sua contribuição para o estabelecimento de um dos aspectos mais extraordinários do estágio de desenvolvimento da linguagem dramática que Shakespeare havia alcançado a esta altura: o das imagens dominantes. Numa tragédia na qual o antagonista do herói mata pela primeira vez (Hamlet pai) com um veneno que se espalha pelas veias da vítima, e esse mesmo antagonista, exímio corruptor, corrompe a rainha, Polônio, Laertes, Rosencrantz e Guildenstern de modo tal que sua própria presença no trono se apresenta como um veneno que, aos poucos, se iria espalhando pelas veias do Estado, não é de espantar que a imagem dominante seja a de podridão, de corrupção, ou que alguém diga "Há qualquer coisa de podre no reino da Dinamarca".

Aqui, no apogeu da carreira, Shakespeare lida com aquele mesmo tema que nos chamou a atenção na *Comédia dos Erros* e suas companheiras de início: a aparência e a realidade. Quem montar o *Hamlet* com um rei que não for apresentado como ao menos aparentemente impoluto e majestoso, estará destruindo a obra, porque ele depende, justamente, de uma possível aparência atraente e inocente de um veneno que mata. Não devemos esquecer nunca que a personagem Hamlet, tanto quanto o público para o qual foi originalmente escrita a peça, acreditavam que o diabo podia apresentar-se como o Fantasma do pai de Hamlet, tendo por objetivo enganá-lo e, consequentemente, perder sua alma. Tinham consciência, um e outro, da existência de uma diferença radical entre um vingador e um mero regicida; e foi só muito mais tarde, quando o mundo deixou de acreditar tão literalmente em fantasmas como manifestações diabólicas, que alguém se lembrou de começar a achar que Hamlet demora excessivamente para se vingar. Na época, ninguém reagiria assim, seja por ser corrente tal concepção do diabo, seja pelo fato de um regicídio ser tido como crime particularmente abominável, na medida em que afeta toda a comunidade. Hamlet é em parte culpado pela torrente de especulações sobre a decantada procrastinação, já que no final do Ato II se acusa de demorar a vingar-se.

Tão logo tem notícia do assassinato pelo Fantasma, Hamlet adota uma suposta loucura a respeito da qual muito também se tem escrito, com terríveis elucubrações sobre a certeza de ele ter ficado efetivamente louco, o que é contestado por dois fatos básicos: em primeiro lugar, o herói trágico tem de ser responsável por seus atos e seu destino, e portanto não pode ser louco; em segundo, basta olhar com cuidado o texto

102 FALANDO DE SHAKESPEARE

de Shakespeare: a loucura é toda escrita em prosa (e por meio dela Hamlet pode dar largas à sua aversão ao rei e a Polônio, por exemplo), mas sempre que o vemos só ou com Horácio, durante o período supostamente "louco", ele fala em verso, que é a linguagem do pensamento harmônico. Resolvido a abandonar tudo exceto sua tarefa, Hamlet inclui no que rejeita a patética Ofélia, e com a mesma ambivalência com que utiliza o recurso da loucura a todos os momentos que lhe pareçam convenientes (serve para enganar os outros e, de certo modo, aliviar suas tensões interiores), Hamlet se apresenta diante de Ofélia para causar determinada impressão e, sem dúvida, também para despedir-se dela. Os dois intuitos aparecem na descrição daquele momento que Ofélia faz ao pai:

OFÉLIA

> Senhor, 'stava eu cosendo no meu quarto
> Quando o príncipe Hamlet, mal trajado,
> Sem chapéu, tendo as meias enroladas
> Pelas pernas, sem ligas, branco e pálido
> Como o linho, os joelhos tremulantes,
> Com o olhar de tão fúnebre expressão
> Como se nos viesse dos infernos
> Falar de horrores – vem diante de mim.
> ....
> Tomou-me pelos pulsos fortemente:
> Logo afastou-me ao longo do seu braço
> Em co'a outra mão erguida sobre os olhos,
> Pôs-se a mirar-me o rosto de tal modo
> Como para sorvê-lo; muito tempo
> Assim ficou; depois tomou-me pelo braço
> E abandonando a cabeça de alto a baixo
> Arrancou um suspiro tão profundo
> Que pareceu-me ser bastante abalo
> Para levá-lo à morte. Então deixou-me
> E, curvando a cabeça sobre o ombro,
> Caminhou desprezando os próprios olhos,
> Pois saiu pela porta sem usá-los,
> Mantendo sempre em mim a sua luz.

Peço desculpas pelo que possa trazer de desapontamento, mas, a descrição de Hamlet que Ofélia faz é – mesmo que mais bem elaborada e escrita – exatamente a que apareceria em qualquer manual de amante rejeitado; Hamlet é, por isso mesmo, absolutamente convincente, e seu comportamento tem consequências específicas.

Antes de continuarmos, é preciso identificar as características de uma "tragédia de vingança", gênero elizabetano perfeitamente definido. 1ª) a vingança é a principal ação da peça; temos de ver o que a provoca, como ela é planejada e sua execução; 2ª) a vingança é a causa da catástrofe: não pode aparecer depois da crise, tem de ser parte dela; 3ª)

O HERÓI E SEU ANTAGONISTA

normalmente mostra fantasma(s) exigindo vingança; 4ª) há hesitação na execução da vingança; 5ª) há demora na execução, que não é repentina mas, sim, longamente planejada; 6ª) aparecem elementos de loucura real ou fingida e 7ª) a contra intriga do antagonista é forte, bem armada e recebe considerável ênfase. Apresentando *todas* as características, só existem duas obras: a *A Tragédia Espanhola* e *Hamlet*; porém há muitas onde podemos encontrar várias delas. Como na maioria das tragédias de todos os tempos, porém com maior ênfase ainda, na tragédia elizabetana, aí incluída a de vingança, os antagonistas são punidos e destruídos, mas os inocentes nem sempre escapam (como Ofélia ou Cordélia), e na trama há muita violência e muitas mortes.

Voltemos à hesitação de Hamlet; depois da chegada dos atores e de o principal destes declamar um trecho sobre Hécuba, vem o segundo grande monólogo, do qual devemos reparar principalmente a parte final:

HAMLET

Ouvi dizer que quando os malfeitores
Assistem a uma peça que os imita,
Toca-lhes a alma a perfeição da cena
E confessam de súbito os seus erros:
Pois o crime de morte, sem ter língua,
Falará com o milagre de outra voz:
Esses atores, diante de meu tio,
Repetirão a morte de meu pai;
Vou vigiar-lhe o olhar, sondá-lo ao vivo!
Se trastejar, eu sei o que fazer.
O fantasma talvez seja um demônio,
Pois o demônio assume aspectos vários
E sabe seduzir: ele aproveita
Esta melancolia e esta fraqueza,
Já que domina espíritos assim,
Para levar-me à danação: preciso
Encontrar provas menos duvidosas.
É com a peça que eu penetrarei
O segredo mais íntimo do rei.

Ao contrário do que por vezes é dito, é nesse segundo monólogo que Hamlet atinge o auge de seu desespero, em um paroxismo de autoflagelação. Só nessa parte final, quando ele consegue formular a resolução de tomar alguma providência concreta em relação à sua tarefa e seu antagonista é que começa a haver esperança de libertação da paralisante prisão da dúvida. Esse monólogo conclui o Ato II.

O que Shakespeare faz a seguir é extraordinário, seja como construção dramática, seja como demonstração de domínio absoluto sobre a arte de criar uma personagem: o Ato III abre com a ênfase nos anta-

104 FALANDO DE SHAKESPEARE

gonistas de Hamlet; o rei entrevista Rosencrantz e Guildenstern, já a fim de colher informações sobre seu primeiro encontro com Hamlet e, logo depois, Cláudio e Polônio planejam usar, como armadilha para descobrir o segredo de Hamlet, Ofélia, que Hamlet resolvera esquecer com suas outras preocupações mundanas, Ofélia que, sem mãe e obediente ao pai, cumprira as ordens deste de não se comunicar mais com Hamlet. Lembram-se de quando falei da importância do número três em Shakespeare? Hamlet é testado três vezes: primeiro com Rosencrantz e Guildenstern, agora com Ofélia, e a terceira vez com a Rainha. A jovem, sem que ninguém lhe pergunte se gostaria de desempenhar tal papel, agora é jogada como isca, com base na convicção de Polônio de que o príncipe está louco de amor, o que aliás prova que a visita que fez a ela obteve os resultados desejados.

Essa abertura do Ato III não só mostra que os oponentes de Hamlet estão ativos, como também sugere certa passagem de tempo, ao menos o bastante para Hamlet se recuperar de seu extremo descontrole; quando tornamos a vê-lo, ele atingiu um novo patamar de emoção e pensamento, com seu lado mais inteligente, intelectual, voltando a se afirmar, no lugar da exacerbação desesperada em relação ao mundo exterior do monólogo anterior. Shakespeare, é claro, é brilhantemente irônico quando, logo após a incisiva resolução de Hamlet, evita o óbvio: a primeira coisa que vemos, depois que o príncipe proclama que vai agir, são seus antagonistas agindo. Mais extraordinário ainda, no entanto, é o poeta ter tido a visão de que após um final, no monólogo anterior, do tipo revelador de planos futuros, seria possível construir o desenvolvimento do processo do protagonista sem atribuir-lhe uma única linha de diálogo entre os dois, criando um novo monólogo, puramente reflexivo, no qual a preocupação última de Hamlet com a vida e a morte apresenta-se de forma pungente: é um momento excepcional, como são todos aqueles em que o homem enfrenta sua finitude. O poeta sabe que tais confrontações, se sustentadas por períodos muito longos, podem tornar-se mórbidas, e Hamlet tem seu breve momento cortado pela armadilha da presença de Ofélia. Não podemos pôr em dúvida que ele pressente que o encontro não seja fruto do acaso:

HAMLET

Ser ou não ser, essa é que é a questão:
Será mais nobre suportar na mente
As flechadas da trágica fortuna,
Ou tomar armas contra um mar de escolhos
E enfrentando-os, vencer? Morrer, dormir:
Nada mais; e dizer que pelo sono
Findam as dores, com os mil abalos,
Inerentes à carne – é a conclusão
Que devemos buscar. Morrer, dormir.

O HERÓI E SEU ANTAGONISTA

Dormir! Talvez sonhar – eis o problema,
Pois os sonhos que vierem nesse sono
De morte, uma vez livres deste invólucro
Mortal, fazem cismar. Esse é o motivo
Que prolonga a desdita desta vida.
Quem suportara os golpes do destino,
Os erros do opressor, o escárnio alheio,
A ingratidão no amor, a lei tardia,
O orgulho dos que mandam, o desprezo
Que a paciência atura dos indignos,
Quando podia procurar repouso
Na ponta de um punhal? Quem carregara
Suando o fardo da pesada vida
Se o medo do que vem depois da morte –
O país ignorado de onde nunca
Ninguém voltou – não nos turbasse a mente
E nos fizesse arcar c'o mal que temos
Em vez de voar para esse, que ignoramos?
Assim nossa consciência se acovarda
E o instinto que inspira as decisões
Desmaia no indeciso pensamento;
E as empresas supremas e oportunas
Desviam-se do rio da corrente
E não são mais ação. Silêncio, agora!
A bela Ofélia! – Ninfa, em tuas preces
Recorda os meus pecados.

OFÉLIA

Meu Senhor!
Como estais? Não vos vejo há tantos dias.

HAMLET

Humilde eu te agradeço. Bem, bem, bem.

OFÉLIA

Senhor, tenho comigo umas lembranças
Vossas, que há muito quero devolver-vos;
Por favor, recebei-as.

HAMLET

Não; não eu;
Eu nunca te dei presentes.

OFÉLIA

Meu honrado Senhor, sabeis que os destes;
E com eles palavras tão suaves
Que os tornavam mais ricos; mas agora,
Ido o doce perfume, recebei-os;
Pois para um nobre espírito, os presentes
Tornam-se pobres quando quem os dera
Se torna cruel. Tomai-os, meu Senhor.

HAMLET

És honesta?

OFÉLIA

Senhor?

HAMLET

És também bela?

OFÉLIA

Que quereis dizer, Senhor?

HAMLET

Que se fores honesta e bela, a sua honestidade não deveria admitir louvores à tua beleza.

OFÉLIA

Poderia a beleza, Senhor, ter melhor convívio do que com a virtude?

HAMLET

Certamente; pois é mais fácil ao poder da beleza transformar a virtude em libertinagem do que à força da honestidade moldar a beleza à sua feição; isso outrora foi um paradoxo, mas agora os tempos o provam. Eu já te amei um dia.

OFÉLIA

É verdade, Senhor; fizestes com que eu acreditasse que sim

HAMLET

Não devias ter acreditado em mim; pois a virtude não poderia ter inoculado tanto o nosso velho tronco a ponto que nada restasse dele: eu nunca te amei.

OFÉLIA

Maior a minha decepção.

HAMLET

Entra para um convento: por que desejarias conceber pecadores? Eu próprio sou passavelmente honesto; mas poderia ainda assim acusar a mim mesmo de tais coisas, que seria melhor que minha mãe não me tivesse concebido: sou muito orgulhoso, vingativo, ambicioso; com mais erros ao meu alcance do que pensamentos para expressá-los, imaginação para dar-lhes forma ou tempo para cometê-los. O que podem fazer sujeitos como eu, a arrastar-se entre o céu e a terra? Somos todos uns rematados velhacos; não acredites em nenhum de nós. Entra para um convento. Onde está teu pai?

OFÉLIA

Em casa, meu Senhor.

HAMLET

Fecha sobre ele as portas, para que não faça papel de bobo senão em sua própria casa. Adeus!

OFÉLIA (*à parte*)

Oh, ajudai-o, céus misericordiosos!

O HERÓI E SEU ANTAGONISTA

HAMLET

Se casares, dar-te-ei esta praga como dote: sejas casta como o gelo, pura como a neve, não escaparás à calúnia. Entra para um convento, vai: adeus. Ou, se tiveres mesmo de casar, casa-te com um tolo; pois os homens de juízo sabem muito bem que monstros vós fazeis deles. Entra para um convento; e vai depressa. Adeus!

OFÉLIA (À PARTE)

Oh, poderes celestiais, curai-o!

HAMLET

Tenho ouvido também falar de como vos pintais; Deus vos deu uma face e vós vos fabricais outra; dançais, meneais, ciciais, arremedando as criatura de Deus, e mostrais vosso impudor como se fosse inocência. Vamos, basta: foi isso o que me fez louco. Digo-te: não haverá mais casamento; daqueles que já estão casados, todos, menos um, viverão; os restantes ficarão como estão. Para um convento, vai! *(Sai)*

OFÉLIA

Como está transtornado o nobre espírito!
O olhar do nobre, do soldado a espada,
Do letrado as palavras, a esperança,
A flor deste país, o belo exemplo
Da elegância, o modelo da etiqueta,
Alvo de tanto olhar – assim desfeito!
E eu, a mais infeliz entre as donzelas,
Que o mel provei de seus sonoros votos,
Ver agora a razão mais alta e nobre,
Como um sino de notas dissonantes,
Badalar sem os sons harmoniosos:
Cortadas pela insânia a forma e o viço
Da juventude! E eu, pobre miserável,
Tendo visto o que vi, ver o que vejo!

É preciso pensar com certo cuidado sobre esta cena: a reação do rei a ela é precisa: "Amor! Não tende a isso o seu espírito. / Nem o que disse, embora um pouco estranho, / Parecia loucura": o jogo dramático essencial da tragédia tem de nascer desse confronto protagonista/antagonista, e temos de notar que Hamlet mudou seu jogo: teria sido fácil para ele continuar a confundir os dois espiões, Cláudio e Polônio, fazendo-os crer que está louco por amor, mas a verdade é que ele está tateando na busca da identificação de seu dever. O fato de ser espionado convence Hamlet mais um pouco da verdade do Fantasma, e ele se torna ainda mais ambíguo em seu comportamento, o que leva sua posição a ficar cada vez mais perigosa junto ao rei.

Segue-se a cena da comédia, que é central para toda a ação: nela ouvimos, primeiro, os conselhos de Hamlet aos atores sobre a arte de interpretação, que são em prosa, não por Hamlet estar louco mas porque é convenção do teatro elizabetano um príncipe falar em prosa quando seu interlocutor pertence a classe social muito inferior à sua (e Shakespeare sabia muito bem como eram considerados os atores), com a fala em si mostrando o quanto Hamlet está lúcido e em controle dos acontecimentos. A seguir temos o diálogo com Horácio (em verso), que nos informa que este tem conhecimento de tudo o que aconteceu e que, além do mais, Hamlet quer uma testemunha independente para observar a sua experiência com a comédia. Após a entrada da corte, Hamlet está impaciente, inquieto, mas sua agressividade com o rei é parte integrante da nova atitude de busca ativa da verdade; vale a pena lembrar que um rei já irritado por provocações difusas fica mais propício a reagir à provocação específica como a da comédia e, segundo a mais profunda convicção dos elizabetanos, Cláudio se trai ante um episódio semelhante à morte do irmão.

Muito se tem escrito sobre o fato de Hamlet, a partir de então, poder ter certeza da verdade do Fantasma; porém nunca suficientemente se fala do fato de agora, também, o rei conhecer a causa do comportamento de Hamlet e ter a certeza de que, de algum modo imprevisto, ele sabe não só que o pai foi assassinado, como também por quem: caminha a causa do protagonista, mas seu avanço provoca uma reação mais forte do antagonista. Logo depois da comédia Hamlet é chamado à confrontação com a rainha e, a caminho, tem o momento de maior dificuldade de aceitação para o público contemporâneo: encontra o rei rezando, sozinho, e não o mata por acreditar que, em tais circunstâncias, o pai/padrasto teria salva a alma e não estaria, portanto, adequadamente cumprida a tarefa do vingador. É nesse momento que Cláudio tem seu único e memorável monólogo, no qual não só nos revela todas as suas culpas mas também a plena consciência que tem da natureza de seus atos e de suas consequências:

CLÁUDIO

Meu crime é como um cancro; fede aos céus;
Tem toda a maldição das velhas eras –
A morte de um irmão! – Rezar não posso,
Embora meu desejo seja intenso;
Meu pecado é mais forte que esse intento;
E como um homem preso a dois negócios
Fico indeciso à escolha do primeiro,
E ambos desprezo. Se o fraterno sangue
Tornasse mais escura a mão maldita,
Não haveria chuva que bastasse
Nos doces céus para torná-la branca!
De que serve o perdão se não de apoio
Para enfrentar o crime? E que há na prece
Mais que o duplo poder de prevenir-nos
Para que não caiamos, e perdoar-nos
Quando caímos? Erguerei os olhos;
A minha falta é coisa do passado.
Porém, que forma de oração me cabe?
"Perdoai-me o assassínio cometido?"

O HERÓI E SEU ANTAGONISTA

Não serve. Estou de posse dos proventos
Pelos quais fiz o crime. Eis a coroa,
Minha própria ambição, minha Rainha.
Pode-se obter perdão, guardando a ofensa?
Nas correntes corruptas deste mundo,
O crime afasta às vezes a justiça
Com mão dourada, e vemos muitas vezes
Que o prêmio do delito compra a lei;
Mas não é tal nos céus, lá não há manha;
Lá fica a ação co'a própria natureza;
E somos pois levados a mostrar
Até os dentes nossas próprias faltas,
E depôr à evidência. E então? Que resta?
Usemos o que pode a contrição.
E o que não pode? E se o arrependimento
Nos é vedado? Oh sorte miserável!
Alma negra de morte! Alma enredada,
Lutando por livrar-se e sempre, sempre
Mais confundida! Oh anjos, ajudai-me!
Tentai, curvai-vos, joelhos obstinados!
Coração de aço, faz-te tão suave
Quanto os tendões de algum recém-nascido!
Tudo acabará bem.
....
Voa a palavra, a ideia jaz no chão;
Palavras ocas nunca ao céu irão.

A grande ironia do momento nasce do fato de Cláudio não estar salvo, dada a ineficácia de sua oração. O quadro da ação se transforma agora mais rapidamente: sentindo-se ameaçado por Hamlet, o rei apressa a partida do sobrinho para a Inglaterra, aparentemente por uns tempos, realmente com instruções para que seja morto tão logo chegue lá. Polônio, por outro lado faz sua terceira incursão pela espionagem: primeiro manda espionar o filho pelo criado, depois usa Ofélia para espionar Hamlet, e agora tenta usar a rainha: o resultado é inesperado e, como o da comédia, ambivalente: Hamlet mata Polônio (na esperança de que fosse Cláudio?), o que facilita as providências do rei contra ele (e a longo prazo cria a justificativa para o duelo final com Laertes).

Em compensação, o diálogo que Gertrude tem com o filho a leva a uma alteração radical em sua posição e, a partir daí, dentro dos limites de suas modestas forças, ela abre mão de sua submissão sexual ao rei e passa a agir de acordo com a nova visão das coisas, adquirida nesta famosa cena das medalhas. No próprio relato da morte de Polônio é possível ver que a rainha está cumprindo à risca as recomendações de Hamlet. Este, no entanto, logo depois é efetivamente mandado para a Inglaterra e, a ponto de embarcar, vê Fortinbrás e suas tropas a caminho da Polônia, sendo o empenho do jovem príncipe norueguês em lutar por um ponto de honra o que provoca o último monólogo de Hamlet na tragédia:

110 FALANDO DE SHAKESPEARE

HAMLET

Como as coisas se ligam contra mim
E incitam minha tímida vingança!
O que é um homem se o seu grande bem
É dormir e comer? Um bruto, apenas.
Aquele que nos fez com descortino,
Com passado e futuro, certamente
Não nos dotou dessa razão divina
Para mofar sem uso; seja, entanto,
Esquecimento ou escrúpulo covarde
De pensar claramente no que ocorre –
Cérebro que possui somente um quarto
De consciência e três quartos de baixeza –
Eu nem sei por que vivo e apenas digo
"Isso deve ser feito", pois não faltam
Razões, vontade, força, e os próprios meios
Para fazê-lo. Exemplos evidentes
Me exortam a lutar. Como esta armada,
Tão vultosa e tão cara, conduzida
Por um príncipe jovem e sensível,
Cuja paixão, numa ambição divina,
Faz muxoxo às possíveis consequências,
Expondo o que é mortal e duvidoso
A toda essa aventura, à morte, ao risco,
Por uma casca de ovo... Pois ser grande
Não é mover-se sem motivo sério,
Mas com grandeza se bater por nada,
Se a honra está em jogo. Como posso
Eu, que tenho morto o pai e a mãe infame –
Estímulos do espírito e do sangue –
Deixar tudo dormir enquanto vejo,
Para vergonha minha, a sorte absurda
De vinte mil soldados que, por causa
De um sonho, ou da promessa de uma glória,
Vão para a tumba como para o leito,
Lutam por um pedaço de terreno
Onde não cabem todos os seus corpos,
Para a todos servir de sepultura?
De ora avante, terei ódio sangrento
Ou nada valerá meu pensamento.

Esse é o sétimo e último dos monólogos de Hamlet. Nenhum outro personagem shakespeariano se expressa com tanta frequência por meio desse recurso, o que exige certos esclarecimentos, pois não se trata aqui da inexperiência de um autor que não tem como apresentar, sem apelo à auto revelação, este ou aquele aspecto de um personagem. No caso de Hamlet o monólogo tem uma função específica, a de expressar o processo interior de um temperamento especial, que se encontra efetivamente isolado do ambiente em que vive, e com o qual está em conflito desde o início, agravando-se tanto o conflito quanto o isolamento com a revelação do assassinato, ainda no Ato I. Que os monólogos são

O HERÓI E SEU ANTAGONISTA

presos a um determinado clima emocional, à angústia da incerteza na busca do comportamento certo a ser adotado, não pode haver dúvida, já que aqui, na cena 4 do Ato IV, ainda faltam 1142 linhas para a peça acabar, ou seja, quase um terço (menos 136 linhas) dela: somos obrigados a reconhecer que, a partir daí, Shakespeare não vê mais necessidade para monólogos porque Hamlet se apresenta a partir de então em um outro nível no seu desenvolvimento ao longo do processo trágico. Nesse ponto, Shakespeare faz com ele o mesmo que faz com seus outros protagonistas trágicos na altura do Ato IV: uma vez devidamente elaborado tudo o que o protagonista precisa vivenciar antes da catástrofe, o autor o retira de cena. Hamlet fica fora por 504 linhas (Macbeth por 431, Otelo, com duas interrupções de nove e dez linhas, por 362, Lear por 499).

É como se o poeta julgasse que todos, personagens e público, precisassem de um tempo para assimilar e amadurecer tudo o que até então acontecera; e se me permitem a *lèse majesté*, o poeta, como homem de teatro, dá a seu protagonista, enquanto ator, a oportunidade de tomar fôlego antes da catástrofe final. Como exemplarmente identificou Bradley, a essa altura Shakespeare explora emoções que até aquele instante não tocara: no caso, o patético, que aparece não só na loucura de Ofélia mas também na descrição de sua morte que faz Gertrude:

GERTRUDE

    Onde um salgueiro cresce sobre o arroio
    E espelha as flores cor de cinza nas águas;
    Ali, com suas líricas grinaldas
    De urtigas, margaridas e rainúnculos,
    E as longas flores de purpúrea cor
    A que os pastores dão um nome obsceno
    E as virgens chamam "dedos de defunto",
    Subindo aos galhos para pendurar
    Essas coroas vegetais nos ramos,
    Pérfido, um galho se partiu de súbito,
    Fazendo-a despencar-se, e às suas flores,
    Dentro do riacho. Suas longas vestes
    Se abriram, flutuando sobre as águas;
    Como sereia assim ficou, cantando
    Velhas canções, apenas uns segundos,
    Inconsciente da própria desventura,
    Ou como um ser nascido e acostumado
    Nesse elemento; mas durou bem pouco
    Até que as suas vestes encharcadas
    A levassem, envolta em melodia,
    A sufocar no lodo.

A loucura e a morte de Ofélia, unidas à morte de Polônio, é que permitem que, durante a ausência momentânea de Hamlet, as forças antagônicas tenham seu movimento mais forte. O rei Cláudio, é claro, pensa que Hamlet está a caminho da morte na Inglaterra quando, com o brilho e a eficiência que o caracterizam, controla a revolta de Laertes e logo – ao saber que o sobrinho ainda está vivo e pretende voltar a Elsinore – resolve utilizar Laertes para finalmente ver-se livre de Hamlet. Para o rei, portanto, também o número três é importante: este é seu terceiro envolvimento com um assassinato: o primeiro, que concebeu e executou sozinho, foi bem-sucedido; o segundo, que dependeria do rei da Inglaterra, fracassou e agora tenta um terceiro, por intermédio de Laertes. Conseguindo que o filho de Polônio e irmão de Ofélia mate Hamlet, Cláudio teria uma real possibilidade de ficar, por assim dizer, "de mãos limpas", ao menos na aparência, e ocupando seu trono. Durante a ausência temporária de Hamlet da cena, fica tudo preparado, portanto, para a confrontação final entre protagonista e antagonista, mesmo que o rei deseje que, de sua parte, ela se realize por interposta pessoa.

O Hamlet que vemos de volta a Elsinore, e que não tem mais monólogos, é um homem mudado; podemos admitir que até mesmo a distância física da corte lhe tenha permitido alcançar maior objetividade em relação ao cumprimento de sua tarefa. O Ato V abre com a cena dos coveiros, que corta imediatamente o patético das cenas de Ofélia. Há quem reclame por não achar o diálogo muito engraçado, mas só um autor supremo, na plenitude de sua trajetória de poeta dramático, teria a coragem e/ou a capacidade para criar não um mas dois momentos de comédia (a dos coveiros e a de Osric, que é portador do desafio para o duelo) tão perto da catástrofe final. No caso dos coveiros, podemos refletir um pouco sobre as intenções do autor: eles lembram, na verdade, figuras como o Juiz da Beira de Gil Vicente ou o Azdak bêbado agindo como juiz no *Círculo de Giz Caucasiano* de Brecht: vivendo longe dos parâmetros da classe dominante, emocionalmente desengajados, os dois coveiros veem os acontecimentos com crueza e objetividade penetrantes. Essa mesma e meridiana objetividade se manifesta no diálogo que Hamlet sustenta com os dois e Horácio, em sua primeira cena após a volta. Apesar de, infelizmente, Hamlet por alguns instantes segurar a caveira de Yorick e o gesto haver captado a imaginação de gerações como símbolo de fixação do protagonista com a morte, a verdade é que na cena com os coveiros Hamlet readquiriu o equilíbrio que teria tido, digamos, antes da morte do pai; e tudo o que ele diz sobre a morte é sobre a condição humana, não sobre sua morte individual. A conversa é apropriada não só para um cemitério como também para servir de ponte para o enterro de Ofélia: toda a posição filosófica de Hamlet desaparece diante da morte específica de Ofélia, a quem ele riscara da memória para cumprir sua tarefa. Agora está na hora de ele somar toda a sua vida, e se o poeta se dá ao trabalho de fazer o príncipe afirmar que quarenta mil irmãos, por mais que amassem, não somariam mais que o seu amor, é porque deseja que o acreditemos.

O momento em que Hamlet se faz conhecer no cemitério, aliás, é importante, porque ele se diz "Hamlet o Dinamarquês", portanto o rei da Dinamarca: é o indício de que a partir daquele momento, se não sabe como cumprirá sua tarefa, ele ao menos sabe que vai realmente cumpri-la.

A última cena da peça começa com o diálogo com Horácio no qual, sem fazer alarde, mas com grande cuidado, Hamlet deixa na mão do amigo o documento assinado pelo rei ordenando sua morte na Inglaterra: não basta o Fantasma, não basta a reação na comédia: o país precisa de provas da culpa de Cláudio, para que sua morte seja aceita da forma correta. Este é um Hamlet perfeitamente equilibrado, altamente responsável, que cumpre sua tarefa não só matando quem matou seu pai: ele tira do trono da Dinamarca, também, o corruptor cujo veneno se infiltrou no país, não só pela orelha do pai mas também pelo comportamento de Polônio, de Laertes e, principalmente, de Gertrude. Mas toda ação tem consequências e a Rainha agora morre envenenada pela taça que o rei destinara a Hamlet (sem que Cláudio a possa impedir, para não revelar sua culpa). Isso caracteriza ainda uma vez o rei como um personagem negativo; ele amou Gertrude, mas seu amor a si mesmo, sua sede de poder, são maiores do que qualquer outro sentimento.

Angustiado e presa de fortes pressentimentos ao aceitar o duelo com Laertes, Hamlet é aconselhado por Horácio a recusá-lo, ou adiá-lo; porém ele já atingiu aquele estágio, em seu processo, no qual o equilíbrio emocional lhe permite encarar o cumprimento de sua tarefa como parte integrante do todo de sua vida, ou em que tudo, segundo o estoico Sêneca, entra em sua perspectiva correta. Quando Horácio sugere que talvez seja melhor evitar o duelo, alegando que Hamlet não está bem disposto, este responde:

HAMLET

De modo algum; nós desafiamos o agouro; há uma providência especial na queda de um pardal. Se tiver de ser agora, não está para vir; se não estiver para vir, será agora; e se não for agora, mesmo assim virá. O estar pronto é tudo: se ninguém conhece aquilo que aqui deixa, que importa deixá-lo um pouco antes? Seja o que for!

O herói morre tendo assumido sua tarefa, enfrentando seu antagonista, e encerrando, um a um, todos os aspectos de sua história: perdoa Laertes e pede perdão a ele, despede-se da "pobre Rainha" e implora a Horácio que permaneça vivo para contar sua história e evitar que seu nome fique manchado. Tendo assumido seu papel de rei, antes de morrer preocupa-se com o futuro do país:

114 FALANDO DE SHAKESPEARE

HAMLET

Eu morro, Horácio!
O violento veneno me domina
O espírito. Eu não vivo até que cheguem
Notícias da Inglaterra. Mas auguro
Que a eleição há de ser de Fortinbrás.
Dou-lhe meu voto, embora na agonia;
Diz-lhe o que se passou e as ocorrências
Que me envolvem. O mais, tudo é silêncio.

Apesar das dúvidas, das hesitações, Hamlet é o herói de uma tragédia na qual, como o *Otelo*, o mal, o inimigo, está no antagonista. Mais adiante vamos ver a tragédia daqueles que trazem o inimigo dentro de si mesmos.

7. O Herói seu Próprio Inimigo

A partir do *Hamlet*, então, e após o aprendizado do conteúdo de relações interpessoais das comédias e das relações sociopolíticas das peças históricas, tendo mais de dez anos de atividade constante no teatro, tendo conquistado todos os segredos do uso exemplar do espaço cênico do chamado palco elizabetano, Shakespeare finalmente entrou pelo mundo da tragédia, onde encontraria as condições ideais para sua investigação, agora profunda e significativa, sobre a natureza do mal e do papel que ele desempenha na complexidade das atividades humanas.

A par da ampliação da experiência, do amadurecimento do talento do artista, caminhou o domínio da forma dramática e de sua melhor expressão literária. O fácil versejar do poeta nato já havia, entre 1592 e 1594, passado a prova de fogo dos dois poemas longos, *Vênus e Adônis* e *O Rapto de Lucrécia*, que lhe haviam dado o *status* de poeta que o trabalho com o teatro profissional não dava; e no final do século circulam de mão em mão os magistrais sonetos nos quais Shakespeare podia explorar com deslumbrante brilho a sua mestria formal.

Justamente nos anos da passagem do século vem o período áureo das comédias e, em parte simultaneamente, inicia-se o ciclo trágico. Do ponto de vista literário, o importante é que sua poesia se vá transformando cada vez mais em poesia dramática, ou seja, que vá desaparecendo a preocupação com o poético óbvio para afirmar-se a busca do rigor de um diálogo expressivo do binômio personagem/situação, no qual a falta adquire sua dimensão poética menos pelo ornamento

116 FALANDO DE SHAKESPEARE

verbal do que por sua justeza e seu potencial evocativo em determinadas circunstâncias.

À medida que Shakespeare vai, por assim dizer, enxugando sua linguagem a fim de torná-la mais especificamente dramática, uma técnica de construção será cada vez mais desenvolvida, a da ironia dramática: abrindo mão de comentários explícitos a respeito de determinadas ações, Shakespeare adota o hábito de oferecer ao espectador, em uma linguagem compacta mas densa de implicações e evocações, dois pontos de referência diversos, criando assim um contraponto de situações essencialmente irônicas que permitem ao público fazer suas próprias avaliações e tirar suas próprias conclusões.

Passam a ser frequentes as cenas contrastantes usadas para tal fim, porém a forma preferida será a do desnível de informação entre o que duas ou mais personagens sabem ou não, entre o que o público sabe mas as personagens não, e entre o que uma mesma personagem diz e uma realidade que ele mesmo ignora. É claro que esse tipo de recurso, em forma mais ou menos crua, é usado desde o início da carreira, como no caso da *Comédia dos Erros*, quando nós sabemos que há dois pares de gêmeos na cidade e os envolvidos na ação não sabem, ou como no caso de *Ricardo III*, quando nós sabemos quais são as intenções dele mas os que o cercam só conhecem sua face de ator que faz o sincero, o injustiçado, o humilde etc. Mas um longo caminho foi percorrido até o poeta alcançar o nível de significado que aparece em *Júlio César*, por exemplo, quando Brutus. ao saber da morte de Cássio, tem umas poucas linhas que se referem – mesmo que ele não chegue a percebê-lo inteiramente – não só a essa morte mas ao destino de todo o movimento que levou ao assassinato e à guerra civil consequente:

BRUTUS

Oh, sol poente,
Como em teus raios rubros cais no ocaso,
Assim em sangue Cássio pôs seu dia.
Caiu o sol de Roma. O dia foi-se.
Venham agora nuvens e perigos;
Findaram nossos feitos.

Mais complexo e rico ainda, no entanto, é o nível alcançado em *Macbeth*: depois de matar Duncan, Macbeth e sua mulher recolhem-se ao quarto para fingir que estavam dormindo e quando entram, após ser dado o alarme, vem a exemplar fala de Macbeth, da mais terrível ironia:

MACBETH

Tivesse eu morrido uma hora apenas
Antes de havido, eu seria bendito;
Pois doravante nada mais é sério
No que é mortal; somo todos brinquedos:

O renome e a graça faleceram.
Foi-se o vinho da vida e só da borra
Pode gabar-se a abóboda do céu.

Para os personagens que o ouvem, é claro, Macbeth está falando da terrível perda de um rei assassinado; mas para nós, os espectadores, as implicações de se ter ele transformado em assassino naquela última hora trazem outro e mais complexo significado para toda a fala.

Desde a publicação de *Shakespeare's Imagery and what it Tells us*, de Caroline Spurgeon, e de *The Development of Shakespeare's Imagery*, de Wolfgang Clemen, ninguém pode mais falar nas peças de Shakespeare sem pensar em imagens dominantes, que constituem uma espécie de teia subjacente, de baixo-contínuo subliminar que reforça e ressalta o sentido essencial da obra, inclusive por revelar a própria postura do autor ante seu tema. São já mais do que conhecidas as falas de podridão do *Hamlet*, as fantásticas imagens de roupas que não servem no corpo em *Macbeth*, o mar de *Otelo*, os animais de *Lear*; mas é importante notar que há uma concepção muito mais ampla em todas as tragédias que, como no caso do sol poente na fala de Brutus e na abóboda do céu na fala de Macbeth, situam todos os habitantes do universo trágico em relação muito mais próxima com a amplidão do céu e seus astros: as dimensões do herói trágico são em si monumentais.

Sei que corro grave perigo ao formular a frase que pretendo dizer agora, mas, em mais de um aspecto, ela é verdadeira: o *Hamlet* foi a última tragédia razoavelmente simples que Shakespeare escreveu. A simplicidade a que me refiro não diminui em nada as dimensões de complexidade e abrangência da obra; ela, junto com *Júlio César*, tem uma objetividade, um despojamento de linguagem, que são abandonados nas obras subsequentes; as imagens, ilustrativas nos primeiros anos, passam a ser a própria essência do diálogo, a metáfora transmitindo o conteúdo em níveis equivalentes aos da clareza expositiva de outrora. Essa linguagem mais oblíqua vai corresponder, na verdade, a um novo tipo de protagonista. É comum falar-se das hesitações de Hamlet, mas Hamlet não traz em si a semente do mal, suas hesitações são centradas numa tarefa que não buscou. Mais próximo do que serão os novos heróis trágicos está Brutus, muito embora nele só possamos encontrar de forma ainda incipiente o herói cindido em si mesmo, aquele que carrega em si o bem e o mal de cujo conflito nascerá a tragédia. Logo na cena 2 de *Júlio César*, Cássio, encarregado de sondar Brutus para a conspiração contra César, começa sua aproximação queixando-se de que Brutus não lhe vem demonstrando a mesma afeição de antes. A resposta é a de um homem profundamente perturbado:

BRUTUS
Não se engane: se trago olhos velados,
Volto a perturbação do meu aspecto

Só para mim. Tenho andado perplexo,
Tomado de paixões contraditórias
E conceitos, que só a mim concernem,
Que acaso afetam meu comportamento.
Mas não quero que sofram meus amigos
(Entre os quais você, Cássio, é sempre um);
Nem concluam, da minha negligência,
Mais que Brutus, coitado, estando em guerra
Consigo mesmo, deixa de mostrar
O amor que sempre teve aos outros homens.

É claro que em Brutus a situação ainda é exposta da forma direta e escorreita que caracteriza, igualmente, o *Hamlet*: uma situação clara como conceituação por parte do poeta e de sua personagem. É esse tipo de raciocínio que vai desaparecendo, ou pelo menos rareando, na nova etapa do período trágico. As imagens vão aparecer eventualmente em cadeia, cada uma detonando o processo das que a sucedem; e por esse veículo subliminar o universo da obra é criado e o ponto de vista autoral estabelecido. O nível de comunicação entre a obra e o espectador passa a ser mais profundo, porque o poeta vai provocando um número cada vez mais amplo de evocações para uma mesma fala.

No entanto, é preciso insistir no fato de Shakespeare jamais se tornar hermético: até o final de sua carreira ele permaneceu o que foi desde o início, um autor popular, trabalhando para uma companhia da qual se tornara sócio, e em cuja bilheteria tinha o maior interesse, já que dela tirava sua subsistência. Isso poderá parecer um tanto ofensivo para os cultores da Bardolatria que gostam de enfatizar e multiplicar dificuldades em relação, por exemplo, à leitura de Shakespeare, dando a si mesmos importância maior do que merecem, apresentando-se como alguma espécie de intérpretes de segredos arcanos. Na minha modesta opinião, Shakespeare pede apenas que cada um o procure, na leitura ou no espetáculo; porque, mesmo que a leitura de um ou outro livro de exegese sem dúvida possa aumentar nossa capacidade de apreciação, só o contato com a obra nos leva até o autor, e ele sempre teve o maior cuidado em abrir o caminho para o público.

Minha impressão pessoal é a de que Shakespeare tem sempre a preocupação de enunciar seu tema logo no início da obra: *Otelo* debate logo na cena 1 o conflito em torno do casamento entre o Mouro e Desdêmona; a cena 1 de *Macbeth* mostra as bruxas que falam em termos de inversão de valores; o primeiro diálogo de *Lear*, entre Kent e Gloucester, fala de divisão do reino por Lear e apresenta o filho adulterino de Gloucester, prenunciando os temas centrais. Mesmo na fase trágica, então, e apesar de sua linguagem densa, Shakespeare sempre começa com uma situação razoavelmente simples, cuja progressiva complexidade é apresentada de forma a dar ao leitor/espectador todas as oportunidades de acompanhar o poeta em suas investigações desses

O HERÓI E SEU PRÓPRIO INIMIGO

universos monumentais. Não há dúvida de que cada contato, em leitura ou espetáculo, levará a melhor compreensão e maior apreciação, porém é virtualmente impossível alguém sair de um contato com qualquer das obras de Shakespeare dizendo: "Não tenho a menor ideia do que se trata". Tudo isso, é melhor que se diga, para insistir no fato de que depois do *Hamlet* a linguagem de Shakespeare fica mais complexa e evocativa. A primeira tragédia que se segue, *Otelo*, já tem muito desse novo modo de expressão. No início do Ato II, em Chipre, Cássio, o primeiro a chegar de Veneza, vê chegar a nau onde estão Iago, Emília e Desdêmona, e diz:

CÁSSIO

> Sua passagem foi feliz e rápida;
> Tempestades, ressacas e altos ventos,
> Rochas ocas, areias congregadas,
> Traidores fundos para quilhas puras,
> Sensíveis à beleza, omitiram
> Sua natureza pra deixar a salvo
> A divina Desdêmona.

e a nova complexidade aparece logo à chegada de Otelo, quando sua alegria no reencontro com Desdêmona o leva a dizer uma fala extraordinária pelo que ela contém – sem que ele tenha a menor intenção – de premonitório:

OTELO

> Minha alegria,
> Se após toda tormenta vem tal calma,
> Que os ventos soprem, despertando a morte,
> E cascos subam por montanhas d'água
> Até o Olimpo, pra cair depois
> Do céu ao inferno. Se eu morresse agora
> Morria felicíssimo, pois temo
> Minh'alma ter um tal contentamento
> Que nem um só conforto igual a este
> Há de vir no destino ignorado.

Otelo é, de certa forma, um personagem de transição entre o herói íntegro do *Hamlet*, confrontado por um antagonista que concentra em si a presença do mal no universo trágico, e o cindido que está por vir, ou seja, aqueles que, como Macbeth e Lear, trazem em suas próprias naturezas componentes que os fazem virtualmente prescindir de antagonistas desse tipo. Iago é uma personagem interessantíssima, precipitador da manifestação daquilo que, por conveniência, poderíamos chamar de a falha trágica de Otelo, o seu ciúme; porém, é preciso ter muito cuidado para não atribuir a ele uma dimensão maior do que a que na realidade tem, pois de outro modo acabaríamos por tirar de

120 FALANDO DE SHAKESPEARE

Otelo sua verdadeira posição de herói trágico, de protagonista integralmente responsável por seus atos e seu destino. É não só fácil como também errado querer simplificar o problema central de *Otelo* dizendo que tudo gira em torno do fato de ela ser branca e ele negro: a tragédia gira em torno do casamento excepcionalmente romântico de duas pessoas que mal se conhecem e que, com grande diferença de idade, pertencem a culturas completamente diferentes.

Na criação de tal conflito Shakespeare é extraordinário: o Ato I passa-se em Veneza, no universo de Desdêmona no qual Otelo se tornou aceito e respeitado pelos serviços que pode prestar à república: a queixa de Brabâncio contra o casamento do Mouro com sua filha não é acolhida, principalmente, porque Veneza precisa de Otelo em Chipre. Mas antes de sair de Veneza, tanto por meio da intriga de Iago, que a todo momento garante a Rodrigo que, com dinheiro, poderá conquistar Desdêmona, como pelo próprio Brabâncio, que se despede do novo casal dizendo: "Cuidado Mouro, com que o olho vê/ Se trai o pai, pode trair você", fica claro o preconceito em torno da figura de Otelo. Desdêmona, em sua juventude, inexperiência, e inabalável amor, acredita que hão todos de pensar como o faz ela, que expressa de forma singela mas tocante toda a inteireza de sua personalidade, quando pede ao senado para acompanhar o marido a Chipre:

Desdêmona

> Senhor meu Duque,
> Prestai vosso alto ouvido à minha história,
> Para que eu possa, com a vossa voz,
> Fortalecer minha simplicidade.
> ....
> Que amava o Mouro pra viver com ele,
> A minha violência e desafio
> Gritam ao mundo. Assim, meu coração
> Aceita a profissão do meu senhor:
> Vi o rosto de Otelo em sua mente,
> E à sua honra e à sua valentia
> Eu consagrei minh'alma e meu destino.
> E assim, senhores, se eu ficar aqui,
> Mariposa da paz, com ele na guerra,
> Eu privo-me dos ritos porque o amo
> E arcarei com dor o longo tempo
> De sua ausência. Deixai-me ir com ele.

Quando estão os dois longe de suas culturas de origem, no campo neutro de Chipre, onde Otelo tem poderes absolutos, é que Iago, pelo mais mesquinho dos motivos – ficar com o posto de tenente – inventa a suposta intriga de Desdêmona com Cássio, e a tragédia nasce porque Iago não tem a menor ideia dos valores com os quais está interferindo, nem das monumentais forças de reação que desperta. Temos de acre-

O HERÓI E SEU PRÓPRIO INIMIGO

ditar que Iago, um suboficial com 30 ou 40 anos de casernas e batalhas, vê Cássio, que foi devidamente treinado em um curso de nível superior, do mesmo modo que os velhos mestres de obras viram o advento de jovens arquitetos. Sente-se, por isso mesmo, traído quando este é escolhido por Otelo para seu segundo em comando. E temos de admitir que Iago, o "honesto Iago" como era conhecido por todos, acredita piamente que, se ele disser a Otelo que Desdêmona o está traindo com Cássio, o general, como qualquer dos maridos complacentes da sociedade veneziana (tal como Iago a concebe, uma visão tão sórdida quanto ele mesmo), ficará muito grato pela informação, dispensará Cássio e lhe dará o emprego desejado. Se não aceitarmos tais premissas não estaremos em condições de apreender todo o horror, todo o terrível desperdício do que acontece em *Otelo*.

Os valores de Otelo são mais fundamentais, mais primitivos, mais radicais, mais violentos, mais absolutos do que jamais poderia ocorrer a Iago que alguém pudesse acalentar. Como Brutus, Otelo descobre em si mesmo sentimentos que abalam sua integridade, e nada pode ser mais fascinante do que o jogo com o tempo que Shakespeare faz para mostrar a perda da noção das coisas que acontece com Otelo: idealizando Desdêmona e conhecendo-a pouquíssimo, tendo tido ressaltada pelo escândalo de seu casamento a imensa diferença de cultura e idade entre ele e a mulher (para não falar da cor), sendo produto de uma longa estirpe de príncipes guerreiros, Otelo cai na armadilha da intriga de Iago principalmente porque, como Brutus, falha em sua capacidade para avaliar os outros homens.

Simplesmente não ocorre a Otelo, homem de total integridade, que alguém possa mentir sobre assunto tão sério quanto seria a infidelidade de Desdêmona: a figura idealizada se estilhaça porque o Mouro acredita piamente em Iago, e o momento crucial da obra aparece quando, logo no início da cena na qual Iago provoca seu ciúme, ele diz – depois de chamar Desdêmona de *excellent wretch*, algo como "excelente infeliz" (um pouco no sentido de "pobre coitada"), "maldito seja eu se não a amo, e quando não a amar mais, é a volta do caos" (tradução muito livre, para indicar sentido).

Otelo, dividido, acaba perdendo a noção de *tudo*, pois é nesta tragédia que Shakespeare com mais brilho manipula a questão do tempo: o caos realmente volta quando Otelo não consegue mais sequer perceber que não há tempo material para Desdêmona traí-lo: eles se casam em Veneza numa noite, na qual ela está com ele até a hora de embarcarem para Chipre, quando viajam separados: Otelo em uma nau, Cássio em uma segunda e Desdêmona, com Iago e Emília, em uma terceira. Chegam a Chipre pela manhã. Nessa noite Cássio é embebedado por Iago, e Otelo sai do quarto onde estava, com Desdêmona, para ver o que estava acontecendo. No dia seguinte Desdêmona está com Otelo (inclusive importunando-o para que perdoe Cássio) o dia todo, e à

122 FALANDO DE SHAKESPEARE

noite ele a mata: mas esse é um tempo cronológico, que Shakespeare cuidadosamente construiu para ser contrastado com o tempo psicológico, o tempo emocional, de um Otelo conflituado, perdido dentro de si mesmo. E precisamos, no caso, lembrar-nos de que, além de ser um homem que sempre tivera valores absolutos e se desilude, ele é também um homem que ao longo de toda a vida havia usado a morte como solução de conflitos.

A cena central da peça, III.3, é inacreditavelmente bem construída: Iago lança a semente do ciúme, porém como as coisas não caminham segundo ele espera (a não ser pelo fato de eventualmente ele conseguir o posto de Cássio), é de acordo com a reação de Otelo que ele vai ter de ir improvisando, sempre tentando trazer a questão de volta para seus interesses. A cena tem 485 versos (das mais longas em Shakespeare) e a "tentação" começa no verso 35 com o "Ha, I like not that". Iago usa a melhor linha que se poderia usar para persuadir Otelo, o que poderíamos chamar de "linha da beata" ou do falso moralismo: "Eu não acredito mas... imaginem, eu seria incapaz de repetir mas....", um recurso realmente diabólico, porque é a aparente defesa que torna mais terrível a condenação de Desdêmona a olhos como os de Otelo. Vamos ouvir, sem interrupção, duas etapas da reação de Otelo: seu envolvimento na dúvida, ainda com uma certa luta para não acreditar, e depois já a etapa em que ele acreditou inteiramente em Iago: a imagem inicial é a de Desdêmona como um falcão:

OTELO

> Esse homem sempre foi dos mais honestos,
> E com critério vê as qualidades
> Do trato humano: se ela for rebelde,
> Mesmo que as peias sejam meu amor,
> Eu a recolho, baixo-a com o vento
> Pr'um mergulho fatal. Por eu ser negro
> Talvez, sem ter as artes de conversa
> Dos cortesãos, ou por estar descendo
> Pelo vale da idade – mas nem tanto –
> Se foi. Eu 'stou ferido, e o meu alívio
> Tem de ser o repúdio: maldição
> Do casamento, pelo qual podemos
> Chamar de nossas essas criaturas,
> Mas não seu apetite! Antes sapo,
> Vivendo no vapor de um calabouço,
> Que ter um canto só da coisa amada
> Que os outros usam. É praga dos grandes,
> Prerrogativa que falta aos pequenos.
> É destino, qual morte inelutável.
> A praga bifurcada nos atinge
> Mesmo na concepção. Lá vem Desdêmona;
> Se é falsa, o céu escarnece de si mesmo.
> Nisso eu não creio.
> ....

O HERÓI E SEU PRÓPRIO INIMIGO

Eu seria feliz se toda a tropa
Provasse da doçura do seu corpo
Sem que eu soubesse. Agora, para sempre
Adeus mente tranquila; paz, adeus;
Adeus plumas guerreiras, grandes guerras
Que concedem virtude à ambição!
Adeus corcel, relincho e trompa aguda,
Tambor vibrante, flauta que ensurdece,
Estandarte real, todo atributo
Orgulho e pompa da gloriosa guerra.
E vós, armas mortais, cujas bocarras
Imitam o clamor do imortal Zeus,
Adeus, pois foi-se a ocupação de Otelo.
....
Mas nunca, Iago. Assim como o mar Pôntico,
Cuja corrente gélida e impulsiva
Jamais sente a vazante e singra sempre
Para o Propôntico e o Helesponto,
Assim violenta a minha mente em sangue
Jamais desistirá, humilde e amante,
Antes que uma vingança forte e ampla
Ambos engula. Pelo céu marmóreo
Com a fé devida ao mais sagrado voto,
Aqui assim me engajo.

O aspecto mais doloroso de *Otelo* é essa terrível noção enganada mas absolutamente sincera de que, como Brutus, ele está agindo por uma causa justa. É bem verdade que no caso de Brutus ainda havia uma questão política em jogo, a preocupação de o bem comum envolvida na decisão de participar no assassinato de César; mas Shakespeare, nesta mais privada de toda as suas tragédias, tomou o maior cuidado em dar poderes absolutos em Chipre a Otelo. Não é só na questão de Desdêmona que ele erra: punir Cássio por ficar bêbado quando de guarda é em si correto, mas ao puni-lo sumariamente Otelo não investiga as circunstâncias, e perde automaticamente a confiança em Cássio no momento em que acredita que possa haver nele algo imperfeito. É o mesmo que acontece em relação a Desdêmona: uma vez persuadido, ele age sumariamente de acordo com o que lhe parece ser a justiça do caso e, honra lhe seja feita, sofrendo terrivelmente. Mas o terrível é ver que ele mata "por uma questão de princípio", e até mesmo a ideia de proteger outros da mesma traição aparece na fala em que ele se prepara para matá-la, e se despede com um beijo daquela figura que, em re-pouso, ele continua a poder idealizar:

OTELO

É a causa; é a causa, oh alma minha,
Que não dou nome ante as castas estrelas.
É a causa; mas não a sangrarei,

Nem marcarei a pele alva de neve,
Suave como a estátua de alabastro.
Porém é necessário que ela morra,
Pois, se não, vai trair a outros homens.
Apago a luz e apago, então, a luz:
Se a ti extingo, ministro das chamas,
Eu posso restaurar teu brilho antigo
Se me arrependo; mas se extingo o teu,
Modelo da excelência natural,
Não sei de onde tirar, de Prometeu,
O calor pr'acender-te, pois à rosa
Que colher já não posso eu dar vida;
Tem de fanar. Vou cheirar-te no galho (*beija-a*)
Que hálito doce! Quase que convence
A partir-se a justiça: inda uma vez.
Se ficas assim, morta, hei de matar-te
Para amar-te depois: mais um, o último.
Jamais foi a doçura tão fatal.
Eu choro, mas são lágrimas cruéis;
É dor celeste a que fere o que ama:
Ela desperta.

Não é um machista qualquer matando a mulher em crime passional esse homem que se perde no conflito entre o seu amor e um sentido de justiça que se descontrolou de forma fatal. E a coerência de Otelo se revela perfeita quando, ao descobrir que está errado, ele não se suicida mas, sim, se executa, em um ato de justiça tão sumária quanto a que usou em relação a Cássio e a Desdêmona (e não deixem de reparar como os três eventos, típicos dos contos de fadas, continuam assim a ser usados pelo poeta para atingir seu público).

Para podermos acompanhar ao menos um pouco a trajetória de Shakespeare será preciso, como sempre, deixar muito pouco dito a respeito de uma tragédia tão extraordinária quanto *Otelo*, tida por muitos como a construção mais perfeita de toda a obra do poeta. E não deixa de ser fascinante ver que é logo depois da compacta emoção de *Otelo*, que não tem nada que sequer possa sugerir um segundo enredo, um desvio qualquer de um objetivo único e implacável, que Shakespeare escreve o *Rei Lear*, um obra monumental que, entre o século XVII e o XIX, recebeu a mais variada gama de elogios e fantásticas comparações com obras como a Capela Sistina e a *Nona Sinfonia* de Beethoven, ficando porém quase sempre considerada como impossível de ser montada, simplesmente porque, desde o fechamento dos teatros por Cromwell até as descobertas da pesquisa teatral do século XX, ninguém sabia como era o palco elizabetano nem conhecia os princípios de seu funcionamento.

O *Rei Lear* é a prova viva de que, a essa altura de sua carreira de autor, Shakespeare era senhor absoluto de todos os recursos, todas as convenções do palco e da dramaturgia do teatro elizabetano; e o quadro

O HERÓI E SEU PRÓPRIO INIMIGO

que ele desenha naquele espaço cênico neutro e flexível, concebido para o melhor exercício da imaginação poética, é dos mais abrangentes, se não o mais abrangente, de todos os jamais criados no teatro universal. No *Lear* não há Cláudio para ser antagonista, não há Iago para ser catalisador: o erro crítico de Lear é, por assim dizer, de exclusiva responsabilidade dele. Como Brutus e como Otelo, Lear erra em sua avaliação dos outros: sem dúvida em função de longos anos de hábito de mando, de aceitação da bajulação que cerca os poderosos, ele acredita nas excessivas declarações de falso amor das duas filhas mais velhas quando, proclamando sua intenção de abdicar do poder, tem a vaidade de armar um concurso público no qual as filhas se sujeitariam a exibir-se a fim de que ele, pai e rei, pudesse determinar qual, em sua opinião, mais o amava. O pudor de Cordélia, sua estrita observância da verdade, sua declaração de amor na medida justa, resultam no repúdio, na quebra das relações normais do núcleo familiar, com repercussões no nível do Estado e da natureza. Peço licença para dizer que o tempo, principalmente, é o responsável por esta reduzida e redutiva resenha, de Lear, que nem sequer menciona o enredo Gloucester, que traz dimensões ainda mais amplas à obra.

A maior complexidade da linguagem – mesmo que deixemos de lado, no momento, a densidade das imagens – estabelece-se desde o início, misturando-se com a própria concepção da tragédia, quando Lear declara que sua intenção, ao dividir em três seu reino, é a de livrar sua velhice de cuidados e responsabilidades, conferindo-os a forças mais jovens, enquanto, livre de cargas, ele se arrastará para a morte. Essa afirmação tem três leituras diversas imediatas: ela expressa o que Lear julga ser seu desejo (mas de forma superficial, sem consciência das implicações do mesmo); ela expressa tudo o que esse desejo implica, nas amplas dimensões inimaginadas por Lear; e ela expressa a possibilidade de o cumprimento exato do desejo de Lear: o *Rei Lear* nos mostra, exatamente, o progressivo despojamento de um rei que, a caminho de sua morte, será assim transformado naquilo que Shakespeare mais admirou em sua vida, ou seja, em um homem. Nunca é demais lembrar que o erro de Lear não é o de dividir o reino em três, é o de não ter noção do que isso significa e, muito mais grave ainda, alterar precipitadamente a divisão em três em outra, em dois, violando a lei natural ao repudiar a filha mais moça e liberando o campo para a dominação por Regan e Goneril, herdeiras dramáticas de Ricardo III.

O ato central da peça, a tempestade, é em si grande parábola de todo o processo de aprendizado pelo sofrimento por que devem passar Lear e, em memorável paralelo, Gloucester, que também não soube avaliar bem seus filhos. Na tempestade, todo o problema é exposto, porém só de forma oblíqua, seja pelo próprio cataclisma, seja pela loucura de Edgar, ou pelo falso julgamento das filhas cruéis: não há mais diálogos meridianos entre Hamlet e Horácio, nem a cristalina

FALANDO DE SHAKESPEARE

reflexão dos monólogos do príncipe. A gramática dramatúrgica de Shakespeare, para poder chegar à monumentalidade dos significados do *Lear*, transformou-se, e mesmo na forma em que serão aqui apresentadas, isoladas de seu contexto de diálogo, as falas de Lear mostram bem o quanto de conteúdo passou a ser transmitido de forma mais imaginativa:

LEAR

> Sopra, vento, e rompe em fúria as faces!
> Cataratas, tufões, rugindo espirrem
> Até que o campanário e o catavento
> Se afoguem, e que os fogos sulfurosos
> Que vêm antes do raio que fulmina
> Queimem-me as cãs! E tu, trovão que abala,
> Arrasa o corpo esférico do mundo!
> Quebra os moldes e ora derrama os germens
> De que a Natureza faz ingratos!
> ....
> Ronca, pançudo! Rujam chuva e fogo!
> Nem vento nem trovão são filhas minhas:
> Eu nunca vos dei reinos, nem o nome
> De filhos; vós não sois meus devedores:
> Lançai, pois, vosso horror como vos praza,
> Aqui 'stou eu, enfermo e vosso escravo,
> Um velho fraco, pobre e desprezado.
> Mas inda assim vos chamo vis agentes
> Que, junto às duas filhas perniciosas,
> Engendraram tais forças destruidoras
> Contra um velho infeliz. Isso é cruel!

Até esse momento, apesar da violência (puramente verbal) dos elementos, apesar da tortura constante a que é submetido por parte do Bobo, que jamais o deixa esquecer o erro que cometeu em relação às filhas e à própria vida, Lear ainda está em relativo controle de sua mente: é a entrada de Edgar, seminu e, como Hamlet, se fazendo passar por louco como uma mecânica de autodefesa, que Lear finalmente abre mão de suas últimas ilusões (pois nos trechos que acabamos de ouvir de certa forma ainda é o rei Lear que tenta comandar até mesmo as forças da natureza). A lição que ele ainda teimava em não aprender inteiramente, apesar das dolorosas experiências com as filhas mais velhas, repentinamente se configura à sua frente com a presença de Edgar (que já vinha, ele mesmo, refletindo sobre a relação do homem com o essencial e o supérfluo).

O extraordinário, em *Lear*, é que esse momento de loucura, de crise, de delírio, em que Shakespeare passa da harmonia do verso para a menor disciplina da prosa, não vai implicar distanciamento permanente da verdade mas, sim, constituir exatamente o veículo por intermédio do qual Lear encontrará o caminho para sua deslumbrante

O HERÓI E SEU PRÓPRIO INIMIGO

passagem da aparente riqueza da pobreza espiritual do rei para a aparente pobreza da riqueza espiritual do homem. O grande momento é a passagem do egoísmo para a generosidade, e é durante a tempestade que, finalmente, Lear pensa nos outros: primeiro numa singela passagem de carinho e proteção para com o Bobo e, um pouco adiante, abrindo muito mais o leque, na fala provocada pela figura de Edgar. A transição, apesar de monumental, tem lugar toda ela durante a tempestade (e já foi dito que o tempo para enquanto ela dura); antes de quebrar, a mente de Lear começa a extrapolar daquilo que lhe diz respeito individualmente, começa a pensar em culpas fora daquelas que o afetam, começa a ver um mundo que sempre pôde ignorar:

LEAR

> Que os deuses
> Achem seus inimigos. Trema o vil
> Que guarda crimes nunca divulgados,
> Que a Justiça não surrou. Fuja a mão
> Sangrenta, o que é perjuro, o falso puro
> Que é incestuoso. Trema o sórdido
> Que, acobertado pelas aparências,
> Atentou contra um outro; culpa oculta,
> Rebente a casca que a protege e implore
> A graça do verdugo. Eu sou um homem
> Contra quem pecam mais do que pecou.

Sem dúvida Lear colhe retribuições de dimensões por ele inimagináveis, mas o essencial, para todo o processo, é que nem ele mesmo pode dizer que fosse *sem pecado*: a ação crítica que desencadeia o mal não tem forças para delimitar suas consequências. Mesmo aí, ao transferir para os deuses a responsabilidade pela punição, Lear ainda se inclui entre os que têm a capacidade para manipular os acontecimentos. Porém o tom depois do encontro com Edgar é radicalmente diverso:

LEAR

> Estarias melhor na tumba do que a responder com teu corpo descoberto este tempo extremado! Não é mais que isto o homem? Considera-o bem. Tu não deves seda ao verme, couro à besta, lã à ovelha, perfume ao gato. Há! aqui há três bem mais sofisticados. Tu és a coisa em si; o homem, sem conforto, não é mais que um pobre animal despido e bifurcado, como és. Fora os empréstimos! Vem! desabotoa aqui!

Depois do alucinatório julgamento das filhas, Lear entra em colapso para desaparecer de cena por uns tempos, como os outros protagonistas trágicos shakespearianos, sempre à altura do Ato IV. E não se pode deixar passar sem nota, aqui, o desaparecimento do Bobo, equivalente exato do desaparecimento dos monólogos no Hamlet, a partir do momento em que o processo do protagonista não os necessitava mais: o Bobo, no Lear, é exatamente a consciência da realidade,

128 FALANDO DE SHAKESPEARE

dos valores na justa medida, que Lear não tinha e, a partir do momento em que, com o rito de passagem da tempestade, Lear atinge uma nova etapa, um novo e comovente nível de autoconhecimento, o Bobo passa a ser desnecessário e, portanto, desaparece. O despertar do novo Lear é um momento tocante porque sua humildade é real, seu carinho delicado, sua perplexidade rica, sua humanidade imensamente digna:

CORDÉLIA

> Meu bom pai! Que a saúde me coloque
> Nos lábios vossa cura, e que este beijo
> Pague o mal que à vossa reverência
> Minhas irmãs fizeram.

KENT

> Como é boa!

CORDÉLIA

> Não fosseis vós meu pai, e essas cãs
> Clamariam por dó. Um rosto assim
> Foi feito pra enfrentar ventos em fúria?
> Resistir ao rugido do trovão,
> Quando ágil e terrível corta o ar
> O ráio que cintila? E com tal elmo
> Velar ao tempo? Ao cão de quem me odeia,
> Se me mordesse, numa noite assim
> Daria eu teto; mas vós, pobre pai,
> Tivestes de pousar em rude palha
> Abandonado, com vilões e porcos.
> Ai, ai, é de espantar que mente e vida
> Não se findassem logo. Vede! Acorda!
> Falai-lhe!

FIDALGO

> É melhor que faleis vós.

CORDÉLIA

> Como se sente Vossa Majestade?

LEAR

> É cruel tirar-me assim da sepultura.
> Tua alma vive em graça, porém eu
> A uma roda de fogo estou atado,
> E o meu pranto é qual chumbo derretido.

CORDÉLIA

> Sabeis, senhor, quem sou?

LEAR

> Sei que és espírito. Quando morreste?

CORDÉLIA

> Ainda tão, tão, longe!

O HERÓI E SEU PRÓPRIO INIMIGO

FIDALGO

Mal acordou. Deixai-o só um pouco.

LEAR

Onde estive? Onde estou? É dia claro?
Eu sofri muito e, creio, morreria
Vendo outro ser passar o que eu passei.
Não sei o que dizer. Não juraria
Que estas mãos sejam minhas. Vamos ver:
Eu sinto o alfinete. Quem me dera
Ter certeza da minha condição!

CORDÉLIA

Oh meu senhor, olhai-me! Que essas mãos
Pousem em mim pra dar-me vossa benção.
Mas, de joelhos, não!

LEAR

Não faças pouco!
Eu sou um homem muito velho e tolo,
Com mais de oitenta, nem um pouco menos;
E, para ser sincero,
Temo não estar com a mente muito clara.
Devia conhecer-te, e a este senhor,
Mas hesito, ignorando totalmente
Qual seja este lugar; e nem com esforço
Reconheço estas vestes ou recordo
Onde dormi. Não deveis rir de mim,
Mas penso, eu vos garanto, que esta dama
Seja a minha Cordélia.

CORDÉLIA

E sou, e sou.

LEAR

São lágrimas?
Choras? Mas, não; nada de pranto, eu peço.
Se me trazes veneno eu o tomarei.
Eu sei que não me amas; tuas manas
Injustiçaram-me, se bem me lembro.
Tinhas causa, elas não.

CORDÉLIA

Causa nenhuma.

LEAR

Estou na França?

CORDÉLIA

Estais em vosso reino.

LEAR

Não abuseis de mim.

FALANDO DE SHAKESPEARE

FIDALGO

> Acalmai-vos, senhora; a grande ira,
> Como vedes, morreu; mas há perigo
> Em lembrá-lo do tempo que esqueceu.
> Convidai-o a entrar. Por algum tempo
> É melhor que não seja perturbado.

CORDÉLIA

> A Vossa Alteza quer andar um pouco?

LEAR

> Só com o teu apoio.
> Eu te peço que esqueças e perdoes;
> Sou velho e tolo.

O erro de Lear pode ser perdoado por Cordélia, mas o que Shakespeare deixa bem claro em sua grande parábola é que o mal, uma vez desencadeado, tem consequências incontroláveis. O protagonista desta tragédia monumental, cindido em si mesmo, é seu próprio inimigo e o responsável pela detonação pelo terrível processo testemunhado pela harmonia da ordem universal, que pode até mesmo demonstrar sua revolta criando uma tempestade, mas que permanece apenas um referencial sem jamais interferir diretamente no destino dos homens. Estes têm de saber que são, sempre, os responsáveis por seus atos. Descobrindo no reencontro com a justa medida de Cordélia o equilíbrio emocional e a harmonia que violentara, Lear atinge aquele patamar de tranquilidade que Sêneca mostrara no estoico pronto para a morte.

Mas Lear tem ainda de testemunhar a morte da filha querida, que Edmund mandara executar porque, para esta última encarnação de *Ricardo III*, é importante que só sobreviva uma filha, e uma que ele possa usar como instrumento para a conquista de todo o reino. Digo isso porque muitas vezes diz-se gratuita a morte de Cordélia; mas esta é orgânica e inevitável. Na última visão que temos desse rei de mais de oitenta anos que aprendeu tão dura lição para alcançar a alta condição de homem, ele carrega a filha morta nos braços e pouco sobrevive a ela. Ao contrário de suas primeiras falas na peça, não diz que tem planos, não pensa em si, fala sempre da filha, a não ser no momento final em que, em um eco da loucura na tempestade, pede que lhe desabotoem um botão, despojando-se, agora, para a morte;

LEAR

> Uivai, uivai, homens feitos de pedra!
> Com vossa língua e olhos eu faria
> Ruir o céu! Ela se foi pra sempre!
> Eu sei se alguém está morto ou se ainda vive.
> Está morta como a terra; dai-me um espelho!

O HERÓI E SEU PRÓPRIO INIMIGO

Se o seu hálito embaça ou tisna a pedra,
Então é porque vive.
....
A pluma freme; vive! E se assim for
Isso há de redimir todas as mágoas
Que eu jamais sofri.
....
Malditos vós, traidores e assassinos!
Eu a teria salvo; agora, foi-se.
Cordélia, ah, Cordélia, fica um pouco!
Que dizes? Sua voz foi sempre suave,
Doce e gentil – virtudes na mulher.
Mas eu matei o escravo que a enforcou.
....
Enforcado o meu bem! Não, não há vida!
Por que vive o cavalo, o rato, o cão,
E tu sem vida? Tu não voltas mais;
Nunca, nunca, nunca, nunca, nunca,
Abri-me, por favor, esse botão.
Obrigado, senhor. 'Stais vendo isso?
Olhai pra ela, olhai para o seus lábios!
Olhai, ali, olhai.

Há qualquer coisa de terrivelmente empobrecedor em se falar de *Rei Lear* sem passar por Gloucester, Kent, o Bobo e mais toda a galeria de personagens significativos que constroem a imensa tela na qual Shakespeare retrata um mundo rico de contrastes e confrontos – sem dúvida manipulados e artificiais, mas por intermédio dos quais sentimos que, nas mãos de um Shakespeare, o teatro é uma forma de arte que nos fala fundo, mesmo que por caminhos misteriosos. Nem mesmo Shakespeare jamais tornou a tentar nada tão abrangente, talvez porque tivesse consciência de que, nessa linha, não havia mais nada a dizer.

8. O Fim

Já houve quem dissesse que a função de Shakespeare foi a de versificar a vida e, infelizmente, o caminho que percorremos até aqui, e que hoje termina, ainda fica longe de conseguir dar amostragem satisfatória da inacreditável variedade de temas – para não falarmos da infindável gama de personagens criados pelo poeta ao longo de sua trajetória. Em um período de aproximadamente vinte e dois anos – de 1590 a 1611 –, Shakespeare escreveu 36 peças, e depois disso colaborou em mais uma (ou duas, pois *Dois Parentes Nobres* vem sendo mais amplamente aceita como obra de parceria de Shakespeare com Fletcher, como *Henrique VIII*). Quando pensamos no que escreveu, na riqueza de imaginativa retratação de comportamentos humanos, somos obrigados a voltar ao que aqui dissemos no primeiro capítulo: a única explicação para o fenômeno Shakespeare é a do gênio, um gênio cuja manifestação específica foi altamente favorecida pelas condições caraterísticas do teatro de seu tempo.

No flexível e neutro espaço cênico elizabetano era possível a liberdade de uma dramaturgia que dependeu, tão somente, da capacidade do poeta para conseguir a cumplicidade imaginativa do espectador. Agora, antes de entrarmos um pouco pelos estágios da parte final da carreira de Shakespeare, quero voltar um momento ao *Henrique V*, só para dar uma ideia de até que ponto Shakespeare tinha a consciência dessa necessidade de engajar a imaginação da plateia na criação do universo de suas obras, até que ponto ele tinha consciência das limitações impostas pelas características de seu palco – que ele sempre trans-

134 FALANDO DE SHAKESPEARE

formou em vantagens, exatamente por ser o poeta que foi. Fala o Prólogo, no início da peça:

PRÓLOGO

Que uma musa de fogo aqui pudesse
Subir ao céu brilhante da invenção;
Reinos por palco, príncipes atores,
Monarcas para olhar a pompa cênica!
Então o próprio Harry, qual guerreiro,
De Marte assumiria o porte; e atrás,
Presos quais cães, a fome, a espada e o fogo
Aguardariam ordens. Mas perdoem
Os mesquinhos espíritos que ousaram
Neste humilde tablado apresentar
Tema tão grande: conterá tal rinha
As planícies da França? Ou poderemos
Apertar, neste O de lenho, os elmos
Que assustaram os ares de Azincourt?
Peço perdão! Mas já que um zero pode
Atestar um milhão em pouco espaço,
Permitam que nós, cifras desta conta,
Acionemos sua força imaginária:
Suponham que no abraço destes muros
'Stão confinadas duas monarquias,
Cujas altas fachadas confrontadas
Separa o estreito e perigoso oceano;
Com o pensamento curem nossas falhas,
Em mil partes dividam cada homem,
E criem poderio imaginário.
Pensem ver os corcéis de que falamos,
Imprimindo na terra suas pegadas;
Pois suas mentes vestem nossos reis,
Carregando-os por terras e por tempos,
Juntando o que acontece em muitos anos
Em uma hora; e, para ajudá-los,
Recebam a mim, Coro, nesta história;
Pra que de sua paciência eu peça
Que julguem com bondade a nossa peça.

O mesmo convite está implícito em todas as obras dramáticas de Shakespeare e, como eu disse logo no início, foi herdado da necessidade que sentiam os anônimos e singelos autores do teatro medieval de criar imagens visuais pela palavra, a fim de enriquecer o que apresentavam em cima de seus carros-palco.

Essa mesma necessidade Shakespeare iria sentir por volta do final de 1606 ou início de 1607, quando, tendo apenas um aprendiz de ator para viver uma Cleópatra por quem Marco Antônio acredita valer a pena jogar fora um império, aproveita a ideia de um grupo de romanos, que não compreendem como Antônio fica tão enredado, perguntar a

O FIM

Enobarbo como é a rainha do Egito. Para dar alguma noção do impacto do primeiro encontro dela com Antônio, em Cydnus; ele responde:

ENOBARBO

Eu vou dizer-lhes:
A barca onde sentava, ouro brunido,
Queimava as águas. A popa era ouro,
A vela púrpura, e de um tal perfume
Que ao vento fez louco de amor. Os remos
De prata, ritmados pelas flautas,
Faziam correr mais a água singrada,
Só por amor aos golpes. E ela, em si,
Faz pobre toda descrição. Deitada
Em pavilhão de tecido dourado,
Suplantava até mesmo aquela Vênus
Em que a arte aprimora a natureza.
A cada lado dela, sorridentes,
Belíssimos meninos, quais Cupidos,
Tinham leques de cores, cuja aragem
Fazia acalorar o que abanavam,
E desfazia o feito.
....
Suas aias, sereias, quais nereidas,
Bem à vista de todos a serviam
Como de adorno. Linda, uma sereia
Guiava o leme: o velame sedoso
Inchava ao toque dessas mãos de flor
Que rápidas trabalham. Sai da barca
Estranho odor que atinge o que é sensível
Nos cais à volta. A cidade atirou
Para ela o seu povo; e Marco Antônio,
No mercado, em seu trono, ficou só,
Soprando o ar que, se não fora o vácuo,
Teria ido também pra ver Cleópatra,
Fendendo a natureza.

Apesar dos defeitos de um e outro, *Antônio e Cleópatra* aparecem na segunda tragédia de amor de Shakespeare, a única que além de *Romeu e Julieta* tem dois protagonistas, como personagens de dimensões monumentais. A descrição de Cleópatra tem seu equivalente no Ato V, na fala em que a própria rainha descreve Antônio, ele agora já morto:

CLEÓPATRA

Sonhei que havia um imperador Antônio:
Um outro sonho assim poderei ver,
Mas não um outro homem....
Sua face era um céu onde brilhavam
Sol e lua, em seu curso, iluminando
Este pequeno O, a terra...
Vadeava oceanos, e o seu braço
Alçado era a crista do mundo. Sua voz,

136   FALANDO DE SHAKESPEARE

> Era canto de esferas pr'os amigos,
> Mas quando desejava abalar tudo,
> Era um trovão. E para as suas dádivas
> Inverno não havia; era um outono
> Mais rico se colhido, e os seus prazeres
> Golfinhos que deixavam o seu dorso
> Acima do elemento em que viviam.
> Sua libré, servida por coroas,
> Largava reinos de seus bolsos cheios.

É possível que em nenhuma outra peça a linguagem de Shakespeare tenha buscado referenciais tão ricos, com o objetivo dramático específico de transmitir a importância e o potencial de duas personagens, que deveriam mostrar-se tão generosos até mesmo em suas falhas humanas. O número de imagens, de provocações da imaginação, que aparecem nessas duas falas mostram um poeta que, até mesmo sendo Shakespeare, encontrou inspiração especialmente privilegiada nessa história de conflituoso amor outonal, na qual Shakespeare mescla o processo pessoal com o processo político de forma bem diversa da do *Júlio César.*

Quando planejei esta pequena série e dei a esta última conversa o título de "O Fim", minha intenção não era a de seguir cronologicamente a trajetória de Shakespeare e dedicar-me agora exclusivamente às últimas peças que escreveu mas, antes, a de enveredar por alguns modos diversos de se entender a palavra fim, inclusive e principalmente procurando ver como, ao longo de sua trajetória, Shakespeare prepara o fim de uma trama ou de um personagem, já que tais fins têm razão de ser específica, integrada na proposta de obra tal como o poeta a concebeu. Na semana passada, por exemplo, eu disse que Otelo não se suicida mas se executa; e na verdade é isso que o torna inteiro, que permite ao protagonista completar sua vida encontrando para ela um sentido, coisa nas mais das vezes só permitida àqueles cuja vida é uma ficção. Otelo, que Shakespeare se preocupou, mais do que no caso de qualquer outro protagonista, em apresentar como nobre, majestoso, tem seu fim trágico provocado pela mais mesquinha das emoções, o ciúme. É bem verdade que todo o seu sentido de justiça, todas as suas convicções morais, são postos em jogo, mas é o monstro de olhos verdes que abre o caminho para a virtual desagregação da personalidade daquele que com tanto orgulho se proclama herdeiro de uma linhagem de reis. Pior ainda, depois de matar Desdêmona, Otelo tem seu momento mais doloroso e negativo quando, por uma fração de tempo, tem a fraqueza de querer negar sua responsabilidade pelo crime. Mas finalmente, ao tomar consciência da verdade, ele assume sua culpa, para então julgar-se, condenar-se e executar-se diante dos emissários de Veneza:

OTELO

Uma palavra antes de partirdes.
Fiz serviços ao Estado e eles o sabem –
Não importa. O que peço é que nas cartas
Em que contardes estes tristes fatos
Faleis de mim qual sou; não deis desculpas,
Nem useis malícias. Falai apenas
De alguém que, não sabendo amar, amou
Demais. De alguém que nunca teve fáceis
Os ciúmes; porém que – provocado –
Inquietou-se ao extremo; cujos dedos,
Como os do vil indu, jogaram fora
Uma pérola rara, mais preciosa
Que toda a sua tribo; alguém que alheio
Ao hábito das lágrimas, verteu-as
Em abundância, como verte a goma
A seiva de uma árvore da Arábia.
E dizei que em Alepo, certo dia,
Quando um maligno turco de turbante
Agrediu um varão veneziano
E insultou rudemente a sua terra,
Peguei a guela ao cão circuncidado
E o golpeei assim.

Esse é um fim profundamente tocante porque se por um lado parece recompor tanto a grave dignidade quanto a falibilidade do Otelo do início, só que agora dolorosamente consciente de seus atos, por outro mostra um pedido de objetividade particularmente fascinante, pois a avaliação correta das ações alheias foi seu ponto fraco. Mais fascinante ainda é o quanto a fala deixa presente, nesse final, a figura do indivíduo que construiu sua vida em torno da adoção de uma cultura que não era a sua: no momento de crise Otelo volta aos valores primitivos desse "mouro" idealista e selvagem, mas na hora da morte ele retoma o código que representa sua opção consciente (contraposta à outra, instintiva).

Toda a questão do peso do instinto e da educação, da cultura (*latu sensu*), interessa Shakespeare muito nas obras tardias de sua carreira, aparecendo em todos os romances finais. Mas, voltando a *Otelo*: muito se tem discutido o supostamente "misterioso" fim de Iago que, uma vez capturado e acusado, permanece em silêncio. A partir desse silêncio fala-se de um mal gratuito, não motivado etc.; mas que fim senão o silêncio poderia ter o honesto Iago, que fez carreira com base na aparente integridade? Como falar, se a única verdade é que toda aquela tragédia fora deslanchada pelo mesquinho desejo de Iago de conquistar o posto de Cássio e se tornar o homem de confiança de um grato marido enganado? O silêncio é o fim, não conveniente mas coerente, do personagem tal como ele foi elaborado pelo poeta.

138 FALANDO DE SHAKESPEARE

Se desejo chamar a atenção para o fato do fim bastante preciso dado por Shakespeare a determinados personagens e tramas é porque, de acordo com as necessidades ou conveniências da trama, isso nem sempre acontece: é muito divertido, por exemplo, lembrar a indiferença com que, em *Como Quiserem*, Shakespeare liquida o usurpador duque Frederick depois de este arrepender-se e devolver o trono ao irmão: quando está sendo aguardado na floresta, alguém simplesmente anuncia que ele, a caminho, encontrou um monge, converteu-se e foi para um mosteiro. Por outro lado, é importante igualmente lembrar que não existem finais de chamada justiça poética, nos quais os bons são premiados e os maus punidos: nas comédias, onde o mal não é dominante, os simples arrependimentos são frequentes, enquanto nas tragédias os inocentes são arrastados na corrente do processo trágico, como no caso de Ofélia, Desdêmona ou Cordélia.

A atenção dada ao fim que tem o personagem é condicionada pela relevância que o destino da personagem possa ter na construção do quadro que o autor quis criar naquela obra em particular. E aí, sim, há uma preocupação real com o cumprimento de um destino condicionado pelo caráter e o comportamento de cada um. É o que podemos ver no caso da tragédia de Macbeth, cuja ambição o leva à subversão de valores de que falam desde o início as *weird sisters*: *fair is foul and foul is fair* é a tônica da primeira aparição delas, abrindo a peça, quando combinam encontrar-se "quando a batalha estiver perdida e ganha", parte de todas as equívocas profecias que servem de amparo aos sonhos de poder do súdito até então exemplar (ao menos aparentemente). Mas não podemos esquecer que logo após seu primeiro encontro com as bruxas, e logo após ter recebido a ilusória confirmação de sua primeira profecia (a de que seria Cawdor), Macbeth, em perturbado aparte, deixa-nos saber que a ideia de matar o rei já estava em seu pensamento:

MACBETH

A sugestão do sobrenatural
Não pode nem ser má, e nem ser boa:
Se má, por que indica o meu sucesso,
De início, com verdade? Já sou Cawdor;
Se boa, por que cedo à sugestão
Cuja horrível imagem me arrepia
E bate o coração contra as costelas,
Negando a natureza? Estes meus medos
São menos que o terror que eu imagino.
Meu pensamento, cujo assassinato
Inda é fantástico, tal modo abala
A minha própria condição de homem,
Que a razão se sufoca em fantasia
E nada existe, exceto o inexistente.

O FIM

139

Macbeth, como vimos anteriormente, escreve à mulher contando o que acontecera – inclusive alterando os fatos, pois diz que quer participar logo o que as irmãs haviam prometido a ela, quando na verdade só falaram dele. Lady Macbeth, que compartilha dos sonhos do marido, mas não de sua imaginação, estimula-o e insiste que matar para alcançar a coroa é uma ação corriqueira, fácil. O fim que Shakespeare lhe reserva é essencialmente ligado a tudo o que o poeta tinha posto na criação daquela mulher que se julga tão forte e, por essa força aparente, é conivente com a morte de Duncan. Como Macbeth, muito perturbado, sai do quarto onde matou o rei ainda carregando os punhais que usou e não tem coragem de voltar lá para deixá-los, é a aparentemente corajosa Lady Macbeth que vai devolver as armas, quando, em momento de supremo autoengano, ela volta dizendo: "Minhas mãos estão da sua cor. Mas me envergonho de ter o coração tão branco". Seu fim nasce diretamente daí: incapaz de imaginar aquilo que dizia ser tão simples, só o fato de ver o rei morto e ensanguentado a leva à loucura. Sonâmbula, ela tenta limpar as mãos que se orgulhara de ter rubras, do crime que achara que um pouco d'água apagaria:

LADY MACBETH

Mas ainda resta uma mancha.

....

Sai, mancha maldita! Sai, estou dizendo! – Uma, duas; mas, então, está na hora de agir. – O inferno é tenebroso. – Que vergonha, meu senhor, que vergonha! um soldado, e com medo? E por que havemos nós de temer quem o venha a saber, se ao nosso poder ninguém pode pedir contas? – Mas quem haveria de pensar que o velho tivesse tanto sangue?

....

O *thane* de Fife tinha mulher: onde está ela agora? – Como, será que estas mãos jamais ficarão limpas? – Chega disso, meu Senhor, chega disso: estragais tudo só com tais repentes.

....

Ainda cheira a sangue: nem todos os perfumes da Arábia hão de adoçar de novo esta mãozinha. Oh! Oh! Oh!

....

Lavai as mãos, vesti vosso roupão; não parecei tão pálido. – Eu vos repito ainda: Banquo está enterrado; ele não pode sair da tumba.

....

Ao leito! Ao leito! Estão batendo no portão. Vamos, vamos, vamos, vamos, dai-me a vossa mão. O que foi feito não pode ser desfeito. Ao leito, ao leito, ao leito.

Logo depois, fora de cena, ela se suicida, um acidente menor em um processo cujo verdadeiro significado ela jamais apreendeu.

E Macbeth? Apesar de seus medos, de suas angústias, de sua imaginação, Macbeth vê a coroa, o poder, como o maior dos prazeres; e isso é que o leva à inversão de valores com que justifica seus crimes. Ele tem, junto com a mulher, a ilusão de que a conquista da coroa,

140   FALANDO DE SHAKESPEARE

mesmo ao preço de um assassinato, lhes trará felicidade e selará sua união. O crime, ao contrário, desagrega, individualmente, tanto a Macbeth quanto à sua mulher (seus corpos são vistos por partes, logo depois do crime ele olha as próprias mãos e quer saber que mãos são aquelas que lhe arrancam os olhos), além de manchá-los permanentemente: Cláudio, no *Hamlet*, via a mão escura com a morte de um irmão; Macbeth acha que nem o oceano de Netuno há de limpar as duas: elas é que fariam rubros os mares (e já vimos a inutilidade dos perfumes das Arábias para Lady Macbeth).

O crime desagrega também a estreita e inicial união dos dois: depois da morte de Duncan eles ficam cada vez mais separados: há uma cena breve na qual ela reclama que ele se isola (e ela não é sequer informada dos planos dos crimes que vêm depois do primeiro), e os dois só ainda aparecem juntos, mas apenas em público, na cena do banquete, quando ela tenta encobrir o descontrole de Macbeth. A participação dela na tragédia virtualmente acabou: Lady Macbeth só volta à cena no Ato V, para o pesadelo antes da morte. Macbeth não só fica isolado no poder, com um número de inimigos que aumenta a cada crime, como o seu fim (mesmo que morra em combate) vem com a descoberta de que tudo o que fez foi em vão, porque a vida que passou a viver, ao invés de coroação gratificante de sua ambição, tornou-se absolutamente vazia e sem sentido.

Vamos compor aqui, com uma série de trechos de cenas do último ato, o quadro que Shakespeare desenha para o fim de Macbeth, um fim de tristeza, solidão e desencanto. A momentos diferentes ele se dirigirá a Seyton, o último oficial que o serve, e ao médico que cuida da rainha. No primeiro trecho Macbeth vem de saber que está-se apertando o cerco do ataque dos ingleses que apoiam Malcolm, o filho de Duncan, e que seus nobres em número cada vez maior começam a abandoná-lo para trocar de lado. Resolvido a preparar-se para a batalha, ele chama Seyton:

MACBETH

> Seyton! Eu tenho opresso o coração.
> Quando penso.. Olá, Seyton! Este combate
> Me garante pra sempre ou me destrona.
> Eu já vivi bastante. A minha vida
> Já murchou, como a flor esmaecida;
> E tudo o que nos serve na velhice –
> Honra, respeito, amor, muitos amigos –
> Não posso ter mas, sim, em seu lugar,
> Pragas contidas, honras só de boca,
> Dadas sem coração, por covardia
> Seyton!

Ele pede ao médico notícias de sua paciente, e este lhe diz que ela não tem tanto uma doença quanto perturbações fantasiosas que a mantêm intranquila. A resposta de Macbeth é altamente reveladora:

O FIM

MACBETH

> Não podes tu curar mente doente,
> Arrancar da memória dor profunda,
> No cérebro apagar o mal escrito
> E, com algum antídoto de olvido,
> Limpar todo o perigo que enche o peito
> E pesa o coração?
> ....
> Pr'os cães os teus remédios; não os quero –
> Minh'armadura, vamos; meu bastão!
> Seyton, diga.... Doutor, todos me deixam.
> Vamos logo. Doutor, se tu pudesses
> Colher as águas desta minha terra,
> Descobrir-lhe a doença e devolvê-la
> À saúde de outrora, eu aplaudia
> Até que o próprio eco desse aplauso.
> Isso, sim. Que droga, que ruibarbo
> Expele esses ingleses? Não os ouvem?

Mas mesmo aí Macbeth ainda tem a ilusão de confiar nas bruxas:

> Não temo a morte, e mal a mim não vem
> Até que Birnam venha a Dunsinane.

Macbeth, pronto para a batalha, ouve um grito no castelo e, ao indagar do que se tratava, tem a notícia de que a rainha está morta.

MACBETH

> Ela devia só morrer mais tarde;
> Haveria um momento para isso.
> Amanhã, e amanhã e ainda amanhã
> Arrastam nesse passo o dia-a-dia
> Até o fim do tempo pré-notado.
> E todo ontem conduziu os tolos
> À vida em pó da morte, Apaga, vela!
> A vida é só uma sombra: um mau ator
> Que grita e se debate pelo palco,
> Depois é esquecido; é uma história
> Que conta o idiota, toda som e fúria
> E não quer dizer nada.

As tropas de Malcolm atacam protegidas por galhos de florestas de Birnam, e o último elo de Macbeth com a esperança – a garantia das bruxas de que ele só teria de temer homem não parido por mulher – é destruído quando MacDuff (cuja mulher e filhos ele mandara matar) revela que nasceu por cesária, tirado ao ventre materno. Para Macbeth isso é a quebra do encanto e ele se torna vulnerável:

> Maldita a língua que me afirma isso,
> Pois faz parte de mim ficar covarde.

142   FALANDO DE SHAKESPEARE

E ninguém creia mais em demos falsos
Que nos enganam com sentidos duplos
Cuja palavra é dada a nosso ouvido,
Mas traída se agimos com esperança.

A morte física de Macbeth vem em combate com MacDuff, mas seu fim já foi inteiramente delineado com sua destruição quando ainda vivo. Muito embora seja amplamente reconhecido o fato de o texto de *Macbeth* apresentar problemas mais ou menos insolúveis, a verdade é que, mesmo admitidas as várias hipóteses sobre a natureza do que seria o *Macbeth* idealmente reconstituído, a obra é, em toda a sua concepção, muito mais compacta do que suas irmãs do mesmo período: no Primeiro Fólio de 1623, *Macbeth* tem pouco mais de metade do total de linhas do *Hamlet*: *Macbeth* conta 2107, *Hamlet* 3924, e tanto *Otelo* quanto *Lear* têm mais de 3200. Essas informações só são oferecidas para lembrar, ainda uma vez, que com Shakespeare não há regras a seguir; tanto o tipo de estrutura quanto o tamanho da obra variam com o tema tratado, e é o domínio desse mesmo tema que o poeta tem que produz os efeitos desejados: em *Macbeth* o clima denso, pesado de noite e sangue é buscado em cenas concentradas sobre um único tema, de modo geral: das 29 cenas da peça, só uma atinge 240 linhas, cobrindo todos os temas dos opositores de Macbeth, e passada na Inglaterra; cinco variam de 145 e 155 linhas, a grande maioria varia entre cinquenta e setenta e cinco são realmente curtas (12 a 35).

Tais dados são relevantes quando se tenta comparar a impressão causada por *Macbeth* com *Antônio e Cleópatra*, que não é muito conhecida entre nós, e tem uma construção diametralmente oposta à de *Macbeth*, já que sua maior preocupação é justamente a de situar seus dois protagonistas do amplo quadro do Império Romano: parecendo querer explodir a ação para comunicar o impacto sobre as questões públicas das relações individuais entre a rainha do Egito e o triúnviro, Shakespeare escreve a peça em 44 cenas que se passam em nada menos de 23 locais diferentes, inclusive Roma, Alexandria, Actium, uma planície na Síria, e a galera de Pompeu ao largo de Misenum, com uma técnica virtualmente cinematográfica, de acontecimentos simultâneos, ou quase, em partes diversas do império. As cenas mais curtas são duas de quatro versos; há uma de seis (sendo três muito breves), duas de nove e uma de dez versos; no entanto a mais longa, que é a última, é de nada menos do que 364. Um período histórico de aproximadamente dez anos é, nisso tudo, apresentado no que podemos chamar de 12 dias dramáticos. Integrando o grupo final de tragédias, *Antônio e Cleópatra* tem em comum com *Macbeth*, que a antecede, e *Coriolano*, que vem logo depois, protagonistas de imenso potencial porém portadores de falhas que os tornam seus próprios destruidores.

O FIM 143

Antônio e Cleópatra fala principalmente de mudanças, de integridade e falta de integridade, de lealdade e deslealdade, de fidelidade e infidelidade, de cumprimento ou não do dever e, em uma simplificação realmente inadmissível, poderíamos dizer que narra a tragédia de dois governantes que negligenciam suas obrigações públicas e privadas por uma paixão corruptora que não põe em jogo apenas os dois e suas vidas mas, também, a relação de poder entre Antônio e Otávio e, dolorosamente, a questão de lealdade na figura de Enobarbo.

Como em *Otelo*, há nessa tragédia uma grande confrontação de duas culturas, e a imagem criada será a da licenciosidade egípcia em contraste com a autodisciplina romana. À medida que Marco Antônio abandona seus princípios de origem, ele vai se degradando, enquanto Cleópatra, a instável sedutora, também vai se descontrolando, perdendo sua objetividade de manipuladora de homens. Fascinante é o tratamento de Enobarbo, o velho soldado que sempre acompanhara Antônio e que, ao vê-lo cada vez menos romano, mais preso ao Egito, acaba por tomar a decisão de abandoná-lo e juntar-se às forças de Otávio, como um gesto de reintegração no universo romano. Shakespeare, porém, mostra que convicções desse gênero não são a resposta para tais conflitos, pois a traição em nível pessoal não pode ser o caminho correto para a integridade. E Shakespeare enfatiza a todos os momentos o que Cleópatra dizia no trecho que foi citado logo no início desta palestre, a extraordinária generosidade humana de Marco Antônio, responsável tanto por sua grandeza quanto por seus erros. Enobarbo abandona o acampamento egípcio à noite e só pela manhã Antônio vem a saber que ele está com César. Quem dá a notícia é Eros, que ficará com Antônio até o fim. A reação de Marco Antônio é típica do personagem que o poeta criou:

ANTÔNIO

Vá, Eros, vá mandar-lhe o seu tesouro;
Não retenham um fio, eu lhes ordeno,
E escrevam-lhe também – pr'eu assinar –
Meu delicado adeus, com cumprimentos
Que lhe desejam nunca mais ter causa
Para mudar de amo. A minha sorte
Corrompe homens honestos! Enobarbo!

Enobarbo não resiste à generosidade de Antônio:

ENOBARBO

Eu sou o único vilão da terra.
Ninguém tão bem o sabe. Marco Antônio,
Mina de dádivas, que pagamento
Darias ao fiel se, ao traiçeiro
Tu coroas com ouro! Coração,
Se não partes depressa, encontrarei

144 FALANDO DE SHAKESPEARE

Meios mais rápidos que o pensamento;
Mas só o pensamento bastará.
Eu, combatê-lo? não; irei buscar
Um canto onde morrer, e o mais imundo
Melhor se casa ao fim da minha vida.

Logo adiante, em meio às tropas de César, Enobarbo literalmente morre de desgosto:

ENOBARBO

Ó soberana da melancolia,
Orvalha-me com a noite venenosa,
Pra que a vida, rebelde ao meu desejo,
Se solte enfim de mim. Meu coração
Atira contra a pedra do meu erro,
Onde seco de dor far-se-á pó,
Ceifando ideias más. Oh Marco Antônio,
Mais nobre do que a infâmia do meu gesto,
Perdoa-me na tua intimidade
Mas deixa o mundo proclamar-me sempre
Como traidor de amo e fugitivo.
Oh Antônio, Oh Antônio.

O que mais distingue Antônio e Cleópatra dos outros protagonistas trágicos e, consequentemente, da construção das outras tragédias, é o fato de sua paixão ser tanto a causa de sua queda quanto de sua por assim dizer redenção final para atingir aquele momento da equilíbrio, de melhor perspectiva do mundo à sua volta, antes da morte. Shakespeare apresenta a fuga de Cleópatra em Actium como resultado de puro e simples medo por parte dela: Antônio toma a retirada por traição e esse será talvez seu momento de maior crise, já que, tendo abandonado seus referenciais romanos para aceitar o mundo de Cleópatra, vê-se totalmente desamparado. A expressão de sua revolta é amarga, como mostram os seguintes dois trechos, nos quais novamente é a Eros que ele fala:

ANTÔNIO

A egípcia maldita me traiu:
Minha frota rendeu-se ao inimigo;
Eles jogam bonés, festejam juntos,
Quais amigos perdidos. Tripla puta,
Vendeste-me ao noviço; e só contigo
Meu coração guerreia. Ordena a fuga:
Pois quando eu me vingar da minha bruxa,
Estou acabado. Ordena a debandada.
Oh sol, que nunca mais verei nascer,
Aqui Antônio e a sorte se separam
E se despedem. Tudo acaba assim?
Os corações que os pés me mordiscavam,

O FIM

A quem eu dei seus sonhos, se derretem
No florescer de César: cai a casca
Do pinheiro maior. Eu fui traído.
Alma falsa do Egito! Maldição
Cujo olhar fez a guerra e a concluiu,
Cujo seio me foi alvo e coroa,
Como cigana, em uma só cartada,
Me enfeitiçou até eu perder tudo.

....

Fiz guerra pelo Egito e a rainha
De quem o coração pensei que tinha,
Já que ela tinha o meu, que enquanto meu
Juntava a si mais outros mil, perdidos.
Ela juntou com César suas cartas,
E em trapaça deu a minha glória
Ao triunfo inimigo.
Não chores, Eros, pois nos resta ainda
Nós mesmos, pra acabar conosco.

....

Desarmemo-nos Eros,
A tarefa do dia terminou
E temos de dormir.

Para os frequentadores regulares da companhia do Lord Chamberlain essa última imagem talvez tenha trazido à mente as fortes imagens das mortes de Cássio e Brutus, também inspirada no sol poente, no fim do dia.

O medo de Cleópatra faz com que ela se tranque em seu monumento e Antônio tem a notícia, falsa, de sua morte. A reversão é total: Cleópatra morta é um exemplo a ser seguido, volta todo o amor, toda a admiração, apenas agora depurados de toda a corrupção que houvera neles. Usando os recursos do palco elizabetano, Shakespeare escreve uma cena memorável, em que consegue ser a um tempo extraordinariamente teatral e integralmente fiel à descrição da morte de Antônio em sua vida por Plutarco (que ele seguira para escrever a tragédia), pelo recurso do uso do palco superior. Marco Antônio, que caíra sobre a própria espada por não encontrar ninguém disposto a matá-lo (Eros se mata para negar-se), mortalmente ferido, é literalmente içado para o monumento cujas portas, por medo, Cleópatra não quer abrir. Em seus últimos momentos Antônio recupera sua grandeza, preocupa-se com o destino de Cleópatra e morre com imensa dignidade. E se Marco Antônio, inimigo de Brutus, fizera o seu elogio fúnebre, agora Cleópatra, a causadora de sua desgraça, o recoloca como figura excepcional, no momento mesmo em que ele morre:

CLEÓPATRA

A coroa do mundo se desfaz.
A guirlanda da guerra feneceu!
Caiu a régua do soldado: o nível

146 FALANDO DE SHAKESPEARE

Agora é o mesmo pra menino e homem.
Foi-se a disparidade, e não restou
Mais nada que devesse ser notado
Sob a lua que nos visita.

Se a falsa morte de Cleópatra foi o exemplo para Antônio, a de Antônio é agora o que transforma Cleópatra. Ela aparece com nova dignidade, desejando mostrar-se à altura dos códigos romanos de comportamento. Com os emissários de César ela procura seguir os conselhos de Antônio, e com o próprio Otávio novamente os frequentadores assíduos do teatro devem ter relembrado a aparente subserviência de Antônio pedindo permissão para falar no funeral de César, a fim de alcançar seus próprios objetivos. Cleópatra persuade César de sua obediência e, ao lhe ser dado um tempo para preparar-se, cumpre a sua resolução de matar-se para unir-se a Antônio. Shakespeare já tivera o cuidado de, anteriormente, deixar dito que ela era exímia no uso dos venenos, de modo que é com mão firme e experiente que ela vai aplicar no seio a serpente que mandou buscar. Para o encontro com Antônio, Cleópatra quer ser algo ainda mais memorável do que aquela beleza que ele conheceu em Cydnus: sua morte será um ritual e Marco Antônio terá com ele uma rainha. Suas duas escravas de confiança, Iras e Charmiana, é que ajudam a prepará-la, e recebem seu último adeus:

CLEÓPATRA

Dá-me esse manto, põe-me essa coroa;
Tenho ânsias imortais em mim; não mais
O néctar de uvas molhará meus lábios –
Depressa, Iras, depressa; como que ouço
Antônio que me chama; vejo-o erguer-se
Para louvar meu nobre gesto; e rir-se
Da ventura de César, – a que os deuses
Dão em desculpa à cólera divina.
Meu esposo, eu já vou; minha coragem
Me dá direito ao uso desse nome!
Sou ar e fogo; os outros elementos
Dou à vida mais baixa – Tudo pronto?
A vós dou o calor final dos lábios:
Adeus, gentil Charmiana; Iras, adeus.

(beija-as; Iras cai e morre)

Tenho eu veneno nos lábios? Morres?
Se assim tão fácil, rompes com esta vida,
A morte é como o gesto de um amante,
Que fere e é desejado. Estás imóvel?
Se assim desmaias dizes que este mundo
Não vale o nosso adeus.
Isso me humilha;
Se ela chegar primeiro ao meu Antônio,
Ele a interrogará, dando-lhe o beijo

Que será o meu céu – vem, miserável,
Com teus agudos dentes o intricado
Nó da vida desfaz. Apressa agora,
Assassino insensato, o desenlace.

....

Paz, paz,
Não vês aqui meu filho, que no seio
Embala a própria ama que o amamenta?

Para terminar o período trágico Shakespeare só escreveria ainda *Coriolano* e o semiacabado *Timão de Atenas*. Foram nove anos durante os quais ele não só levou seus protagonistas a experiências extremas, como pareceu, ele mesmo, ter buscado os limites de sua capacidade criadora. Em 1608 fazia cinco anos que Elizabeth I, a verdadeira responsável pelo clima que propiciou o aparecimento do período teatral que leva o seu nome, tinha morrido. James, I da Inglaterra e VI da Escócia, filho de Mary Stuart, nem era inglês como os Tudor e nem tinha o tino político que caracterizou Henrique VII, Henrique VIII e Elizabeth: ao amor à terra e ao ardor patriótico haviam correspondido a afirmação e a alegria do teatro dos anos imediatamente após a derrota da Invencível Armada em 1588.

Os últimos anos da rainha, que morria sem herdeiros diretos e, portanto, provocando inquietações sobre uma possível volta à guerra civil em torno do trono, haviam coincidido com a plenitude do poeta e produzido o período trágico: um certo alívio com a aceitação de James, mas também uma certa superficialidade na nova corte provoca o aparecimento de novas formas.

Vieram novos autores trazendo uma certa sofisticação, mais delicada, mais requintada, a um teatro que já busca o ambiente fechado; e a companhia do Lord Chamberlain, agora intitulada The King's Men, com o patrocínio real altera naturalmente sua dramaturgia para os novos hábitos. Aos 44 anos, Shakespeare abandona a forma trágica para nunca mais voltar a ela; depois das soluções extremas, o poeta, que agora já escreve menos, no final da carreira escreve quatro peças que se convencionou chamar de "romances". Em todas elas vemos acontecimentos que poderiam ou deveriam ser trágicos, porém onde todos, ao final de algum sofrimento, acabam podendo contornar seus problemas mais graves.

Uma nova visão se faz presente quando vemos, agora, os conflitos entre pais serem sanados pelos filhos; a nova geração ama e perdoa, onde os pais preferiam odiar e condenar. São Romeu e Julieta com um pouco mais de sorte. Novamente Shakespeare tem protagonistas – ou quase – que são mocinhas muito jovens: Marina, separada do pai Péricles por aquela mesma tempestade que havia separado a família dos Antífolos da *Comédia dos Erros*; Perdita, abandonada numa praia deserta e criada por pastores, vítima de um acesso de ciúmes do pai, que

148 · FALANDO DE SHAKESPEARE

outrora teria sido um Otelo; Hermione, vítima de um caluniador não muito diverso de Iago, e tão fiel quanto Desdêmona; e finalmente Miranda, criada pelo pai em uma ilha controlada por mágica, até encontrar o amor de Ferdinand. Em todas elas (no caso de *Cymbeline* o exemplo aparece nos dois irmãos de Hermione) é levantada a questão da nobreza inata, do instinto do filho de alta estirpe mesmo que criado em circunstâncias adversas, enquanto em *A Tempestade* e *Contos de Inverno*, mais especificamente, é investigada a relação entre esse instinto e os efeitos de um processo de educação. À exceção de *A Tempestade*, que, a não ser pela *Comédia dos Erros*, é a única peça a respeitar as unidades de tempo e lugar, esse grupo de peças cobre longos períodos de tempo: cerca de vinte anos em *Péricles* e *Contos de Inverno*, quando é preciso dar tempo para que crianças recém-nascidas cresçam. *Péricles* é um tanto caótica, mas conta uma vida de paciência, sofrimento e reconciliação redentora, que pelo menos beira também os vinte anos, o que derrota a tendência que têm alguns de achar que Shakespeare só é realmente responsável pelo dois últimos atos, porque a peça é um pouco canhestra, dramaticamente falando, coisa que Shakespeare não tinha jamais dado provas de ser. Já *Cymbeline* é mais melodramática e sobrecarregada de enredo, mas para ser montada só precisa de uns bons cortes. Mas *Contos de Inverno*, apesar de volta e meia alguém reclamar de alguns detalhes de construção, cada vez é mais montada e com maior sucesso, tem muita poesia bonita e é mais do que atraente nas cenas campestres em que conhecemos Perdita, cujo encanto inato fascina o príncipe Florizel. Só para dar uma noção, mesmo que ligeira, desse novo clima, ouçamos um pequeno trecho do diálogo entre os dois, quando Perdita, que foi criada por pastores, vai ser a rainha da festa da tosquia:

FLORIZEL

> Esses trajes brilhantes trazem vida
> A cada parte sua: não pastora
> Mas Flora enfeita abril. Essa tosquia
> É uma festa de deuses, com você
> Como rainha.

PERDITA

> Meu gentil senhor,
> Não me cabe punir-lhe os exageros,
> Mas perdão se os nomeio! A sua alteza,
> Modelo desta terra, foi oculta
> Com trapos de pastor. Minha humildade
> Foi de deusa enfeitada: se não fora
> Pelas loucuras, parte desta festa,
> Que o hábito aprovou, só vê-lo assim
> Vestido me faria enrubescer,
> E eu desmaiava ao ver-me num espelho.

O FIM

FLORIZEL

Bendito o dia em que o meu falcão
Voou nas terras de seu pai.

PERDITA

Que Júpiter
O ouça! A mim assusta a diferença
(Sua grandeza não conhece o medo).
Eu tremo que o seu pai, por acidente,
Como fez o senhor, passe aqui. Céus!
Que pensaria ao ver a sua obra
Tão pobremente envolta? O que diria?
Como ousaria eu, toda emprestada,
Olhar sua presença?

FLORIZEL

Não preveja
Nada além de alegria. Mesmo os deuses
Submetem ao amor a divindade
Em formas animais. Júpiter fez-se,
Urrando, de touro; mas Netuno
Chorou como carneiro; e o deus Apolo
Todo de ouro, foi, como eu agora,
Pastor humilde. Tais transformações
Nunca se deram por maior beleza,
Nem de modo tão casto, pois não deixo
Meus desejos correrem mais que a honra,
Nem queimarem a fé.

Como podem ver, é um clima galante um tanto distante de tudo o que vimos anteriormente. Mas vale a pena notar que mesmo no conciliatório período final Shakespeare faz novas experiências na criação de personagens; se suas jovens heroínas nas comédias se fantasiavam de homem a torto e a direito pelos mais variados motivos, nos romances finais a questão da aparência e da realidade é tratada em outro nível de sutileza, e não há disfarces desse tipo: a descoberta da verdadeira personalidade é feita sem transformações físicas; a realidade interior é que se afirma para a aceitação da identidade real de cada uma. E não só delas: em *Cymbeline* a busca da identidade é o tema dominante.

A última peça que Shakespeare escreveu sozinho, *A Tempestade*, andou por aí durante décadas enganando todo o mundo, sendo superficialmente lida como obra introdutória às peças de Shakespeare, simplesmente porque graças a uma dessas ironias que teriam sem dúvida deleitado o poeta, ela é colocada logo em primeiro lugar na primeira seção do Primeiro Fólio. Assim é conhecida a primeira edição das obras completas de Shakespeare, publicada em 1623 por iniciativa de Hemmings e Condell, dois atores colegas seus de companhia. Creio que, junto com *Macbeth*, *A Tempestade* seja a maior derrubadora de diretores e atores em todo o cânone shakespeariano: em um teatro totalmente habitado por convenções, e assistido por um público integralmente comprometido com a aceitação destas, como era o caso da Inglaterra na época de Shakespeare, não seria tão difícil quanto hoje a montagem da *Tempestade*: desde que apresentados de acordo com as convenções, Ariel, Caliban e outro espíritos menores não precisariam ser obras-primas de figurino e maquiagem, porque cabia ao público, como fica repetidamente pedido nos prólogos do *Henrique V*, complementar o apresentado com sua imaginação.

Desde os tempos de Shakespeare, aos poucos viemos a ser cada vez mais estragados pelo realismo, e os famosos espíritos se transformaram em tremendo entrave para a montagem satisfatória dessa fábula de extraordinária complexidade sobre relações do indivíduo com seus semelhantes, com o Estado e com as forças da natureza, que é um dos livros onde se lê o universo criado por Deus.

Próspero, antigo duque de Milão, teve seu trono usurpado pelo irmão, a quem entregara o efetivo exercício do governo enquanto ele se dedicava a estudos de mágica: não tenho a menor dúvida de que para Shakespeare a omissão do antigo duque era praticamente tão grave quanto a usurpação do novo. Na ilha à qual chegou, no barco em que ele e a filha foram postos à deriva, segundo Caliban, que se proclama o antigo dominador daquele espaço, o próprio Próspero é o usurpador e, na verdade, entre concretizados e tentados, a obra apresenta nada menos que seis casos diferentes de usurpação em níveis diversos. Para a sua ilha e usando mágica, Próspero atrai, durante uma tempestade que cria, o barco onde estão os responsáveis por sua atual condição de banido. Seu objetivo inicial é a vingança, porém toda uma série de aventuras, bem como o amor de Miranda e Ferdinando, acabam por transformar todo o processo em aprendizado, e a vingança em reconciliação.

A peça termina com os preparativos da volta de Próspero a Milão, a fim de retomar as rédeas do governo, devolvidas a ele pelo irmão, e antes de partir Próspero abre mão de seus conhecimentos mágicos. Essa fala é romanticamente tida por muitos como a despedida de Shakespeare de seu mundo de teatro; quanto a mim, creio ser possível que, com sua larga experiência com o jogo da aparência e da realidade, o poeta estivesse efetivamente aproveitando a ocasião para *também* despedir-se de suas atividades profissionais mais permanentes; mas, no quadro específico da ação dramática de *A Tempestade*, parece-me que a grande lição que Próspero aprendeu, nas aventuras desse único dia retratado na peça, é a de que não se pode recorrer à mágica na resolução de problemas humanos ou de Estado: para o bom governante se realizar pessoal e politicamente, não é preciso ser mais do que aquilo que Shakespeare sempre considerou mais do que a qualquer outra coisa:

O FIM

um homem. Mas as ambiguidades são privilégio dos poetas e a fala pode ter inúmeras leituras:

PRÓSPERO

Oh elfos das colinas, rios, vales,
E que sem deixar marcas nas areias
A fuga de Netuno perseguis,
E cavalgais a glória do refluxo;
Oh vós, semidemônios que talhais
O leite que não bebem as ovelhas;
E vós, cuja alegria à meia-noite
É fazer cogumelos que jubilam
Se a noite chega – e por cuja arte,
Embora fracos mestres, apaguei
O sol do meio-dia, criei ventos,
E entre o verde do mar e o azul do céu
Criei a guerra; e ainda incendiei
O trovão que alucina, e abalei
De Júpiter o tronco do carvalho
Com o próprio raio – e o vasto promontório
Sacudi; e das bases arranquei
O pinho e o cedro; e com uma só palavra
As tumbas libertaram seus defuntos
Por força da minha arte. Mas tal mágica
Aqui renego; e quando houver pedido
Divina música – como ora faço –
Para alcançar meus fins pelos sentidos
Que tal encanto toca – eu quebro a vara,
A enfio muitas braças dentro à terra,
E, mais profundo que a mais funda sonda,
Afogarei meu livro.

A não ser pelas duas obras que escreveu em colaboração com Fletcher – o *Henrique VIII* e, mais recentemente aceita, *Dois Parentes Nobres*, a trajetória de Shakespeare havia chegado ao fim. E aqui chegando verifico que o número oito nada tem de cabalístico ou milagroso, e que nem com mais oito destas conversas poderia chegar a dizer metade daquilo que talvez, compactando muito, pudesse ser um *pouco* do *mínimo* indispensável para poder chegar a dar *alguma* noção da vastidão daquilo que esse extraordinário autor teatral nos legou. Muito embora este trecho da *Tempestade* venha no meio da peça, no final da *masque* com que Próspero entretém seus convidados um tanto forçados na ilha, pareceu-me que ele seria adequado para concluir nosso caminho:

PRÓSPERO

Nossa festa acabou. Nossos atores,
Que eu avisei não serem mais que espíritos,
Derreteram no ar, no puro ar:
E como a trama vã desta visão,

As torres e os palácios encantados,
Templos solenes, como o globo inteiro,
Sim, tudo o que ele envolve, vão sumir
Sem deixar rastros. Nós somos o estofo
De que se fazem sonhos, e esta vida
É encerrada no sono.

Só posso garantir que, se mantiverem sempre algum contato com Shakespeare, a festa não acaba nunca.

Parte II
Das Peças

Coriolano

A cada vez que volto à leitura de *Coriolano* sinto que boa parte do fenomenal emaranhado crítico que foi criado em torno da peça nasce de um problema criado em torno da própria função do drama como forma de arte: será que, como queriam os cultores das regras na França no século XVII, seu objetivo é o de "instruir agradando", de ensinar a moral "de forma deleitável pelo uso de sentenças, da retratação ingênua dos vícios e das virtudes" (que faz com que estas sejam amadas), do "feliz sucesso" da virtude (que convida à imitação por interesse); ou será que, de forma mais ampla, e atendendo a inquietação mais percuciente, ele procura apenas caminhos imaginativos para o esclarecimento de comportamentos humanos? Em *Coriolano*, mais do que em qualquer outra peça de Shakespeare, provavelmente, é preciso que se aprenda a fazer uma distinção clara entre "herói" e protagonista, que se aceite a ideia de que a obra que esclarece um determinado comportamento, mesmo que este não mereça nosso apoio ou entusiasmo moral em termos não teatrais, nem por isso deixa de ser uma obra válida e enriquecedora – desde, é claro, que se trata de uma peça da categoria desta memorável e austera análise dos problemas políticos da Roma republicana.

Sob certo aspecto, *Coriolano* encontra a melhor pista para sua interpretação exatamente no local onde William Shakespeare foi buscar sua matéria-prima, ou seja, na vida de Caio Márcio Coriolano e na comparação entre sua vida e a de Alcebíades, nos *Varões* de Plutarco. *The Lives of the Noble Grecians and Romans* foi o título que Sir

156   FALANDO DE SHAKESPEARE

Thomas North deu à tradução que fez das *Vidas Paralelas*, a partir da tradução francesa de Amyot, publicada na Inglaterra em 1575, sendo de domínio público a grande influência exercida por Plutarco sobre Shakespeare, ao longo de toda a sua carreira. Tanto em *Júlio César* quanto em *Antônio e Cleópatra* ele já fizera uso surpreendentemente fiel de material encontrado em Plutarco, apresentando, em ambos os casos, versões dramáticas muito suas de figuras históricas de considerável popularidade no período elizabetano. Caio Márcio Coriolano é caso bem diferente, já que não parece ter atraído a atenção de ninguém mais, nem ostentar qualquer tradição de popularidade em períodos anteriores.

No caso específico de William Shakespeare, no entanto, a atração pelo tema é plenamente compreensível, já que nada em Plutarco parece ter sido tão importante quanto a preocupação que este sempre demonstrou com a investigação das qualidades e defeitos que fazem, ou desfazem, o homem público, o político, o governante. Foi sem dúvida Plutarco o autor que fez com que desde o início de sua carreira Shakespeare enveredasse por uma série de penetrantes estudos de reis da Inglaterra, que acabavam por fazer o que os Tudor – apoiados em Lutero e Calvino – faziam saber a todos seus súditos ser terminantemente proibido fazer: julgar seus príncipes. Esse julgamento shakespeariano, é claro, era realizado apenas pelos meios específicos do drama e do teatro, pois não quero dizer com isso que Shakespeare estivesse interessado em julgamento mesquinhos, em passar atestado de bom ou mau, *tout court*, aos antigos reis ingleses. O que desejo dizer é que a continuada leitura das peças históricas, inglesas ou romanas, revela sempre a mesma e inabalável preocupação com o estabelecimento da relação causa e efeito na investigação das ações humanas, e muito particularmente, no caso, das ações políticas de governantes e governados.

As pressões censórias do governo de Elizabeth não tornavam muito fácil a tarefa que se propôs Shakespeare na composição das peças históricas, e não hesito em dizer que, tendo ele à sua disposição toda a história da Inglaterra, não pouco da minha admiração vai para a habilidade com que selecionou reinados por meios dos quais podia fazer com que os fatos históricos dissessem o que lhe parecia necessário fosse dito. Acompanhar de perto o que se diz nas três partes de *Henrique VI* e em *Ricardo III*, ou, mais tarde, o que é dito em *Ricardo II*, as duas partes de *Henrique IV* e *Henrique V*, é poder sentir o progressivo amadurecimento do pensamento político shakespeariano, sua caminhada no sentido de uma objetividade cada vez maior na avaliação do fato político, a eventual compreensão desse fato como fenômeno de características próprias, a ser avaliado exclusivamente segundo os critérios próprios da atividade política.

CORIOLANO 157

Quando Shakespeare se voltou para Roma, ele levava a vantagem de já ter atingido um ponto de total amadurecimento no caminho de seu desenvolvimento na observação do comportamento político, desenvolvimento esse que, estou inteiramente persuadida, pode ser sintetizado por meio de quatro influências fundamentais: as homílias elaboradas pela cúpula da Igreja a partir de 1543 (com a primeira série publicada em 1547, sendo desde então sua leitura obrigatória em todas as igrejas da Inglaterra), homílias essas que invocavam bases teológicas para falar de uma salvação que, ao que tudo indica, era totalmente condicionada à obediência civil. A seguir, vem Plutarco, descoberto muito cedo, e que deve ter calado muito fundo, principalmente porque o autor não parecia ter de oferecer desculpas ou explicações por avaliar homens públicos e governantes: o exame de seus feitos, as consequências desses mesmos atos, a comparação entre gregos e romanos com atividades razoavelmente semelhantes pareciam indicar, apenas, que é tão possível examinar, avaliar, a vida dos poderosos quanto a dos humildes, e que do estudo dessas vidas há muito o que aprender. Também cedo, contrastando violentamente com a visão tradicional das virtudes cristãs e das virtudes "naturais" do homem, vem Innocent Gentillet, cuja versão altamente distorcida da obra de Nicolau Maquiavel alcançou enorme popularidade em todas as esferas da vida elizabetana e marcou a imaginação popular contra o conceito de "político". Ser político era ser matreiro, desonesto, "maquiavélico" no sentido mais pejorativo que o termo possa ter. Só mais tarde, ao travar conhecimento mais íntimo com a obra de Maquiavel em sua versão autêntica, é que foi possível a Shakespeare encontrar uma teoria que justificava sua curiosidade: o ato político devia ser analisado como tal. Não desejo dizer que as etapas anteriores fossem totalmente abandonadas: quero dizer que, a cada etapa, a visão do poeta passava por reformulações, ampliações, alterações, organizando coisas que a nós pareceriam absolutamente irreconciliáveis, mas que obviamente Shakespeare, que compartilhava essa capacidade com seus contemporâneos, conseguia pelo menos reunir com certa harmonia: a influência das homílias, de Plutarco e de Gentillet não desapareceu com a descoberta de Maquiavel: cada visão permitia ao poeta a identificação de certos comportamentos, e ele faria uso de todos os recursos, recorreria a todas as vias, cada um naquela área do comportamento humano na qual percebia ser aquele o recurso mais apropriado para desvendar objetivos, motivações, caminhos percorridos.

Além de chegar aos romanos já preparados para uma análise mais objetiva, Shakespeare podia também, no caso, usar de uma liberdade consideravelmente maior do que a permitida, mesmo com sua notável capacidade para manipular fatos, no trato da história da Inglaterra. Nas peças romanas, não escrevia sobre ingleses, nem sobre cristãos, e nem sobre governantes que devessem sua posição a uma monarquia heredi-

158 FALANDO DE SHAKESPEARE

tária. *Júlio César* não só propõe em termos concretos o conflito entre república e ditadura, como também demonstra que de nada valem as boas intenções sem habilidade política, além de pôr em relevo as discrepância entre intenções e resultados para o Estado quando a ação individual não é devidamente equacionada em termos políticos. Mais livre, Shakespeare focaliza uma surpreendente gama de posições políticas e encara o Estado e seus problemas com extrema objetividade. Em *Coriolano* Shakespeare vai usar uma situação de conflito de classes para examinar a fundo a relação entre as virtudes públicas e privadas, a influência da personalidade, do temperamento do indivíduo sobre suas possibilidades de participação positiva na vida pública. Tanto o material usado quanto o enfoque fundamental para a análise a ser feita Shakespeare encontrou em Plutarco, muito embora o resultado seja algo de seu, o resultado do seu processo pessoal de observação e criação.

Plutarco inicia sua biografia de Coriolano falando da linhagem dos Marcii à qual ele pertencia; menciona os grandes homens que ela havia produzido anteriormente, e finalmente passa a falar de Caio Márcio, que vai ser protagonista shakespeariano: será necessário fazer uma citação bastante longa, porque só assim é que se poderá demonstrar que não existe, realmente, maior justificativa para algumas das dificuldades criadas em torno de *Coriolano*:

Mas Caio Márcio, de quem escrevo agora, tendo sido deixado órfão, e criado na viuvez de sua mãe, mostra-nos por experiência que, embora perder cedo um pai possa ser carregado de outras desvantagens, não poderá no entanto impedir ninguém de ser virtuoso ou eminente no mundo, nem constitui obstáculo à verdadeira bondade e excelência; por mais que homens maus se aprazam em atribuir a culpa de suas corrupções a esse infortúnio e à negligência de que teriam sido vítimas em sua minoridade. Nem é ele menos prova da verdade da opinião daqueles que consideram que uma natureza generosa e meritória, sem a disciplina adequada, tal como o solo rico não cultivado, tem possibilidade de produzir, junto com seus melhores frutos, muito de mau ou de defeituoso. Enquanto que a força e o vigor de sua alma, e a constância e perseverança em tudo o que empreendia, levou-o, igualmente, pela indulgência que tinha para com a veemência de suas paixões, e por meio de uma obstinada relutância em ceder ou acomodar seus humores e sentimentos aos homens à sua volta, tornou-se incapaz de agir em conjunto, ou de se associar a outros. Aqueles que viam, com admiração, o quanto sua natureza era imune à moleza dos prazeres, às durezas do serviço, às tentações do ganho, embora concedendo a essa sua universal firmeza os nomes respectivos de temperança, fortaleza e justiça, nem por isso podiam, em relação à vida do cidadão e do estadista, deixar de se sentirem repugnadas pela severidade e rudeza de seu comportamento, ou por seu temperamento dominador, arrogante e imperioso. A educação e o estudo, bem como o favorecimento das massas, não conferem maiores benefícios aos que os buscam do que as lições humanizadoras e civilizadoras que ensinam nossas qualidades naturais a submeterem-se aos limites determinados pela razão, evitando a selvageria dos extremos.

Aquele era o tempo em que, em Roma, o mérito tido em maior estima era aquele que se manifestava nos feitos militares; e uma prova disso encontramos na palavra latina para virtude, cuja significação real é coragem viril. Como se o valor (a coragem) e toda virtude fossem a mesma coisa, eles usavam como termo comum o nome de uma excelência particular.

CORIOLANO

Na comparação final com Alcebíades, Plutarco afirma que em valor militar eles se equivalem, que ambos defenderam a pátria enquanto nela viveram e a prejudicaram quando foram exilados, e diz ainda:

Todos os cidadãos sóbrios sentiam repugnância pela petulância, a rastejante adulação, a baixeza das seduções que Alcebíades se permitia usar em sua vida pública para conquistar o favor do povo; enquanto que, por outro lado, a falta de cortesia, o orgulho e a arrogância oligárquica que Márcio exibia, na sua, eram abominados pela massa do povo romano. Nenhum desses dois caminhos pode ser chamado de elogiável; porém um homem que procura a popularidade pela indulgência e pela bajulação dificilmente será tão censurável quanto outro que, para evitar parecer bajular, insulta. Buscar o poder por meio da subserviência ao povo é vergonhoso; porém dominá-lo pelo terror, pela violência e pela opressão não é apenas vergonhoso, é também uma injustiça.

Há muito mais em Plutarco sobre a incapacidade de Caio Márcio para viver em harmonia com o grupo social: e é só com a aceitação da ideia de que *Coriolano* retrata exatamente um processo de inadaptação às exigências de convívio harmônico numa unidade sociopolítica que podemos chegar ao sentido essencial da peça. Tanto a biografia de Plutarco quanto o texto de Shakespeare conduzem a essa única conclusão possível, que só tem sido confundida, perturbada em sua clareza, quando o leitor, espectador ou crítico tem insistido em ver na figura de Caio Márcio Coriolano não apenas um protagonista mas também um herói, com todas as implicações românticas que o termo possa ter.

A figura nobre e impoluta de um Coriolano vitimado por conspirações de homens menores não encontra apoio no texto de Shakespeare: o que o poeta nos apresenta é uma figura desmesurada, produto de uma educação anômala, que – por total incapacidade para obedecer as regras do contrato social – não só é inevitavelmente levada à sua própria destruição, com o que testemunhamos o lamentável desperdício de um monumental potencial humano, como também – ainda por sua incapacidade de adaptar suas ações aos interesses do meio em que vive – expõe a comunidade a que pertence a perigos infinitamente maiores do que aqueles dos quais a salva com seus feitos de heroísmo individual.

Só uma necessidade muito grande, por parte do leitor ou espectador, de exigir que toda obra dramática, para ser interessante, contenha aquele componente idealizante que conduz à identificação, consciente ou não, com o "herói" é que pode fazer com que o fato de Coriolano ser protagonista, e não herói, venha a diminuir o fascínio da obra. Mas podemos encarar o teatro como um grande caminho para a descoberta, vermos nele a maravilhosa ambivalência de uma obra de arte que se realiza plenamente como tal e, ao mesmo tempo, nos permite ampliar nosso conhecimento a respeito de comportamentos humanos por meio da experiência vicária. Um tal teatro enriquece-nos no plano intelectual, leva-nos a pensar não só no que nos atrai emocionalmente, mas em todos os aspectos do comportamento humano, permitindo-nos

160 FALANDO DE SHAKESPEARE

abandonar a facilidade da história de mocinho e bandido e entrar no mundo da apreciação da obra total, que é sempre o melhor dos caminhos.

Se a desmedida do protagonista em *Coriolano* parece ter levado considerável número de comentaristas a fazer do protagonista um herói quase tão puro quanto Galahad ou Parsifal, não poucos têm sido também os que tentaram transformar a peça em lídima precursora dos acontecimentos de outubro de 1917, o que também não chega a ser verdade. Por problemas meramente cronológicos tomo a liberdade de afirmar, sem medo de contestação, que William Shakespeare não era seguidor cego nem do Adolf Hitler nem de Karl Marx: mas dentro de uma visão duramente elaborada, e em perfeita consonância com seu tempo humanista, torna-se óbvio que Shakespeare, acima de tudo, amou e respeitou o ser humano. Mesmo aceitando a existência de uma hierarquia que a todos, em seu tempo, parecia ser a ordem natural das coisas, Shakespeare exigia que ao ser humano fosse dado um tratamento condizente com a dignidade de sua condição: a parábola da barriga que é narrada logo no início da ação de *Coriolano* por Menênio Agripa tem de ser aceita como altamente significativa, se quisermos compreender corretamente essa peça: ela não propõe a revolução e sim a harmonia, muito embora se mostre surpreendentemente moderna e ousada para seu tempo, já que mostra haver ocasiões em que – para poder ser mantida essa harmonia – o grupo social tem de optar pela defesa dos direitos dos mais desamparados, coibindo os abusos e erros daqueles cujos privilégios já são grandes, e que devem ser pagos com deveres exigentíssimos.

Aos que desejam ardentemente jogar Shakespeare para um extremo ou outro da balança social e política é preciso talvez lembrar que nada o coloca tão alto na escala da qualidade de autor quanto sua permanente recusa em aceitar os fáceis critérios do "bangue-bangue" tradicional, com um "mocinho" todo de branco e um "bandido" todo de preto; o que tem por vezes gerado perplexidade em *Coriolano* é a impecável imparcialidade de Shakespeare; mas o que o poeta tem por objetivo, com sua obra, não é conseguir que o público "torça" por A ou B, e sim que se engaje, com tanto empenho quanto ele, na excitante procura da significação das ações e atitudes que selecionou e organizou, e às quais emprestou sentido específico.

Foi sempre em peças do gênero histórico que Shakespeare apresentou ações do povo como massa, obviamente por serem essas as peças que tratam de questões de governo, do bem-estar da comunidade, das relações entre governantes e governados. É muitas e muitas vezes proclamado que Shakespeare desprezava a massa do povo como tal, com o argumento de que a todo momento ele está disposto a apresentar o mais humilde dos indivíduos como um ser humano com o mais profundo respeito, mas que nada em sua obra indica que não acredi-

COROLANO 161

tasse ser o comportamento da massa sistematicamente irresponsável: em massa o homem deixaria de ser humano, tornando-se antinatural e monstruoso, incapaz de raciocínio. Brents Stirling, em seu excelente livro *Shakespeare and the Populace*, tanto quanto G. R. Hibbard na igualmente excelente introdução ao texto de *Coriolano* para a edição New Penguin, afirmam que Shakespeare é totalmente coerente na apresentação de uma posição homogeneamente crítica em sua três famosas cenas de comportamento de massa: a do levante liderado por Jack Cade em 2 *Henrique VI*, a da plebe romana em *Júlio César*, e novamente a da plebe romana em *Coriolano*. Por outro lado, o egoísmo ou o altruísmo como divisor de água entre a boa e a má ação pública, como a responsabilidade no exercício do poder contraposta à busca desse mesmo poder por ambição pessoal, são alguns dos pontos fundamentais na avaliação do governante não só nas duas tetralogias como em praticamente toda a obra de Shakespeare. Terá de ser portanto à luz dessas duas afirmativas que poderemos tentar situar o que Shakespeare terá tentado transmitir com a composição de *Coriolano* exatamente nos termos em que foi composta.

A existência histórica de Caio Márcio Coriolano deixa, em verdade, de nos interessar a partir do momento em que passamos a ter de falar da peça de Shakespeare: uma peça de teatro, afinal, é uma obra de arte nascida da habilidade de um autor para criar situações, personagens, ações, por uma criteriosa seleção e organização de linguagem: uma linguagem de início literária, mas que desde sua concepção tem de conter toda a gama de linguagem cênicas sem as quais a mera forma dialogada não é drama nem teatro. Temos de voltar sempre ao que Shakespeare escreveu, ao que disse e como o disse: aí sempre estará a intenção do autor.

Uma coisa parece estar obviamente em jogo em *Coriolano*, a nobreza: *Nobility* aparece cinco vezes na peça, *noble* 18 vezes como substantivo e 29 como adjetivo, *nobleness* duas, *nobly* sete: nenhuma outra peça consegue competir com ela em tal preocupação. A nobreza de Coriolano é comentada, louvada, gritada, tanto por ele mesmo quanto por outros, porém só encontrei um ato que poderíamos chamar de nobre, *sensu latu*, realizado pelo protagonista da peça, o de pedir que seja libertado um pobre homem de Coriole porque o tratou bem (I.4). Mesmo assim, não se lembra sequer do nome do indivíduo, e abandona o assunto com grande facilidade. A não ser por isso, Coriolano parece estar convencido de que a melhor maneira de ficar atestada a sua nobreza é ser infalivelmente grosseiro e ofensivo ao tratar com todos aqueles que não pertencem à sua classe. E mesmo lidado com aqueles a quem se digna considerar seus pares, torna-se claro o estar persuadido de que só a grosseria pode ser tomada como garantia de sinceridade. Nas duas grandes cenas de confrontação com os Tribunos do povo, que lhe ganham a perda do consulado e o exílio, a preocupação constante dos outros patrícios presentes em aconselhar calma ao nobilíssimo Coriolano mostra que a agressividade por ele demonstrada não é considerada indispensável como prova de nobreza ou patriciado.

Se quisermos seguir a peça estritamente baseados no que Shakespeare efetivamente escreveu, vamos verificar que ele elaborou, em ação, a ressalva feita por Plutarco a respeito dos romanos em geral quanto à confusão entre a virtude do valor viril e guerreiro e as virtudes de um modo geral: os méritos militares, a incontestável bravura de Coriolano na hora da batalha, são comprovados por Shakespeare em termos de ação; mas é óbvio que a partir das observações de Plutarco ele concluiu que o homem que não sabe dominar sua violência, que só se realiza quando pode e deve dar largas a ela, encontra sua plena realização no campo de batalha, mas nem por isso está apto a exercer cargos públicos na vida civil e em tempo de paz.

Não creio que esteja extrapolando interpretações arbitrárias, já que Shakespeare toma o cuidado de iniciar a cena 1 do Ato III com um pequeno diálogo sem base em Plutarco no qual vemos Coriolano, já se considerando cônsul, sem saber que o povo já está pronto a revogar seu voto anterior, ainda e sempre falando de Tulo Aufídio: sua nova posição não o faz nem por um instante deixar de pensar apenas em termos de batalhas, de tropas, de seu inimigo preferido. E, além do mais, se Plutarco diz que Coriolano nunca conseguiu em vida vencer uma batalha decisiva para Roma, o pensamento passa exatamente nesse pequeno diálogo inicial de I.3, quando o próprio Coriolano conclui que os vólcios se encontram exatamente como dantes, prontos para atacar a qualquer momento.

É nessa incapacidade para encarar a vida em termos que não os do campo de batalha, ou nos da violência que um campo de batalha implica, que reside a falha fundamental de Coriolano como cidadão e como candidato a governante. É possível que a mensagem que o poeta mais tenha querido transmitir tenha sido a de que nascer nobre não basta; ao contrário do que se dizia todos os domingos em todas as igrejas da Inglaterra por meio da leitura das homílias a respeito do príncipe reinante. Do mesmo modo que a nobreza é tão frequentemente mencionada na peça, e principalmente em relação a Caio Márcio, sem que seja jamais comprovada, assim também temos de aceitar como um ato consciente do poeta a ausência de justificativa, seja por erros ou abusos, no comportamento dos Tribunos ou no do povo, para a infalível violência e agressividade de Coriolano para com eles. Os insultos se sucedem em cada fala, sem que aquele que os diz justifique ou comprove suas acusações.

Na realidade, no mais das vezes não há acusações: a agressão nasce de um preconceito geral, e é necessário que compreendamos que, para o público do início do século XVII, havia incomparavelmente menor necessidade de justificar a aceitação de um indivíduo tão destituído de qualidades adequadas às posições de mando no governo da república

CORIOLANO

do que aconteceria hoje em dia. Em 1608 ainda seria válida a razão pura e simples de Caio Márcio pertencer à aristocracia. Porém, já desde o final do século XVI, ainda no reino de Elizabeth I, um dos grandes cérebros da época, Ricardo Hooker, havia escrito em sua monumental *Of the Laws of Ecclesiastical Polity*:

> Porque, embora exista, segundo a opinião de alguns homens muito grandes e criteriosos, uma espécie de direito natural para que os nobres, sábios e virtuosos governem aqueles que são de disposição servil; mesmo assim, para que se torne manifesto esse seu direito, e para que haja contentamento mais pacífico em ambas as partes, o assentimento daqueles que são governados parece necessário.

O conceito de que todo governo repousa, em última análise, no consentimento dos governados, apenas nascia naquele momento, mas sua importância cresceria inexoravelmente, até marcar claramente a Independência americana e a Revolução Francesa. Coriolano não só ofendia e espezinhava a todo o momento aqueles de quem se considerava governante nato: é ele quem desrespeita leis do Estado romano, insistindo em que o povo não deve a momento algum ser ouvido ou atendido, pois ouvi-lo ou atendê-lo são, para ele, sinais de fraqueza da classe dominante.

Por que razão, diante de tantas falhas, de tantos erros, não chegamos a sentir a momento algum na peça que Caio Márcio possa ser enquadrado na categoria dos vilões de pura água? A razão, é claro, além de uma ausência por parte dele do erro de seu comportamento, é Volumnia, é a educação anômala que o jovem recebeu da mãe viúva; pois ao tentar dar ao filho a mesma orientação que ele receberia de um pai, ela transmitiu-lhe valores distorcidos, e omitiu-se no ensino das virtudes mais amenas com que a mãe deve contribuir para a formação equilibrada de um filho. Não podemos condená-lo cegamente, não podemos agir como agiria ele, provavelmente, quando testemunhamos a dolorosa perplexidade de Coriolano ao ver sua própria mãe aconselhá-lo a medir palavras, a tratar bem aquele povo que ela mesma o ensinara a considerar apenas como ralé. Seu universo monolítico sofre naquele momento um abalo tão grande que permitirá a Coriolano a adoção de comportamentos que lhe teriam parecido imperdoáveis até então. É esse abalo que torna coerente o comportamento do protagonista a partir de seu exílio: um visão tão rígida, tão bitolada, quanto havia sido a sua até então se desintegra totalmente quando vê abalada a premissa básica da correção infalível dos ensinamentos maternos. E se não condenamos cegamente a Coriolano é porque vemos, com horror, um homem dotado de um potencial considerável caminhar resolutamente, cegamente, em estado de total auto ignorância, na direção de sua inevitável destruição. E, naturalmente, o que nos impede de condenar Volumnia é a compreensão de que ela incorreu em gravíssimo engano, porém motivada, inicialmente, pela louvável determinação de fazer o filho órfão crescer sem ser prejudicado pela falta do pai morto. Mais ainda, é o despertar de Volumnia, seu apelo em termos dos valores que havia esquecido, que salva sua figura, cuja primeira aparição revelara tão claramente todo o vasto erro que fora a educação de Coriolano, quando a vimos exultante de orgulho ao ouvir Valeria descrever atos de gratuita crueldade que aparentemente haviam sido a rotina do clima da infância de Caio.

Para Shakespeare (que viveu a maior parte de sua vida sob o signo dos carismáticos Tudor, e, entre eles, o da mais hábil de todos eles, do ponto de vista político, Elizabeth), uma visão paternalista do governo era a norma; porém toda a obra dramática do poeta atesta que, para ele, privilégios e responsabilidades eram comensuráveis: para os contemporâneos de Shakespeare a condenação da atitude arrogante, orgulhosa, seria compreendida como lógica, dado que Caio Márcio não era um príncipe reinante, e portanto não estava isento de julgamento, e dado que sua grosseria para com a massa do povo, que aos olhos elizabetanos devia ser amada, cuidada e guiada como se fossem crianças, era indício gritante de sua inadaptação à função pública. Ele não sabia ter o comportamento que seu *status* privilegiado exigia: é por não ter alcançado o equilíbrio, a autodisciplina, o desenvolvimento harmônico, o conhecimento de si mesmo, que a educação adequada propicia, que Coriolano nunca se encaixa no lugar que deveria ocupar no encadeamento dos seres: o direito a esse lugar, por nascimento, não é suficiente. Ao dizer: "I'll never/ be such a gosling to obey instinct, but stand/ As if a man were author of himself/ And knew no other kin" ele nega a posição do homem no universo e na sociedade tão violentamente quanto do futuro Ricardo III quando diz "I am myself alone": e embora Coriolano fale a partir da auto ignorância, ele também tem de ser repelido pelo grupo social. Shakespeare sabia que o ato político tem de ser encarado como tal, mas o ato político que ignora totalmente os relacionamentos humanos peca pela base.

O que é dito no texto de *Coriolano*, o que é feito, como é dito e como é feito – só aí podemos encontrar a intenção do autor. Na seleção dos episódios apresentados, na violência da linguagem do protagonista, na impressão que nos fica na conclusão da obra, ou seja, a de que o comportamento de Caio Márcio o conduziu ao fim que teve, que ele foi, por seus atos e palavras, participante na definição de seu destino, é só por tais caminhos que podemos identificar a contribuição que lhe cabe dar à composição da imagem total da obra. Por estranho que pareça, é no personagem Coriolano que vamos encontrar o tipo de deformação, de insensibilidade aos valores não guerreiros da vida, que com surpreendente frequência são imputados ao protagonista em *Henrique V*, muito embora o rei-cavaleiro exiba toda um série das qualidades que tanto Shakespeare quanto Plutarco obviamente consideravam, em seu conjunto, as capazes de evidenciar a presença de um bom governante.

Mas é preciso examinar também o modo pelo qual Shakespeare apresenta o povo e seus representantes em *Coriolano*, para podermos avaliar o que pode ter sido sua intenção autoral. Supostamente, então, o ponto de vista do autor seria totalmente consistente, coerente, irretocável, nos três casos em que apresenta comportamentos de massa em peças políticas. O argumento principal é o de que o povo, como massa, tem atuação irresponsável, é levado para cá ou para lá com facilidade, age de modo irracional, e assim por diante. Eu gostaria de propor a seguinte ideia: dentro da visão paternalista que já dissemos ser a predominante do período em que Shakespeare viveu, fica implícita a ideia de que, por ter comportamento infantil, a massa do povo pode, realmente, ser conduzida com facilidade; porém o importante em Shakespeare é o ter ele atitudes muito definidas a respeito dos líderes que conduzem essa massa para o bem ou para o mal. No comportamento e destino desses líderes será necessário buscar boa parte da intenção do autor.

Pretendo aqui deixar um pouco de lado *Júlio César* por se tratar de uma situação com características um tanto diversas: o comportamento apresentado é o resultado de uma perturbação política que não tem suas origens num levante popular e onde o apelo de Brutus à razão, depois da morte de César, é eficiente apenas enquanto Marco Antônio não pronuncia seu mais que demagógico apelo emocional. Em 2 *Henrique IV* e *Coriolano*, no entanto, temos efetivamente situações paralelas ou equivalentes, dois levantes populares, nos quais o poeta apresenta no corpo da ação dramática as reivindicações dos grupos revoltosos.

Não creio ser necessário estender-me muito a respeito das razões que me levam a afirmar que, se de um modo geral Shakespeare é coerente acreditando sempre que *la folla é mobile*, por outro lado há considerável mudança de enfoque no tratamento da posição popular entre uma e outra peça, mudança essa que corresponde a uma amadurecimento, uma alteração de visão por parte do autor que se evidencia de inúmeras maneiras em várias de suas obras: vejamos o que é dito em cena (não há aqui intenção maior do que a de uma tradução literal, sem qualquer pretensão a transpor o texto shakespeariano para uma linguagem dramática ou poeticamente válida):

Cade

Tenham coragem, então, pois seu capitão é bravo, e jura que trará reformas. Na Inglaterra sete pães de meio penny será vendido por um penny; o caneção de três medidas terá sete medidas; e eu tornarei um crime beber cerveja pequena. Todo o reino será bem comum, e meu cavalo vai pastar em Cheapside. E quando eu for rei, e rei eu serei... (Todos respondem "God save your Majesty") Obrigado, meu povo; não haverá

166 FALANDO DE SHAKESPEARE

dinheiro; todos comerão e beberão por minha conta, e eu vestirei todos com a mesma libré, para que todos concordem como irmãos, e me adorem como seu senhor.

Açougueiro

A primeira coisa que faremos é matar todos os advogados.

Cade

Claro que farei isso; não é uma coisa lamentável, que a pele de um pobre carneiro inocente seja transformada em pergaminho? Que esse pergaminho, todo rabiscado, possa destruir um homem? Há quem diga que a abelha aferroa, mas eu digo que é a cera da abelha, pois uma vez eu selei uma coisa, e até hoje não me pertenço mais.

Segue-se o diálogo, com alguém trazendo um escrivão que, acusado de saber ler e escrever, e de ter livros, é logo condenado à morte. E assim por diante.

Vejamos agora os argumentos dos romanos no início de *Coriolano*, Tomando para exemplo as falas do Primeiro Cidadão na abertura da peça:

Estão todos resolvidos a morrer antes de que a passar fome?
Em primeiro lugar, sabem que Caius Marcius é o principal inimigo do povo?
Vamos matá-lo, e obter trigo ao nosso preço. Está resolvido.
Somos considerados maus cidadãos, e os patrícios bons. Aquilo que empanturra a autoridade nos aliviaria. Se apenas nos cedessem o que lhes é supérfluo enquanto ainda está saudável, poderíamos acreditar que nos acodem com humanidade. Porém nós lhes somos muito caros. A magreza que nos aflige, o aspecto objetivo de nossa miséria, é um inventário no qual podem discernir sua abundância. Nosso sofrimento é lucro seu. Vinguemos isso com nossas pás antes de virarmos ancinhos*. Pois os deuses sabem que eu digo isso por fome de pão, e não por sede de vingança.

Depois que Menênio tenta argumentar, afirmando que os patrícios cuidam bem do povo, o Primeiro Cidadão continua:

Cuidar de nós? Muito verdade! Não, ele nunca cuidaram de nós.
Deixam-nos passar fome, quando seu armazéns estão entupidos de trigo; criam editos sobre a usura, que protegem os usuários; repelem diariamente qualquer ato saudável criado contra os ricos, e diariamente criam estatutos mais poderosos para acorrentar e cercear os pobres. Se as guerras não nos comerem, eles o farão; e essa é a medida de seu amor por nós.

Os argumentos de Menênio são falsos, e a atitude de Coriolano sobre a questão dos cereais é claramente agressiva. O autor de ambas as peças chama-se William Shakespeare: será que, se necessário, ele não poderia encontrar argumentos menos coerentes, menos válidos, para a plebe romana, se sua intenção fosse realmente apresentar o povo como uma coleção de totais irresponsáveis? Tenho a impressão de que não seria impossível a um autor como ele encontrar esse tipo de argu-

---

* "Lean as a rake" é ditado corrente na língua. (N. da T.)

CORIOLANO 167

mentação fraca, não válida, exatamente o que fizera no caso de Cade na segunda parte de *Henrique VI*: o levante de Cade não é mostrado nesses termos nas crônicas de Edward Hall ou Raphael Holinshed: o clima mostrado na peça em questão é o que, nos cronistas ingleses, aparece no levante dos camponeses durante o reinado de Ricardo II, sessenta anos antes; mas acontece que no 2 *Henrique VI* esse tipo de comportamento irresponsável, totalmente gratuito e inaceitável, era o que Shakespeare precisava para completar a imagem dramática que estava criando. Em *Coriolano*, no entanto, ele não só abandona os argumentos fracos e condenáveis, como também relega a segundo plano a questão da legislação de usura, proeminente em Plutarco, para ressaltar a da escassez de trigo, que calaria fundo no público para o qual escreveu a peça, já que *Coriolano* é de 1608, e em 1607 houve na Inglaterra um grave problema de escassez de cereais seguido de considerável inquietação popular.

Continuemos ainda um instante a comparação entre as duas peças. Que destino têm os homens que aparecem como líderes dos movimentos a que nos referimos? O povo, em *Henrique VI*, rende-se ao rei e é perdoado porque foi mal guiado: Cade é morto, e o duque de York, que o instigara a se fazer passar por Mortimer e reclamar a coroa, também é morto. Em *Coriolano* o levante perde fôlego porque chega logo a notícia da invasão dos vólcios, e nada acontece ao povo, que vai lutar por Roma. Mais adiante, Sicínio e Brutus, os dois tribunos do povo que, com plena consciência do que fazem lideram a campanha para a destituição de Coriolano do consulado para o qual acabara de ser eleito, são talvez as pessoas mais objetivas e coerentes na apresentação de seus argumentos, os únicos que baseiam seus raciocínios em fatos; e o autor – que sistematicamente condena os maus líderes, aqueles que levam o povo a ações de algum modo condenáveis ou prejudiciais para a comunidade – não prevê para qualquer dos dois nada mais do que as queixas emocionais de alguns patrícios contra o exílio de Coriolano, que se segue à sua destituição (ambas as coisas resultando diretamente de comportamentos injustificáveis do protagonista).

Para falar a verdade, a posição da aristocracia, influenciando os tribunos a abandonar sua proposta inicial para a morte de Coriolano é, em última análise, prejudicial para a comunidade: muito embora nem mesmo Sicínio e Brutus pudessem prever que ele se fosse juntar aos vólcios, ambos pressentem que ele, vivo, é um perigo para a comunidade. Na segunda arremetida dos vólcios, ninguém parece temer muito a Tulo Aufídio: ter Coriolano, fanático e violento, como inimigo de Roma é que parece ser o verdadeiro problema. O que choca muita gente é o fato de a argumentação dos Tribunos ser política e a dos patrícios emocional: os acontecimentos provam que as reações emocionais não são as mais certas.

168 FALANDO DE SHAKESPEARE

Não se trata de ficarmos aqui argumentando na base de certo e errado, ou condenando a uns ou outros: os pontos levantados aqui servem apenas, me parece, para mostrar que na obra de um autor como Shakespeare existe sem dúvida a coerência da constante preocupação com a ordem e o bem-estar do grupo social, a coerência da observação, a coerência no uso efetivamente dramático na apresentação da imagem transmitida, a coerência do impecável critério na escolha do que deve ser apresentado e como deve ser apresentado; mas existe também por trás de toda a sua obra uma outra coerência – a do desenvolvimento do autor, a de uma visão cambiante porém reconhecível como resultante de um processo contínuo. Já fazia possivelmente 18 anos que William Shakespeare morava em Londres quando escreveu *Coriolano*: tinha visto o clima político mudar, daquela euforia que se seguiu à vitória sobre a Invencível Armada, até à melancolia dos últimos anos de Elizabeth, à morte de um Essex orgulhoso e presunçoso que tentou levantar o povo contra sua rainha, à morte da rainha virgem, que terminou uma época e uma dinastia, e ainda mais se alterara nos último cinco anos, vividos sob o reino do primeiro Stuart.

Não lhe havendo faltado ocasiões para constatar, principalmente no governo de Elizabeth, que a habilidade política, a capacidade para fazer esta ou aquela concessão em favor da harmonia do todo, para sacrificar paixões pessoais em benefício do bem comum, haviam prestado grandes serviços à Inglaterra e, muito particularmente, aos ingleses, *Coriolano* reflete o momento em que Shakespeare se preocupa com um tipo específico de inadaptação ao grupo social: após 16 anos de carreira de autor teatral de grande sucesso, não seria possível que voltasse a investigar o problema com a relativa singeleza mostrada na trilogia de *Henrique VI*, possivelmente sua obra de estreia: *Coriolano* mostra-nos um quadro complexo e angustiado, em que possivelmente Sicínio e Brutus parecem recorrer a métodos típicos da raposa, e Caio Márcio exclusivamente aos do leão, separando as qualidades que Maquiavel dizia deverem andar juntas. Não há vilões e mocinhos, não há bandidos e heróis: há uma imagem de homens que, a duras penas, são aprovados ou não no árduo processo do aprendizado da vida em um grupo social variado porém harmônico: não se trata de nazismo ou comunismo mas, sim, de uma investigação penetrante da imagem da barriga, que aparece logo no início da obra.

Em todas as suas peças históricas e políticas, William Shakespeare examinou, de formas várias, essa parábola, pois para ele, para seu tempo, a imagem do Estado como um corpo esteve sempre presente. Sistematicamente, ao diagnosticar os males que afetaram por vezes esse corpo, Shakespeare havia localizado o mal na área da cabeça, o que não é de surpreender, pois na parábola em questão as classes dirigentes é que a ocupam. Não é portanto aí que reside a originalidade, a excepcional modernidade de *Coriolano*: o que Shakespeare faz aqui, e que nunca pôde fazer ao tratar da história da Inglaterra, é mostrar que o dedo do pé pode ter uma consciência clara das deficiências da cabeça, e contribuir efetivamente para a identificação e consequente erradicação do mal que nela possa aparecer. Da irresponsabilidade de Jack Cade à inexorável perseverança dos Tribunos do povo há uma distância imensa, que só um autor extraordinário poderia percorrer.

Rei Lear

O TEXTO E O ESPETÁCULO (1)

O problema que enfrenta quem, sem dúvida irresponsavelmente, se propõe a falar sobre *Rei Lear* não é absolutamente o de recorrer ao surrado argumento de "não saber por onde começar" mas, antes, o de chegar simplesmente a ter a ousadia de começar, não importa muito por onde. Como assumir uma postura crítica ante um cataclisma que sacode a humanidade e a Natureza? Se chegamos a compreender algo da peça, como ignorar o aprendizado de humildade de Lear e ter a pretensão de comentar a criação de um gênio em seu apogeu? Tudo aqui indica que a lição de humildade não foi aprendida, e que *fools rush in where angels fear to tread.*

É preciso começar, no entanto. Por onde? Procurando um entre as dezenas de caminhos que podem ser tomados, optei por refletir, de início, sobre a pura e simples genialidade do autor. Só o gênio explica o virtual milagre operado quando Shakespeare resolve explorar as possibilidades daquela mais que tradicional matriz de conto de fadas que produz, por exemplo, a história de Cinderela: tomam-se duas irmãs más e uma boa, um pai tão preso às aparências que não sabe distinguir o mérito das duas primeiras do da última e... bem, é claro que um número considerável de outros ingredientes é acrescido para ser atingidos a receita e o nível da tragédia.

172 FALANDO DE SHAKESPEARE

Há muitos anos tive a oportunidade de salientar, em artigo no qual apresento a tragédia de estilo senecano *Gorboduc*, de Norton e Sackville, como inspiração para o tratamento trágico dado por Shakespeare à obra, já que, surpreendemente, nem uma só das inúmeras fontes conhecidas da trama tem final infeliz, antes da versão shakespeariana. O sentimental, o patético, estes sem dúvida aparecem em versões mais antigas, porém Lear é regularmente restaurado a seu trono, e o plano permanece sempre o do *happy ending* da tradicional lenda heroica, como acontecia na versão original de *Hamlet* da saga islândica.

Terceira das quatro "grandes" tragédias, *Rei Lear* vem depois de *Hamlet* e *Otelo*, e antes de *Macbeth*, o que, do ponto de vista formal, acaba com todos os sonhos dos que esperam um desenvolvimento linear e implacável na estrutura dramatúrgica de Shakespeare. A amplitude, as dimensões monumentais da visão de *Lear* vêm logo depois da mais escorreita e logo antes da mais compacta das tragédias, quando – se Shakespeare se comportasse direitinho, como o desejam as metes menores do que a dele – ele teria tido o cuidado de não intercalar *Macbeth* entre o *Lear* e *Coriolano*, *Timão de Atenas* e, principalmente, *Antônio e Cleópatra*.

Terceira das grandes tragédias a investigar a natureza do mal em profundidade, sei que me arrisco tremendamente ao tentar estabelecer a equação que agora proponho, porém parece-me inevitável reconhecer que como as peças históricas correspondem a um generoso, memorável período de aprendizado no campo do estudo das mais variadas manifestações do mal nos comportamentos humanos, devo arriscar-me, por isso mesmo, a dizer que – desde que ninguém queira encontrar no enunciado paralelos exatos – as três partes de *Henrique VI* estão para *Rei Lear* assim como *Ricardo III* está para *Macbeth*. Tentemos esclarecer o plano no qual torna-se plausível tal equação. Todo o terror, todas as mortes da Guerra das Rosas não resultam do fato de Henrique VI ser *mau* rei mas, sim, do fato de ele ser fraco e incompetente. Porque não deseja sequer ser rei, porque ocupa o trono por acidente de nascimento mas a momento algum efetivamente o preenche, Henrique, por melhor que sejam suas intenções, acaba sendo o responsável direto pela guerra civil que corroeu a Grã-Bretanha por várias décadas. Lear em si, por sua vez, não é ativamente *mau*, mas cego, precipitado, arbitrário, vaidoso; sua ação crítica determinante para toda a tragédia, porém, é uma negação das relações naturais, do respeito às mais básicas leis dos relacionamentos humanos; ele é cruel, mesmo que não assassino, usurpador ou malévolo.

Já Ricardo III, protagonista da peça que segue a trilogia do rei bondoso mas incompetente, é figura má, viciosa, totalmente destituído do *milk of human kindness* que Lady Macbeth vê como um empecilho à plena realização do lado mau, vicioso, de seu marido. Tanto em *Ricardo III* quanto em *Macbeth* temos uma ação totalmente presa à tragédia de um protagonista que domina a obra, muito embora em ambos os casos haja uma mulher – Margaret, usada como símbolo dos Lancaster, e Lady Macbeth, fiel reflexo das ambições de Macbeth – servindo de contraponto para o protagonista (ambas aparecem pouco, são marcantes em suas intervenções e desaparecem de cena muito antes da catástrofe que envolve o herói). Por outro lado, quantas vezes a trilogia dos *Henrique VI* é acusada de mal construída, solta, inorgânica, acima de tudo privada de um verdadeiro protagonista? (Não estou dizendo que concorde com tal posição, porém ela é bastante disseminada.) Na verdade, é exatamente a fraqueza do rei, sua incompetência para ocupar devidamente o trono, que empresta forças a toda uma sequência de indivíduos que disputam o poder que devia estar sequer nas mãos de quem use coroa.

Seria demais lembrar que até mesmo um crítico da estatura de Bradley reclama que o *Rei Lear* é uma obra impossível de ser vista em um palco, entre outras razões porque tem personagens protagonistas demais? É perfeitamente verdade: apenas faltou até mesmo a Bradley, filho do século XIX, com sua *pièce bien faite* e seu florescente psicologismo, a humildade para aceitar que há uma razão essencial para esse tipo de construção: claro que Lear, em si, não é como Henrique VI; conhecemo-lo com mais de oitenta anos quando, cansado, deseja rastejar sem cargas para a morte: se devemos deduzir que não lhe faltou capacidade para ser rei, já que incontestavelmente segurou o poder em suas mãos até então, sua abdicação, nos termos em que é realizada, propõe uma situação que Shakespeare já havia examinado e considerado inadmissível: antes dos tempos modernos da monarquia constitucional o rei *reinava* e *governava*, e ninguém poderia reter o título sem desempenhar plenamente as funções a ele ligadas. Em *Rei Lear*, após a abdicação, no vácuo deixado pelo rei, uma constelação de forças passa a ter brilho muito maior do que poderia acontecer se o monarca cumprisse adequadamente sua função de sol: ele deveria ser não só o astro mais brilhante do sistema, mas também a fonte da força de gravitação que o mantém em funcionamento harmônico.

Bradley e seu tempo foram prejudicados por desconhecerem, em forma e convenções, o palco elizabetano e as possibilidades inimagináveis de um jogo complexo como o de *Lear* naquele espaço cênico. Se Lear, ao contrário de Henrique, é – efetivamente – um protagonista, Shakespeare teve de fazê-lo monumental, para que o paradoxo de sua ilusão de continuar rei quando não detém mais o poder fique justificada – por ser *every inch a king* ele ainda consegue dominar um sistema solar mais forte, mais complexo, do que o dos *Henrique VI*; mas mesmo assim a ação, ao contrário do que acontece nas outras "grandes" tragédias, é muito mais distribuída, configurada por uma série de fios que, ao se entrelaçarem, constituem a trama total do universo de Lear: mesmo que o mal não esteja nele, ele é responsável pela tragédia, na medida em que,

174 FALANDO DE SHAKESPEARE

abdicando, deixa, como rei, de represar e manter sob controle o mal que, privado da ordem natural do Estado, aflora, explode, expande-se.

Macbeth, como Ricardo III, traz o mal em si e por isso mesmo segura toda a estrutura da obra que leva o seu nome. Por isso mesmo a trajetória do protagonista é que se constitui na espinha dorsal de uma ação que não chega a ter subenredos independentes, que distraiam a atenção do espectador. As histórias de Talbot, Humphrey of Gloucester e do duque de York correm *paralelas* à de Henrique, interligadas pelo problema da relação entre o monarca e o poder, porém Malcolm, McDuff e Siward, em *Macbeth*, só têm contribuições parciais a fazer como representantes do bem, basicamente simbolizado por Duncan, mas não constituem efetivamente um subenredo, nem reclamam para si nossa atenção, a não ser em relação ao que podemos encontrar da trajetória de Macbeth em suas ações.

Uma peça que foi lançada no Stationers' Register em 1606 como *M. William Shak-Speare:/His/True Chronicle Historie of the Life and Death of King Lear and His Three Daughters. With the Unfortunate Life of Edgar, Sonne and Heir to the Earle of Gloucester, and His Sullen and Assumed Humor of/Tom of Bedlam:/as it was Played Before the Kings Majestie at Whitehall Upon/S. Stephens Night in Christmas Hollidayes./ By His Majesties Seruants Playing Usually at the Globe/ on the Bank- -Side.* Tal título empresta à obra o cunho épico, de crônica, que caracterizara os *Henrique VI*; não pode ser tão impossível, assim, que certos modos de composição, incomparavelmente mais amadurecidos e aprofundados do que naquelas três obras, que talvez tenham sido literalmente as de estreia do autor, ressurgissem na maturidade quando o poeta deu forma dramática à crônica da trajetória de Lear em sua longa e dolorosa caminhada de rei a homem.

Escrevendo em uma época de grande efervescência política e cultural, na qual o teatro inglês, sem o apoio de qualquer poética predeterminante, se propunha, espontânea e automaticamente, como disse Hamlet, a "hold a mirror up to nature", Shakespeare, em *Rei Lear*, como, aliás, em todas as suas outras obras, fala em vários planos diferentes: se os referenciais últimos serão o respeito às leis naturais que regem os mais básicos comportamentos humanos, as relações familiares e interpessoais de Lear, suas filhas e os que o cercam extrapolarão para o social, o político e o metafísico. Em nenhuma outra obra de Shakespeare fica tão claramente exposto o conceito do encadeamento dos seres, a famosa "chain of beings" em que a ordem e a harmonia e, mais do que a interligação, a interdependência de tudo que era chamado o universo sublunar expressam o pano de fundo que, jamais chegando a ter qualquer cunho religioso, inclui sem dúvida uma ordem universal na qual o homem se integra, e em virtude da qual ele é responsável por suas ações.

REI LEAR

Essa noção de uma integração geral das coisas e dos seres é indispensável para enfrentar a complexidade da trama de *Rei Lear*, essencialmente ligada ao aprendizado da verdade, da perspectiva mais verdadeira das relações humanas e do contrato social, bem como ao aterrorizante mas esplendoroso processo da humanização de Lear. Este último é bem mais admirável e surpreendente porque quem sofre, aprende e se humaniza é um "very foolish fond old man/ Fourscore and upward", forma dolorosa porém comovente de Shakespeare dar-nos a todos a esperança de que sempre ainda é tempo e há possibilidade de aprender, de pensar, com mais equilíbrio e verdadeiro amor, na humanidade que sofre.

De todas as obras de Shakespeare, e certamente entre todas aquelas que maior fama adquiriram, *Rei Lear* tem passado por mais e maiores vicissitudes do que qualquer outra. Deixo para adiante os extraordinários percalços da carreira cênica de *Rei Lear*, mas para entrar em alguns pontos significativos do texto, é preciso, de início, relacioná-lo muito especificamente com o palco para o qual foi escrito: a céu aberto e operado por convenções, mais centrado em personagens e ações do que em locais e datas, o palco elizabetano permite exatamente, pela variedade, flexibilidade e neutralidade de seu tríplice espaço cênico – palco exterior, palco interior, palco superior – a liberdade, mobilidade e inventividade dramáticas que caracterizam Shakespeare e seus contemporâneos, em possibilidades, mesmo que não em desempenho.

De certo modo nós, do século XX, somos privilegiados, pois deixando de aceitar o palco italiano como único espaço teatral possível, e abrindo mão do cartesianismo do diálogo e o psicologismo da motivação implacavelmente detalhada e arrazoada, podemos por isso mesmo ver *Rei Lear* no palco, em circunstâncias que sem dúvida trariam profundas alterações à crítica de Bradley, tivera ele o conhecimento que hoje qualquer um pode ter sobre as circunstâncias nas quais e para as quais Shakespeare escrevia suas obras. Se a forma de *Rei Lear* não atende aos reclamos da tragédia grega, francesa ou alemã, é porque os pragmáticos elizabetanos e jaimescos, que – sempre com a exceção de Ben Jonson –, livres de quaisquer amarras teóricas, partiram para um critério único de avaliação da obra de arte dramática, o de sua eficiência cênica, o que não significa que não houvesse dificuldades. Os pressupostos do convencionado como espetáculo eram inúmeros e se, por exemplo, conversões repentinas e inesperadas chocam o século XX, as plateias de Shakespeare sabiam muito bem que o autor estava escrevendo teatro e que em teatro ele tem um tempo limitado para resolver seus assuntos.

Além de acusado de não poder ser encenada, *Rei Lear* já foi chamada de excessivamente cruel, psicologicamente incoerente etc. etc., mas nada tem merecido tantos ataques quanto a cena 1 do Ato I. Devo confessar, tive também muitos anos de graves problemas com I.i. de

176   FALANDO DE SHAKESPEARE

Lear, e gostaria de dedicar-me um pouco mais longamente a ela, porque hoje reconheço que a caluniada, repudiada e desprezada cena cumpre exemplarmente todas as funções e cria exemplarmente todos os climas que seu autor tinha em mente, ao que tudo indica.

Em nenhuma outra ocasião, tanto quanto na leitura da cena inicial de *Rei Lear*, usufruí de tal modo do magistral conselho dado por H. D. F. Kitto em seu *Form and Meaning in Drama*, quando diz:

> [...] quando um crítico encara uma peça de modo grandioso, como filósofo, historiador de ideias ou de literatura, ele pode dizer praticamente qualquer coisa a seu respeito, segundo suas próprias simpatias e pressuposições. Porém há um controle simples: podemos examinar a estrutura da peça em todos os seus detalhes; se a interpretação que oferecemos implica na afirmação de que a peça foi desenhada de forma imperfeita, então ou o dramatista não realizou muito bem seu trabalho ou o crítico fracassou no seu... Se tivermos confiança no dramatista, se considerarmos a forma de sua peça, pacientemente e com alguma imaginação, como provavelmente a melhor expressão do que ele quereria dizer, então estaremos dando-nos a melhor oportunidade de apreciar devidamente o impacto que ele estava tentando causar no público para o qual estava escrevendo.

Diante disso parei, cheguei à conclusão de que confiava em Shakespeare, e durante determinado período li várias vezes a cena. Às vezes com toda a peça, às vezes realmente só aquela cena, para ver se algum dia ela, de si, poderia tornar-se mais acessível, compreensível e, consequentemente, aceitável, para mim.

Não estou falando, ao pensar na cena, de revelação mas de compreensão nascida da intimidade, desse lindo processo sugerido por Kitto de permitir que a peça se faça compreender, de permitir, para sermos inteiramente francos, que ela tenha a forma que seu autor quis e não aquela, naturalmente muito superior e tão mais simples e clara, que qualquer um de nós poderia compor. Confesso que pessoalmente acho um alívio deixar finalmente a tarefa nas mãos de Shakespeare e procurar, tão somente, compreendê-lo.

A cena 1 do Ato I tem, na edição Arden, 308 linhas, das quais as 33 inicias, que falam primordialmente de Edmund, e as 26 finais, entre Regan e Goneril, são em prosa. Em Shakespeare, o verso é rotineiramente identificado com o pensamento harmônico, e a prosa em geral usada para estabelecer diferenças sociais, estados anormais e alterações de tom; não podemos portanto deixar de lembrar disso na abertura de *Lear*, muito embora esse seja apenas um entre muitos dados a serem levados em conta do quadro total da validade dramática da cena. Se sob tal aspecto a cena, do ponto de vista formal, sugere conflitos de valores, ela ao menos em um plano já teria realizado essa contribuição para a elaboração da trama. E não será possível refletir sobre a discutida cena inicial do *Rei Lear* sem procurar, de início, ter em mente qual a sua função na estrutura geral da obra.

REI LEAR

Na cena 2 do Ato III Lear diz a famosa fala "I am a man more sinned against than sinning", e não é só a ele que tem parecido ser o sofrimento que resulta de sua ação na primeira cena da peça desproporcional; mas a cena que abre a tragédia deve, acima de tudo, configurar uma ação crítica arbitrária, precipitada e injustificada do protagonista: se abdicamos de pressupostos realistas e psicologísticos, não será melhor, como sugere Kitto e sem preconceitos, deixar que a forma dada pelo autor tenha a oportunidade de se fazer compreender tal como é? A trajetória de Lear é a do aprendizado, do sofrimento, de certa forma da expiação, que nascem desse ato impensado e arbitrário. A muitos o preço do aprendizado tem parecido alto demais porque Lear não é ativamente mau, no sentido de ele não matar, não roubar, não usurpar: porém se pensarmos no quadro de valores comum à totalidade do universo shakespeariano, sua ação crítica é essencialmente uma manifestação do mal, porque o repúdio de Cordélia é uma transgressão da lei natural e, como tal, favorável à morte, inimiga do bem, que é favorável à vida. Toda a cena justifica-se exatamente tal como é porque deixa em nós a noção de irresponsabilidade, cegueira, precipitação, arbitrariedade. E além da ação crítica determinante, ela contém, quase como uma *ouverture* wagneriana, todos os temas que estarão em jogo durante a parte principal da obra, que é a trajetória de Lear e seus satélites na dolorosa caminhada da ignorância para o conhecimento.

Na primeira fala da peça diz Kent: "I thought the King had more affected the duke of Albany than Cornwall", ao que Gloucester retruca que a divisão do reino tornou impossível saber qual dos dois genros o rei prefere. A fala nos diz que: a) uma divisão do reino em três terços, um para cada filha, já havia sido preparada e delimitada e b) nada no tom dessa primeira conversa entre Kent e Gloucester sugere sequer remotamente qualquer tipo de objeção a essa mesma divisão. Isso, naturalmente, desde o início remete a ação para um passado remoto, quando os reinos eram virtual propriedade particular dos reis, que podiam, se assim o desejassem, trinchar seus domínios e distribuir pedaços aos filhos. O tom não é de condenação, os dois não discutem a divisão e, na verdade, rapidamente mudam de assunto, passando a falar de Edmundo, o filho bastardo de Gloucester, pai que será, enquanto vê, tão cego, em relação ao verdadeiro caráter de seus dois filhos, quanto Lear o será quanto ao de suas filhas.

O diálogo deixa claro, igualmente, que Edmund é bastardo e que Gloucester, portanto, é ou foi adúltero. Mostrando desde logo seu grande carinho por Edmund, ilegítimo e mais moço, Gloucester também violenta a lei natural e abre o caminho para a usurpação, por Edmund, de todos os direitos do irmão mais velho e legítimo, que seria o herdeiro nato do conde. A conversa é interrompida pela entrada de Lear, três filhas e dois genros. Em sua primeira fala, o velho rei manda Gloucester buscar o rei da França e o Duque da Borgonha, pretenden-

178 FALANDO DE SHAKESPEARE

tes à mão de Cordélia. A não ser pelo imediato "I shall, my Liege" de Gloucester, e até o final da fala, no verso 53, temos o retrato de um monarca não só absoluto como também iludido, na medida em que julga poder controlar inteiramente presente e futuro, além de sentimentos de outros seres humanos. Em 18 versos ele por cinco vezes usa o imperativo, traça seus planos com "We shall", "Tis our fast intente", "are to be answered", "shall we say".

Com mais de oitenta anos, é óbvio que Lear tem seu poder como pressuposto acima de qualquer discussão, e a maior, se não a única, verdade que Regan diz vem nessa mesma cena é "yet he hath ever but slenderly known himself". Realmente ele não conhece bem nem a si mesmo e nem aos outros: o poder sempre lhe deu obediência ou aplauso, jamais crítica, ou autocrítica. E logo nessa fala começa a funcionar a ironia shakespeariana: Enquanto rei Lear ordena; enquanto indivíduo ele quer livrar sua velhice de cuidados e trabalho (e certamente depois de sua divisão do reino conhecerá mais cuidados do que a qualquer outro momento de sua vida), transferindo-os para forças mais jovens, enquanto "nós" (esquecendo que uma vez dividido o reino esse plural real não será mais válido) despojados de carga arrastaremo-nos para a morte. Que ironia! A força não irá para mãos mais jovens da forma que ele espera, e seria impossível a um rei até então tão pouco dado à introspecção sequer conceber o nível de despojamento a que o homem Lear terá de chegar até poder arrastar-se para a morte.

Há três aspectos que devem ser notados na fala: Lear está dividindo o reino para evitar lutas futuras – o que talvez pudesse concretizar-se se a divisão planejada fosse realizada; o marido de Cordélia deverá ser escolhido, porém a forma usada "here are to be asnwered" deixa muito em dúvida que tal escolha não fosse em grande parte do próprio Lear (encontrar marido após ficar sem dote é outro valor posto em jogo por Shakespeare no caso de Cordélia); e temos finalmente o concurso para saber qual filha gosta mais do pai, para ganhar algo mais no dote. Porém as coisas não são bem assim: a divisão já está pronta, Generil e Regan já estão casadas com dois poderosos duques, sendo que nem o temperamento delas nem a posição deles permitiria que Cordélia, a mais moça, tivesse porção maior. Ninguém fala a não ser de terços, ninguém fala de três terços formados por um meio e dois quartos. Além disso, a questão é colocada de forma muito estranha: eu, pessoalmente, não acredito que W.S. escreve senão exatamente o que quer, e Lear *não diz* que vai descobrir *qual das filhas gosta mais dele*. A fala é

> Digam, filhas,
> (Já que agora queremos nos despir
> De poder, territórios e cuidados)
> Qual das três nós diremos mais nos ama?

Até esse poder Lear tem ou pensa ter nas mãos: o de poder dizer, determinar, qual das filhas mais o ama. E já que é ele que o irá determinar, o teste do amor das filhas é necessariamente transformado em um teste de palavras que levem o rei/pai a fazer a escolha segundo o ouvido, não o coração, e, pior, segundo um ouvido corrompido, desvirtuado, por longos anos de falsos elogios e bajulações.

A frase de Gertrude sobre a Rainha da comédia em *Hamlet*, "me thinks the lady doth protest too much", torna-se tímida e insuficiente diante do clamoroso exagero dos protestos de Generil e Regan. E se pode haver quem preferiria que Shakespeare guardasse a posição de Cordélia como uma surpresa total no momento em que chegasse sua vez de falar, o poeta prefere dar um primeiro aviso no final da fala de Generil, quando, em aparte, diz a filha mais moça: "What shall Cordelia speak? Love and be silent". O preço de não termos uma surpresa total é pequeno se com isso sabemos, desde logo, do fato básico: Cordélia ama o pai. Após os protestos ainda mais exagerados de Regan (cuja única verdade é a garantia de ser feita exatamente do mesmo metal que a irmã mais velha), novamente vem um alerta em aparte: "Pobre Cordélia! Mas não, pois com certeza o meu amor / Há de pesar bem mais que a minha língua". Com todas as formalidades Regan e Goneril recebem seus terços predeterminados, ambos férteis, ricos etc. Foi construído um momento de suspense com as respostas e os apartes. Porém o mais importante está no modo pelo qual Lear dirige-se às três filhas: "Fale primeiro Goneril, a mais velha"; "Que diz Regan, / Segunda filha, esposa de Cornwall?" e, finalmente, "E agora, / Nossa alegria, embora seja a última, / Por cujo amor vinhas de França e leite / De Borgonha se empenham em lutar, / Que diz pra ter um terço mais polpudo / Que o das irmãs? Fale".

A última é a pergunta mais humana, a única que fala da alegria do pai em seu amor pela filha. Mais ainda, promete um terço "mais opulento" que os das irmãs. Já que como ficou dito acima os terços em si, já determinados, deveriam ser perfeitamente equivalentes, segui o conselho de Kitto, esperei que o texto em sua forma me falasse e cheguei à conclusão de que a maior opulência viria, inevitavelmente, do fato de o rei, como dirá pouco depois, ter feito planos de morar permanentemente com a filha mais nova e mais querida: se não há dúvida de que sua vaidade queria ser gratificada com a proclamação pública do amor das filhas, devemos ter ao menos um pouco de compaixão e admitir que para Lear a proclamação pública do amor de Cordélia seria a justificativa para que seu terço, abrigando permanentemente a realeza paterna, fosse tido como o mais opulento dos três... possivelmente graças a algumas mordomias que sua presença propiciaria.

Seria válido dizer, por outro lado, que sendo Cordélia desde sempre a preferida, não lhe custaria tanto assim concordar em desempenhar seu papel no *show* de amor filial pedido pelo pai? Claro que sim,

180 FALANDO DE SHAKESPEARE

e tal é o que aconteceria em um autor menor. E é em questões como essa que somos obrigados a enfrentar a natureza da dramaturgia elizabetana/jaimesca: Cordélia não pode fazer concessões, em primeiro lugar, porque de outro modo a tragédia, tal como ele existe, não poderia ser escrita; em segundo lugar porque, para aquele público, um comportamento radicalmente contrastante com o das duas irmãs seria o lógico, o esperado, dada sua intimidade com a matriz dos irmãos ou irmãs maus ou má e um ou uma boa ou boa, que teve um sem-número de manifestações no lendário medieval. Nem tampouco surpreendente ou inesperada seria para o público a arbitrária reação de Lear, que, de acordo com os mesmos antecedentes, tinha necessariamente de ser cego ou errado na avaliação dos verdadeiros méritos de sua prole. Sobre tal ponto nós, do psicologizado século XX, podemos ter objeções, mas não o público do início do século XVII.

Onde a obra se torna original é justamente no fato de Cordélia revelar indícios de preocupação com sua impossibilidade de corresponder às expectativas do pai, bem como no fato de sua recusa, ao contrário do que acontece nos contos de fadas, ser efetivamente debatida e, além disso, encontrar quem ativamente a apoie. A ação crítica, no entanto, também difere da matriz tradicional: nas fontes da história de Lear, o rei não abdica tão radicalmente de seu reino, pois em várias versões fica subentendido que ele reserva uma parte para si (em vez de planejar ir morar com Cordélia). Toda a tragédia ocorre porque Cordélia efetivamente fala, declara seu amor, define-lhe as dimensões como sendo as naturais do contrato, compromisso, ou *bond*, normais nas relações de uma filha com um pai. Porém Lear, cego de vaidade e desapontamento, ao invés de cumprir o que fora planejado e aprovado, a divisão do reino em três terços, deserda Cordélia e distribui o seu quinhão entre Goneril e Regan. Sendo elas quem são, se 1/3 pode ser 1/2, porque 1/2 não poderá a vir um inteiro?

É compreensível que o "Nada" inicial de Cordélia chocasse Lear. A palavra é repetida e explorada; porém quando Lear diz "Nada vem de nada", Cordélia chega a dar expressão perfeitamente satisfatória a seus sentimentos reais – infelizmente quando o choque do "nada" inicial já impede Lear de compreender o que ela diz. Vejamos como caminha o trecho crucial do diálogo:

LEAR

> Não vem nada de nada. Agora, fale.

CORDÉLIA

> Infeliz, não sou capaz de botar
> Na boca o coração. A vós eu amo
> Nem mais nem menos do que é meu dever

LEAR

Vemos, Cordélia, aleite um pouco a fala,
Pra não 'stragar a sorte.

CORDÉLIA

Bom senhor,
Me destes vida, criação e amor,
E eu pago esses deveres com dever,
Vos dando obediência, amor e honra.

Cordélia, portanto, de modo algum negou ao pai o seu amor; não lhe foi possível, apenas, expressá-lo na forma exibicionista das mentiras das irmãs, como não foi possível a Lear, resolvido como estava em determinar pessoalmente qual das três filhas mais o amava, compreender a justeza, a dimensão, a profundidade da declaração de Cordélia. O rei quer mais, quer a expressão exterior, não o sentimento interior, porque jamais lhe foi negado o que desejou ouvir. Tendo resolvido que Cordélia publicamente declarara que não o amava, ainda confirma sua cegueira indagando: "Tão jovem e tão dura?", ao que ela retruca: "Tão jovem, senhor, e verdadeira".

Esta resposta de Cordélia carrega em si um dos mais graves problemas de tradução para essa tragédia, o da ambiguidade no uso de determinadas palavras fundamentais: *true*, por exemplo, não significa apenas verdadeira, muito embora a verdade do amor de Cordélia seja crucial; *true* é, também, leal; e a mesma lealdade, a mesma integridade interior que impedem Cordélia de prostituir seu amor filial, pondo-o em leilão e comparando seu irretocável sentimento com as mentiras das irmãs, é que mantêm Cordélia ligada ao pai, apesar dos pesares. Após a ruptura resultante da encenação do concurso do amor das filhas, um outro grupo de palavras vai aparecer com frequência: *Kind* (com seus compostos e derivados, 12 *kind*, 1 *kindly*, 3 *kindness*, 2 *unkind*, 4 *unkindness*) é crucial para toda a temática fundamental da tragédia; para a ruptura de relacionamentos naturais, como para sua dolorosa e eventual reconquista, a palavra é fonte das mais ricas ambiguidades, já que a noção de "bondade" e a de "espécie" vão ser estreitamente interligadas. Ser *kind* é ser não só bondoso como também fiel às características básicas da espécie, enquanto ser *unkind* é não ser bondoso mas também trair a espécie, de modo que a *unkindness* de Goneril e Regan será a expressão de sua desumanidade, de sua transgressão da lei natural que, para o espectador, regia a estrutura familiar...

Há necessidade, em suma, de distinguirmos o que não é crise, ou seja, a divisão planejada do reino, do que é crise, a ação impensada, cega de vaidade, arbitrária e condenável do ponto de vista da lei natural, que é o repúdio de Cordélia e a não planejada divisão do reino em

182 FALANDO DE SHAKESPEARE

dois; com a integração da parte de Cordélia no dote das duas filhas mais velhas.

A partir desse momento Shakespeare afasta-se radicalmente tanto da matriz de conto de fadas quando das fontes que lhe deram a história Lear/Cordélia, acredito eu que por influência de *Gorboduc*: a divisão injusta do reino e o abandono dos deveres do rei, sem abdicação de seus privilégios, libera forças até então represadas pela própria presença de um Lear atuante no trono. Ainda na mesma cena alguns dados básicos ficarão propostos: além de banir Cordélia, Lear afasta de si Kent, o único a ter coragem para enfrentar o rei, a postar-se entre o dragão e sua ira; Cordélia, tendo como dote apenas sua verdade (e lealdade), é repudiada por Burgundy, também preocupado com valores exteriores e palpáveis, mas é honrosamente eleita pelo rei da França, capaz de reconhecer seu real valor – além de ter a vantagem de poder tirá-la de cena, enquanto tomam forma as consequências do ato de Lear. Estas Cordélia prevê claramente ao despedir-se das irmãs, deixando o pai aos cuidados de sua proclamada devoção. Após a saída de Cordélia, Regan e Goneril revelam de que forma amam o pai e pretendem cuidar dele em breve diálogo que expressa suas verdadeiras personalidades.

Porém isso não basta: dessa densa e rica cena 1 ainda temos de lembrar algumas outras pistas deixadas: a identificação, o reconhecimento, a aceitação da verdade, repudiada com Cordélia e Kent, constituem obviamente uma questão crucial na obra; porém tais fatos e valores adquirem dimensão maior e mais complexa ao tomarem forma concreta na história de um indivíduo que, sem tomar real consciência de que entregou a outros o poder que tivera por toda a vida de que se lembra, tem a partir de então suas vontades encaradas não como ordens mas como caprichos. No momento exato de sua fragilização como monarca, esse mesmo indivíduo opta pelo som do amor proclamado, mesmo que falso, e não pela medida justa e o pudor da expressão de um justo amor filial; e bane em função disso a fidelidade de Kent, porque este proclama, em alto e bom som, a verdade que a vaidade de Lear não pode, de momento, aceitar. Toda a tragédia vai girar, constantemente, em torno da questão fundamental da aparência e da realidade.

A cada leitura sou obrigada a constatar um pouco mais a precisão com que Shakespeare atinge seus objetivos nessa injustiçada cena 1. Que outro autor abriria a peça com o pequeno toque da preferência da Gloucester por seu filho ilegítimo – que de momento tem comportamento exemplar e pode ser, portanto, perfeitamente merecedor de um grande carinho paterno – e depois tomaria o cuidado de tirá-lo de cena durante toda a questão do repúdio de Cordélia, trazendo-o de volta apenas com France e Burgundy para a questão do casamento, porém sem dizer uma única palavra até sair. Shakespeare o reserva cuidadosamente para a cena 2, quando cada comentário que faz nos vai revelar

REI LEAR   183

um pouco mais a personalidade de Gloucester. Se pensarmos não em termos de um texto literário escrito e sim em termos de um texto teatral vivido em cena, há ainda um outro detalhe, referente aos dois duques mais poderosos da Inglaterra, Albany e Cornwall, casados com duas filhas do rei. Desde a linha 34 até o verso 266 os dois têm apenas uma fala, surpreendentemente em uníssono: "Bom senhor, mais calma", na qual o nome de Albany aparece em primeiro lugar e o de Cornwall em segundo (talvez para precedência da idade de suas esposas, mas que, muito mais significativamente, não aparece na primeira edição, o Quarto de 1608, nem no 2Q de 1619, embora igualmente datado de 1608). Tal silêncio não pode ser produto do acaso: o autor obviamente quer que Albany e Cornwall se apresentem, aqui, como duas incógnitas, pois suas trajetórias serão diversas, sendo a de Albany possivelmente a mais difícil e delicada de toda a obra. E a cena não acaba enquanto não temos a confrontação das irmãs, que nos revela muito a respeito de Lear: se Cordélia podia conhecer tão bem a natureza de suas irmãs, também o poderia o pai, não fosse ele tão facilmente persuadido pela bajulação. Em uma dramaturgia realista, é fácil fazer objeções à concisão e rapidez da transição da incapacidade de falar de Cordélia no teste do amor filial para esse articulado diálogo de denúncia, mas para aquele público treinado em convenções teatrais ficava óbvio que em público, diante do pai, seria terrível falar dessas verdades; pior ainda seria reduzir a integridade e delicadeza de seus sentimentos ao nível de um lance de leilão.

Tudo termina com uma revelação constrangedora da hipocrisia de Goneril e Regan; porém, através dos anos tenho notado que um dos métodos favoritos de Shakespeare para conduzir, por assim dizer, a reação do público, para fazer com que ele receba informações das quais não possa duvidar, é fazer com que sejam transmitidas pela boca de personagens às quais a verdade dita não favorece ou interessa, e é por Goneril e Regan que temos a primeira condenação não emocional, objetiva, do repúdio de Cordélia e Kent. É fundamental para a obra que Goneril e Regan saibam muito bem distinguir o bem do mal, a verdade da mentira: seu caminho tem de ser um opção consciente, como a de Ricardo III , Iago, ou Cláudio, ou Macbeth. Se a consciência desses valores e a clareza dessa opção foram deixadas para o final da cena, é porque Shakespeare as queria lembradas. Só duas cartas ficaram escondidas na manga do autor nessa abertura: Edgar, que vamos conhecer logo a seguir, e o Bobo, cuja função dramática não está na trama mas apenas no processo Lear, que testemunharemos a partir da cena 3.

O Ato I, cena 2 é a introdução do subenredo, no qual Gloucester, por credulidade, comete o mesmo engano de Lear na avaliação de aparência e realidade, sendo, no caso, irônica e literalmente enganado por seu olhos, pois acredita na carta e no ferimento que Edmund lhe mostra – o que não deixa de ser significativo para o momento em que

184 FALANDO DE SHAKESPEARE

é cegado por ordem de Cornwall. Gloucester e seus dois filhos são fios importantes na trama complexa que compõe a tragédia, e nesta segunda cena o mais importante é a invocação que Edmund faz à natureza, natureza como descontrole, como libertinagem, como lei da selva, como egoísmo, como o *I am myself alone* de Ricardo III, em contraposição à harmonia da *commonwealth*, que acaba se tornando o próprio símbolo de tudo o que é negativo no quadro geral de *Rei Lear*.

No enredo principal a ação crítica é do próprio Lear e a revelação da verdade sobre Regan e Goneril é mais lenta: a atitude de Lear é, aparentemente, provocada por Cordélia, não por suas irmãs. Mas no subenredo dos Gloucester, ao contrário, tudo começa com a revelação total do temperamento de Edmund, sua amoralidade e seus planos, que lembra Ricardo III em seu monólogo inicial. Edmund não será apenas a mola do subenredo mas, também, um dos principais elos entre o processo Lear e o processo Gloucester. Como era natural que fizesse, recorrendo à convenção de tipologia comum a todo o teatro de seu tempo, Shakespeare usa a bastardia de Edmundo para identificá-lo como "vilão", do mesmo modo que usou a deformação física em Ricardo III.

Edmund, ainda como Ricardo, tem de ser, enquanto personagem, brilhante ator, já que não é apenas a cegueira do pai, sua credulidade, que ele consegue enganar, mas também o irmão, Edgar, que finalmente vamos conhecer nesta segunda cena. Edmund tem muito de Iago, que sabe usar a palavra certa para envenenar pelo ouvido (herdeiros ambos mais sofisticados de Cláudio de *Hamlet*, que literalmente envenena o irmão pelo ouvido). É fingindo que defende Edgar que Edmund consegue condená-lo aos olhos do pai. E a confrontação de Gloucester e Edmund termina com a colocação das duas visões na natureza que entrarão em conflito como tema básico da obra: Gloucester ainda sustenta a posição tradicional da relação do homem com o mundo sublunar, e vê a alteração dos fenômenos da natureza como quebra da ordem do universo; Edmund pertence a um mundo em que Montaigne e Maquiavel alteraram a escala de avaliação, um mundo conquistado pelo homem que, contestando toda a visão tradicional, luta como uma fera pela conquista de seu lugar nesse universo totalmente humano. São os descaminhos do humanismo.

Finalmente conhecemos Edgar, o primogênito legítimo que não é necessariamente o favorito (Shakespeare já sugerindo uma determinada quebra da ordem já aí). É bom, honesto, afetuoso, leal, de tal integridade que, um pouco como Brutus e Otelo , nem sequer lhe ocorre que os outros não sejam tão íntegros quanto ele: Edmund o manipula com a maior facilidade, altera sua história rapidamente para afastá-lo do caminho. Mas não podemos nos esquecer: Edgar, tanto quanto Lear e

Gloucester, aceitou sem discutir, uma ação determinante, baseado apenas em aparências: também ele vai sofrer para chegar à realidade. *Les jeux sont faits.*

Rei Lear

O TEXTO E O ESPETÁCULO (2)

Após as ações precipitadas, egocêntricas, cegas e antinaturais de Lear e Gloucester e, por que não, após a inflexível integridade de Cordélia e a ingênua credulidade de Edgar, a ordem e o equilíbrio da *commonwealth* foram abaladas, e a convulsão, no plano das relações humanas, da harmonia no Estado e na ordem da Natureza será de proporções realmente monumentais. Antes de podermos entrar na ação em si, temos de voltar às objeções feitas até o mesmo início do século XX a *Rei Lear* enquanto obra teatral. Ora, se jamais o mundo teve um homem de teatro esse homem chamou-se William Shakespeare, e há qualquer coisa de absolutamente ilógico em admitir-se que entre *Otelo* e *Macbeth* ele dedicaria algum tempo à preparação de algo que jamais escreveu em sua vida: o chamado "closet drama", peça para ser lida, não encenada.

Depois de Oliver Cromwell interromper, quase por duas décadas, o governo monárquico da Inglaterra, não houve Restauração que recompusesse as imagens degoladas nas antigas igrejas pelo fanatismo puritano, nem, infelizmente, recuperasse os palcos elizabetanos e a dramaturgia que lhes foi inerente. Os teatros construídos para uma corte que passara todo o período da *commonwealth* no continente europeu adotaram a forma italiana, com sua rígida separação entre palco e plateia, e seus telões pintados. Os espetáculos noturnos iluminados a vela

188 FALANDO DE SHAKESPEARE

mantinham reduzido o número de personagens, não só porque os palcos eram de modo geral pequenos, mas principalmente porque, enganadamente, pensavam que estavam imitando o teatro greco-romano. Impedidos de usar o fundo do palco seja para não ficarem perdidos na escuridão (já que não havia projetores), seja porque muitas vezes qualquer proximidade ao telão pintado segundo a técnica da "divina prospettiva" mostraria um ator bem mais alto que o majestoso castelo supostamente visto à distância. Na Inglaterra da Restauração, nesse tipo de teatro, que recorria às mudanças de telão para criar ambientes, Lear não poderia caber.

Existindo uma ligação orgânica, essencial, entre a forma do palco elizabetano e a dramaturgia para ele escrita (pois desenvolveram-se simultaneamente, graças por assim dizer a uma polinização mútua), é claro que a destruição determinada por Cromwell não afetou apenas as casas de espetáculo: o *interregnum* puritano conseguiu matar, efetivamente, uma tradição dramatúrgica que vinha, pelo menos, do século XIII: em quase duas décadas sem teatros e com implacável doutrinação puritana, o esplendor do teatro elizabetano/jaimesco foi esquecido, como esquecidas foram suas formas de encenação e interpretação, suas temáticas e, pior do que tudo, a beleza de sua liberdade poética e sua natureza essencial de teatro popular.

Se Viola, em *Noite de Reis*, pergunta-se o que estará fazendo na Ilíria, podemos nós perguntar, realmente, o que poderiam fazer naquele limitado palco italiano, não só o *Rei Lear*, como também um grande percentual da dramaturgia elizabetana: pensem um pouco nas duas formas de palco e nos processos de encenação de cada uma, já que é daí que nasce o mito de que *Rei Lear* não poderia ser montado. Vejamos primeiro o palco italiano ou à italiana: com arco de proscênio para esconder as máquinas de truques cênicos e, muitas vezes, com poço de orquestra (pois a música tornou-se popular não só como ópera mas também como parte dos espetáculos ditos "de comédia", isto é, das peças teatrais de prosa). Com cenários de telão pintado, específico para cada ambiente, como apresentar já não digo *Rei Lear* mas *Antônio e Cleópatra*, cuja menor cena tem apenas nove versos, e que, se identificada segundo os editores do século XVIII para cá, desenvolva-se em nada menos de 23 locais diferentes.

Agora vejamos o palco elizabetano: é possível que a reconstituição do professor John Crawford Adams não seja perfeita, porém não há nenhuma outra que negue os aspectos mais típicos e básicos da forma: um palco exterior projetado para o meio do *pit*, configurando-se como uma espécie de arena de três lados; um palco interior, que com toda probabilidade podia ser separado do exterior por cortinas quando não fosse usado ou quando era necessário preparar alguma surpresa, mas que servia para ambientes mais intimistas ou que exigissem a presença de algum dos elementos concretos que constavam do leque de conven-

REI LEAR 189

ções cênicas da época: um trono para uma corte, uma cama para o quarto de Julieta, uma cruz para uma igreja ou túmulo etc. No palco superior também podia haver intimidade, porém serviria igualmente para o balcão de Julieta ou as muralhas de Harfleur, em *Henrique V*. A flexibilidade do espaço elizabetano é enriquecida pela possibilidade do uso simultâneo de duas das três áreas principais, e pelo fato de todas elas terem pelo menos duas entradas, isso sem falar no alçapão no piso do palco, que serve para a cova onde é enterrada Ofélia e dentro da qual lutam Hamlet e Laertes na hora do enterro, bem como pelos alçapões no teto, também chamado de "céu", de onde podiam descer deuses, aparições etc.

Não foi gratuitamente que paramos para fazer essa rápida explanação sobre o palco elizabetano: a partir da cena 3 do Ato I, nós testemunhamos todo um conjunto de longas trajetórias de personagens que não só, por meio de terríveis sofrimentos, passam de sua ignorância para o conhecimento, como também perambulam por vários pontos da Grã-Bretanha, para, dos eventos determinantes na corte de Lear e no castelo de Gloucester, chegarem todos até Dover, onde se encontrarão todas as tramas, onde as famosas escarpas brancas serão palco para o frustrado suicídio de Gloucester e onde, com certa lógica, desembarcariam as tropas de Cordélia. O entrelaçamento das tramas, sua trajetória emocional, reflexiva e física, seria realmente impraticável para o tipo de encenação que dominou a Europa desde o nascimento do palco italiano no início do século XVII até a quebra de seu domínio já no século XX: em um palco elizabetano, a céu aberto, que permite o aproveitamento de todo o espaço cênico e onde a falta da cenografia transfere para o texto toda a criação de local, de clima, bem como a normal carga de ação e caracterização, *Rei Lear* não é só algo muito remoto do *closet drama*, é um texto eminentemente teatral, produto de um momento supremo de um gênio dramático, de um homem de teatro que, no apogeu de seu domínio técnico do palco e da dramaturgia poética elizabetanos, faz suas mais abrangentes investigações sobre a natureza do mal. Se podemos dizer que o abalo da natureza, com sua tempestade, é recurso de ênfase mais do que realidade, certamente temos de reconhecer que o recurso – possível no palco elizabetano – é magistralmente bem utilizado do ponto de vista teatral e dramático, completando o quadro de abalos dos relacionamentos individuais e políticos, patentemente interligados.

Após as duas décadas do puritanismo de Oliver Cromwell, que literalmente fechou todos os teatros da Inglaterra – pois para os puritanos (como para todos os tipos de censores de todos os tempos) o teatro é sempre fonte de licenciosidade e corrupção –, o edifício teatral vasto e concebido para abraçar todos os segmentos da sociedade elizabetana, bem como o palco que, nascendo do *pageant* medieval sobre rodas, fora considerado, por esses mesmos elizabetanos, a forma mais

190 FALANDO DE SHAKESPEARE

comunicativa e inventiva de espaço cênico que se pudesse desejar, haviam desaparecido.

Escrita para o teatro elizabetano, para seu palco, para seu mundo social, político e imaginativo, *Rei Lear* não poderia, realmente, adaptar-se facilmente ao palco italiano nem à dramaturgia derivativa da Restauração, voltados, um e outra, para uma pequena e sofisticada plateia. Surpreendentemente William D'Avenant, afilhado de Shakespeare, escolheu *Lear* para ser uma das nove peças de Shakespeare que montaria na Duke's Company, em seu pequeno teatro do Lisle's Tennis Court – semelhante aos pequenos teatros dos *jeux de paumes* que haviam aparecido em França. Aparentemente Thomas Betterton, o diretor seguinte do companhia, que a levou para o Drury Lane, ao fazer o protagonista, foi fiel, ou pelo menos relativamente fiel a Shakespeare. Porém logo o complicado Lear desaparece, não sendo jamais mencionado no famoso diário de Samuel Pepys, que relaciona onze outras peças do autor.

Em 1681, *Rei Lear* reaparece nos palcos ingleses, ou pelo menos neles aparece a sua fenomenal mutilação da autoria de Nahum Tate. Este, nascido em 1652 e morto em 1715, era um irlandês que morava em Londres, que além de colaborador de Dryden (*Absalom and Achitophel*), chegou a ser o poeta laureado da Inglaterra. Tate era de temperamento e vida da maior instabilidade: por alguns períodos era sério e escrevia poesia bem ao gosto classicizante da época; volta e meia, no entanto, dava para beber desbragadamente, ficava endividado graças à sua incontinência nessas épocas, e então ganhava dinheiro fazendo adaptações de elizabetanos e jaimescos, trabalho que acabou sendo o seu forte. Fora Webster e Ben Jonson, por exemplo, ele "adaptou", de Shakespeare, *Rei Lear*, *Ricardo II* e *Coriolano*, e *Lear* tornou-se a mais famosa de todas as notórias adaptações da Restauração (que tinham por objetivo fazer o universo elizabetano caber em sua sala de estar).

Diz Tate na "epístola introdutória": "Encontrei em *Rei Lear* uma pilha de gemas não montadas e não lapidadas, porém tão ofuscantes em sua desordem, que logo percebi que pusera as mãos em um tesouro". Sempre curto de dinheiro, ele naturalmente passou a dar ordem ao dito tesouro, para agradar seus contemporâneos, sendo três as alterações mais básicas:

a) Criou um romance entre Cordélia e Edgar, em que oferecia à plateia o "amor heroico" no momento exigido de qualquer peça a ser levada a sério; e essa "pequena" alteração implica outras: desaparecia o rei da França, Cordélia passava a não sair na Inglaterra, e por isso mesmo ficava passeando para cima e para baixo na charneca, acompanhada por Arante, a indispensável "confidente" do classicismo francês, e aqui inventada por Tate;

REI LEAR 191

b) Fez desaparecer o Bobo, porque tanto para ele pessoalmente quanto para seu público habituado às regras do classicismo, o Fool era figura sem categoria, indigna de aparecer em uma tragédia;

c) Uma vez desaparecido e Bobo e, portanto, "preservado o tom trágico", Tate introduz um *happy ending*, com Lear restaurado ao trono, e Cordélia não só casando com Edgar como também ainda tendo (via uma série de versos escritos por Tate) uma sonora fala de condenação das irmãs no final.

Tate destrói, enfim, justamente a complexidade da obra, e com seu final feliz procura tornar ameno e agradável o que em *Rei Lear* é irreconciliável e terrível. Na verdade ele reflete uma concepção da função do teatro radicalmente diversa da de Shakespeare, bem como uma ideia radicalmente diversa de dramaturgia: a "ordem" que a corte conhecera na França influencia fortemente a Inglaterra: é preciso "educar agradando", e abdicar, em favor das boas maneiras, os dolorosos aprendizados e a grandiosidade das maiores obras de Shakespeare.

Tate considerava a cena 1 do Ato I, por exemplo, totalmente arbitrária na questão da divisão do reino, de modo que tratou de inventar motivações para Lear e Cordélia: Cordélia não responde ao pai porque ama Edgar e espera, com seu comportamento, afastar do caminho os outros pretendentes; Lear fica furioso porque não aprova o romance com Edgar e percebe o que ela tentou fazer. Edgar propõe casamento a Cordélia porém ela diz que não: a razão oficial é a de que ele não tem dinheiro bastante para sustentá-la, porém a verdadeira é a de que a negativa é um teste para os sentimentos dele. Diante da negativa, Edgar resolve suicidar-se, mas pensando bem reconhece que precisava viver para cuidar de Cordélia e *esse* é que é o motivo para ele fazer-se passar-se por louco!

Toda a grandiosidade da peça desaparece: na tempestade não há Bobo, nem o julgamento das filhas. Cordélia, sem estar casada na França, não tem realmente o que fazer em cena a não ser vagar inutilmente pela charneca à procura do pai. Finalmente ela é presa por Edmund, libertada por Edgar, e novamente presa por Edmund, o que leva a um final positivamente genial: Regan e Coneril se envenenam mutuamente, Edgar mata Edmund e *só então* é que Tate cria o seu primor, uma cena na prisão com Lear e Cordélia. Alguns soldados entram para matá-los e Lear, transformado quase em herói de história de mocinho e bandido, mata dois deles, e já está arrancando um pedaço de outro quando Edgar e Albany chegam para ajudar. Para levar tudo isso à perfeição, Albany dá de volta a Lear uma parte de seu reino, e este dá sua parte a Cordélia e Edgar. Resolvendo assim que só os maus podem morrer, Tate faz Lear, Kent e Gloucester terminarem numa espécie de tranquila aposentadoria.

192 FALANDO DE SHAKESPEARE

É claro que para atingir tais culminâncias Nahum Tate sentiu irreprimível necessidade de reescrever tudo, mantendo só em alguns trechos a linguagem original de Shakespeare. Para falar a verdade, ele não tem sequer a intenção de recriar o clima do original. Ostensivamente, no entanto, Tate teve pelo menos o pudor de declarar que fora "torturado por não pequenos temores, por tão ousada mudança" e possivelmente ele jamais pensasse que o triunfo de sua versão abastardada fosse tão completo: a versão Tate seria a única a ser vista nos palcos deste mundo durante os 150 anos seguintes. A trajetória do texto de *Rei Lear*, desde a adulteração Tate em 1681 até sua total recuperação em termos de espetáculo, é bem mais longa e quase tão dolorosa quanto a do próprio rei na peça: passados 75 anos, em 1756, David Garrick, o mais memorável ator inglês do século XVIII, anunciou que apresentaria no teatro Drury Lane a tragédia "with restorations from Shakespeare", porém ele apenas repôs algumas coisas do diálogo, deixando permanecer todas as alterações do enredo; usou apenas um pouco da poesia original em lugar do arremedo de Tate, nos trechos em que sobrava algo do autor na estrutura da obra.

A adaptação de Tate continuou a ser montada no Covent Garden até o final do século, com a única exceção do período entre 1768 e 1773, quando foi usada a versão de George Coleman: Atos I e IV intocados, com texto de Shakespeare, sendo omitido apenas o Bobo. Mas no final casavam-se Cordélia e Edgar, portanto com *happy ending*. O público preferiu Tate e ele voltou. Em 1792 outro ator famoso, John Philip Kemble, fez *Rei Lear* tendo revisto Tate; mas mudou muito pouco: restaurou o suposto ferimento de Edmund por Edgar, no início, e a tentativa de Edmund para salvar Cordélia e Lear. Já no século XIX, em 1820, Robert W. Elliston, diretor artístico de Drury Lane, montou versão semelhante à de Kemble, porém fazendo mais duas restaurações importantes: passou a usar o texto de Shakespeare na primeira cena da loucura na charneca e também na cena da reconciliação. Foi usando essa versão que o notável Edmund Kean fez sua estreia londrina a 10 de fevereiro de 1823. E exatamente três anos depois, Elliston e Kean uniram-se para fazer a primeira alteração realmente significativa no texto, a restauração do final trágico: das deformações de Tate, no entanto, permaneciam a ausência do Bobo e o casamento de Cordélia e Edgar.

Foi só a 25 de janeiro de 1838 que, um tanto ou quanto apavorado com a própria audácia, George MacReady trouxe o Bobo de volta ao palco e acabou com o romance entre Cordélia e Edgar, em um espetáculo no Covent Garden: é claro que toda a noção de encenação da época entrava em violento conflito com a estrutura do texto, de modo que o ousado MacReady fez muitos cortes e alterou a sequência de várias cenas por questões cenográficas; mas de algum modo, pela primeira vez em 150 anos o texto é, em princípio, o de Shakespeare. Porém as difi-

REI LEAR   193

culdades estavam longe de acabar: à época da montagem desse espetáculo alguém teve a brilhante ideia de dizer que o Fool era tão difícil
de fazer que seria melhor que fosse feito por uma mulher... e foi. Em
1845 Samuel Phelps montou o texto virtualmente integral. Poucos cortes, sequência certa, e até mesmo um Bobo que era homem conseguiram realizar o espetáculo apesar das dificuldades com o palco. Em 1858
Charles Kean teve sua vez como Lear, mas usava a versão MacReady.
O memorável Edwin Booth foi Lear em 1880, sem dúvida com a poesia de Shakespeare, porém sem garantia de falta de exageros românticos. Mas a produção mais elefantina, mais Cecil B. de Mille – e portanto
dificilmente muito boa – foi a de Henry Irving em 1892, que tinha até
eclipse.

No século XX tudo aos poucos começa a mudar e já começamos
até a ouvir nomes contemporâneos: em 1917 no Old Vic, Ben Greet
apresenta *Rei Lear* com Rusell Thorndyke no papel do rei e sua filha
Sybil, morta há pouco tempo, aos 95 anos, no papel de Cordélia. O
primeiro *Rei Lear* a merecer aplausos mais sérios aparece em 1931
com direção de Harcourt Williams, John Gielgud como Lear e Ralph
Ricardson como Kent. Porém, em 1940 apareceria um trabalho ainda
mais significativo, o *Rei Lear* produzido e interpretado por Lewis
Casson (marido de Sybil Thorndyke), no qual Harcourt Williams, o
diretor de Gielgud, fazia Albany. O importante aqui é que a base da
montagem foi o "prefácio" de *Rei Lear*, da série de *Prefaces to Shakespeare* de Harley Granville-Barker, respeitabilíssima figura mista de
scholar e diretor. Granville-Barke não só orientou a produção como
efetivamente dirigiu cerca de dez ensaios. A abrangência e a profundidade da compreensão do texto aliadas a um excepcional envolvimento emocional de todo o elenco com a obra – sem falar na
modernidade da visão cênica – fizeram desse um *Lear* memorável.
Laurence Olivier fez sua tentativa em 1946, em uma produção que
aparentemente só foi notável pela atuação de Alec Guiness no papel
do Bobo, enquanto o próprio Olivier só muito mais tarde, e com mais
de setenta anos, alcançou sucesso com o *Lear* que fez para a TV Gra-
nada. Vale a pena anotar aqui que nem sempre os nomes mais notáveis são bem-sucedidos: em 1955 o inesquecível George Devine,
criador da nova dramaturgia inglesa na Royal Court, pupilo dileto de
Michel St. Denis, dirigiu o memorabilíssimo John Gielgud em um *Rei
Lear* japonês. Segundo o próprio Gielgud, o espetáculo foi "little short
of disastrous", mas, segundo outros, não envolvidos na produção, o
desastre não chegou realmente a ser evitado.

Chegamos finalmente a 1962, o ano do mais famoso *Lear* do século
XX. Falamos, é claro, no que Peter Brook realizou para o palco, com
Paul Scofield. Com visão de um mundo absurdo, no qual "Como moscas para meninos malvados somos nós para os deuses/ Eles nos matam
por diversão", enriquecida pelo ensaio de Jan Kott em *Shakespeare our*

194   FALANDO DE SHAKESPEARE

Contemporary, que traça paralelo entre *Lear* e o mundo absurdo de Samuel Beckett, o espetáculo usufruiu, igualmente, de todas as pesquisas mais recentes sobre o palco elizabetano, e mostrou que com o uso imaginativo de um espaço único o monumental universo de *Rei Lear* pode realmente ser encenado. O espetáculo teatral marcou época. Devo fazer a ressalva de que há poucas ligações entre o que sempre li a respeito dessa encenação e a versão cinematográfica do mesmo Brook, com o mesmo Scofield, bastante empobrecida pelo uso do realismo e, a meu ver, muito inferior ao magnífico filme de Grigori Kozintzev – que configurou muito mais da violência da ruptura das relações familiares, sociais, políticas e da natureza, que Shakespeare colocou no texto usando alta incidência de verbos que tanto por seu significado quanto por sua sonoridade transmitem tais rupturas, tornando-se imagem dominante da obra.

Comparações são inúteis e danosas: o único intuito dessa pequena história da trajetória cênica de *Lear*, de seu palco original, através das loucuras de Nahum Tate e congêneres até seu virtual renascimento no século XX, graças à reavaliação do próprio espaço cênico, foi a de salientar as razões para que tantos críticos de outro modo memorável concordassem todos que *Rei Lear* não havia sido escrita para o palco, ou não poderia ser encenada.

Afora os problemas por assim dizer logísticos da obra, no entanto, *Rei Lear* apresentou-se por tanto tempo como impraticável, igualmente, em função mesmo da complexidade de sua trama, da grandiosidade, da abrangência, de seu desenho geral. Senão, vejamos. É sem dúvida a trajetória de Lear que amarra o total da obra; porém como chegar sequer perto de compreendê-la sem pensarmos nas trajetórias de Gloucester, Edgar, Edmund, Goneril, Regan, Kent, Cornwall ou o complexo Albany, herdeiro do poder no final da tragédia? Todos eles, de um modo ou outro, terão de passar pelo crivo das perguntas que Lear faz logo no Ato I, cena 4: "Alguém aqui me conhece?" e "Quem poderá dizer-me quem eu sou?"

Quanto a Lear, será por fazer tais perguntas logo na parte inicial do que será sua *via crucis* que ele ainda as formula como fica dito acima. É mais do que provável que com mais de oitenta anos – e provavelmente uns bons cinquenta anos de reinado nas costas – Lear esteja de tal modo acostumado a ver tudo o que deseja ser logo executado, que ainda questione seu pouco conhecimento de si mesmo em termos de pedir que os outros lhe digam se o conhecem e se sabem quem ele é. A trajetória de Lear o ensinará, entre outras coisas, a pensar por si, e a compreender que só ele mesmo pode descobrir quem é, refletir sobre o que foi, e acabar iluminando não só a si mesmo como também a todos nós. Com ele tomaremos consciência de que a transformação, o aprendizado, o verdadeiro amadurecimento, levam o indivíduo a deixar de ser primordialmente autorreferente e a pensar também no outro, não só um outro

REI LEAR 195

conhecido e querido como também – o que é mais importante – o outro desconhecido, como os

> Pobres dos nus, estejam onde for,
> Que recebem os golpes da tormenta.
> Como, sem ter abrigo ou alimento,
> Hão-de poder defendê-los seus trapos,
> Em tempo como este? Eu dei bem pouca
> Atenção a tudo isso. Ouve, Pompa;
> Expõe-te ao que suporta o desgraçado,
> Para atirar a ele o teu supérfluo
> E o céu ver-te mais justo.

Tenho de mim para mim que Shakespeare não quis deixar totalmente ao estado mais agudo da loucura a tomada de consciência de tais coisas; mas adiante, na mesma cena, passados um pouco menos de cem versos, já enlouquecido pelo choque da presença de Edgar, o falso louco Tom O'Bedlam, vem o reconhecimento final de si mesmo como parte do outro:

> Não é o homem mais que isto? Observem-no bem. Tu não deves seda à lagarta, lã ao carneiro, perfume ao gato. Ha! Temos aqui três sofisticados; tu és a coisa em si; o homem sem comodidades não é mais que um pobre, desnudo e bifurcado animal como tu. Pra fora o emprestado! Venham; desabotoem-me aqui.

Ao querer arrancar suas roupas, Lear identifica-se com esse homem em seu estado puro, desamparado, privado de todas as comodidades que a civilização lhe oferece. Esse aprendizado sentido na carne é o único que poderá, na verdade, fazer com que reis adulterados, acomodados pela pompa, possam a vir descobrir sozinhos quem são: e ninguém descobre quem é porque outra pessoa lho diz. Só conseguindo ficar realmente livre da carga de pompa, autoritarismo, presunção e cegueira que sempre carregou enquanto rei é que Lear, ao descobrir que o contrato, *the bond*, do amor de Cordélia era realmente a medida justa, o equilíbrio de todas as coisas. Só quando mais do que perdoando, ele é perdoado, e pode ir com a filha amada para a prisão na qual os dois cantarão como pássaros em gaiolas, é que Lear encontrará as respostas verdadeiras.

Tentemos ao menos linearmente identificar algumas das outras trajetórias da tragédia, que formarão o grandioso quadro no qual não há lugar para o primarismo, a ingenuidade da chamada "justiça poética", segundo a qual os bons são sempre premiados e os maus sempre punidos: em Shakespeare toda ação tem consequências que efetivamente escapam ao controle dos agentes a partir do momento em que se concretizem: as ações de Lear e Gloucester, seus julgamentos errôneos de seus filhos, arrastam consigo consequências que nenhum dos

196 FALANDO DE SHAKESPEARE

dois pode mais controlar. Um Albany redimido e um sofrido Edgar – com o leal Kent, que prefere morrer com seu bem-amado rei – serão os herdeiros do poder. Todos eles são personagens que podem ser alinhados no lado do bem (bem enquanto força favorável à vida), porém na obra em si eles parecem sofrer bem mais do que os que se alinham com o mal ("mal" enquanto força favorável à morte). Se morrem todos os que representam estas forças negativas, morrem também Lear e Gloucester, ambos com suas cargas de culpas porém ambos "contra quem pecam mais do que pecou", e morre Cordélia, de certa maneira provocadora da ação crítica, porém sempre fiel à sua límpida noção da medida certa no contrato já não digo social, mas emocional, que mantém equilibrada a Natureza: Cordélia é inabalavelmente *kind*, o que não é ser piegasmente boa mas, sim, fiel à sua espécie e à função que cada indivíduo preenche dentro dela.

Se a trajetória de Lear, em seu processo de aprendizado, o leva da pompa da corte à nudez da charneca, na onipresente questão da aparência e da realidade, Gloucester, pronto a ver o pior em Edgar, facilmente enganado pela leitura da carta forjada por Edmund, acaba por ver a verdade apenas quando, graças à interesseira interferência de Edmund, paga com a perda dos olhos sua lealdade ao rei tão injusto e iludido quanto ele mesmo. Os caminhos de Lear e Gloucester divergem na medida em que o processo Lear fica, a todos os momentos, ligado a seu relacionamento com as três filhas, enquanto que a cegueira inicial de Gloucester é explicitamente ampliada e sua *via crucis* desenvolve-se ao longo de seu engano quanto à verdadeira natureza de Cornwall e Regan, bem como da incansável busca do poder por Edmund.

Goneril e Regan não são explicitamente punidas pelo que fazem ao pai: o modo pelo qual tratam Lear é o primeiro – embora imenso – passo que dão no sentido do antinatural, com suas verdadeiras naturezas revelando-se a partir do momento da abdicação do pai, sua divisão do reino, sua entrega às duas e a seus maridos do poder que, na harmonia do Estado, devia permanecer nas mãos de quem ostenta o título de rei. Por intermédio de Goneril e Regan as histórias de Lear e Gloucester não interligadas em plano outro que não o da arbitrariedade e desconhecimento de si mesmos e dos outros por parte dos dois pais: a *unkindness*, o comportamento antinatural no sentido de uma natureza harmônica e organizada, de Goneril e Regan, começa com a quebra das normas do amor e dos deveres filiais: de uma e outra ouvimos, com bastante frequência, queixas contra o desregramento dos cavaleiros que o rei, ao dividir o reino, reservaria para si; porém, apesar de tanto Peter Brook quanto Kozintzev (mais o primeiro do que o segundo, que enfatiza a guerra civil) caírem na armadilha de mostrar tais excessos, o fato é que comentários e respeito só saem das duas filhas e de Cornwall, os três suspeitos como fontes fidedignas: não encontramos exemplos desse comportamento citados no texto, e Shakespeare sempre mostra o que quer que vejamos, ou então usa o recurso de fazer o fato ser dito por bocas desinteressadas: as instruções de Goneril a Oswald, logo na terceira cena, instigando-o ao desrespeito por seu pai, insistindo que pouco lhe importa o que venha a resultar daí, estimulando a seu administrador a tratar o rei sem qualquer consideração, tira-lhe a credibilidade. Mas ao menos ficamos sabendo que Lear protege seu Bobo.

É nos descaminhos de Goneril e Regan que talvez possamos situar um dos aspectos mais sutis da retratação do mal por Shakespeare: nas duas irmãs, que com tanta tranquilidade criticam a falta de autoconhecimento do pai, é criada, inicialmente, uma espécie de falsa precisão e objetividade em relação a suas ambições e suas concepções do mundo em que vivem. Facilmente capazes de falsear seus sentimentos com o fim de enganar o vaidoso pai em benefício próprio, nenhuma das duas aprende nada através da ação: de início são capazes de ver o caminho a seguir na estreita faixa da conquista do poder, e seus triunfos temporários as afundam cada vez mais na *unkindness*, na crueldade e desonestidade da quebra dos princípios da lei natural. Uma vez traído o pai, cercadas por imagens de animais que, no encadeamento dos seres, as colocam em nível sub-humano, tornam-se fácil presa de uma sexualidade animal, idêntica à Natureza desregrada que Edmund invoca em seu grande monólogo inicial.

Morrem ambas traindo seus maridos, cegas em sua avaliação de Edmund, cuja bastardia, aliás, o torna aos olhos dos elizabetanos um símbolo de indignidade. Por ele Goneril mata Regan, e por ele Goneril, denunciada por Edgar e repudiada por Albany, se mata. Sua trajetória, do triunfo inicial, é moralmente sempre descendente, desagregadora, destrutiva. Tão iludidas ou mais do que o pai, ambas acreditam serem amadas por Edmund, que as domina justamente por ser tão ambicioso ou mais do que ambas. Irmão de alma de Ricardo III e Iago, o bastardo Edmund é total, antinaturalmente, privado de emoções, embora chegue a ter a ilusão de que foi amado – não pelo pai, que o amou realmente, mas por Regan e Goneril, cujos sentimentos são só sexuais e egoístas.

Um outro aspecto interessante de Goneril e Regan é o de não ocorrer a ninguém encará-las como antagonistas trágicas do protagonista Lear, mesmo que sejam em grande parte responsáveis por seus sofrimentos: elas são, como outros tantos, componentes dessa complexa teia de mal que Lear e, em menor escala, Gloucester desencadeiam com suas ações iniciais.

Tampouco Edmund pode ser considerado exatamente um antagonista, muito embora seja um dos grandes catalisadores do cataclísmico abalo que afeta o homem, o Estado e a natureza em *Rei Lear*. E

198 FALANDO DE SHAKESPEARE

dois aspectos de sua trajetória merecem particular atenção: primeiro, ele é o responsável pela morte de Cordélia; segundo, dentre os personagens que representam por assim dizer as forças do mal, é único a quem é dado um momento de, não diria redenção, mas ao menos de conscientização da inutilidade, da esterilidade do mal: tarde demais revela que dera ordens de que Cordélia fosse morta, acrescendo: "Desejo fazer algum bem / A despeito da minha natureza". Shakespeare cria a situação magistralmente: Edmund jamais hesita em destruir os outros para ganho próprio; a morte de Cordélia, apesar da terrível condenação por parte de Samuel Johnson e outros críticos da mesma estirpe, é coerente com a natureza essencial de Edmund, que já nos informara anteriormente que jogava Regan e Goneril uma contra a outra, porém precisava que apenas *uma* das filhas do rei vivesse. Com a sobrevivente ele se casaria para alcançar o poder, seu único objetivo. E é bom lembrar que já em IV.3, Edmund avisara que não perdoaria Lear e Cordélia.

É o relato de Edgar sobre o sofrimento e morte do pai que, pela primeira vez, desperta em Edmund algum tipo de emoção, de solidariedade humana. Ficam amarradas, desse modo, as duas ações cruciais de Edmund em seu fim de vida, e entre outras coisas ficam igualmente esclarecidas a motivação imediata e a *necessidade* da morte de Cordélia (tantas vezes dita gratuita, desnecessária, despropositada). A trajetória de Cordélia, portanto, do mesmo modo que a de suas irmãs, começa ligada à ação crítica, a ação determinante, de Lear, mas de um modo ou outro termina com Edmund: Cordélia é vítima direta do mal, inconsciente, impensado, em Lear, e do consciente, propositado, em Edmund.

Uma vez liberado pela ação de Lear, o mal extravasa e vai-se imiscuindo por todo o universo daquela Grã-Bretanha remota, primitiva, violenta: a complexidade da trama reflete precisamente a abrangência desse fenômeno, mostrando ao mesmo tempo, no entanto, que não é a tudo que o mal domina, embora seja árdua e penosa a caminhada do bem no sentido da generosidade e da fertilidade, bem como da harmonia nascida da solidariedade.

Diversas e estranhas funções têm os três genros de Lear, Albany, Cornwall e France. Eles apresentam problemas diversos e soluções igualmente diversas. Pitoresco é o caso da irmã mais moça: em Holinshed Shakespeare encontrara Cordélia casando-se com um dos doze reis da Gália, com o qual o próprio Lear encontra abrigo: o exército que volta à Inglaterra, portanto, é do velho rei. Porém, em *Rei Lear* a situação é diversa: Cordélia casa-se com *o* rei da França: seu papel será pequeno, discreto, embora claramente solidário a Cordélia. Como força dramática, é claro, o fato de ele ser *o* rei da França emprestava maior significação em relação a seu gesto para com Cordélia no início da obra;

por outro lado, no entanto, Shakespeare era suficientemente inglês para saber que nem ele nem seus compatriotas receberiam bem uma invasão francesa, muito menos uma derrota inglesa ante a França: discretamente ele retira o rei francês da arena, chamado por indefinidos negócios urgentes em seu reino, e as tropas francesas são derrotadas, por Edmund: de um só golpe ele soluciona três problemas: a Inglaterra não é vencida pelos franceses, Edmund tem seu momento de glória militar (indispensável para torná-lo tentação ainda maior para Goneril e Regan) e, o que é mais importante, é graças a esse triunfo que Lear e Cordélia caem nas mãos de Edmund (indispensável para o final concebido pelo autor).

Cornwall, o segundo genro, como Albany parceiro silencioso mas, ao que parece, aprovador do papel da mulher no leilão de afeto, toma junto com Regan a clara trilha do mal. Cornwall tem um caminho triste e uma série de tarefas a cumprir, mesmo que não ocupe por muito tempo o palco: a cena do cegamento de Gloucester, não tão organicamente indispensável quanto a morte de Cordélia, é particularmente dolorosa, e cumpre três funções diferentes: em primeiro lugar expressa a degradação que o mal traz ao homem, levando-o a transgredir todos os limites do natural, levando-o para o nível animalesco ou pior, pois no homem a opção do mal é consciente; em segundo lugar, embora possa ser considerada exagerada, a punição, por assim dizer, de Gloucester é essencialmente ligada à sua ação condenável inicial, pois acreditou mais nos olhos, que viram uma carta e um ferimento forjados por Edmund, do que no coração de Edgar, e não verificou se as acusações a Edgar eram procedentes. De momento, Shakespeare faz com que ele de certo modo sugira sua punição a Cornwall, ao dizer que foi ajudar o rei porque não quer vê-lo com os olhos arrancados pelas próprias filhas. Em terceiro e último lugar Shakespeare usa a violência do ato para uma extraordinária simbologia em torno da quebra da lei da harmonia do universo, do encadeamento dos seres; logo após cegar Gloucester, Cornwall é atacado e ferido por um de seus criados: em condições normais isso seria uma gravíssima falta, seja porque o ferimento é mortal, seja pela quebra na hierarquia social: o criado é efetivamente morto, mas por Regan, agente do mal, não do bem; seria impossível deixar um assassino sem punição. A cena acaba, porém, com o 2º e 3º criados, sem condenar o primeiro, prevendo mau fim para Cornwall e Regan, sua mulher, que ficara encantada com o feito, tentando, ainda, amenizar a dor de Gloucester, mesmo que não lhe podendo restaurar a visão. A punição de Cornwall pelo humilde servo, se por um lado constitui uma violação da ordem social, é sem dúvida apresentada como um ato de justiça em termos da lei natural, em nome da humanidade. Do estrito ponto de vista da dramaturgia, a morte de Cornwall, alterando a posição de Regan, aumenta a tensão na trama.

Radicalmente oposta e muito mais difícil é a trajetória de Albany, o marido de Goneril, tão neutro e complacente quanto Cornwall na cena inicial. Ao invés de degradar-se, Albany dignifica-se paulatinamente ao longo da ação dramática e se, ao contrário de Kent, não reconhece desde o início a ação de Lear como errada, jamais o vemos como ativamente mau. Ele torna-se particularmente interessante porque sua posição muda, porque faz sua opção pelo bem racionalmente, não como consequência de sofrimento pessoal: é à medida que vê o erro da conduta de Goneril que Albany a condena; e finalmente, quando Edgar lhe entrega a carta de Goneril a Edmund, o duque a repudia e acusa publicamente: se tem horror às ações de Goneril, não menos o aterrorizam as de Regan e Cornwall, enquanto seu combate às tropas de Cordélia fica claramente caracterizado como uma repulsa a uma invasão francesa. Como é de hábito em todas as outras "grandes" tragédias, no final da obra os herdeiros do poder são pessoas boas, confiáveis, em cujas mãos o equilíbrio do Estado deve ser recuperado; porém nem Fortinbrás, nem Cássio, nem Malcolm, como nem Albany ou Edgar têm as monumentais proporções dos heróis que os precedem. O mundo perde substância com a morte desses heróis monumentais, e Albany parece ser o mais frágil dos herdeiros, o único que não se sente capaz de assumir sozinho seus deveres, embora seja lógico que Edgar e Kent, símbolos mesmos da integridade humana, fossem convidados a assumir a reconstrução do Estado. É uma trajetória difícil e rara essa de Albany, principalmente por discreta e destituída de crises espetaculares em sua ascensão, em sua conquista progressiva do auto respeito de sua parte e do respeito a ele da nossa.

Kent é inalterável em sua dedicação e lealdade, tão mais extraordinárias porque desde logo ele reconhece e proclama o erro de Lear, pagando com o banimento a sua coragem. Ninguém jamais duvida de qualquer disfarce em teatro de Shakespeare, nem deixa de acreditar nele, a não ser que o autor assim o queira; o disfarce de Kent, por suposto, é tão eficiente quanto o de Edgar, embora menos rico em imaginação; sempre o mesmo, só se alteram os modos de sua lealdade manifestar-se: é bravo ante a ira do dragão, agressivo e abusado para com os inimigos do rei (cujos castigos sofre com alegria, quase como uma realização no sentido da coleta de provas de sua traição e perversidade). Abrindo mão de seu título, confronta-se mais caracteristicamente com Oswald, o carreirista administrador de Goneril, cuja ilusória ascensão por meio do mal fica contrastada com a ostensiva e transitória humilhação de Kent. Inabalável em sua fidelidade a Lear, nada é tão belo em Kent quanto sua recusa em compartilhar do poder de Albany: seu amo o chama e ele o seguirá para além da vida.

Não há como escapar; chegamos às duas linhas mestras que compõem o desenho geral da tragédia, Lear e Gloucester, e, com eles, Cordélia, o Bobo e Edgar: já aí fica caracterizada a individualidade desta obra em relação à outras do mesmo autor, a não ser por algumas das peças históricas, onde podemos encontrar também essa necessidade de confrontar todo um grupo na primeira linha (o que não tira a Lear, no entanto, sua primazia de protagonista). O que torna tudo mais difícil é que o que *aqui*, ao ser descrito, é tanto prolongado quanto empobrecido, no espetáculo, no palco, acontece com tremenda precipitação, e tudo se interliga de tal forma que jamais nenhum personagem é visto em isolamento: através de toda a ação as pressões interpessoais são fortíssimas e alteram em vários níveis os vários fios da complexa meada da trama. E na construção dramática e sua íntima relação com o espaço cênico para o qual a obra foi criada é que reside o âmago do impacto desse núcleo central de personagens e suas inter--relações. Após a colocação dos dois enganos iniciais, a revelação da natureza das duas irmãs mais velhas, em termos de *ação*, sobrevém quase imediatamente: já na cena 3 Goneril está instruindo Oswald para desrespeitar o velho pai e na cena 4 o conflito aberto entre ela e o pai o faz partir na enganada busca de Regan.

As consequências da arbitrariedade, portanto, tornam-se evidentes a Lear logo no início da obra. Porém, enquanto não se instaura o verdadeiro processo de autoconhecimento, que exigirá sua humilhação ante a crueldade das filhas e o terror da tempestade, uma outra voz aparece como a consciência de Lear: nessa importante função é que aparece o Bobo, o implacável "licensed Fool", cujo privilégio lhe permite relembrar a Lear a todo momento o terrível alcance de seu erro; se sua função é córica, ela tem o efeito dramático de intensificar a dor de Lear e de precipitar seu processo de conscientização. É preciso esquecer quaisquer ilusões de que um Bobo nasceu para fazer rir: seu instrumento é antes a mais amarga das sátiras, e como sua escala de valores é implacavelmente clara, ele é tão agressivo e violento (com palavras e pensamentos) em relação ao auto desconhecimento que levou Lear ao erro quanto Kent o é contra os outros inimigos do rei. Numa dramaturgia de convenções, que encontra na expressão poética, mais do que em qualquer realismo psicológico, sua verdadeira vida dramática, o Bobo desaparece no momento em que Lear se encontra, em meio à tempestade e a loucura; ele vai realmente deitar-se ao meio-dia, com sua missão cumprida.

Shakespeare tem de manipular muito cuidadosamente a relação entre seu enredo principal e seu subenredo: por isso mesmo o processo Lear e o processo Gloucester têm perfis e andamentos diferentes: Gloucester envolve-se aos poucos com Cornwall e Regan, porém é só depois de toda a parte mais dolorosa da transformação de Lear já estar com-

202 FALANDO DE SHAKESPEARE

pletada que, após seu cegamento, sem passar por um progressivo processo de esclarecimento, Gloucester ouve repentinamente a revelação da verdadeira natureza de Edmund. Concluindo imediatamente que Edgar foi traído, privado da visão e do poder, Gloucester pede a Deus que o perdoe e faça o filho que renegou prosperar. Lear passa por um aprendizado, mas em Gloucester realmente quase só há, daí em diante, expiação.

O que acontecera a Edgar? Assim como Cordélia, fora injustamente repudiado pelo pai. Cordélia, graças a seu casamento francês, fica fora de cena até o meio do Ato IV; Edgar, ao contrário de Cordélia, que só aparecera na cena 1, Ato I, tem duas intervenções curtas nas cenas em que Edmund elabora seu plano para usurpar os direitos do irmão, e depois ainda uma terceira para dizer que será Tom O'Bedlam, um dos loucos seminus que saíam do hospital para esmolar. O disfarce será crucial na cena da tempestade, que marca a volta de Edgar à cena: é o total desamparo físico do bicho homem que esgarça as últimas ligações de Lear com a sanidade: mas a figura despojada de Edgar leva o grito lancinante da alma de Lear não para a fuga mas para a identificação com a essência de seu processo de aprendizado. Contrabalançando o Bobo que acompanha Lear antes de sua conscientização, provocando-o incessantemente, Edgar será, na segunda parte da tragédia, o guia dedicado de seu pai cego: como Albany, porém com muito maior sofrimento, Edgar descobrirá dentro de si um potencial não pressentido em suas primeiras intervenções. A transformação e a promessa de uma personalidade mais rica são pressentidas em seu período como Tom O'Bedlam e plenamente realizadas quando ele se torna o campeão das forças do bem contra Edmund.

Gloucester foi tão cego e injusto quanto Lear, porém ao menos com supostas provas – a carta, o ferimento, e em relação a Cornwall ele é um nobre que fica abaixo do duque na hierarquia no país e portanto subordinado a ele. Que sua natureza é boa vai ficando patente na medida em que sua revolta quanto ao tratamento dado pela filha ao rei não fica em palavras: e na construção daquele grande epicentro da tragédia, a tempestade, a aparição de Gloucester, providenciando para que Lear seja protegido, é uma esperança de salvação que logo é perdida, com seus olhos.

É pungente o encontro dos dois pais, um cego, um louco, sofrendo até as últimas consequências suas arbitrariedades iniciais, quando não souberam identificar o verdadeiro amor filial. Gloucester não tem as proporções de Lear; o carinho de Edgar é infinito mas, de certo modo, fica sempre sendo dado a um desconhecido, mesmo quando começa a chamar Gloucester de "Father" (com suas ambíguas implicações de pai e velho). Sabemos depois que, já de armadura, ele se identificou ante o pai. Se a visão de sua loucura fizera Edgar levar Lear para além dos li-

REI LEAR 203

mites da sanidade, a visão do filho bom novamente armado em cavaleiro, pronto para reivindicar seus direitos, leva Gloucester para além da vida. Muito mais claramente do que Lear, Gloucester não é um grande intelecto: seu sofrimento fica no nível do sensível, do emocional, e nada é mais lindo que sua morte: o coração já doente, entre os extremos da alegria e dor, arrebenta sorrindo.

É a figura monumental de Lear que une tudo: se a tragédia só tem 33 linhas antes de ele entrar em cena, ela só tem 16 versos após sua morte. Hamlet é um herói altamente conflituado que encontra configurações claras para as forças antagônicas a suas ações. Porém Lear é o inimigo de si mesmo: tudo o que vem contra ele é, de algum modo, criação sua: as filhas que gerou, o desequilíbrio que provocou pelo repúdio à filha mais moça, pela divisão irresponsável do Estado. É impossível estabelecer para a obra uma cronologia que não a de Lear: não há tempo real nas duas visitas simbólicas a Goneril e Regan; durante a tempestade o tempo simplesmente pára a fim de que testemunhemos o processo de Lear, sua conscientização, seu amargo julgamento de Goneril e Regan, sua nudez. Uma guerra sem batalhas tem seu desfecho determinado pela necessidade de se prender Lear, e quando todos preocupam-se em esclarecer fatos concretos com Edmund, o que importa é Lear carregando Cordélia morta nos braços, Lear morrendo porque agora, com indizível desprendimento e alegria, abandona os valores do mundo para manter intacto o seu amor, seu relacionamento na medida justa (exatamente os termos do *bond* proposto por Cordélia no início) com a filha querida.

A respeito de nenhuma outra personagem é tão difícil dizer o que quer que seja como quanto a respeito de Lear. Se dissermos apenas que é um rei que após uma ação arbitrária sofre as consequências de seus atos até aprender a ser um homem generoso que ama seu semelhante e compreende o sofrimento da humanidade, ficaremos, como diz Cordélia de Lear no momento em que ele acorda, "ainda tão, tão longe!" Uma tragédia, menos ainda uma tragédia escrita para o palco elizabetano, não é apenas a historinha, nem a trajetória de seu protagonista apenas a pequena descrição que podemos fazer de suas ações: conteúdo e forma são indissociáveis. A trajetória cênica de Lear, a precipitação das ações que vêm antes e a harmonia das que vêm depois da tempestade (que só existe em palavras e fantasia), contrastadas com a suspensão da ideia de passagem do tempo durante essa mesma tempestade, têm uma contribuição a fazer que acrescenta ao significado. A linguagem poética contribuiu outro tanto, os níveis de imaginação são inigualáveis: Caroline Spurgeon, a primeira grande estudiosa das imagens de Shakespeare, afirma: "A intensidade de sentimento e emoção de *Rei Lear* e a precisão de seu foco são reveladas pelo fato de que nela a imaginação de Shakespeare corre do início ao fim por uma única e contínua

204 FALANDO DE SHAKESPEARE

imagem dominante". Essa é a da atmosfera de golpes, tensão, luta e, em dados momentos, de abuso corporal ao ponto da agonia. Os sofrimentos mentais de Lear são sublinhados por tais imagens, que se manifestam em verbos de grande violência, bem como em metáfora: todos são puxados, empurrados, sacudidos, espancados, batidos, arrancados, e o texto usa verbos violentos que são igualmente onomatopaicos: Lear virtualmente cria a tempestade com esse tipo de verbo.

Já Wolfgang Clemen nota que em *Rei Lear* o importante é que o Lear do início da obra virtualmente não usa imagens, enquanto o Lear do sofrimento e da loucura fala quase exclusivamente por imagens: já não se trata aqui de falas enriquecidas por imagens mas um mundo imaginativo no sentido mais literal da palavra. E são as reverberações, as ambiguidades, as implicações de falas assim construídas que projetam mais do que qualquer outra coisa as dimensões desse Lear imenso que perpassa tudo o que acontece na tragédia, e que, depois dos oitenta anos, aprende, pelo sofrimento e a humilhação, a ser um homem em plena significação da palavra, a não só amar seu semelhante mas também a reconhecer o amor filial verdadeiro quando o encontra.

É porque Lear mudou que o reencontro com Cordélia é tão profundamente comovente; é pela alegria e sintonia entre os dois, que presos são dois passarinhos cantando na gaiola que vão rir das inúteis pompas deste mundo, que suas mortes são tão arrasadoras. Porém, não deprimentes. Bradley pode ter feito alguns reparos às possibilidades de encenação de Lear, mas jamais faria qualquer restrição à condição de herói trágico do velho que não tem mais razão para viver: na tragédia shakespeariana o homem erra, sofre, desencontra-se, debate-se, mas jamais é mesquinho. E é a própria monumentalidade de Lear, cuja presença, como um ímã, leva a ação de um ponto para outro de seu abalado reino, que nos leva a crer que ele – não com sua morte mas com sua nova compreensão da ordem das relações familiares – permitirá que o Estado e a Natureza (a natureza da ordem, não a da selvageria; a de Gloucester, não a de Edmund) possam efetivamente se recuperar.

Se Albany expressa a situação do Estado após o abalo sísmico provocado por Lear como "Our present business is general woe", ao tentar entregar o governo a Kent e Edgar, é este último que na fala final expressa melhor a síntese dos acontecimentos:

> "O peso deste tempo triste temos de obedecer;
> Dizer o que sentimos, não o que deveríamos dizer.
> Os mais velhos foram os que mais suportaram: nós, que somos jovens,
> Jamais veremos tanta coisa, nem viveremos tanto".

É o fim de uma era: foi-se o tempo da monumentalidade, do primitivismo violento das forças que se confrontaram na obra: tudo será agora mais tranquilo, mais racional. Mas também tudo mais pobre. Só nós ficamos mais ricos por conhecer todas essas trajetórias das várias buscas do sentido da vida que, somadas em sua teia, expressam a relutante mas gloriosa busca de Lear.

Medida por Medida

Sempre acreditei que o principal motivo pelo qual Shakespeare tem sido contemporâneo de todas as épocas é o grande caso de amor que ele viveu com a humanidade, durante toda a sua vida. A definição de Hazlitt, de que a moralidade de Shakespeare é igual à da natureza, é essencialmente ligada a esse grande amor, como ligado a ele é também a preocupação com o bom governo, com a relação entre governantes e governados, com o bem-estar da comunidade, base da virtual totalidade de sua obra: desde *A Comédia dos Erros* até *A Tempestade* a preocupação com o bom governo está presente a todo momento, sob os mais variados aspectos: um homem bom e piedoso, como Henrique VI, por sua incompetência e falta de talento para o mando, acaba sendo tão prejudicial para os país quanto o pessoalmente mau Ricardo III; e a inépcia de Henrique VI, permitindo que outros queiram exercer o poder em seu lugar, pode ser contrastada com o erro de Lear, a querer abdicar e ficar sendo rei ao mesmo tempo, provocando também uma disputa pelo poder. A questão da justiça e da misericórdia é mais um aspecto do mesmo problema, com a avaliação da relação entre privilégio e responsabilidade, no *Mercador* como em *Medida por Medida*.

Medida por Medida, chamada uma das "peças-problema" de Shakespeare, igualmente chamadas de "comédias sombrias", é tão ou mais integralmente dedicada à questão do bom governo e das relações entre governantes ou governados quanto *Júlio César*, *Coriolano* ou as peças históricas inglesas, tidas todas como os grandes textos políticos de Shakespeare. Na verdade, é possível até mesmo afirmar que em *Me-*

208   FALANDO DE SHAKESPEARE

dida por Medida a investigação do autor atinge uma variedade de planos mais ampla do que em qualquer dessas outras obras.

Para chegar aonde queria por meio de uma forma integralmente dramática, como era de seu hábito ele buscou em fontes várias um material que pudesse manipular, alterar, transformar, até que ele aparecesse, transfigurado por seu talento, com forma e significado que os autores das fontes sequer teriam imaginado.

Quando Shakespeare escreveu *Medida por Medida*, em algum momento do ano de 1604, ele escreveria também, ou logo antes ou logo depois, *Otelo*, e as duas obras têm em comum sua fonte principal de enredo: ambas as tramas foram encontradas no volume de *novelle* do italiano Giovanni Battista Giraldi, chamado Cinthio, publicado nos idos de 1565 e chamado *Hecatommithi*. O próprio Cinthio fez da *novella* uma peça, mas o que Shakespeare usou foi *Promos e Cassandra*, versão do inglês George Whetston, que já elabora ele mesmo o acontecimento um tanto ou quanto sórdido que teria acontecido na Itália, segundo carta que escrita por um estudante húngaro, em 1547. Se acharem que a historinha lembra a *Tosca*, não há problema: a matriz tem sido explorada por vários autores.

A trama básica é a seguinte: um cidadão de uma pequena aldeia italiana foi condenado à morte por assassinato. Sua irmã, que era uma moça muito bonita, implorou ao juiz que perdoasse seu irmão. O juiz prometeu que o perdoaria desde que ela abrisse mão de sua honra (em favor dele, juiz, é claro). Apesar de ela se ter devidamente prostituído, o juiz confirma a sentença e manda decapitar o irmão. A moça apela para o Imperador a fim de vingar-se, e este reage ordenando que o mau juiz se case com a moça e seja executado logo a seguir. Whetstone já introduzira alguns personagens cômicos, e o episódio da substituição da cabeça de Cláudio; mas seu final feliz é mais apelativo e menos sério que o de Shakespeare. Este último, como já disse, estava muito mais interessado no bom governo do que em um melodrama eficiente, e acrescentou um outro nível à sua trama, com o tema do "governante disfarçado". A ideia de um governante disfarçar-se e sair entre seu povo para saber como está indo o governo aparece com considerável frequência em lendas folclóricas de vários países, mas no século XVII existia uma versão com alguma pretensão à historicidade, que aparece na História Augusta atribuída a Lampridius, e nas *Décadas de las vidas de los Cesares*, de Guevara, publicada em 1539. Nessas, o imperador romano Alexandre Severo era apresentado como o mais exemplar dos governantes. Quando ele resolveu combater a corrupção e toda espécie de transgressão da lei, mandou dois homens de sua confiança para investigar como estava sendo ministrada a justiça, ouvindo as queixas do povo, além de ele mesmo partir para fazer as próprias investigações, criando punições severíssimas para os juízes infratores (tanto quanto para os criminosos). A imagem de Severo alcançou grande repercussão,

MEDIDA POR MEDIDA

e quando Sir Thomas Elyot escreveu *A Imagem da Governança*, um dos mais importantes livros sobre política do século XVI, disse ele sobre Severus:

ele costumava muitas vezes se disfarçar de maneira diversas e estranhas, como por vezes nos trajes de um estudante de filosofia... mais frequentemente como mercador... e um dia visitava uma parte da cidade, outro dia outra parte, para ver o estado em que se encontrava o povo, bem como a indústria ou negligência daqueles que eram seus funcionários.

A história do Duque de Viena e de Ângelo, seu preposto, em *Medida por Medida*, já estavam assim arranjadas; mas para dar ao problema um final harmônico e não trágico, Shakespeare ainda foi buscar mais um outro tema tradicional nos contos populares de vários países, o da substituição da noiva na cama, que Shakespeare usaria também em outra das "peças-problema" ou "comédia sombria", *Bom é o que Bem Acaba*.

É claro que uma vez tendo em mãos essas três linhas de ação independentes, Shakespeare só precisou entrar com seu gênio para criar uma estrutura na qual os fios da meada fossem entrelaçados de modo a criar um conjunto a respeito do qual até mesmo o título tem de fazer pensar: *Medida por Medida* pode, à primeira vista, e por influência do "dente por dente, olho por olho" do Antigo Testamento, fazer pensar em vingança; mas, em lugar disso, a solução de todos os problemas só poderá ser alcançada pelo comedimento, pelo bom senso, pelo repúdio a toda espécie de convicção ou comportamento extremo, que ações práticas e não sermões ou dissertações se encarregam de apresentar.

Que caminho percorreria Shakespeare para criar a trama que pudesse servir de metáfora para as questões que o inquietavam naquele momento? O que ele propõe pode ser expressado em uma fala de Creonte na *Antígona* de Sófocles (citada aqui na tradução de Mário da Gama Kury):

Não é possível conhecer perfeitamente
Um homem e o que vai fundo em sua alma,
Seus sentimentos e seus pensamentos mesmos,
Antes de o vermos no exercício do poder,
Senhor das leis.

Vincentio, duque de Viena, é o governante disfarçado, que temporariamente abre mão de seu poder para restaurar uma observância mais rígida de leis que ele, por excessiva leniência, permitira fossem desrespeitadas; mas que volta ao trono, na harmonia final da obra, para exercer seu poder fazendo respeitar a lei, porém sempre temperando a justiça com a misericórdia. O segundo componente da trama, o melodrama de Cinthio, é usado para fazer com que vejamos ser testado no poder o puritano Ângelo, famoso por sua inflexibilidade moral, mas que trai a justiça. O terceiro componente, a substituição na cama de Isabel, a noviça, a desejada irmã do condenado, por Mariana, a repudiada noiva de Ângelo, permite a construção de um complexo final harmônico, mas fez também com que, no conceito exato de *Medida por Medida*, Ângelo tenha de enfrentar a lei em situação exatamente igual à de Cláudio. A acusação contra Ângelo, no entanto, ainda é agravada por haver ele tão implacavelmente condenado, e ainda mandado executar, o jovem irmão de Isabel – supõe-se que a título de queima de arquivo – depois de haver vendido seu perdão ao preço da virgindade da irmã. A trama do governante disfarçado permite que o Duque fique efetivamente muito mais bem informado a respeito da realidade de seus governados do que lhe seria possível se permanecesse no relativo isolamento de seu trono.

Nem mesmo essa interligação das três fontes utilizadas, no entanto, ainda era suficiente para que Shakespeare apresentasse a questão do bom governo com a amplitude de visão que desejava; e é por isso que ele acrescenta mais um aspecto, o dos personagens do mundo dos bordéis que Ângelo manda fechar, cumprindo a lei antes negligenciada. E é preciso aqui explicar um pouco a importância disso no desenvolvimento da dramaturgia elizabetana: na Idade Média, as pesadíssimas moralidades, para ampliar o fôlego do espectador, acabaram por fazer do diabo um personagem cômico, em ocasiões esporádicas, razão por que, na dramaturgia pré-shakespeariana, aparecem algumas peças de pretensões sérias que, considerando que o público gostava de se rir ocasionalmente, incluíam cenas de virtual pastelão, desempenhadas por criados trapalhões, que nada tinham a ver com as intenções mais sérias de seus amos ou da própria obra. Foi William Shakespeare quem alterou esse panorama – e com a criação das cenas de taverna, com Falstaff e seus comparsas, na primeira e segunda partes de *Henrique IV*, foi o primeiro autor a mostrar ao mundo que um reino não é expressado exclusivamente por seu governantes e classes dominantes.

É significativo que Shakespeare, que com tanta facilidade não só usou como aprimorou as criações dramatúrgicas dos *university wits*, que o precederam e iniciaram o teatro elizabetano, tenha feito sua contribuição pessoal justamente trazendo para o palco, ao lado dos governantes, os governados, com seus hábitos, seus problemas, sua visão do governo e das leis. É claro que a Ama de Julieta, o escrivão que comenta a condenação de Hastings no *Ricardo III*, os coveiros do *Hamlet* e uma dúzia de personagens do povo já haviam feito contribuições marcantes quanto à mudança do ponto de vista; mas aqui em *Medida por Medida*, como nos *Henrique IV*, há toda uma sequência que tira tais comentários do nível individual e mostra todo um segmento social a ser levado em conta na vida de um país. Mas para manter leve na comédia um assunto sério, o grupo do mundo dos bordéis é o mais cômico da obra.

MEDIDA POR MEDIDA 211

Como ficou, afinal, essa mescla? *Medida por Medida* já passou por todas as gradações possíveis de reprovação e aprovação, de crítica e de público, desde o divertido e indignado repúdio ao grupo de personagens ligados ao mundo da prostituição (inclusive em tons de "isso não pode ter sido escrito por Shakespeare"), até interpretações que veem a peça como uma complicadíssima alegoria religiosa. Que Shakespeare elaborou sua complexa ação em torno tanto do bom governo quanto de valores éticos e espirituais não pode haver a menor dúvida; mas o importante é que o que ele escreve não é um tratado a respeito de tais temas, um debate teórico, uma reflexão de erudito, mas sim uma obra dramática – aquilo a que chamamos uma peça de teatro – em que nenhum personagem é alegoria desta ou daquela convicção.

Mesmo sem serem enquadrados no esquema da alegoria, cada personagem – como é necessário que aconteça para uma ação dramática – é criado tendo determinado aspecto preponderante em sua visão individual; digo preponderante porque como sempre os personagens shakespearianos são multifacetados e tão plenos de pequenas ou grandes incoerências quanto somos todos nós seres humanos. Por isso eles têm vida, por isso *Medida por Medida* é provocante, por isso sua artificialidade, seus métodos antirrealistas, nos conduzem pelos misteriosos caminhos da comunicação imaginativa a relacionar o que usufruímos pelo prazer estético com a experiência da realidade.

Antes de entrar um pouco sobre o que nos diz *Medida por Medida* sobre a ética do bom governo, devo mencionar dois aspectos significativos para a obra que não são de nossa intimidade enquanto brasileiros. Em primeiro lugar, porque sob alguns aspectos isso é fundamental para a figura de Ângelo, é preciso lembrar que crescia assustadoramente o poder dos puritanos desde pelo menos as últimas três décadas no século XVI, na Inglaterra. A igreja de Henrique VIII (que foi a de Elizabeth) não satisfazia esse segmento protestante mais radical, que se pautava por comportamentos proibitivos, condenação de toda e qualquer forma de divertimento ou prazer... e que acabou por fechar os teatros quando Cromwell chegou ao poder na década de 1640. Alguns anos antes, talvez porque os puritanos não lhe parecessem tão poderosos ainda, Shakespeare os havia criticado pelo riso na figura de Malvólio, na *Noite de Reis*; mas na criação de Ângelo, que chega realmente ao poder, a ameaça puritana fica bem mais clara.

Outra informação necessária é sobre o *betrothal*, um compromisso bem mais sério do que o noivado, uma espécie de pré-casamento, no qual se transformava automaticamente por um de dois caminhos: o da cerimônia religiosa, ou o da consumação (muito embora, neste último caso, mesmo se transformando em devidamente indissolúvel, ainda exigisse a cerimônia religiosa, naquele mundo no qual a religião era bem mais presente no cotidiano do que hoje em dia). O conceito do *betrothal*, com sua conotação de um quase casamento, é central para

212 FALANDO DE SHAKESPEARE

todo o desenvolvimento de *Medida por Medida*, porque é a história de Cláudio que serve para trazer o entrelaçamento de todas as várias linhas que compõem o total da trama. Como em todas as comédias, e diferentemente das tragédias, o interesse da peça é distribuído entre vários personagens, com toda uma série de acontecimentos sendo duplicados com o objetivo de ficar sublinhada sua natureza geral, não restrita a um indivíduo; mas com Cláudio como elemento unificador, tudo fica bastante claro.

Para um mundo contemporâneo, até mesmo para suas democráticas monarquias constitucionais, a ideia do "governante disfarçado" não é realmente muito assimilável, do ponto de vista ético, tampouco a justificativa oferecida pelo Duque, de que após catorze anos de leniência, seria melhor deixar outro em seu lugar fazer cumprir a lei. Como isto não é história e sim teatro, no entanto, o recurso é tão válido quanto qualquer outro para criar a situação na qual o governante, incógnito, anda no meio de seu povo, frequentando camadas sociais com as quais jamais teria contato enquanto permanecendo em seu trono, e aproveitando para verificar como atuam aqueles que com ele colaboram na tarefa de governar. Assim como fez ao usar o "Romeu e Julieta" de Arthur Brooke, onde transformou os vários meses do poema na intensidade de um pouco menos de cinco dias completos, a decisão do Duque de abandonar temporariamente o governo em *Medida por Medida* aparece como rápida e inesperada – e podemos perfeitamente admitir que Vincentio entrevê oportunidade excepcional para avaliar o puritanismo de Ângelo quando Cláudio é preso por uma transgressão sexual: com o casamento adiado à espera que se resolva uma questão do dote, Cláudio se considerava casado com Julieta e, estando ela grávida, está inteiramente disposto a fazê-lo formalmente. O implacável Ângelo enquadra o caso na legislação contra prostituição, condenando-o à morte em lugar de fazer os dois se casarem, a solução mais lógica e desejada por ambos: Ângelo, testado no exercício do poder, fracassa justamente porque, em circunstâncias semelhantes rigorosamente iguais, ou seja comprometido com Mariana no nível de *betrothal*, e com o casamento adiado por demora no dote, ele trai seu compromisso: Cláudio transgride por amor e, talvez, irresponsabilidade; mas o erro de Ângelo é mais frio e mais cruel: sem dote, ele repudia Mariana, agravando ainda sua culpa por inventar calúnia contra a honra da moça a fim de justificar seu ato. A oportunidade é única para o inflexível moralista ser avaliado.

Ângelo é uma personagem fascinante, porque Shakespeare não o faz absolutamente um Tartufo, um canalha cínico que viva para aproveitar o poder e suas regalias, como o personagem de Molière. A criação de Shakespeare percorre um outro caminho, o do engano e do autoengano que caracterizam Ângelo como puritano. Shakespeare não costuma incluir falas gratuitas ou falsas no que dizem seus persona-

MEDIDA POR MEDIDA

gens positivos; e no julgamento final de Ângelo, Isabella diz acreditar que, até vê-la, ele viesse agindo de maneira íntegra – e não creio que possa haver dúvida de que, como todo bom puritano preocupado com *a aparência* da moralidade, ele houvesse elaborado para si mesmo uma desculpa com toda a aparência do lógico, correto e ético, para seu comportamento em relação a Mariana. Tal desculpa seria parte da elaboração da visão e do comportamento que o tornaram famoso como exemplo de inflexível defensor da moralidade, mas o leva também à negação das gradações, à divisão arbitrária entre bem e mal, a privar a justiça da misericórdia, e a fazer desaparecer a distinção entre o comportamento de Cláudio e o cinismo e a corrupção do universo da prostituição, o objetivo real da lei que ele devia fazer cumprir.

No caso de sua implacável condenação de Cláudio, Ângelo ainda poderia enganar-se a ponto de acreditar que estivesse desempenhando à risca suas funções; mas a ação revela que uma falha moral inevitavelmente leva a outra: por mais que Ângelo se viesse pautando por comportamentos puritanamente corretos, ele manda executar Cláudio mesmo quando pensa que Isabela cedeu, e ao ser acusado, repete o recurso usado anos antes contra Mariana, caluniando Isabela com o único e claro objetivo de preservar a própria imagem e encobrir sua própria e gravíssima transgressão.

Ângelo, sempre preocupado com sua aparência de rígido cumpridor da lei, se prende, em seu julgamento de Cláudio, à letra da lei, a momento algum reflete sobre a justiça de sua ação – contestando de forma irrecorrível a argumentação final de Escalo, seu colaborador no poder. Preparando o comprometimento final de Ângelo com seu erro, no diálogo com Escalo, Ato II, cena 1, este sugere a Ângelo que reflita sobre a possibilidade de ele mesmo cair em erro igual ao de Cláudio, em determinadas circunstâncias; em resposta, Ângelo se coloca como totalmente isento de culpa e imune a qualquer argumentação que o demova da resolução de mandar executar Cláudio:

> Uma coisa é sentir a tentação
> Outra é cair. Eu não posso negar
> Que no júri que tira a vida do réu
> Possa, em doze, existir algum ladrão
> De maior culpa. O que vem à justiça,
> A justiça captura. O que importa
> À lei se é um ladrão que julga o outro?
> Nós pegamos a joia que encontramos
> Porque a vemos; mas o que não vemos
> Nós pisamos em cima, sem pensar.
> Não se atenua a ofensa que ele faz
> Com faltas minhas; é melhor lembrar-me
> Que quando eu que o condeno assim errar
> Por sentença que dei devo eu morrer.

214 FALANDO DE SHAKESPEARE

Essa é a visão que tem Ângelo de como se deve aplicar a lei, e poderíamos talvez aceitá-la como dura mas verdadeira se, ao incorrer em erro semelhante porém ainda mais grave do que o de Cláudio, Ângelo aceitasse sua culpa com a lisura que sua fala proclama e se, ainda no exercício do poder, assumisse a verdade de seus atos e se condenasse tão implacavelmente quanto condena Cláudio. Ao contrário, ao ver entrar Isabela para pedir justiça ao Duque, no início do Ato V, antes mesmo de saber como ela o acusaria, Ângelo já procura garantir-se dizendo ao Duque:

> Senhor, temo que tenha a mente enferma.
> Ela tem implorado pelo irmão
> Que a justiça matou.

e mais adiante, quando Mariana já deu a sua versão do encontro noturno que ele pensava ter sido com Isabela, Ângelo novamente apela para a calúnia:

> Sorri até aqui.
> Agora, meu senhor, quero justiça.
> Perdi a paciência; percebi
> Que essas loucas mulheres são apenas
> Armas nas mãos de algum poder maior
> Que as incita, e eu quero permissão
> Pra descobri-lo.

Se o contraste com Cláudio é o mais clamoroso, há um outro, elaborado por Shakespeare com percuciência e sutileza, entre Ângelo e o Delegado, exemplarmente ligado à questão do uso do poder em relação à justiça e a misericórdia. Todas as falhas no comportamento de Ângelo, que o diálogo sugere ter tido todas as oportunidades de sólida formação acadêmica e legal, e que maculam gravemente sua postura ostensivamente ética, são contrastadas com a verdadeira e despretensiosa integridade do Delegado, fiel no cumprimento do dever e extremamente relutante em compactuar com o recurso do Duque disfarçado para salvar Cláudio. Ele só o faz após ser convencido de que tem apoio do próprio Duque para fazê-lo, apesar de, desde o início, ver claramente a distinção entre Cláudio e os que vivem da prostituição, e considerar injusta sua condenação.

Na figura do Delegado novamente é usado o recurso do paralelismo: ele serve de eixo de ligação entre o mundo de Ângelo-Cláudio-Isabella e o dos criminosos relapsos, os verdadeiros exploradores do lenocínio, os ladrões, os assassinos. Seu bom senso faz com que ele sinta que há exagerado rigor na condenação de Cláudio, comentando que "Esse vício é de toda classe e idade./ Mas esse morre", e ele ainda oferece

MEDIDA POR MEDIDA

a Ângelo todas as oportunidade para refletir sobre sua decisão, como no diálogo no início do Ato II, cena 2:

DELEGADO

Ainda quer que amanhã morra Cláudio?

ÂNGELO

Eu não disse que sim? Não tem a ordem?
Por que pergunta?

DELEGADO

Eu não quero imprudências.
O senhor me desculpe, mas já vi
Juízes que depois da execução
Lamentam a pena.

Seu bom senso, no entanto, não permite tampouco que ele aceite o cinismo da cafetina Madame Japassada e seus companheiros. Em contraste com a perfeita intuição ética do Delegado, aparece a figura de Lúcio, descrito como um "fantástico" mas acompanhado por dois *outros cavalheiros*, o que empresta essa mesma condição social: este, no entanto, contumaz frequentador de bordéis, está inteiramente contaminado pela imoralidade desse mundo, dominado por um cinismo e uma falta de princípios que lhe valerão sentença inesperada quando tudo se resolver, *Medida por Medida*.

A questão da justiça e da misericórdia é debatida no modo por que Ângelo trata a transgressão de Cláudio. Mesmo que Ângelo fosse impecável pessoalmente, ele exagera na punição, por suas convicções ou atitudes puritanas, porém é preciso falar, ainda, do problema fundamental da integridade pessoal, expressada na obra pela presença constante da questão da castidade, para podermos avaliar a dimensão do erro moral de Ângelo. Para uma época de permissividade sexual como a nossa, a ênfase na virgindade pode parecer estranha, ou ao menos exagerada, porém no caso da Isabela, a questão tem sua colocação justificada ainda mais por sua proclamada intenção de tornar-se freira. Mas a maior rigidez de outros tempos não impede Shakespeare de nos mostrar que não só o puro e simples comércio do sexo era atividade largamente difundida (e entusiasticamente defendida não só pelos que dele vivem como também por usuários como Lúcio), como também que não eram raras as Julietas, que por amor se entregavam ao amado antes de todas as exigências religiosas e sociais estarem devidamente atendidas.

No pequeno grupo de comédias sombrias ou peças-problema, que inclui, além de *Medida por Medida*, *Bom é o que Bem Acaba* e *Troilo e Créssida*, William Shakespeare, que já investigara por tantas vezes os caminhos e descaminhos do amor romântico em uma série de comé-

216 FALANDO DE SHAKESPEARE

dias (e até mesmo na tragédia de *Romeu e Julieta*), passa a investigar situações em que a mera atração sexual pode ser vista em contraste com aquelas em que o sexo entra como um componente forte da emoção bem mais complexa a que chama amor. Em *Medida por Medida*, com grande clareza, o exercício do sexo sem amor fica ligado aos personagens cujo comportamento, em seu todo, é essencialmente antiético: Ângelo, Lúcio, Japassada e Pompeu, por exemplo.

O que distingue a obra de Shakespeare de seus modelos e fontes é o fato de cada personagem ter convicções firmes que determinam seu comportamento. Nada explicaria o comportamento de Isabella, preferindo a morte do irmão à perda de virgindade para atender a chantagem de Ângelo, se o texto não deixasse muito clara sua profunda preocupação com a vida eterna: se ela cedesse a Ângelo por decisão própria perderia sua alma, mas se cedesse para atender à fraqueza de Cláudio, cuja juventude clama, depois de inicialmente ele concordar com Isabela que ela não deve ceder, na patética frase: "A morte é coisa horrível", ela perderia a sua alma e a dele. Em nada o gênio de Shakespeare se revela tanto quanto no fato de a momento algum ele doutrinar a respeito do erro ou da correção de qualquer de seus personagens: cada um fala por si e se revela não por qualquer coisa que só diga; suas convicções, estas ou aquelas, são expressadas por ações características, como podemos ver na questão da proposta de Ângelo e da reação de Cláudio, que não se apresentam na forma de enunciados ou declarações de princípios (ou falta deles) mas como argumentações nascidas de desejos específicos: o de Ângelo de possuir Isabella, o de Cláudio de viver.

As duas cenas, habilmente colocadas uma logo após a outra (a última do Ato II e a primeira do Ato III), têm em comum o recurso com o qual Shakespeare torna aparente e forte a posição de Isabella: tanto com Ângelo quanto com Cláudio a sua retidão faz com que durante parte de ambos os diálogos haja uma espécie de conversa de surdos, já que as visões que um e outro têm do assunto de que falam sequer ocorram a ela. Mas fora isso as cenas têm tratamento bastante diverso: logo no início de II, iv temos um monólogo de Ângelo que, nas primeiras linhas, lembra muito o grande monólogo do rei no *Hamlet*. O Cláudio do *Hamlet* diz, entre outras coisas: "Rezar não posso/ Embora o meu desejo seja imenso", ele se vê como um homem "preso a dois negócios", e acaba dizendo: "Voa a palavra, a ideia jaz no chão/ Palavras ocas nunca ao céu irão", enquanto Ângelo nos oferece: "Ao orar e pensar eu oro e penso/ Com dois alvos. O céu tem a palavra//Mas as ideias, mesmo sem a língua,/ Ficam com Isabel". E é claro que a figura do rei ocorrer ao poeta quando está criando Ângelo diz muito a respeito de como ele vê o substituto do Duque de Viena. A angústia que a princípio é sugerida cede lugar ao cinismo do governante que, tentado por quem não tenta, quer comprar o corpo de Isabella com o poder que tem sobre a vida de seu irmão. Enveredando por uma série de argumentos cada vez mais ambí-

MEDIDA POR MEDIDA 217

guos, Ângelo esbarra na incompreensão de Isabella, e não pode falar apenas por indiretas. A reação dela, a indignação moral que a leva a afirmar que há de denunciá-lo, levam Ângelo ao desmascaramento total: a suposta ética do puritano no governo desaparece diante do puro e simples desejo sexual que passa a guiar seu comportamento.

Já o Ato III abre com a maior atuação do Duque como confessor: a proposta de Ângelo ainda não é conhecida, e ele prepara Cláudio espiritualmente para a morte com um catálogo das imagens de desmerecimento da vida terrena, e valorização implícita da vida eterna, que eram correntes no cotidiano do início do século XVII tanto entre católicos quanto entre protestantes. O diálogo tem duas funções facilmente identificáveis: por um lado devemos aceitar que o Duque em sua própria pessoa nutre as mesmas convicções, e por outro sua sinceridade e capacidade de persuasão fazem com que, de início, Cláudio aceite a morte que Isabella lhe anuncia e repudie com tanto vigor quanto ela a indecorosa proposta de Ângelo. Como isto é teatro, e já que o Duque se disfarçou a fim de saber como vão as coisas entre o seu povo, e como está sendo aceita a legislação que ele por tanto tempo deixou dormir, não é de espantar que ele peça ao Delegado para ouvir a conversa dos irmãos (o que o Delegado acredita ser feito com as melhores intenções). A mudança de tom em Cláudio, que também durante algum tempo Isabela não compreende, é magistralmente introduzida: é quase tangível o progressivo aparecimento do medo da morte. Quando Isabela reage à afirmação do irmão de "a morte é coisa horrível", sua proposta é coerente com tudo o que até então sabemos dela: "Como é odiosa a vida com vergonha". Depois de uma fala pungente, em que o medo do que vem depois da morte é apresentado em imagens concretas, específicas, vem o patético apelo:

Deixe que eu viva, doce irmã.
Pecado pra salvar a vida de irmão
A natureza trata de tal modo
Que se torna virtude.

Só mesmo um Shakespeare se lembraria de fazer Cláudio, nessa hora, não ter coragem para sugerir que o céu validaria esse pecado, preferindo invocar a natureza, mais empenhada é claro na preservação da vida terrena.

O quadro, como vemos, é bastante complexo, e se Vincentio se disfarça para verificar como podem ser governados seus súditos por alguém que se proclama inflexível no cumprimento da lei, imune às concessões mesmo quando a misericórdia as recomenda, é claro que ele mesmo, tanto em sua própria pessoa quanto enquanto disfarçado de monge, é o principal objeto da análise de William Shakespeare enquanto disfarçado em dramaturgo; a posição e a integridade do Duque

218 FALANDO DE SHAKESPEARE

quanto à justiça e a misericórdia, sua preocupação com a vida, a morte e a salvação da alma, sua busca de equilíbrio entre o domínio pelo instinto ou pela razão (que mais tarde será o grande tema em *A Tempestade*) é que podem determinar sua qualidade como governante, governante em uma época retratada nos moldes da que Shakespeare conheceu, ou seja, paternalista mas muito cobrado por sua responsabilidade em relação do bem-estar da comunidade que governa.

O grande teste, tanto para Ângelo quanto para o Duque, vem no momento do julgamento público: o quadro moral de Ângelo se agrava a cada instante, à medida que ele tenta ocultar a própria culpa acusando Isabella e Mariana, o que o desqualifica cada vez mais enquanto governante ou, como deve ser chamado enquanto exerce aquelas funções específicas, magistrado. De sua parte o Duque, uma vez revelado, conduz exemplarmente o julgamento de Ângelo, que no início da peça se condenara – inadvertidamente, como muitas vezes acontece em Shakespeare, por não saber o alcance de sua afirmação – dizendo: "Quando eu, que o condeno, assim errar,/ Por sentença que dei devo morrer". Assim como Cláudio, ele tivera uma relação sexual com sua *betrothed* sem as bênçãos finais do casamento. Penas iguais para crimes iguais é o lógico e certo; porém tudo indica que até mesmo sem os apelos de Mariana e Isabela, Vincentio, depois do susto, temperaria a justiça com a misericórdia. Em toda a sequência vemos um Duque amadurecido, que, assim como Próspero depois do exílio na ilha, será melhor governante depois desse enriquecedor episódio em contato com aspectos mais duros, menos nobres, na vida.

Não se pode aplicar à obra de arte literalmente os valores da vida real: os elementos que Shakespeare toma à lenda têm de ser aceitos como recursos a serem imaginativamente utilizados para a construção da fábula desejada pelo autor; e é menos importante nos atermos ao fato de o Duque se querer disfarçar para verificar como está o termômetro moral de seu ducado do que atentar para as falas, na cena 3 do Ato I, nas quais ele assume a responsabilidade por seus erros e pela leniência com que acabou incentivando a devassidão em Viena.

Em nada *Medida por Medida* é tão moderna quanto na tomada de consciência da realidade que faz evoluírem seus personagens principais: o Duque evolui, amadurece, e quando assume o exercício do poder, ele o faz com maior sentido de responsabilidade; e sua posição final tem de ser contrastada com aquela, que não testemunhamos mas que ele mesmo recorda e lamenta, bem como com seu período como governante disfarçado, no qual ele aprende muito a respeito do alcance e repercussão de seus atos. Não podemos deixar de notar que embora oficialmente afastado de seu posto, o Duque não chega realmente a abandonar suas funções, pois mesmo enquanto disfarçado ele exerce o poder no sentido de evitar a morte de Cláudio, por exemplo. Essa sua ação fica em sintonia com a posição do Delegado, cuja

MEDIDA POR MEDIDA 219

integridade o Duque amadurecido pretende usar em posição mais responsável.

Ao longo de toda a obra de Shakespeare reaparece a divisória clara para a definição daqueles que ocupam posições de mando: o bom governante é o que usa o poder para o bem-estar da comunidade, o mau governante é o que deseja o poder para benefício próprio. O Duque de *Medida por Medida*, pelo que podemos deduzir de sua admissão ante Frei Tomás, errara pelo excesso de leniência, por não ter até então dosado adequadamente a mescla de justiça e misericórdia que traria os maiores benefícios para a comunidade. Mas, pelo menos, ele errou por generosidade e não por egoísmo, como errou Ângelo ao repudiar Mariana, e ao retomar oficialmente o poder, a grande preocupação de Vincentio é a de julgar com sensatez, *Medida por Medida*, a todos, inclusiva a Lúcio, que não é condenado por caluniar seu príncipe mas sim por haver cometido efetivamente a transgressão pela qual fora injustamente condenado Cláudio.

Não podemos esquecer que dentre os muitos paralelismos da construção de *Medida por Medida* há ainda mais um, que define bem as diferenças entre Ângelo e o Duque: nenhum dos dois, afinal, é capaz de resistir aos atrativos de Isabella; mas enquanto o egoísta e puritano Ângelo reage a ela com um simples desejo a ser resolvido por um fortuito ato sexual, o Duque, não por algum repentino acesso de amor romântico mas impressionado pelo conjunto de virtude e beleza da irmã de Cláudio, a quer por mulher. Mas é de notar que, de todas as decisões que tem de tomar na última cena, as que concernem os súditos tiveram precedência sobre esse seu único empenho pessoal. O fato de Isabella, de início, fazer planos de entrar para um convento tem de ser compreendido como indispensável para reforçar sua posição em defesa de sua virgindade; sua mudança de ideias não é mais arbitrária do que outras do vocabulário da comédia shakespeariana.

A mim, pessoalmente, parece particularmente fascinante que Shakespeare escolhesse uma comédia para levantar tantas questões sérias a respeito do bom governo: e no entanto é num esquema de comédia, ou seja, em um esquema no qual o significado da ação é distribuído por um número mais amplo de personagens, que Shakespeare pode realmente transmitir seu principal conteúdo; o de que no grupo social sempre há aqueles que têm de ser obrigados a obedecer a lei (como Japassada e seus comparsas), mas que o Estado precisa da responsável participação daqueles que têm a oportunidade de ter os instintos naturais temperados pela educação: se em nenhuma obra de Shakespeare podemos encontrar um final feliz sem um bom governo, o bom governo para existir precisa que o governado, na medida em que lhe cabe, faça a sua contribuição para a harmonia do todo, que nunca é formada nem por governantes e nem por governados perfeitos. A perfeição, no entanto, jamais foi pedida por Shakespeare a essa humanidade que ele tanto amou e tão belamente cantou.

Forma e Origens de
O Mercador de Veneza

"Há uma providência especial na queda de um pardal", diz Hamlet – e não sei bem por que a frase me veio à mente quando me sentei para tentar dizer alguma coisa sobre *O Mercador de Veneza*. Creio que tenha sido porque a primeira coisa que me ocorreu foi que uma providência especial me permitiu voltar ao *Mercador*. Havia já um bom tempo desde que eu lera a peça pela última vez, e de início tenho de agradecer a vocês por me terem obrigado a voltar a ela; e quando digo que vou falar sobre a forma e as origens da peça, é porque me parece fascinante que, ao usar fontes as mais diversas, o trabalho de dramaturgia de Shakespeare se tenha caracterizado, em todas elas, como uma tarefa de humanização de personagens antes distantes de nós ou por motivos religiosos, ou rígidos tipos herdados do teatro medieval amador. Não podemos nunca subestimar, na Inglaterra, a importância da vasta e popularíssima dramaturgia que floresceu na Idade Média e, aos poucos, se havia transformado em atividade secular e profissional, mas atravessara séculos e, por isso mesmo, deixara profundamente impressas na imaginação popular uma série de personagens "bons" ou "maus", segundo sua funcionalidade no grande panorama de episódios bíblicos dramatizados e repetidos anualmente na festa de *Corpus Christi*.

Quando, por gostarem de fazer teatro, um sapateiro, um ourives ou um padeiro, por exemplo, abandonava seu ofício para se dedicar a uma atividade a princípio quase apenas de saltimbanco, não tardaram a aparecer toda espécie de proibições quanto ao uso de textos de natureza religiosa: era preciso criar textos que os novos profissionais pu-

FALANDO DE SHAKESPEARE

dessem apresentar, e que tinham de ser numerosos porque, em suas nômades aventuras de mambembes, os atores visitavam vilas e aldeias com populações muito pequenas, o que fazia uma permanência de dois ou três dias no mesmo lugar querer dizer, necessariamente, dois ou três espetáculos diferentes. Onde buscariam eles sua inspiração? É claro que, por tentativa e erro, eles procuravam aproveitar o que haviam aprendido com os textos semilitúrgicos que fizeram a glória dos ciclos como o de York, composto por 48 pequenas peças, cobrindo a Bíblia da Gênese ao Juízo Final. Já nesse mesmo teatro semilitúrgico, no entanto, o sucesso se devera, em parte ao menos, ao fato de os ingênuos, devotos e semianalfabetos autores se terem enriquecido, e muito, pelo simples processo de olhar o mundo à sua volta e observar comportamentos humanos rotineiros. O resultado disso, somado à descoberta, nas universidades, do mundo dramático de Plauto, Terêncio e Sêneca, é exatamente aquilo que costumamos chamar de teatro elizabetano.

Esse teatro, de grande riqueza poética e sempre popular, nunca foi didático como o compreendia Bertolt Brecht em seus *Lehrstücke*, porém como tem suas origens naquele teatro religioso cujo objetivo era ensinar História Sagrada, a Bíblia ou as vidas dos santos a seus rebanhos analfabetos, é claro que sempre ficou presente a ideia de que quem escreve uma peça de teatro é porque tem alguma coisa a dizer. Permaneceu também, a par desta – sem dúvida –, a outra ideia, a de que para o público prestar atenção a essa coisa que se queria dizer é melhor tornar o texto agradável, bonito e interessante, graças a uma ação dramática capaz de despertar o mecanismo imaginativo da plateia. Não foi um processo fácil, e foram necessárias várias décadas até que, com os University Wits, aparecessem talentos que, por suas origens via de regra modestas, conhecessem bem o que ainda restava das formas medievais, mas por sua educação universitária conhecessem bem o que a Renascença oferecia, e fosse encontrada por estes a fórmula que conciliasse o melhor de dois mundos, nascida do uso da poesia como elemento catalisador. Nem mesmo esse grupo, na verdade, conseguiu sempre alcançar nível inteiramente satisfatório de coerência de comportamento, de humanização: no crucial *Tamburlaine*, a obra que marca a abertura do teatro elizabetano, Christopher Marlowe expressa exemplarmente a ambição de Tamerlão quando este diz:

A própria Natureza, ao nos forjar
De seus quatro elementos, que disputam
Em nosso peito pela primazia,
Ensina-nos às mentes a sonhar:
Nossa almas, capazes de entrever
Do mundo a fabulosa arquitetura,
E de medir o curso dos planetas,
Em busca de um saber que é infinito,
Inquietas, como a dança das esferas,

FORMA E ORIGENS DE *O MERCADOR DE VENEZA* 223

Exigem que lutemos, sem descanso,
Até atingir o fruto mais perfeito –
Felicidade única e sem jaça –
O gozo do poder aqui na terra.

O último verso pode nos parecer hoje em dia um tanto desapontador, mas ele é expressivo não só do pastor que se tornou imperador do mundo como, de certo modo, do próprio Marlowe, com sua misteriosa carreira de espião e sua ainda mais misteriosa morte aos 29 anos, oficialmente em função de uma discussão por causa da conta de um almoço. Christopher Marlowe e sua poesia foram determinantes, mas será que podemos considerar realmente expressiva de Tamerlão a fala que vem logo depois de ele haver ordenado a morte de 10 mil pessoas?

O que é a beleza, indaga o meu sofrer.
Se toda pena que tomaram poetas
Houvesse alimentado o sentimento
De todo pensamento de seus amos,
E do mel que inspirou seus corações,
Suas mentes e temas mais queridos;
Se toda a essência celestial que tiram
Das flores imortais da poesia,
Nas quais, como num espelho, percebemos
As culminâncias do talento humano;
Se disso fosse feito um só poema,
Banhado na virtude da beleza,
Mesmo assim, em seus cérebros inquietos,
Uma ideia, uma graça há de pairar,
Que não haja palavras pra expressar.

A dimensão pode ser de conquistador; mas a sensibilidade à beleza não me parece inteiramente adequada.

E é de Marlowe ainda que vamos falar, em relação à deficiência de humanização daqueles tipos consagrados a que me referi lá em cima, graças ao fato de, antes de *O Mercador de Veneza*, Marlowe ter escrito uma peça em que se destaca o personagem de um judeu rico, *O Judeu de Malta*. O judeu de Marlowe, Barrabás, é um monstro de perversidade de dimensões tais que beiram o caricato. A trama é muito complicada, mas vale a pena descrevê-la um pouco, para que se possa avaliar a desmedida na criação da personagem: tudo começa quando o governador de Malta, cristão, impõe aos judeus que vivem e negociam na ilha um imposto de 50% de seus bens para pagar um tributo devido aos turcos. Todos pagam, menos o riquíssimo Barrabás, que protesta e por isso é condenado a perder tudo o que tem e ainda ver sua casa transformada em convento.

Como além dos bens que declarava oficialmente, Barrabás havia guardado muito dinheiro e joias valiosíssimas escondidos na casa, ele faz sua filha Abigail fingir que se converte e quer ser freira, para tirar o

224 FALANDO DE SHAKESPEARE

tesouro de lá. A essa altura, dois jovens cristãos estão apaixonados por Abigail; o pai encoraja os dois, promete a filha aos dois e acaba dando um jeito de eles se baterem em duelo e se matarem mutuamente. A filha fica tão revoltada que se converte realmente e entra para o convento. Barrabás, indignado, manda preparar uma grande terrina de arroz apetitoso mas envenenado, que oferece de presente ao convento. Morrem todos, que são mais de duzentos. Antes de morrer, Abigail revela a verdade ao frade que a converteu e, quase violando um segredo de confessionário, ele conta a história ao governador para salvar a cidade.

Ajudado por Ithamore, um escravo tão horrível quanto ele, Barrabás estrangula o frade que converteu a filha e ainda consegue fazer um outro ser culpado pela morte; uma cortesã descobre, pelo escravo, os segredos de Barrabás, planejando roubá-lo, mas Barrabás descobre o plano, vai fazer uma visita disfarçado e envenena a ela e a seus comparsas. No fim há uma grande trama envolvendo cristãos e turcos – Barrabás vende-se a ambos e planeja um golpe final, um jantar para os turcos em uma sala cujo chão desabaria e todos eles cairiam dentro de um vasto caldeirão de azeite fervendo; mas em um contragolpe inesperado é Barrabás quem cai lá dentro (isso depois de fugas etc.). Faltam inúmeros detalhes nesse relato, mas pelo menos já dá para ver o baixíssimo nível de credibilidade humana que existe no protagonista. Só para completar um pouco mais a ideia de como é Barrabás, eis aqui um trecho das instruções que ele dá a Ithamore quando o compra para seu escravo:

> Primeiro, evite as emoções seguintes:
> Pena, amor, esperanças e temores.
> Nada o comova, nem lhe cause dó;
> Antes sorria, se geme um cristão...
> Quanto a mim, saio à noite pra matar
> Os doentes que sofrem junto aos muros;
> Às vezes rondo envenenando as fontes...
> Estudei medicina, quando jovem,
> E foi na Itália que eu agi primeiro:
> Enriqueci os padres com enterros,
> E mantive ocupado o sacristão
> Cavando covas ou tocando dobres.
> Mais tarde transformei-me em engenheiro,
> E nas guerras da França com a Alemanha
> Matei, com estratagemas, uns e outros.
> Mais para além eu tornei-me usurário,
> E com extorsões, falcatruas de falsário,
> E truques que vão bem à corretagem,
> Lotei em breve as prisões com falidos,
> Enchi abrigos só com órfãos jovens,
> E inda levei todo mês um à loucura...
> E veja como o mal me abençoou!
> Minhas riquezas compram a cidade.

FORMA E ORIGENS DE *O MERCADOR DE VENEZA*   225

O Judeu de Malta foi escrita em 1589, mas em 1594, com a violenta onda de antissemitismo provocada pelas acusações feitas a Rodrigo Lopez, o médico judeu português de Elizabeth (o que indica pouco preconceito até então), de tomar parte em conspiração para matar a rainha, a peça foi novamente apresentada. Aparentemente voltou a alcançar grande sucesso, pois houve nada menos que quinze récitas pela companhia do Lord Almirante, a principal concorrente da companhia do Lord Camerlengo, onde Shakespeare escrevia e era sócio. *O Mercador* só foi registrado para publicação (ou para impedir a publicação por outros) em 1598; mas é mais provável que ela date de 1596. Podemos, naturalmente, admitir por exemplo que os Burbage, sócios majoritários da companhia, tivessem notado o grande sucesso da remontagem de Marlowe e pedido a seu principal dramaturgo que produzisse para eles, também, um bom sucesso de bilheteria a respeito de um judeu. Se por acaso foi essa a intenção, nada deixa tão clara a diferença entre Marlowe e Shakespeare como autores do que até mesmo a mais superficial das comparações entre Barrabás e Shylock.

A grande diferença entre as duas personagens reside, exatamente, no nível de humanização atingido pelo autor de cada um em sua criação, aliás com consequências significativas na carreira subsequente das duas obras: *O Judeu de Malta* virtualmente desapareceu do panorama teatral depois de seu sucesso de 1594, e os exageros de *grand-guignol* da maldade de Barrabás fizeram com que, em 1964, por ocasião do quarto centenário de Marlowe (tanto quanto de Shakespeare, com diferença de dois meses entre os dois), a peça, que em sua publicação original foi chamada *The Famous Tragedy of the Rich Jew of Malta,* fosse montada em Londres como uma grande comédia de humor negro. Há poucos anos houve uma outra remontagem em Stratford, que acrescentou uma experiência sem dúvida pitoresca à minha carreira de espectadora, mas por certo um texto incapaz de provocar aquilo que caracteriza *O Mercador de Veneza*: montagens constantes, com possibilidades amplas de leituras variadas.

O que nos leva, então, à figura de Shylock. Devo esclarecer que não é de meu hábito examinar personagens antes de falar do texto de modo geral, mas neste momento quero falar não do Shylock que encontramos como peça atuante na trama da peça mas sim de suas origens e do que Shakespeare fez com ele – assim como das origens de alguns outros personagens. Certas figuras perfeitamente consagradas como tipos podem ser encontradas na formação de Shylock: por um lado, e de tradição teatral antiga, vem a caracterização genérica do judeu como perseguidor de Cristo e, igualmente marcante no antigo teatro religioso, a figura do Diabo que, com a progressiva secularização do teatro, se havia transformado em Vício, figura na qual estaria enquadrada a usura. Até mesmo os momentos de descontrole emocional de Shylock, depois da fuga de sua filha Jessica, que os outros personagens tomam

226 FALANDO DE SHAKESPEARE

como grotescos e risíveis, ligam-se a essa tradicional figura do teatro medieval, pois aos poucos o Diabo, como o Vício – pelo fato de a totalidade das peças apresentarem uma vitória eventual do bem – acabaram sendo figuras cômicas, que apanhavam por não conseguir cumprir as promessas que faziam e eventualmente assumiram a personalidade do *clown* circense. Por outro lado, a vida real, com períodos mais ou menos virulentos de antissemitismo, fornecia ao poeta a figura clássica do usurário judeu. Lembra o prof. Oscar Campbell que o próprio nome do personagem, Shylock, provocaria a aversão dos mais eruditos, pois é muito semelhante ao hebreu *shalach*, traduzido como *cormorant*, corvo marítimo, nas edições inglesas da Bíblia – sendo que no período elizabetano o corvo marítimo, como todas as outras aves de rapina, eram tidos como símbolos dos usurários.

Não podemos esquecer a condenação religiosa da usura que predominou na Idade Média: podemos até mesmo lembrar que foram centros como Veneza no Mediterrâneo e, no Mar do Norte, a Liga Hanseática, onde todos lucravam com o comércio, que abalaram definitivamente o imobilismo medieval. A usura, como era rotulada toda e qualquer prática de se cobrar juros por empréstimos, por fazer multiplicar-se o que não tem vida própria, era considerada na Idade Média não só imoral como efetivamente uma forma de perversão da natureza. Como o ouro e a prata são por si mesmos estéreis, quem emprestava dinheiro a juro era acusado de usar seu dinheiro para um "ato antinatural de reprodução". Puramente por ser judeu e por, além disso, emprestar dinheiro a juros, Shylock já teria então, de início, a má vontade ou a condenação do público: o que faz William Shakespeare para alterar essa figura, humanizá-la?

O Barrabás de Marlowe, como vimos, é um monstro de pura crueldade, mata cristãos a torto e a direito, até mesmo às centenas de uma só vez, e proclama um código de comportamento mais do que lastimável, graças ao qual pôde reunir – por meio de incessante cadeia de crimes – fortuna que pode comprar toda a cidade. Shylock pode afirmar que odeia os cristãos, mas ao que tudo indica ele é um respeitável negociante da cidade, que coexiste com os cristãos do Rialto, sofrendo ainda com o preconceito e a má vontade de Antônio, tido como exemplarmente bom, apesar de sua óbvia agressividade para com o judeu. A momento algum, por outro lado, é Shylock acusado de qualquer crime que não seja o da usura (de cuja utilidade vão servir-se Antônio e Bassânio): ele não mata ninguém e, apesar de sua insistência na cobrança da famosa libra de carne, ele recorre à justiça veneziana para tentar fazê-lo.

Assim como Barrabás, Shylock tem uma filha; mas enquanto Abigail concorda em fingir-se de católica e postulante a freira só para poder pegar o tesouro que o pai deixara escondido em sua casa (transformada em convento), Jessica tem sua traição ao pai aplaudida porque, por

FORMA E ORIGENS DE *O MERCADOR DE VENEZA*   227

amor, ela foge com Lorenzo, um cristão, e como pé de meia para garantir o futuro, rouba de Shylock dinheiro e joias. Ato semelhante, no entanto, o público estaria bem pouco disposto a aplaudir se uma jovem cristã o realizasse para fugir com um judeu. Shakespeare humaniza o pai dando a ele esse motivo específico para o agravamento de sua animosidade contra Antônio e os cristãos em geral. É perfeitamente legítimo admitir-se que Shylock teria realmente a intenção de não cobrar nada de Antônio – eu não diria por bondade mas, possivelmente, porque seu gesto poderia trazer-lhe prestígio no Rialto.

É a humanização de Shylock que tem permitido uma tamanha variedade de interpretações a seu papel, que têm mudado de acordo com as alterações do clima no próprio mundo real. O antissemitismo nazista, por exemplo, catapultou Shylock para o papel de grande patriarca defensor da dignidade de sua raça e sua religião; mas é claro que isso só foi possível em função das falas que o poeta Shakespeare lhe atribuíra ao criar sua obra. Todos conhecem e comentam, é claro, a grande fala "Para servir de isca aos peixes", quando indaga "Um judeu não tem olhos?" etc. Mas há outros momentos interessantes: o quase puritanismo de uma vida austera aparece na fala em que Shylock, saindo para encontrar-se com o grupo cristão, sabe da festa de carnaval (que, aliás, será aproveitada para a fuga de Jessica). Diz ele:

> Então há mascarada? Ouve, Jessica,
> Tranca as portas, e quanto ouvir tambores,
> E os vis agudos dessas flautas tortas,
> Não subas curiosa pras janelas,
> Nem vires a cabeça para a rua
> Pra ver loucos cristãos todos pintados:
> Fecha as janelas, ouvidos da casa;
> Não permitas que fúteis sons penetrem
> Meu sóbrio lar.

Quando sabe que a filha trocou um anel por um macaco, ele tem um momento de verdadeira dor:

> [...] era a minha turquesa, que ganhei de Lia quando era solteiro;
> eu não o daria nem por uma floresta inteira de macacos.

Shakespeare humaniza Shylock, também, por não deixar tão isentos assim de culpa os cristãos. Não há dúvida de que o antissemitismo da época justificava toda e qualquer atitude de agressão aos judeus, mas sempre tive de mim para mim que Shakespeare não vê com muito bons olhos a grosseria com que os personagens secundários do grupo de Antônio debocham de Shylock, rindo-se à custa de seu sofrimento. E tenho certeza absoluta de que jamais ocorreria a Christopher Marlowe

228 FALANDO DE SHAKESPEARE

permitir que o seu judeu dissesse, quando o Duque lhe pergunta de onde espera perdão se não o dá:

> Por que temer, se não cometo erros?
> Vós tendes entre vós muitos escravos
> Que usais como se fossem cães ou mulas;
> Que usais para as tarefas mais abjetas
> Porque os comprastes – devo eu vos dizer
> "Libertai-os, casai-os com os vossos?
> Por que mourejam eles? Que seus leitos
> Sejam também macios, seus jantares
> Cozidos como os vossos?" Vós direis
> "Os escravos são nossos".

Ainda se passariam alguns séculos antes que a escravidão fosse ao menos oficialmente condenada e repudiada.

E não deixa de ser interessante que todos achem muito justa a pena dada a Shylock, de perder todos os seus bens, mesmo que seu intento de cortar a libra de carne não se cumpra, quando Antônio, dizendo-se pronto para morrer, comentara:

> Pois a Fortuna foi bem mais bondosa
> Do que costuma; ela em geral tem hábito
> De deixar o infeliz sobreviver
> Sua riqueza pra sofrer, enfim,
> Uma velhice pobre; de tal pena,
> Lenta e cruel, ao menos sou poupado.

O que Shakespeare fez na verdade foi transformar o tipo fixo em um complexo ser humano, pelo simples meio de apresentar situações específicas em que suas reações previsíveis, ou consagradas, tornam-se plausíveis, válidas, mesmo que as possamos considerar condenáveis. O aspecto mais surpreendente dessa humanização é sua intensidade: já foi dito que Shakespeare inundou uma figura tradicional com tal vitalidade, tão maior do que a necessária para o papel que ele deveria desempenhar na trama, que ele adquiriu uma espécie de vida própria, independente da trama criada pelo poeta. Eu não diria tanto, mas não há dúvida de que é sempre uma surpresa lembrarmo-nos de que Shylock só aparece em cinco das vinte cenas que compõem a peça, de tal modo é forte a sua figura. Há até quem diga que o *Mercador* acaba, na verdade, com o fim da cena do julgamento; mas quando falarmos adiante da estrutura da obra vamos ver que isso fica muito longe de ser verdade.

É a humanização de uma outra personagem, também herdado do teatro religioso da Idade Média, que apresenta aspectos que têm uma surpreendente ligação com o teatro brasileiro. Para o público elizabetano, toda a atuação de Pórcia quando ela se apresenta como o advo-

FORMA E ORIGENS DE *O MERCADOR DE VENEZA*   229

gado que miraculosamente salva Antônio de ter de pagar a multa por perder o prazo estabelecido no contrato do empréstimo, continha reverberações religiosas. Muitos dos antigos autos continham cenas de julgamento – às vezes tomando a forma do Juízo Final – nas quais a Justiça e a Misericórdia lutavam pela alma da humanidade. Nessas peças, tanto nos Autos quanto nas Moralidades, era frequente a presença e intercessão da Virgem Maria em favor do réu; e a atuação de Pórcia seria exatamente a versão secularizada dessa figura. Em outras palavras, o que temos no Ato IV do *Mercador*, com a grande cena do julgamento, é, em termos humanizados, um *Auto da Compadecida*, pois não é outra a situação na exemplar peça de Ariano Suassuna, que reconhecidamente buscou sua inspiração nos autos medievais. Na peça brasileira o tom é mais leve e brincalhão, porque Suassuna optou pela ingenuidade do teatro circense (é claro que realizada com a maior sofisticação), com tanto a Compadecida quanto Jesus dialogando ao nível cultural de Chicó e João Grilo; mas no *Mercador* a cena se passa em um tribunal, ambas as partes são homens cultos e importantes no mundo dos negócios de Veneza, e essa nova versão da Compadecida se apresenta como um advogado, versado em leis. É em função dessas circunstâncias que Pórcia age com uma seriedade que faria a moça secularizada evocar na plateia a figura da Virgem Maria enquanto intercessora.

Pórcia não é apresentada, apesar disso, como figura sagrada: Shakespeare a humaniza fazendo dela uma jovem herdeira que teve de assumir, com a morte do pai, o controle de suas grandes propriedades: as moças casadoiras das comédias, Luciana na *Comédia dos Erros*, Rosalind em *Como Quiserem*, Beatriz em *Muito Barulho por Nada*, Viola em *Noite de Reis*, Catarina em *A Megera Domada*, como a Pórcia de *O Mercador de Veneza,* ficam muito distantes da fragilidade e do desamparo de Ofélia no *Hamlet* ou Desdêmona em *Otelo*. Nas comédias, as jovens são todas muito mais próximas do que Bernard Shaw chamaria, séculos mais tarde, de as grandes caçadoras, aquelas que, por assim dizer, botam o olho em determinado rapaz que passam a ver como o seu homem, e o conquistam porque eleito para parceiro no cumprimento de seu destino biológico.

O número de obras gravadas da memória coletiva da plateia elizabetana era imenso, e até Antônio teria ecos específicos a evocar: sistematicamente referido como bom, exemplar etc., pessoalmente tenho certa dificuldade em aceitar tais rótulos, pois desde o início da peça ele aparece com uma carga de agressividade em relação a Shylock que não aparece em outros personagens, a não ser os jovens que pertencem ao círculo de Antônio e a certos momentos parecem querer imitá-lo. Mas na verdade ele não precisaria de grande caracterização para o seu público, que o reconheceria imediatamente como um tipo mais do que consagrado, o *gentleman* devotado a um grande amigo, pronto a fazer por este sacrifí-

230 FALANDO DE SHAKESPEARE

cios quando a ocasião se apresenta: é para financiar a corte de Bassânio que ele pede os 3 mil ducados emprestados a Shylock. Mas para os elizabetanos ele podia evocar ainda algo mais significativo e ligado às origens de Shylock e Pórcia: em um consagrado grupo de contos medievais dedicado a Abraão e Teodoro, o salvamento de um indivíduo endividado das garras de um usurário era tido como simbólico da redenção do homem. Nesse grupo de contos o personagem alegórico chamado *Humanidade* (Mankind) assina um contrato com o diabo, mas quando Satã se propõe a cobrar a dívida e ficar com a alma do personagem, a Virgem Maria faz um grande apelo por misericórdia e Deus o salva. É tido como possível por vários autores que a inexplicável melancolia de Antônio, por exemplo, poderia ser esclarecida por sua origem nessa figura do homem antes de ser redimido, do mesmo modo que sua amizade com Bassânio também seria fórmula imediatamente reconhecível.

Em que, no entanto, essas origens seriam significativas para a elaboração da estrutura do *Mercador de Veneza*? Afinal, sabemos todos que Shakespeare jamais se repetia em suas peças, mas nem por isso podemos deixar de reconhecer, na maioria de suas comédias, que ele apresenta uma trama na qual um casal principal (mas sempre em panoramas que envolvem dois, três ou quatro casais) precisa superar uma série de obstáculos até poder realizar seu amor. Sabemos igualmente – e isso será sem dúvida o componente mais determinante – que a dramaturgia de Shakespeare é antirrealista, e que a forma é da maior significação para a transmissão do conteúdo.

É mais do que conhecida a afirmação de que o *Mercador* é uma peça que gira em torno do conflito entre justiça e misericórdia. Mas não é só isso ou, seria bom notar, para que pudesse escrever uma comédia romântica que gira em torno do conflito entre justiça e misericórdia, Shakespeare criou, como contribuição da forma para a compreensão do tema, uma trama que em todos os seus aspectos trata de opções: a própria localização da ação expressa esse aspecto básico da obra, com metade se passando no Rialto, onde os valores são os do comércio, e a outra se passando em Belmonte, onde o comércio e os valores do amor são fundamentais. Como já tive a ocasião de lembrar, na introdução que escrevi para minha tradução da comédia, em nenhuma outra obra fica tão bem expressado o conceito da riqueza do amor como a define John Russell Brown em seu livro *Shakespeare and his Comedies*: o amor também é um comércio, mas que difere basicamente do comércio dos bens palpáveis por, neste último, de modo geral ter mais sucesso que se ocupa mais intensamente de seus interesses pessoais, enquanto que no comércio do amor é sempre o mais generoso que mais lucra, o prazer em doar é sempre primordial. Mas no contrato do comércio do amor, que é o casamento, também são previstos o lucro ou os juros, na forma dos filhos (uma propagação válida da espécie, aliás, a ser contrastada com a reprodução oficialmente ilegítima do dinheiro).

FORMA E ORIGENS DE *O MERCADOR DE VENEZA*   231

Rialto e Belmonte já implicam, portanto, opções de vida, embora Shakespeare, com sua percuciência habitual, não deixe de fazer notar que o dinheiro é importante nos dois mundos... Mas vamos ver as opções, que vão construir a trama por modos antirrealistas: a maior parte do enredo ele tira da história do jovem Gianetto, que aparece como a primeira no quarto dia de uma coletânea de *novelle* intitulada *Il Pecorone* (*O Simplório*), de um tal Ser Giovanni Fiorentino, de quem não se conhece absolutamente mais nada; nessa forma italiana, em Belmonte, o jovem candidato à mão de uma noiva que, como muitas outras na mesma série, tem algo de misterioso, mágico ou extraterreno, tem de ficar acordado uma noite inteira para conquistá-la. Nas duas primeiras noites ele é drogado e dorme, mas na terceira percebe o que acontece, recusa-se a tomar qualquer bebida que lhe é oferecida e conquista a moça.

Em Shakespeare, que gosta de recorrer a situações com as quais seu público já tenha intimidade, a situação é um pouco diferente, e o teste toma a forma de uma opção entre três arcas, que era mais que tradicional e pode ter sido encontrado em várias fontes. É claro que as arcas não são apresentadas como uma escolha pura e simples: a escolha adquire dimensão maior por ser exigência feita, ao morrer, pelo pai de Pórcia. Reparem o que diz esse pequeno trecho de diálogo entre Pórcia e Nerissa logo na primeira cena em que aparecem, e falam da situação da herdeira. Diz Pórcia:

> Ai de mim, por que dizer "escolher"? Não posso nem escolher quem quero, nem recusar quem não quero; pois os desejos de uma filha viva estão submetidos à vontade de um pai morto. Não é doloroso, Nerissa, não poder escolher um, nem recusar nenhum?

ao que Nerissa responde:

> Seu pai foi sempre virtuoso; e os homens santos, ao morrer, sempre têm boas inspirações. Portanto, se concebeu as três arcas de ouro, prata e chumbo, entre as quais aquele que decifrar o enigma conquista a sua mão, é porque sabia que a escolha correta será feita por alguém a quem a senhora certamente há de amar.

A escolha, a opção, portanto, traz em si uma carga de, digamos, sabedoria, e não pode ser o resultado de um ato aleatório: para prová-lo Shakespeare nos apresenta as cenas em que Marrocos e Aragão fazem suas escolhas erradas, onde valores ilusórios condenam ao erro. É claro que os dois erros servem, também, para informar o espectador sobre qual seja a arca certa, a fim de ser criada uma expectativa a mais no momento em que Bassânio, que já sabemos amar Pórcia e ela a ele, faz a sua opção, confirmando a previsão do pai morto.

Também Pórcia tem de fazer uma opção importante ainda em relação à escolha da arca, a de interferir ou não na escolha de Bassanio, isto é, de obedecer a determinação paterna até mesmo na única instân-

232 FALANDO DE SHAKESPEARE

cia em que o candidato a interessa. Pórcia resiste à ideia de contar efetivamente qual é a arca certa, mas não à de fazer seus músicos cantarem uma canção cujas sonoridades podem ser de auxílio para Bassânio. Ainda há muito mais: Antônio tem de fazer uma opção séria na hora de obter o empréstimo com Shylock, a de assinar ou não o contrato que tem por multa a libra de carne, tão clássica e conhecida no mundo dos contos de fada e tradições populares semelhantes quanto a da escolha das arcas (ou de um entre quaisquer três valores). Bassânio, é claro, depois da opção das arcas terá de fazer a de ir ou não ajudar o amigo. Peço no entanto que reparem que de forma alguma, nesse tipo de aproveitamento de material lendário e conhecido, ou em sua cuidadosa elaboração, Shakespeare perdeu de vista a forma básica de sua comédia, a da superação de obstáculos para a conquista da realização do amor: da maneira que ele o fez, as arcas formam o principal tropeço por parte de Portia, e toda a questão do empréstimo e da libra de carne a por parte de Bassânio. E aí, é claro, entramos por uma outra questão de opção, a de Shylock em relação ao contrato firmado. No momento em que Antônio concorda em pagar a multa de uma libra de carne tirada de seu corpo (a princípio de qualquer parte do corpo, depois de assinado o contrato, do local mais próximo a seu coração), teria ele a intenção efetiva de fazer cumprir essa determinação? Variam as respostas a essa pergunta, segundo a interpretação que se dá ao texto; eu pessoalmente sempre acreditei que Shylock tinha amplo conhecimento da situação de Antônio, e plena convicção de que o empréstimo seria pago em tempo: a multa da libra de carne seria, como sugere ele, uma brincadeira – que podemos achar não seja de muito bom gosto – mas que a essência do trato, isto é, o fato de Shylock emprestar uma soma elevada a Antônio sem cobrar juros serviria para melhorar sua imagem no Rialto, principalmente em vista de se tratar de Antônio, que o condenava e ofendia com regularidade. Não estou, portanto, querendo estabelecer algum comportamento de "bonzinho" para Shylock, mas antes reafirmar sua habilidade no mundo dos negócios.

Mas o panorama muda radicalmente em face de uma outra opção, a de Jessica de abandonar o pai, bem como a religião de sua raça, para fugir com o cristão Lorenzo, ainda roubando o pai e gastando seu dinheiro em atividades de puro divertimento – contrariando assim as normas austeras da vida de Shylock, que faz a terrível opção de cobrar a multa prevista, depois de, contra tudo o que era previsto, nenhuma das naus de Antônio chegar a tempo de lhe dar condições para pagar o empréstimo.

É claro que o ponto não é muito analisado e nem explorado de modo adequado, justamente porque o texto shakespeariano não é realista; mas se, como já notamos acima, Veneza e seu comércio estiveram no âmago da destruição do sistema econômico medieval, e como justamente Antônio é que é o Mercador de Veneza do título, podemos

FORMA E ORIGENS DE *O MERCADOR DE VENEZA*   233

notar que também ele auferia lucros: se não por mera usura, por trocas comerciais e por importações, graças às quais também fazia elementos não vivos gerarem novas riquezas, o que mostra o quadro criado por Shakespeare mais complexo e ambíguo do que o de Marlowe.

Como Shakespeare não estava escrevendo mais pecinhas medievais, é claro que nem todos os personagens terão modelos de linhagem religiosa, e portanto é tempo de nos voltarmos apenas para a construção, para o tipo de dramaturgia que Shakespeare usou para o seu *Mercador*. Temos de partir do princípio de que o objetivo do poeta era o de escrever uma comédia romântica, da qual a discussão da questão da justiça e da misericórdia seriam parte não só integrante mas efetivamente crucial, e onde toda a evolução e solução da trama fossem tocadas por uma sucessão de opções que, em seu conjunto, dariam o tom do todo, com implicações éticas sutilmente transmitidas ao público.

O palco elizabetano nasceu do palco medieval, pois sua forma é exatamente uma evolução, um aprimoramento, do palco sobre rodas encostado à parede do pátio interno de uma hospedaria. Fixo, nu, compensando amplamente com sua variedade de áreas de representação, seu grande número de entradas e saídas possíveis e sua iluminação natural (já que era a céu aberto), privado dos complicados cenários da Renascença italiana, ele oferecia a seus usuários mais competentes (e entre estes sem dúvida podemos contar Shakespeare) uma medida de liberdade criativa incrível. A localização das cenas era deixada à imaginação do público, que tinha do autor, como parte integrante do diálogo, todas as indicações necessárias: quem estava no palco e o que estariam fazendo eram a fonte crucial de informação; quando vez por outra se tornava necessário especificar, isso era feito por meio de falas no diálogo: é Duncan elogiando o ar e a beleza do castelo quando chega à casa do casal Macbeth, é Lear na tempestade levado para uma choupana, é a galera em pleno Mediterrâneo em *Antônio e Cleópatra* etc. etc.

Não podemos confundir uma ida ao teatro no Brasil ou na Europa ou nos Estados Unidos, na década de 1990, com a ida ao teatro do elizabetano: à luz do dia, sem atrizes, sem cenários, a imaginação do espectador era bem mais requisitada do que a nossa, e é bem possível que a reação daquela massa multiforme fosse bem mais próxima da do circo ou do acontecimento esportivo de hoje do que os formais bons modos de quem vai ver uma peça de Shakespeare hoje em dia. O processo da evolução da interpretação fora, ou ainda estava sendo, lento. O primarismo das formas ingênuas da dramaturgia litúrgica da Idade Média foi radicalmente alterado já pela dramaturgia secular que foi nascendo com a profissionalização, e muito mais ainda com a influência da dramaturgia clássica e suas características literárias, como a retórica. Se Bernard Beckerman, em sua obra sobre a interpretação shakespeariana, apresenta de modo mais do que persuasivo o uso dos manuais de re-

234 FALANDO DE SHAKESPEARE

tórica como guias da nova interpretação da dramaturgia elizabetana nascente, Wolfgang Clemen é ainda mais interessante quando analisa o paralelismo entre o texto e a interpretação, sugerindo que a melhor qualidade do texto shakespeariano terá sido determinante para o abandono da maior obviedade do gesto retórico – uma espécie de prenúncio do que aconteceria com a encenação dos texto de Tchekhov na virada para o nosso próprio século.

Como seria o espetáculo elizabetano? Por um lado, muito fluente, já que os atores tinham total intimidade com o verso. O forte antissemitismo do momento levaria necessariamente a um Shylock bastante calcado em molde fixo, quase caricato, do usurário judeu; mas se naquele tempo, como sabemos, não existia a figura do diretor, e é possível e até provável que o autor, sendo membro regular da companhia (e por vezes ator), orientasse a apresentação de seu texto, que a postura desse mesmo autor em relação à sua temática tivesse peso no resultado interpretativo; e se Shakespeare não fez de seu Shylock um Barrabás no texto, podemos admitir, igualmente, que sua preferência fosse mais para a complexidade do que para o maniqueísmo, e que algumas das atenuantes que ele concedeu a Shylock também fossem valorizadas no palco.

Ao longo dos séculos, conforme o ambiente no mundo real, Shylock teve mais do que seu quinhão de interpretações diversas, em um espectro que já tem ido do extremo do horror à caricatura grotesca e ao notável patriarca defensor de sua raça e sua religião. Que ele traz ao texto do *Mercador* os seus momentos mais sombrios, não há dúvida; mas tampouco há dúvida de que Shakespeare o fez suficientemente rico e complexo para ele conter bem essas inúmeras gradações interpretativas.

Eu gostaria de chamar a atenção, no entanto, em relação à forma de *O Mercador*, para um outro aspecto importante nas alterações da encenação desde os tempos da primeira estreia da peça: em 1642 os puritanos do governo de Oliver Cromwell fecharam e efetivamente derrubaram todos os teatros da Inglaterra (como sempre, o pobre teatro era coisa do diabo, e é claro que para os puritanos qualquer entretenimento era pecado mortal); as medidas tomadas foram de tal modo radicais que, quando os espetáculos voltaram a existir, com a restauração da monarquia, não só os teatros mas a própria memória de sua forma haviam desaparecido. Os novos, abertos a partir de 1660, eram todos fechados, tipicamente teatros de palco italiano. Com a forma do palco, a corte inglesa que ficara por tantos anos exilada no continente europeu trouxe na volta consigo, também, os refinamentos da corte francesa, os critérios do classicismo, e durante algum tempo William Shakespeare foi eclipsado pela nova forma: com sua insistência em apresentar no palco lutas e mortes, com a amplitude e originalidade de seu vocabulário e de seu quadro de personagens, bem como com sua tranquila mistura de gêneros, ele passou a ser considerado um bárbaro – e quando ninguém conseguia acertar como montá-lo

FORMA E ORIGENS DE *O MERCADOR DE VENEZA*   235

em uma sala fechada, com cenografia italiana e suas convenções, a única conclusão a que se podia chegar era a de que ele era teatralmente incompetente.

Assim sendo, não era só a questão de um maior ou menor nível de antissemitismo que alterava ou prejudicava as montagens, era também – talvez até principalmente – a coexistência, no palco, do Rialto e Belmonte, seja em seu sentido de mistura de tons dramáticos, de gêneros, seja em suas dificuldades concretas de apresentação física, quando se tentava encenar o texto com o recurso da cenografia italiana. Afinal, indagavam os novos encenadores, onde se passa a primeira cena do *Mercador*? Em uma praça ou rua? É o que parece. Mas a segunda vai para a casa de Pórcia, a terceira novamente parece que é na rua, embora em outro local, enquanto o Ato II já abre no que supomos ser um salão bem mais formal da casa de Pórcia, depois do que vamos para os arredores da casa de Shylock etc. etc. etc. Nós sabemos, perfeitamente, que nada disso tem a menor importância para a eficiência cênica da obra de Shakespeare, e que é só deixar o texto correr que tudo entra no lugar. Mas assim não pensava o século XVIII, e muito menos o XIX, quando a cenografia entrou em uma fase absolutamente nova com o aparecimento da iluminação a gás, facilmente controlável: é então que a plateia começa a ficar mais escura do que o palco, e quando, com a possibilidade de se iluminar toda a área do palco, todos começam a usar móveis e a fazer marcas em torno deles. Na Inglaterra, a essa altura, apareceu o que se chamou a escola arqueológica de cenografia, arqueológica porque eram feitas pesquisas exaustivas a respeito da época em que se passava a ação, e se procurava construir cenários, mobiliários e decorações totalmente fiéis ao que fora descoberto. No caso de *O Mercador de Veneza* isso teve consequências que seriam cômicas se não fossem sérias: uma das consequências mais comuns para se montar Shakespeare com cenografia italiana era, naturalmente, cortar o texto, já que os sistemas para mudanças de cenário eram via de regra muito lentos (os intervalos ficavam imensos, não raro de mais de uma hora). Mas no caso da famosa montagem arqueológica do *Mercador* as coisas ficaram ainda muito piores, por causa da monumentalidade dos cenários. As mudanças ficaram literalmente impossíveis e finalmente a situação só pôde ser resolvida com um recurso dos mais imaginativos: numa primeira parte da montagem eram apresentadas todas as cenas passadas no Rialto, e – após um longuíssimo intervalo – a segunda parte era composta por todas as cenas em Belmonte. Acrescentando-se a essa resolução o fato de que assim mesmo, para que a noite não ficasse excessivamente longa, o texto era cortado em mais ou menos cinquenta por cento, creio não estar exagerando ao afirmar que a montagem ficou longe de ser satisfatória, do ponto de vista de se montar um texto de Shakespeare.

Os grandes estudos sobre a forma do palco elizabetano datam todos deste século, com pouquíssima coisa, como as investigações de William Poel, tendo tido lugar na virada do oitocentos para o novecentos, e só com esses é que foi reconquistado algo como a liberdade de que gozou o próprio William Shakespeare em seu tempo.

Hoje em dia a situação é interessante: as produções nos grandes teatros ingleses e americanos (como em grande parte na Alemanha) via de regra optam por um único cenário, neutro mas de algum modo polivalente, onde as variações são facilitadas, é claro, pelo grande avanço tecnológico das instalações cênicas; mas o que fica aceito, de modo geral, é que o centro da encenação shakespeariana está firmemente plantado no binômio ator/texto, e que as falas do poeta não devem ser declamadas mas, sim, ditas com tal domínio técnico que o ator as possa dizer com a ilusão da naturalidade, ou seja, aquela imagem da naturalidade que não perde de vista, jamais, a riqueza das sonoridades que o poeta criou. Está sempre presente a consciência de que a forma, tanto quanto o conteúdo, é responsável pela capacidade da encenação de atingir o público, de transmitir a este tudo o que a imaginação e o prazer estético têm em si de estímulo à reflexão, à conquista da verdade pelo fascinante caminho das mentiras da arte, se assim devemos chamar as fábulas por ela criadas.

Shakespeare acreditava no uso da palavra e da imaginação. Se por volta de três ou quatro horas de uma tarde de verão Jessica e Lorenzo trocavam aquele diálogo em que cada fala começa dizendo "Numa noite assim...", no entanto, o que temos de lembrar é que se era dele a palavra que considerava confiável, a imaginação com que ele sempre contava era, também, a de seu público, que ele jamais desprezou, jamais julgou incapaz de participar, por exemplo, de uma notável discussão em forma dramática, sobre a questão da justiça e da misericórdia. Por esse respeito que Shakespeare sempre mostrou pelos seus semelhantes temos nós, para sempre, de lhe ficarmos profundamente gratos, pois sem esse respeito ele jamais teria escrito a obra monumental que nos encanta, prende e faz refletir, até hoje.

**Parte III
Do Autor**

A Condução da Reação do Público em Shakespeare

Ao romancista, na realização de sua obra, são outorgados não só os dons da onisciência e onipresença, como também a opção entre a narração descritiva, o diálogo e o comentário crítico. Ele pode – se assim o quiser – servir de guia inseparável do leitor e determinar, com maior ou menor sutileza, sua reação ao que lhe é apresentado pela página escrita, nas privilegiadas condições de relacionamento "eu-tu" que podem ser atingidas porque normalmente o leitor lê sozinho, preferivelmente eliminando interferências estranhas.

A técnica específica da criação de um texto dramático (e por dramático aqui quero dizer um texto cujo objetivo precípuo é o de sua apresentação em um palco, em um espetáculo teatral) exige do autor uma atitude consideravelmente diversa. O narrador – identificado ou não – que acompanha todos os passos da ação de um certo tipo de romance, interferindo sempre que isto lhe parecer conveniente, é de modo geral vedado a quem escreve para o teatro: sabemos que há, por exemplo, um narrador em *Nossa Cidade*, e que há prólogos elucidativos antes de todos os atos de *Henrique V*; porém não é normal no palco a presença de uma personagem não identificada e não notada pelos protagonistas durante toda uma ação teatral, que tenha conhecimento de todos os aspectos da trama, das personagens, seus atos e sentimentos.

Existe, sem dúvida, um tipo de dramaturgia no qual uma personagem que veio a ter o rótulo de *raisonneur* ficava em cena para representar o ponto de vista do autor a respeito do tema tratado, geralmente um amigo do protagonista: pessoa refinada, sofisticada, supostamente

240 FALANDO DE SHAKESPEARE

brilhante, dotada de suprema acuidade crítica aliada a uma insuperável equanimidade, ele é enfim um prato particularmente apetitoso para qualquer analista interessado em ver como o autor gostaria de projetar sua própria imagem. Além do que – vale a pena ajuntar – onde andam as peças escritas por tais autores? Não; não é nesse tipo de exibição pessoal do autor que podemos encontrar o melhor da comunicação dramática ou teatral.

Não é permitido ao autor dramático despender meia dúzia de páginas discutindo, analisando, arrazoando um gesto ou uma frase, deixando interrompida a ação; e poucas ideias a respeito da composição de um texto dramático são tão consagradas quanto a que diz que o melhor dramatista é aquele que não se revela em sua obra, com Shakespeare e Molière encabeçando sempre as listas dos exemplos adequados. No entanto, Molière e Shakespeare são autores de obras altamente individuais, que foram produzidas em função de suas respectivas visões do homem, do mundo, do universo. Se o espaço deste trabalho mal dá para que se toque, superficialmente, em algumas das soluções encontradas por Shakespeare para o problema da comunicação dramática e teatral, necessariamente terá de ser deixado de lado o notável Molière, cujas técnicas são igualmente fascinantes. Vejamos um pouco, portanto, como um autor teatral razoavelmente representativo, por nome William Shakespeare, enfrentava o problema de conduzir a reação de seu público sem ter a seu dispor os recursos do autor, do romance ou da novela.

Dois pressupostos são indispensáveis: o primeiro é o de que Shakespeare *tinha* alguma coisa a dizer quando escrevia uma peça; o segundo é o de que o que ele tinha a dizer não era pura e simplesmente contar uma história; pois se assim fosse é provável que tivesse escrito enredos originais. Usando material encontrado nas mais variadas fontes, Shakespeare nos dá, em sua obra, sobejos exemplos da singela definição de arte que Richard Southern sugere seja aceita para facilitar a vida de todo o mundo: arte é quando se faz uma coisa mas se quer dizer outra, não no sentido de um paradoxo mas de uma sobrecarga de significado, que permite ao que é escrito, por exemplo, transmitir bem mais do que seu mero conteúdo de dicionário.

É da natureza da arte dramática que só seja dado ao autor transmitir seu intento por meio da própria ação apresentada: é portanto por meio da forma pela qual ele manipula e apresenta seu material que ele pode dizer essa "outra coisa" da obra de arte, e, além disso conduzir a reação do público. E ele terá de levar em conta, além do mais, que essa reação será em boa parte condicionada pelo fato de o espectador ser, durante o espetáculo, parte de um grupo, recebendo motivações que lhe chegam por meio dos olhos e dos ouvidos, e não apenas por meio dos olhos (e sem isolamento) como na leitura do romance.

A CONDUÇÃO DA REAÇÃO DO PÚBLICO EM SHAKESPEARE   241

Ao contrário do que acontece hoje em dia, Shakespeare partia de uma confiança total no poder de comunicação da palavra. Para a apreciação adequada de suas peças temos de ter em mente a total e permanente consciência que ele sempre teve da ação teatral, do peso da presença – ou da ausência – do ator no palco, dos relacionamentos espaciais e temporais estabelecidos pelo desenrolar dos acontecimentos testemunhados pelo espectador; mas não podemos tampouco jamais esquecer que a primeira etapa do condicionamento da reação do público é aquela por meio da qual, com as palavras do texto, o autor condicionava os atores, o espetáculo. Na austeridade do palco elizabetano a palavra criava boa parte da ambientação visual: num teatro a céu aberto, com espetáculos normalmente começando às duas horas da tarde, é a palavra que cria a noite, o vento, o frio das duas cenas na plataforma do Ato I do *Hamlet*; é o diálogo entre Jessica e Lorenzo, com sua insistência repetida na frase inicial "Numa noite assim" que cria o clima de luar que domina todo o breve Ato V de *O Mercador de Veneza*, para não falar do extraordinário desafio direto à imaginação do espectador lançado pelos vários prólogos de *Henrique V*. Dentre estes últimos devemos notar particularmente o do Ato IV, no qual são evocados momentos da noite de vigília antes de Azincourt, os preparativos, as posições e atitudes de ingleses e franceses, numa sequência de imagens de enorme força visual, em que o autor ainda tem tempo de reconhecer as deficiências do teatro para apresentar batalhas e congêneres, para terminar provocando novamente o espectador, recomendando-lhe que use a imaginação. Esses são condicionamentos ostensivos e de objetivo limitado, porém mesmo assim nem tão simples e singelos quanto se possa imaginar, pois todos têm igualmente a função de condicionar climas emocionais, de preparar o espectador para a ação dramática específica que a eles se seguem.

Dada a natureza limitada destes comentários, é possível que melhor seja separar em alguns tipos os vários meios que Shakespeare usa para condicionar as reações de seu público, para indicar-lhe o caminho que pretendeu seguir; mas com a ressalva de que, muito embora cada um destes seja importante em si, e a observação de cada um possa auxiliar na maior apreciação de Shakespeare, nada a não ser todos eles, em conjunto, ou melhor, a obra como obra, tem de ser, em última análise, o objeto da atenção de qualquer um de nós. Se me for permitida uma generalização a respeito dos métodos shakespearianos no condicionamento da reação do público, creio que diria que a tônica de todos eles é a surpreendente habilidade de Shakespeare em levar o espectador – por meios que lhes parecerão familiares e simples – a ampliar seu campo de apreciação, a reagir em níveis imaginativos dos quais ele possivelmente não se julgaria sequer capaz, se não fosse tão bem provocado, tão bem motivado, tão bem conduzido. A não ser por algumas poucas tentativas bastante ingênuas em suas primeiríssimas peças,

242 FALANDO DE SHAKESPEARE

Shakespeare nunca foi um autor livresco, e sem entrar pelos recursos específicos de que iremos logo falar, é preciso dizer que uma das razões pelas quais ele conseguia atingir tão totalmente seu público era justamente sua capacidade de usar uma linguagem corrente – claro que de forma imaginativa. Seu vocabulário é vasto e variado, mas não recôndito ou hermético; pensamentos que expressam ações sempre permanecem acessíveis a todo tipo de espectador.

Mas passemos às características específicas dos métodos de condução da reação do público:

1) Em primeiro lugar, há a permanente relutância de Shakespeare em enveredar por discussões abstratas: os temas e problemas apresentados em sua obra, por complexos que venham a ser, estão sempre totalmente "amarrados" a situações dramáticas vivas que compõem uma imagem do problema tratado. Ações idiossincráticas de cada personagem em cada etapa do desenvolvimento da trama, e suas consequências na dinâmica da situação dramática, podem ser acompanhadas e prescindem de comentário ostensivo porque o seu encadeamento servirá, ele mesmo, como o condicionante adequado. Se em *Noite de Reis* o tema é a desmedida como elemento prejudicial à vida, logo de saída o exagerado romantismo de duque é caracterizado quando ele pede "Se a música alimenta o amor, tocai;/ Dai-me em excesso", e o excesso é logo configurado por Olívia pretender passar sete anos de luto fechado e isolamento pela morte de um irmão, nas declarações de amor de Orsino, ou nas puritânicas atitudes de Malvólio.

Nas peças históricas, inglesas ou romanas, as teses políticas sobre a natureza do governo, dos governantes e dos governados são debatidas em termos concretos, de conflitos intensos, urgentes, nos quais vidas e modos de vida são empenhados, sem tempo para elucubrações e sem necessidades delas. Mesmo obras da complexidade de *Hamlet* e *Lear* têm cada faceta de sua temática expressada em ação dramática, podendo por isso fazer com que um público tão heterogêneo quanto o que frequentava o Globe, com seus 2 mil lugares, ou o que tem assistido às peças nos últimos três séculos e meio, possa ser conduzido a mundos não sonhados. A *ação* de Shakespeare é sempre clara e interessante como tal: é amarrando o que tem de dizer numa ação como essa que ele pode conduzir a reação do público como se estivesse dizendo: "Vem comigo; confia em mim que eu te levo"; e os que confiam são recompensados com 37 viagens pela humanidade.

2) Nós, é claro, somos "penetras", somos público inesperado. William Shakespeare escreveu muito especificamente para o *seu* público, isto é, para a gente de seu tempo e seu país. E para captar aquela con-

A CONDUÇÃO DA REAÇÃO DO PÚBLICO EM SHAKESPEARE   243

fiança a que me referi acima, ele usava a ética dominante como ponto de referência, já que a concordância de posições de seu público ante o mundo era praticamente total. Com 200 mil habitantes em Londres, todos obrigados a frequentar semanalmente a recém-estabelecida Igreja Anglicana, todos ouvindo sempre os mesmos sermões tirados dos dois *Livros das Homílias*, redigidos exatamente para evitar que qualquer pároco local tivesse ideias próprias, não foi difícil para Shakespeare usar ideias sobre o universo, o estado e o indivíduo comuns a todos os que se encontravam no teatro – no palco e na plateia – que formassem uma espécie de balizamento do caminho, à maneira de um código de comunicação com o qual podia ter inteira segurança de alcançar o *rapport* desejado

Não quero dizer com isso que Shakespeare a todos os momentos estivesse em plena concordância com tais ensinamentos; quero dizer que era íntimo o seu conhecimento dos princípios que orientavam essa doutrinação, cujo objetivo proclamado era o do conformismo político e religioso, e que por isso mesmo tinha à sua disposição como autor toda uma série de ideias que afetavam o público de forma previsível, já que lidava praticamente com reflexos condicionados, em tais casos.

3) Do mesmo modo, Shakespeare com certa frequência recorria a certas vivências elizabetanas amplamente conhecidas, a fim de provocar reações equivalentes, por parte do espectador, para a situação dramática e suas implicações. O mais fácil é dar exemplos específicos, um pouco ao acaso:

a) Surpreende, hoje em dia, que uma peça sobre João Sem Terra, o *Rei João*, não trate da Magna Carta; porém para os elizabetanos tinha mais significação a interpretação (que já aparecera no *King John* do bispo Bale, pré-shakespeariano) do rei como paladino da Inglaterra na luta contra o papa e a ingerência do Vaticano na Inglaterra, seja nos recentes conflitos ao tempo de Henrique VIII, seja da ainda mais recente excomunhão de Elizabeth I.

b) A situação do pequeno exército de Henrique V em face de uma força francesa muito mais numerosa em Azincourt (historicamente uma das maiores vitórias inglesas na Guerra dos Cem Anos) seria muito bem compreendida pelos que viveram e lembravam o episódio da Invencível Armada (o condicionamento é tão eficiente que não surpreende que a peça tenha sido filmada logo após a Batalha da Inglaterra de 1940).

c) Do modo geral, nas peças históricas, problemas de sucessão e de perigo de guerra civil são apresentados com sucesso porque a Guerra das Rosas, terminada com os Tudor, fora resultado de problemas sucessórios e Elizabeth, a última Tudor, era solteira e sem

244 FALANDO DE SHAKESPEARE

sucessor óbvio, se morresse sem "herdeiros de seu corpo" (e ela quase morreu de varíola poucos anos depois de subir ao trono).

d) Talvez o episódio mais complexo, no caso, seja o da motivação do levante popular em *Coriolano*: em Plutarco os plebeus revoltam-se contra o fato de o senado negar-se a alterar a legislação sobre dívidas, pois os usuários tinham direito às suas pessoas, além de seus bens, no caso de não pagamento. Shakespeare já foi inclusive acusado, por MacCollum, por exemplo, de alterar a motivação por uma atitude antipopular; porém a verdade é que ao ligar a revolta popular a uma diminuição constante de terras acessíveis ao povo para plantio, em benefício dos grandes proprietários que cada vez cercavam mais terras para pastagens, Shakespeare falava diretamente a seu público, que sentia na carne o problema das *enclosures*. A escassez de trigo, também salientada por Shakespeare, é mencionada por Plutarco, mas na Inglaterra de 1606 ela atingira características de uma crise grave, com correspondente inquietação popular.

Não importa, no caso, discutir a importância relativa de cada motivação em si: mas a intenção de Shakespeare de conduzir a reação de seu público por meio de experiências vividas é incontestável. E assim com o antissemitismo que permitiu a criação de *O Mercador de Veneza*, assim a significação que teria o uso das palavras *equivocate* e *equivocator* na cena do Porteiro em *Macbeth*, popularizadas pelas respostas propositadamente equívocas do jesuíta Garnet julgado pouco tempo antes de Shakespeare escrever a obra. Assim, também, as fortes chuvas descritas em *Sonho de uma Noite de Verão*.

4) Há ainda um outro tipo de elemento que Shakespeare usa ou aproveita da experiência prévia de seu público: ainda eram apresentadas em vida do poeta algumas Moralidades, obras dramáticas que revelam sua natureza medieval acima de tudo pelo uso constante da alegoria. Normalmente construídas em torno de conflitos radicais entre o bem e o mal pela posse da alma humana, as Moralidades tiveram enorme relevância na criação da tragédia elizabetana, e por certo poucas coisas podem funcionar tão obviamente como condutoras da reação de um público quanto personalização de qualidades abstratas, quando tais personalizações são colocadas num palco, em conflito dramático. Não há dúvida de que Shakespeare prima pela individualização de seus personagens: até Francisco, que desaparece depois da primeira cena de *Hamlet*, tem nome, sente frio e medo, não sendo portanto minha intenção aqui dizer que Shakespeare trabalhava com alegorias; mas reconhecidamente ele fez uso da reação provocada pelos personagens das Moralidades no enfoque de vários personagens: Iago é o Vício, como Falstaff lembra as Boas

A CONDUÇÃO DA REAÇÃO DO PÚBLICO EM SHAKESPEARE   245

Companhias de *Everyman*, e muito outros *adquirem* tal aspecto por sua funcionalidade, mesmo que não possam receber rótulos individuais. É mais uma questão de clima, de tom, mas Shakespeare condiciona o espectador com mão de mestre explorando essa espécie de memória teatral coletiva.

5) Também por meio das técnicas dramatúrgicas Shakespeare forja o caminho a ser trilhado pelo espectador. A estrutura aberta, panorâmica, que caracteriza o teatro elizabetano, permite uma série de recursos, todos eles amplamente explorados. De início, a possibilidade de enfoques múltiplos: basta que pensemos nas três primeiras cenas do *Hamlet* que nos dão visões diversas do universo da Dinamarca: a plataforma do castelo, a sala do conselho, a casa de Polônio. Mediante tais recursos é possível ao autor inserir sua ação num contexto mais amplo, e Shakespeare fez isso infinitamente melhor do que qualquer outro de seus contemporâneos, razão pela qual suas peças continuam contemporâneas até hoje.

Ainda usando a dramaturgia, aparece a justaposição de cenas, a apresentação de ações paralelas que se iluminam mutuamente (Hamlet tem de vingar o pai, Fortinbrás tem de vingar o pai, Laertes de vingar o pai, cada um num plano diverso mas assim mesmo com a mesma tarefa); é fácil dizer que Hamlet evitaria a tragédia se obedecesse de saída ao pai, mas será que Ofélia obteve resultados menos catastróficos por obedecer Polônio? Lear e suas filhas e Gloucester e seus filhos, a loucura de Lear e a falsa loucura de Edgar, a cegueira de Gloucester e a incapacidade de Lear para ver a verdade são ações e situações que se iluminam mutuamente. Mesmo nas comédias, há o paralelo dos dois pares de irmãos de comportamento diversos em *Como Quiserem*, com Orlando e Oliver e os dois duques.

A flexibilidade dessa dramaturgia permite a Shakespeare o uso de um de seus métodos favoritos para conduzir o público, o comentário independente feito por alguém que não está envolvido no conflito e que, vendo-o de fora, mostra que o rei está nu: são os três cidadãos que no início do 1 *Henrique VI* vaticinam dias negros na minoridade do rei; é o escrivão que, em *Ricardo III*, diz que há só duas horas descobriram que Hastings era um traidor, mas que haviam sido necessárias dez para escrever o documento no qual sua traição era relatada; são os coveiros, que veem com olhos diferentes dos de Hamlet a vida e o possível suicídio de Ofélia.

Há um outro recurso que Shakespeare usa regularmente, com crescente sutileza, que me parece da maior importância por ser forma de construção na qual há um preparo nítido do público, e que ao mesmo tempo poupa ao autor a necessidade de ser moralizante *a posteriori*. Trata-se de uma técnica de recurso a um efeito oposto, paradoxal, con-

246 FALANDO DE SHAKESPEARE

traditório, irônico. O Duque Humphrey, protetor da Inglaterra, confia plenamente na proteção de sua inocência, no fato de jamais ter pensado em nada a não ser o bem da Inglaterra, porém mal proclama sua confiança, ele é falsamente acusado, arbitrariamente condenado e assassinado logo a seguir; o duque da Borgonha jura amizade e fidelidade a Talbot, seu aliado de há muito, em termos os mais exaltados, exatamente na cena que acontece sua traição; Hastings confia plenamente na amizade de Ricardo III logo antes de ser mandado decapitar por este; ninguém é tão pródigo em juras de fidelidade a Duncan quanto Macbeth na cena antes do assassinato. Dito assim, em poucas palavras, fora do contexto, isso pode parecer muito primário, porém é impressionante a segurança com que Shakespeare usa esse recurso, preparando o público para reagir à ação subsequente.

6) Elemento altamente eficiente no estabelecimento da posição do público diante do que vê e ouve no palco é o uso de vários níveis de conhecimento ou informação. Mais classicamente esse é um recurso típico de comédia, e bastaria lembramos aqui o fato de *toda* a comicidade da *Comédia dos Erros* ser baseada no fato de nós, o público, sabermos que há dois pares de gêmeos na cidade, enquanto *todos* os personagens são mantidos na ignorância desse fato até a última cena. Em *Como Quiserem*, Célia, além de nós, sabe que Gannymede é Rosalind disfarçada de homem, e as duas podem se divertir com a brincadeira, o que afeta a nossa reação à situação da qual nós também temos conhecimento. Em *Trabalhos de Amor Perdidos* Berowne entra, só, e confessa que quebrou a palavra, apaixonando-se; entra o rei, Berowne o observa: está nas mesmas circunstâncias; os dois, separadamente escondidos, observam Longaville, e os três observam Dumaine. Quando Berowne (que já mandara entregar o seu poema) pensa que está levando a melhor, entra Costard e lhe devolve o bilhete, alcançando assim todos a mesma informação a respeito de todos.

Os exemplos sucedem-se, porém gostaria de chamar a atenção para o fato de que não é só na comédia que o recurso é usado: se na primeira cena do *Hamlet* o aparecimento do fantasma cria clima de desconfiança e inquietação, o rei tem a chance de fazer sua pomposa primeira intervenção na cena que se segue, para antes do final do Ato I tanto Hamlet quanto nós – ao contrário do resto da corte – sabermos que há qualquer coisa de podre no reino da Dinamarca e que Cláudio é o assassino do irmão. Mas muito mais claro é o uso desse tipo de recurso em *Ricardo III*: o grande monólogo inicial, no qual ele revela sua intenção e sua maldade, nos coloca numa posição crítica tão privilegiada quanto a permitida pela história de Egeu no início da *Comédia dos Erros*: nós ficamos sabendo quem é Ricardo, e o que ele quer; e

A CONDUÇÃO DA REAÇÃO DO PÚBLICO EM SHAKESPEARE   247

necessariamente toda a reação do público a suas ações é condicionada por essa informação tão espetacularmente fornecida no início da peça. Esse tipo de desnível de informação, de conhecimento, leva, necessariamente, a posições críticas que foram, em última análise, determinadas pela informação dada.

7) Por último, para encerrar estas rápidas notas sobre um assunto de riqueza infinita, falta falar dos recursos encontrados no diálogo, que variam muito em âmbito e em complexidade, pois podem ser algo tão simples quanto uma rima parelha (*closed couplet*) para informar o espectador que a cena acabou, já que não havia cortina; pode ser a composição de um soneto com as primeiras catorze linhas de diálogo entre Romeu e Julieta, para salientar a importância do momento numa peça onde já existe muita rima; pode ser um uso consciente e dramático das alternâncias entre prosa e verso, na beleza marmórea da prosa do íntegro Brutus explicando por que matou César, logo após destruída pelo candente e embalador ritmo do verso da demagogia de Marco Antônio; pode ser na precisão da *stichomitia* do diálogo entre Ricardo e Anne no *Ricardo III*, ou nos grandes lamentos, repetições, antífonas, da mesma peça; pode ser na felicidade sonora de uma linha na qual forma e conteúdo unem-se para atingir um impacto intensificado, evocativo, que provoca o espectador de forma excepcional.

Mas há ainda, para conduzir o espectador, o riquíssimo caminho subliminar de uma inacreditável riqueza de imagens que, de um sentido quase decorativo nas primeiras obras, progressivamente vai se transformando para formar uma espécie de teia subjacente que vai criar climas, determinar uma dimensão extra na colocação proposta pelo autor. O mar, a tempestade dos *Henrique VI*, a noite, o dia, as estrelas de *Romeu e Julieta*, as dezenas de imagens de animais que saltentam comportamentos desumanos em *Lear*, a doença e a podridão em *Hamlet*, a noite, o sangue, as roupas que não se adaptam ao corpo em *Macbeth*, comida em excesso e em putrefação na corrupção de *Troilo e Créssida*, as inúmeras imagens do Estado: a colmeia, o jardim, o corpo humano etc. etc. que são tão marcantes nas peças políticas.

Isento na medida em que dá a cada um de seus personagens as suas razões, ausente na medida em que temos, no contato com sua obra, não a impressão de que ele escreveu o que queria dizer mas sim o que precisava ser dito, nem por isso Shakespeare, na manipulação do enredo, na caracterização, no diálogo, no conhecimento do mundo do seu tempo – e de outros tempos, também – por todos esses meios, e outros, ainda, deixa de condicionar o espectador. Seu mérito é o de condicioná-lo para a reação menos mesquinha, mais imaginativa, o de condicioná-lo para a ampliação de seus horizontes.

A Língua que Shakespeare Usou

Dada à grande variedade de componentes que existiu na formação do inglês moderno, talvez possamos começar este capítulo notando como de bom augúrio o fato de William Shakespeare, o autor inglês de maior vocabulário até hoje, ter nascido em uma cidade cujo nome incorpora todos os veios principais da língua: Stratford-upon-Avon tem latim (Strat), tem nórdico (ford), tem anglo-saxônico (upon) e tem celta (Avon). No século XVI tudo isso (e mais o grego da Renascença) já estava amalgamado em uma língua ágil e rica. Quero que fique bem claro, no entanto, que não estou excluindo o latim da Renascença – o que seria ridículo – mas reconhecendo que ele não constituía componente novo. Já houvera antes três fortíssimas ondas de latinização: a invasão de César em 54 a.C., que resultou em quase quatro séculos de dominação romana; a cristianização da ilha por Santo Agostinho no século VII, e a Conquista Normanda em 1066, que, como viram, fez do francês a língua oficial da corte e de todas as manifestações governamentais até 1280. Mas não falamos aqui sobre o desenvolvimento da língua, mas sobre a língua que Shakespeare usou e portanto, necessariamente, sobre aqueles que, antes dele, foram utilizando aquele inglês moderno que nasce quando já estava no trono a muito inglesa e nacionalista dinastia Tudor.

Foi nove anos antes do final da Guerra das Rosas que, em 1476, William Caxton instalou sua prensa na Inglaterra, e possivelmente esse conflito doméstico de décadas tenha sido o responsável pela falta de uma literatura forte e recente: o fato é que Caxton começa publicando

250 FALANDO DE SHAKESPEARE

obras do passado, que iriam trazer grande contribuição para o aparecimento de um novo clima cultural – pois só depois de conhecer o passado é que se começou a olhar para o futuro. *Ditos dos Filósofos,* Boécio, *A Lenda Dourada* estiveram entre os primeiros trabalhos publicados; e até mesmo ao publicar uma memorável obra nova, a *Morte Darthur* de Sir Thomas Mallory, parece que seu objetivo não foi o de divulgar – o que efetivamente fez – uma obra com um ponto de vista autoral significativo, mas apenas divulgar uma cobertura do quadro geral da lenda arturiana que Mallory efetivamente engloba em seu memorável livro. Entre os poetas, Caxton busca Chaucer, Gower, Lydgate e uma coletânea popular sobre a lenda de Robin Hood.

Com a chegada da paz, os primeiros poetas, como Dumbar e Lindsay, efetivamente se voltam para o modelo de Chaucer, e não do Chaucer tardio dos *Canterbury Tales*, apenas, mas o do *Romance of The Rose*, com sonho, jardim, visões e tudo. O país, no entanto, não podia ficar preso à Idade Média e o humanismo foi aos poucos chegando. Já no século XV um italiano, Tito Frulovisi, vivera na Inglaterra a serviço do duque Humphrey of Gloucester e escrevera uma biografia do notável irmão deste, Henrique V, além de sete peças em latim em estilo já classicizante. Mas é com o primeiro Tudor que chegam mais italianos e, o que é mais importante, aparecem os primeiros humanistas ingleses, particularmente em Oxford. William Grocyn, que foi grande estimulador de estudos gregos, passou um período na corte de Lorenzo il Magnifico em Florença e foi grande amigo de Erasmo. Grocyn foi professor de Thomas Linacre, que traduziu Galeno do grego para o latim e foi fundador do Royal College of Physicians em Londres, além de elaborar uma pequena gramática latina para uso da princesa Mary. E Linacre foi professor, em Oxford, de dois notáveis humanistas mais jovens: o primeiro é John Colet, que depois estudou na Itália, em Paris, e chegou até Rodes em busca de conhecimento de monumentos gregos. Mais importante ainda é o fato de Colet, tendo herdado uma grande fortuna do pai, haver dedicado à fundação do St. Paul's School, para ser centro de divulgação do "new learning". O outro aluno de Linacre foi William Lily, afilhado de Grocyn e avô do John Lily autor de *Euphues* e um dos University Wits, os famosos precursores de Shakespeare. William Lily, o avô, escreveu de parceria com Colet e Erasmo a mais famosa gramática latina da história da Inglaterra, utilizada por mais de trezentos anos nas escolas inglesas: a sua mais antiga edição data de 1513, a última de 1858. O currículo do novo colégio, St. Paul's, foi elaborado pelos três mas principalmente por Erasmo, e esse foi o currículo que norteou toda a educação inglesa até os tempos modernos. E Erasmo foi o grande amigo de um outro nome famosíssimo desse século XVI que vai desabrochado, Sir Thomas More, ou Santo Thomas Morus, como preferirem. Ouçam o que Erasmo tinha a dizer sobre seus amigos ingleses:

A LÍNGUA QUE SHAKESPEARE USOU

Quando ouço meu amigo Colet, pareço estar ouvindo o próprio Platão. Quem não admita em Grocyn a perfeição de seu treinamento? O que pode haver de mais agudo, mais profundo, ou mais refinado, do que as avaliações de Linacre? O que criou a natureza de mais suave, ou mais doce e agradável do que a disposição de Thomas More?

Esse foram os grandes nomes da transição e, muito embora fazendo algumas contribuições extraordinárias para a educação, a cultura e, portanto, para o desenvolvimento do inglês, todos ainda pertenceram muito claramente ao mundo que ainda acreditava ser o latim o instrumento adequado para obras sérias – inclusive a famosa *Utopia*. A hesitação linguística de More, por exemplo, fica bem expressada por seu projeto de biografia de Ricardo III, que foi escrevendo em duas versões, uma em latim e uma em inglês, sem acabar nenhuma.

Mas ainda na primeira metade do século apareceria uma obra notável, *The Book Named the Governor*, de Sir Thomas Elyot, exclusivamente em inglês; e, significativamente, embora Elyot jamais tenha frequentado uma universidade, desde jovem acompanhara o trabalho administrativo de seu pai. O livro foi dedicado a Henrique VIII e o autor, entre outras coisas, afirma: "it treateth of the education of them that hereafter may deemed worthy to be governors of the public weal under your highness" ("ele trata da educação daqueles que doravante poderão ser julgados dignos de serem governantes da coisa pública sob Vossa Alteza"). Reconhecidamente, isso expressa a essência do ideal do ensino universitário na Inglaterra desde então (em Oxford e Cambridge, mais do que nas *redbricks*).

Ainda outro humanista memorável brilha em meados do século e foi professor da rainha Elizabeth I: Roger Ascham, que também optou pelo inglês em suas principais obras e, notavelmente, em *The Schoolmaster*, em que exibe incrível modernidade pedagógica.

Esse passeio superficial e panorâmico pelos que escreveram desde o início do século XVI tem como único objetivo tentar mostrar, ainda uma vez, o quanto o gênio de Shakespeare é integrado em seu tempo: nem em forma e nem em conteúdo um Shakespeare pode aparecer como Palas Atena, pronta e armada, da cabeça de Zeus: o processo de aprimoramento no domínio da língua, a progressiva descoberta de sua extraordinária potencialidade para a expressão poética ou para a prosa expressiva, é sempre demorado.

É impressionante, aliás, como ao longo dos acontecimentos, sentimos um verdadeiro paralelismo com a história: John Heywood escreve seus *Interludes*, justamente a forma dramática de transição para o medieval para o renascentista e o barroco em que mais pesa o desenvolvimento do diálogo, nas décadas de 1530 e 1540. Ele foi casado com uma sobrinha de Sir Thomas More e, também, avô de John Donne: escreveu canções, poesia satírica, um longo poema pseudoépico, *The Spider and the Fly*, que na realidade é uma alegoria sobre a perseguição

252   FALANDO DE SHAKESPEARE

aos católicos inspirada na morte de More, e ainda mais do que por suas obras dramáticas (para nós, hoje, sua obra mais importante), em seu tempo Heywood ficou famoso por seus *Epigramas* e *Provérbios*. A crítica que ele sintetizava nessas pequenas rimas era de modo geral amena, segundo a cortesia e gentileza pelas quais o autor ficou conhecido; mas ele devia estar particularmente aborrecido com algum par de protestantes caçadores de católicos (ou coisa no gênero) quando escreveu:

> "God is no botcher." But when God wrought you two,
> God wrought as like a botcher as God might do.
>
> ("Deus não é um trapalhão." Porém quando Deus fez vocês dois
> Ele procedeu tanto como um trapalhão quanto é possível a Deus.)

O verso, é claro, era uma exigência formal que sublinhava a natureza de síntese desses pensamentos, mas esses *Epigramas e Provérbios* nem por isso se enquadrariam na categoria específica de "poesia". Mas ainda no reinado de Henrique VIII aparece o primeiro grande poeta Tudor, Sir Thomas Wyatt, que entre outras coisas, e por influência de Petrarca, escreve uma série de 32 sonetos. Utilizando na quase totalidade o esquema de Petrarca de duas quadras com rimas iguais (ABBA CDCD) e um sexteto que conheceu diversos esquemas, nos últimos três sonetos da série ele começa a fazer experiências e no trigésimo usa efetivamente o que será a fórmula shakespeariana: três quadras ABAB, CDCD, EFEF e uma rima parelha GG.

Foi ainda no reinado de Henrique VIII que começou a tomar forma outra grande influência literária, a da literatura religiosa, da magistral prosa da Bíblia e do *Livro Comum de Orações*. Shakespeare, é claro, não conheceu a famosa versão *James* ou *Authorized* da Bíblia, que data do ano de sua morte; mas a linhagem dos tradutores bíblicos começa com William Tyndale, formado em Oxford, e que foi para Alemanha a fim de se dedicar à tarefa que lhe era proibida em uma Inglaterra ainda católica. Sua tradução do Novo Testamento foi contrabandeada para a Inglaterra e circulou largamente apesar de imediatamente proibida. Sir Thomas More sustentou com ele violenta guerra de panfletos, e Tyndale viveu perseguido, ficou preso por muito tempo e acabou executado na Bélgica em 1536. Tudo isso é irônico: seu grande inimigo, Thomas More, já havia sido executado em 35, mártir da Igreja Católica, quando Miles Coverdale, nesse mesmo ano, publicou a primeira Bíblia em inglês, com aplausos do mesmo Henrique VIII que perseguiu Tyndale: o Novo Testamento e o Pentateuco eram de Tyndale, o resto do Velho Testamento e a Apócrifa eram de Coverdale. Depois vem a "Great Bible", com patrocínio do rei, e finalmente a "Geneva", a mais popular de todas, por ser menor, usar tipo romano e numerar capítulos e versículos. A base era sempre da dupla inicial de tradutores, cujo estilo ia sendo depurado. E a elegância do estilo reli-

A LÍNGUA QUE SHAKESPEARE USOU

gioso na prosa alcançou nível igual ou superior quando Thomas Cramner, que foi o Arcebispo de Canterbury de Henrique VIII, redigiu o *Livro Comum de Orações*. Já foi dito que só os sonetos de Shakespeare atingem igual nível de construção e harmonia de estilo.

Da maior importância para a eventual forma tomada pela dramaturgia inglesa foram as narrativas em verso, como o memorável *Mirror for Magistrates*, iniciado por John Lydgate com o título de *The Fall of Princes*, que tomou ideia emprestada de Boccaccio, mas que após inúmeras peripécias e colaborações tem sua parte mais famosa escrita por Thomas Sackville. Com a passagem do tempo e uma nova visão das coisas, a queda dos príncipes que de início era, de forma muito medieval, atribuída exclusivamente ao movimento implacável da Roda da Fortuna (quem sobe, desce) passa eventualmente a refletir um processo de causa e efeito, no qual cada morto avalia sua vida e encontra em seus próprios atos a razão de sua queda: nenhuma etapa poderia ser mais significativa para o aparecimento das peças históricas de Shakespeare. Não há tempo nem espaço aqui para falar mais a respeito dessa fase (a não ser por lembrar que entre os poemas narrativos aparece o *Romeus and Juliet* de Arthur Brooke, fonte direta da tragédia de Shakespeare). Mas temos de voltar um momento ao nome de Thomas Sackville (conde de Dorset), porque ele foi autor, em parceria com Thomas Norton, da primeira tragédia senecana inglesa, *Gorboduc*, ou *Ferrex and Porrex*, que é também a primeira a utilizar o verso branco – ou seja, o pentâmetro iâmbico sem rima que será o mais característico da dramaturgia elizabetana.

Gorboduc, que data de 1565, é bem típica do difícil caminho percorrido pela dramaturgia inglesa antes dos grandes elizabetanos e, principalmente, de Shakespeare: a retórica sendo um dos aspectos fundamentais do ensino Tudor, e Sêneca sendo o único autor trágico da Antiguidade a alcançar grande repercussão na Renascença de modo geral e na Inglaterra em particular, não é de espantar que essa primeira tentativa apresente em virtudes e os vícios das experiências que antecederam o que comumente nós chamamos de teatro elizabetano. Em um notável livro intitulado *English Tragedy Before Shakespeare*, Wolfgang Clemen examina detalhadamente a influência da retórica através do estudo do que ele chama o *set speech*. O termo é tão abrangente que nunca consegui encontrar para ele qualquer tradução adequada senão o estritamente teatral "bife", ou seja, uma fala longa marcada por uma força verbal particular, que pode ter as mais variadas formas. Sob certo aspecto o *set speech* corresponde à ária na ópera, como são os inúmeros trechos shakespearianos que vemos incluídos em antologias, por exemplo.

Esse tipo de fala deixa muito bem definido o período em que, por falta de domínio de ação dramática e das linguagens propriamente cênicas, tudo era transformado em palavras, e todo o código da retórica, que era ensinada desde cedo em todas as escolas e tinha acesso fácil à reação da plateia, era utilizado para configurar a personagem e sua funcionalidade. O modo de falar de qualquer personagem, a essa altura, ainda ficava longe de ser a expressão idiossincrática de determinada personalidade em determinadas circunstâncias, como viria a ser em Shakespeare mais do que em qualquer outro elizabetano: o que se buscava era a forma correta para aquele momento segundo os preceitos e as imagens e as regras da retórica: quando um indivíduo falava de determinada maneira, isso imediatamente comunicava à plateia tanto o seu modo de pensar quanto sua postura individual ante determinado tema, ou situação, ou crise.

Como todos os alunos de todos os colégios eram obrigados a colecionar, em um caderno que o acompanharia pela vida afora, chamado *the commonplace book*, pensamentos, conceitos, epigramas, que expressassem com elegância bons sentimentos, princípios morais etc. etc., e como a erudição era tida em muito bom conceito, um grande número de autores elizabetanos cita a torto e a direito. Os bons eventualmente internalizam tais citações e produzem a partir delas pensamentos novos e enriquecidos; mas os ruins, confiantes nos valores exteriores da forma, são colchas de retalhos que obedecem regras ou exemplos sem qualquer criatividade. O fato é que essa mania de citar, principalmente os clássicos – e na tragédia principalmente Sêneca – fez muito pela ampliação do vocabulário, facilitando o advento do privilegiado período de esplendor teatral que começa no final da década de 1580.

Eu creio que não pode haver a menor dúvida quanto ao fato de a poesia ter sido a grande responsável pelo encontro do caminho certo que conduziu a Shakespeare. É no início da década de 80 que aparece, por exemplo, a mais famosa sequência de sonetos da época, *Astrophel and Stella*, do extraordinários Sir Philip Sidney, modelo supremo da nobreza inglesa, morto em Flandres aos 32 anos de idade. A moda dos sonetos – *sonneteering* – alcançou tal popularidade, foram compostas tantas sequências narrando amores e sofrimentos reais ou inventados, que até hoje ainda se discute não só quem seria o famoso Mr. W. H., a quem é dedicada a edição dos sonetos de Shakespeare, mas também a possibilidade de não ser a série exemplo de poesia autobiográfica mas, apenas, um exercício no gênero, por um poeta que escrevia com grande facilidade (inclusive usando o soneto dentro da forma dramática em várias peças, como por exemplo *Trabalhos de Amor Perdidos* e *Romeu e Julieta*). A disciplina formal e capacidade de síntese exigidas pelas formas do soneto, e seus belíssimos resultados, são indício seguro de que a língua inglesa estava pronta para ser usada e os poetas ingleses prontos para usá-la.

Dizer que a língua e os poetas estavam prontos é fácil; não podemos no entanto recapturar o que deve ter sido o impacto sobre a variada plateia do teatro profissional da explosão poética do *Tamburlaine* de

A LÍNGUA QUE SHAKESPEARE USOU

Christopher Marlowe, em 1587. Dois meses mais velho do que Shakespeare, Marlowe estudou em Cambridge, onde adquiriu um vasto conhecimento clássico. Ele mesmo envolvido no jogo do poder, ao que tudo indica, como espião da Coroa na equipe de Sir Francis Walsingham, Marlowe é um poeta extraordinário mas nem de longe o talento dramático específico que Shakespeare foi: o *Tamburlaine* mostra que ele tinha maior identificação com a dramaturgia clássica do que com as experiências locais, e mostra também que, como visão de mundo, ele era o anti-Shakespeare: enquanto o modesto "gentle master Shakespeare" sempre se ocupou do poder em termos de responsabilidade do governante pelo bem-estar dos governados, os grandes protagonistas de Marlowe têm uma insaciável sede de poder a ser usufruído, gozado, pelo poderoso. Mas a força de seu verso, a famosa "mighty line" arrebatava o público com a mesma facilidade com que Tamburlaine conquistava seu império. Em uma época na qual o público, ao contrário do de hoje, que vai ver uma peça, o elizabetano ia ao Theatre, ao Rose, ao Swan ou ao Fortune "to hear a play". Ouçam um pouco os fascinantes e sonoros termos em que Marlowe canta as delícias do poder:

A própria Natureza, ao nos forjar
De seus quatro elementos, que disputam
Em nosso peito pela primazia,
Ensina-nos às mentes a sonhar:
Nossas almas, capazes de entrever
Do mundo a fabulosa arquitetura,
E de medir o curso dos planetas,
Lutando por saber que é infinito,
Inquietas como a dança das esferas,
Exigem que lutemos, sem descanso,
Até atingir o futuro mais perfeito –
Felicidade única e sem jaça –
O gozo do poder aqui na terra.

Marlowe é exemplo extremo de seu tempo, não só nessa expressão da crença renascentista na imensa ambição e potencialidade do homem, como também em seu manejo da língua: em um trecho de 12 versos, nada menos de 21 palavras, das mais carregadas de significado, são latinas, e no penúltimo ele efetivamente usa, com grande efeito, os sinônimos anglo-saxônico e latino de uma mesma palavra: "That perfect *bliss* and sole *felicity*".

Além de seu ritmo, de sua música, Marlowe usava um vocabulário que apresentava uma atração concreta e imediata para um público sequioso de conhecimento de outros mundos: fossem eles do passado (e Marlowe usa um percentual muito alto de imagens históricas e mitológicas), do universo (como viram, os céus e os astros são outro forte dele), mas também da vastidão geográfica do mundo que crescia tanto com as descobertas de novos mundos quanto com a redescoberta do antigo: no *Tamburlaine* ele não só fala de Pérsia, Egito, Argélia, Damasco, ou dispara a imaginação do público com a famosa linha "to ride in through Persepolis", como em sua ânsia de citar mundo misteriosos faz Tamerlão, que efetivamente morreu em 1405, falar no México. Já no *Doctor Faustus*, onde a fome é pelo poder do conhecimento, Helena de Troia merece alguns de seus mais famosos versos:

> Foi esse o rosto que afundou mil naves
> E incendiou os torreões de Troia?
> Helena, imortaliza-me com um beijo.

Possivelmente na mesma temporada do que o *Tamburlaine*, mas possivelmente, também, um pouco antes, o teatro profissional ofereceria a seu deslumbrado público uma outra obra crucial de um autor menos poeta porém muito mais autor teatral do que Marlowe, *A Tragédia Espanhola*, de Thomas Kyd. Diz Muriel Bradbook em seu memorável livro sobre as convenções da tragédia elizabetana que a dramaturgia típica do movimento ou tinha ação demais ou então de menos, e que cabia à linguagem resolver os problemas criados por uma coisa ou outra. Talvez justamente por não ser tão bom poeta, Kyd tem mais ação do que parece ser possível juntar em uma só obra: fantasmas, assassinatos, loucuras, comédia-dentro-da-comédia e mais tudo o que quiserem, são expressados com menos liberdade e imaginação do que em Marlowe.

Kyd apela não só para Sêneca, em sua concepção de horrores cênicos, como também para recursos conhecidos de retórica a fim de expressá-los. Em um típico *set speech* nos termos de Wolfgang Clemen, o Vice-rei de Portugal expressa sua preocupação por ter notícias de seu filho. A certo momento aparece um notável e consagrado recurso para dar força a uma fala: determinada palavra leva a outra, que então é usada no verso seguinte, sugerindo outra nova, e assim por diante:

> A ambição manchou a minha honra;
> Meu erro provocou guerras sangrentas;
> As guerras devastaram meu tesouro,
> E com o tesouro o sangue do meu povo,
> Com o sangue destes o meu bem-amado,
> Meu filho único, a quem mais amei.

É claro que o grande truque da fala é o fato de a palavra mais importante de todas, *filho*, não ser repetida. A ação principal da peça é a vingança da morte de Horácio, filho de Hieronimo, pelo pai que passa a maior parte do tempo um tanto louco e imagina um espetáculo a ser apresentado durante um banquete ao qual estarão presentes todos os seus inimigos. A estes ele mata misturando a ação dramática de sua peça como a suposta "realidade", a ação dramática geral da obra. Hie-

A LÍNGUA QUE SHAKESPEARE USOU

ronimo, a certa altura, arrasta para a cena o corpo de seu filho morto e, em passagem de um vasto *set speech* no qual fica esclarecida toda a trama da vingança, usa um outro tipo de repetição muito eficiente. Mostrando o corpo do filho morto ele diz:

> Aqui jaz a esperança, que aqui finda;
> Aqui, meu coração, que aqui foi morto;
> Aqui o meu tesouro, que eu perdi;
> Aqui, o meu deleite, que se foi.

De todas essas e outras experiências nasce o que Muriel Brabrook chama de *the patterned speech*, a fala desenhada, modelada, da dramaturgia elizabetana. O termo significa apenas o seguinte: o estilo, como o tipo e o gênero de linguagem, variam muito no teatro elizabetano, segundo as circunstâncias nas quais a fala aparece. Quando entramos em Shakespeare propriamente dito, a linguagem usada ao longo de sua obra dramática evolui, certamente, em determinadas linhas, sendo a principal delas o uso cada vez menor da rima, que vai ficando reservada para marcar momentos muito especiais e, particularmente, para marcar o término de uma cena – já que não havia cortina e nem se podia apagar as luzes, como se hoje em dia. Fora isso, as mudanças são no sentido da poesia dramática, do enriquecimento e adensamento da teia subjacente de imagens, de um uso mais eficiente e hábil da prosa.

Vejamos, por exemplo, as mudanças no esquema geral que acontecem na caminhada da *Comédia dos Erros*, das primeiríssimas obras, até *Hamlet*, o ponto culminante do meio da carreira de Shakespeare: Na *Comédia dos Erros*, 65% do texto é em verso branco, em *Hamlet* 66,3%; na *Comédia* há 21,5% do texto em rimas, em *Hamlet* apenas 8%: na *Comédia* há 13% do texto em prosa, no *Hamlet*, 28%. Mas esse tipo de dado fica longe de poder ser tomado como modelo único para uma análise da linguagem de Shakespeare, porque em *Júlio César*, a peça imediatamente anterior ao *Hamlet*, há 90% e não 66,3% de verso branco, 1,05% e não 8% de rima, e apenas 3,95% de prosa, não os 28% do *Hamlet*. Ora, *Júlio César* é de 1599, mas seus percentuais, sob esse aspecto, são quase idênticos aos de *Antônio e Cleópatra* (91% de verso branco em vez de 90%, 1,3% de rima em vez de 1,5%, e 2,65% de prosa em vez de 3,95%) e a peça data do final do período trágico, ficando entre o final de 1607 e o início de 1608. E mais, sendo *Júlio César* uma tragédia política e *Antônio e Cleópatra* uma tragédia de amor (mesmo que em um universo político a exercer fortes pressões sobre o processo desse amor), é difícil encontramos climas poéticos mais diversos e distantes do que os dessas duas obras.

Na realidade é muito fácil verificar que apesar da disparidade dos percentuais, são *Júlio César* e *Hamlet* que falam praticamente a mesma língua: as duas representam o fim, na verdade o ponto culminante, de

258   FALANDO DE SHAKESPEARE

um caminho de cerca de dez anos, ao longo da mais incrível variedade de experiências, no sentido do domínio total do instrumento dramático com vistas à obtenção da mais bela, compacta e direta linguagem dramática que se possa conceber: deixemos de lado, ao menos por esta vez, os famosos discursos dos funerais de César ou os monólogos do príncipe da Dinamarca; há muito texto da mesma intensidade despojada, e da estoica consciência da finitude do homem, na despedida de Brutus a Cássio antes da batalha de Phillippi –

> Porém hoje
> É que terminam os Idos de Março.
> Não se novamente nos veremos;
> Vamos então dizer um eterno adeus.
> Pra sempre e sempre, Cássio, digo adeus:
> Se nos virmos, por certo sorriremos,
> Se não, a despedida foi bem feita.

e a resposta de Hamlet a Horácio quando este sugere que o príncipe, pressente algum mau agouro no duelo com Laertes proposto pelo rei:

> De modo algum; nós desafiamos o agouro; há uma providência especial na queda de um pardal. Se tiver que ser agora, não está pra vir, se não estiver para vir, será agora; e se não for agora, mesmo assim virá. O estar pronto é tudo: se ninguém conhece aquilo que aqui deixa, que importa deixá-lo um pouco antes? Seja o que for!

A impressão que fica é a de que Shakespeare tinha uma noção bastante clara dos limites de determinadas experiências: depois de *A Megera Domada* ele nunca mais volta à comédia crítica de estrutura romana; depois de *Romeu e Julieta* ele nunca mais volta à tragédia lírica; o *Henrique V* fecha o ciclo das peças históricas inglesas e *Júlio César* e *Hamlet* esgotam as possibilidades dessa linguagem escorreita e objetiva. Depois delas as tragédias têm uma linguagem mais indireta, onde aparecem com frequência o que Clemen chama de *image clusters*, as imagens em penca, ou em cacho, formadas pelo processo no qual a imaginação dispara uma série de imagens sucessivas e interligadas que, em seu conjunto, transmitem o conteúdo em grande número de níveis de comunicação. No início da carreira a linguagem shakespeariana é incontestavelmente de elaboração não raro óbvia: a comparação e a amplificação, como podemos ver na segunda parte de *Henrique VI*, logo do início da carreira do poeta: o duque de York, que sonha com a coroa inglesa, ouve a notícia da perda dos territórios franceses pela Inglaterra e reage, em um aparte:

> Más novas para mim; queria a França
> Como sonho com a fértil Inglaterra.
> Cortam as minhas flores no botão
> E as folhas são comidas por lagartos.

A LÍNGUA QUE SHAKESPEARE USOU

ou quando Humphrey of Gloucester, tio do rei, é destituído de seu cargo de tutor do sobrinho, Henrique VI, por influência da rainha Margaret:

Henrique, joga fora sua muleta
Antes que as pernas possam carregá-lo.
Enxotam de seu lado o seu pastor,
E os lobos brigam pra morder primeiro!
Fosse falso esse medo! Fosse falso!
Pois bom Henrique, eu temo por seu fim.

Fica ou não a impressão de que a ideia foi reborda, de que há uma preocupação consciente com a ideia de que é preciso fazer "poesia" por meios retóricos?

Quando chegamos ao *Hamlet*, a comparação já está sendo claramente substituída pela metáfora, a economia já é a dominante, a própria comparação já encontrou seu caminho para expressar com maior autenticidade um pensamento ou emoção. Ofélia, a personagem mais puramente emocional, menos intelectualizada, de toda a tragédia, tem a mais patética das reações à suposta loucura de Hamlet no final da famosa cena do convento; e em tudo o que diz estão refletidos o seu caráter, a sua educação, a sua fragilidade, sua ingenuidade e sua total integração no quadro de valores do mundo que habita. Hamlet sai e Ofélia tem direito a seu único monólogo:

Como está transtornado o nobre espírito!
O olhar do nobre, do soldado a espada,
Do letrado as palavras, a esperança,
A flor deste país, o belo exemplo
Da elegância, o modelo da etiqueta,
Alvo de tanto olhar – assim desfeito!
E eu, a mais infeliz entre as donzelas,
Que o mel provei de seus sonoros votos,
Ver agora a razão mais alta e nobre,
Como um sino de notas dissonantes,
Badalar sem os sons harmoniosos:
Cortada pela insânia a forma e o viço
Da juventude! E eu, pobre miserável,
Tendo visto o que vi, ver o que vejo!

Esse caminho encontrará seus momentos supremos na incrível beleza que Cleópatra alcança, com palavras surpreendentemente simples, para constatar a morte de Marco Antônio:

A guirlanda da guerra feneceu.
Caiu a régua do soldado; o nível
Agora é o mesmo pra menino e homem.
Foi-se a disparidade, e não restou
Mais nada que devesse ser notado

FALANDO DE SHAKESPEARE

Pela lua que nos visita.

Vale a pena parar para refletir um momento sobre o domínio não só da língua inglesa como veículo para todas as circunstâncias, mas desse veículo como instrumento de caracterização da personagem: em seu poético elogio fúnebre, sua linguagem de mulher apaixonada, Cleópatra coloca Antônio em posição tão exaltada, tão excepcional, entre os seus semelhantes, quanto o próprio Antônio, em austera linguagem de soldado romano colocara, quando morto, seu inimigo Brutus:

Este foi o mais nobre dos romanos.
Todos que conspiraram, menos ele,
O fizeram de inveja ao grande César.
Só ele, por honesto pensamento,
E pelo bem comum, tornou-se um deles.
Foi bom em vida, e os elementos
Nele se uniram com tal equilíbrio
Que a Natureza pôde finalmente
Dizer ao mundo inteiro: "Eis um homem".

É claro que *Antônio e Cleópatra* já pertence à segunda metade da carreira de Shakespeare, quando a disciplina e a experiência já haviam domado os possíveis excessos de um talento tão fulgurante que, se não contido pela arte e o gosto, poderia cair no fácil e no apelativo. Shakespeare, à medida que, amadurecendo, vai aprofundando sua temática, vai ao mesmo tempo buscando a linguagem adequada para cada tema, para cada universo, para cada viagem de investigação pelo inesgotável potencial do ser humano.

É imprescindível ter em mente, ao refletir sobre a linguagem de Shakespeare em sua obra, que nem ele e nem o teatro de seu tempo são realistas, e que a transposição de atitudes e emoções para falas imaginativas que possam provocar a imaginação do espectador é que constitui a tarefa principal do poeta dramático, não a criação de um diálogo psicologicamente motivado e desenvolvido. Esse diálogo antirrealista, no entanto, tem de não só de soar agradável ao ouvido como também, apesar de sua artificialidade, ser capaz, momentaneamente, de transmitir ao espectador ouvinte a mesma noção de palavra que nasce junto com o pensamento que valida todo e qualquer diálogo realista: se a plateia tiver a sensação de resposta preparada, decorada, que não soe como reação espontânea à fala anterior, o fenômeno teatral simplesmente não tem lugar. Na realidade só um gênio como Shakespeare consegue sugerir essa espontaneidade em fala na qual ele use a técnica do *image cluster*: vamos usar aqui um exemplo de Macbeth, falando de seu plano para matar Duncan, e de tudo que se apresenta contra a concretização do mesmo. Macbeth reconhece que Duncan sempre se mostrou bom governante e portanto

A LÍNGUA QUE SHAKESPEARE USOU

...seus dotes
Soarão, qual trombeta angelical,
Contra o pecado que o destruirá:
E a piedade, nua e recém-nata,
Montada no clamor, ou os querubins
A cavalgar os correios dos céus,
A todo olhar dirão o feito horrível,
Fazendo a lágrima afogar o vento.
Pra esporear meu alvo eu tenho apenas
Esta imensa ambição, que salta tanto
Que cai longe demais.

Em matéria de argumentação realista a fala seria um fracasso, mas duas sequências de imagens somam-se para transmitir exatamente o que expressa a perturbação de Macbeth: a simples palavra *plead* desencadeia *trumpet-tongued*, que ao mesmo tempo sublinharia a força de clamor e inevitavelmente sugeriria ao público as trombetas que prenunciam o Juízo Final. Isso gera *blast*, que sugere os "correios cegos do céu", ou seja, o vento, que vai soprar nos olhos do mundo inteiro e provocar lágrimas suficientes para afogar o vento. Por outro lado, o uso de *taking off* para morte sugere partida que na época, cavalos a piedade cavalgaria *the blast*, como um recém-nascido, ou como os querubins do céu, usariam os ventos como cavalo, enquanto Macbeth reconhece que não tem nada para esporear os flancos de seu intento senão a ambição que salta tanto que acaba derrubando a si mesma. Mas não é necessário examinar coisas tão complicadas quanto essa para reconhecer a mestria de Shakespeare no uso da língua. Mais importante até é lembrar que não é preciso ter consciência de todas as etapas do desenvolvimento de qualquer penca ou cacho de imagens para receber seu impacto como comunicação dramática; ou que, apesar de nunca abandonar a preocupação com a beleza, o ritmo, a melodia do verso branco, a prosódia de Shakespeare se aproxima cada vez mais dos ritmos e da música da prosódia cotidiana.

Com tal transformação ele enriqueceu pessoalmente a língua, sendo o primeiro a usar várias palavras, segundo o *Oxford English Dictionary*, ou a empregar outras, já existentes, de modos originais (como o da invenção do verbo *to duke* para descrever Ângelo a se sentir bem exercendo as funções do duque em *Medida por Medida*). Shakespeare, no final das contas, ao fazer um uso ótimo daquela nova língua que mudava e se enriquecia a cada dia, constitui o melhor dos exemplos para a ilustração do fato de toda ação dramática, toda personagem que participa desta, não passar de um produto da capacidade de um autor para manipular palavras. Nenhuma personagem de nenhuma peça existe fora dessa mesma peça – nem mesmo os supostamente históricos – pois o César, o Antônio ou o Brutus de *Júlio César*, por exemplo, não são intercambiáveis com seus ostensivos modelos da vida real: elas foram, como toda e qualquer personagem de ficção, manipulados e organizados, por meio da soma das falas que lhes são atribuídas, para compor o tipo de personagem capaz de corresponder, como a função dramática que é, às exigência da ação que o autor faz nascer por meio da soma das falas de todas as personagens de sua ação. Não "existe" um Hamlet segundo o qual o Hamlet da tragédia de W.S. tenha sido construído: nós é que, ao lermos a obra, concluímos, graças à impressão que nos causou o conjunto de falas a ele atribuídas, que o príncipe seria um indivíduo com tais e quais características (e tanto o personagem permanece uma obra aberta que jamais encontramos duas versões cênicas do Hamlet que sejam iguais).

A persuasão da linguagem usada pelo poeta – que, como dissemos acima, nos leva a aceitar como plausíveis e familiares falas de grande complexidade antirrealista, – cumpre igual tarefa no nível de criação de personagens. Essa maior fluência de linguagem, de fato, determinou grandes alterações na interpretação dos tores elizabetanos – ou pelo menos é essa a impressão que nos fica ao lermos os famosos conselhos aos atores dados por Hamlet antes da cena da comédia. Seu novo estilo torna de tal modo plausíveis seus personagens que chegou até mesmo a fazer aparecer toda a escola crítica psicologística que atinge seus maiores excessos na segunda metade do século XIX, tratando personagens como figuras reais. É o talento do poeta, seu magistral uso da língua que torna não só possíveis como eminentemente plausíveis os fantásticos acontecimento de um *Sonho de uma Noite de Verão*, a atuação de uma Pórcia no *Mercador de Veneza*, ou a existência de figuras tão individualizadas quanto sejam Hamlet, Lear, Macbeth, Brutus, Falstaff, Bottom, Viola, Cleópatra, Lady Macbeth, e mais dúzias de outras. A arte para Shakespeare é artificial, e se assim não fosse não existiriam em suas peças a imagem dominante, como a dos animais em *Lear* e da podridão em *Hamlet*.

Foram muitos os séculos gastos até a formação do inglês moderno – e foram muitas as décadas, como foram muitos os autores, que foram gastos até que, só Deus sabe por que milagre genético, exatamente na hora certa, aparecesse um Shakespeare para, com aquele vasto e flexível vocabulário de uma língua em fluxo, criar os muitos e maravilhosos universos dessa sua obra, que nos deleita, nos diverte, nos enriquece e até mesmo nos ensina que, para concluir uma vida, ou conversa, nada é tão eficiente e definitivo quanto dizer "the rest is silence".

A Influência de Gorboduc
em Rei Lear

O fato de Shakespeare raramente compor enredos originais é tão universalmente conhecido quanto o de seu tratamento de antigos enredos ser o que coloca sua obra em nível tão acima do de suas fontes. Não se pode deixar de especular, no entanto, sobre as razões que o poderão ter levado à escolha de cada história em particular, nem deixar de ponderar sobre as influências que poderão ter pesado no momento da decisão a respeito do tom dramático da peça em vista. É óbvio que a maioria dos temas carrega em si a semente de sua própria categoria dramática, porém um componente de conceituação individual está sempre presente: *Ricardo II* e *Ricardo III*, por exemplo, contêm temas e tratamento ausentes em *Henrique VI*, *Henrique IV* e *Henrique V*, embora Shakespeare tenha usado a mesma fonte para todas elas; e há um indiscutível elemento de enfoque pessoal no uso que Shakespeare faz do material histórico romano nas trágicas ou quase trágicas *Júlio César* e *Antônio e Cleópatra*.

No caso de *Rei Lear* existe um grande número de fontes para o enredo, porém o tom trágico que Shakespeare usou é alheio a todas elas. Apesar de sua decisão a respeito da divisão do reino, apesar da grave injustiça que faz a Cordélia, o Lear pré-shakespeariano eventualmente é restaurado ao trono e, em algumas versões, continua em seu trono por vários anos antes de morrer de velhice, passando então a coroa a Cordélia, que, em algumas das fontes, morre prisioneira após longa luta com os sobrinhos. O tratamento trágico do tema Lear dado por Shakespeare, portanto, não pode ser diretamente atribuído a qual-

264 FALANDO DE SHAKESPEARE

quer tratamento similar em suas fontes de enredo, embora a balada que ainda existe versando sobre o mesmo tema nos mostre pai e filha morrendo sem gozar de um período de felicidade antes de seu fim – já que muito provavelmente a balada imita a peça, não a antecede. É possível que o confuso relato de seus destinos seja uma mistura de versões anteriores com a de Shakespeare:

> Where she, true-hearted noble queen
> Was in the battle slain.
> Yet he good king, in his old days,
> Possesst his crown again.
>
> But when he heard Cordelia's death,
> Who died indeed for love
> Of her dear father, in whose cause
> She did the battle move;
> He swooning fell upon her breast,
> From whence he never parted[1].

(Onde ela, nobre rainha de bom coração / Foi morta na batalha. / Mesmo assim, em sua velhice o bom rei / Possuiu de novo sua coroa.

....

Porém, quando soube da morte de Cordélia, / Que morrera de fato por amor / A seu querido pai, em cuja causa / Ela foi levada à batalha; / Ele caiu desmaiado sobre o corpo dela, / De onde nunca mais partiu.)

O fato é que nos tratamentos definitivamente pré-shakespearianos da história – *The True Chronicle of King Leir*, Holinshed, Geoffrey of Manmouth, *Gesta Romanorum*, *Queen Cordelia* de John Higgins, *Faery Queene* de Spenser – o tema tem o que pode ser classificado como um final feliz, com a vitória dos exércitos liderados por Cordélia e a restauração de Lear ao trono. Mesmo a história do rei da Paphlagonia, encontrada na *Arcadia* de Sidney, que é fonte do enredo de Gloucester, embora contenha morte patética para o velho rei, é definitivamente concebida à maneira de uma *chronicle*, com a última parte assumindo forma quase pura de um romance medieval, o que torna muito difícil concordarmos com Hardin Craig quando opina que o tom trágico de *Rei Lear* tenha sido sugerido por essa fonte[2].

1. A. E. Baker, *A Shakespeare Commentary* (Frederick Ungar Publishing Company, New York, 1957): "A Lamentable Song of the Deathe of King Lear and his Three Daughters", citada de *Reliques of Ancient English Poetry* de Percy.

2. Hardin Craig, "Motivation in Shakespeare's Choice of Materials", *Shakespeare Survey 4*, (Cambridge, Cambridge University Press,1951), pp. 32-34.

A INFLUÊNCIA DE *GORBODUC* EM *REI LEAR*   265

A natureza essencialmente episódica das versões mais antigas é o fator mais restritivo quanto ao nível de tratamento recebido pelo tema Lear até a época da peça de Shakespeare. Para emprestar à sua história o tom elevado exigido pela forma trágica, a alteração decisiva introduzida por Shakespeare foi o estabelecimento de uma relação entre sua trama e o mundo em geral, seja por intermédio de um aprofundado estudo da própria natureza do homem, seja pelas implicações políticas da divisão do reino, seja pelo desrespeito à hierarquia e à lei das ligações familiares. O estudo da natureza do homem em *Rei Lear* tem sido amplamente discutido em várias obras[3], sendo sem dúvida o aspecto mais importante da peça; porém, as inferências políticas da obra não podem ser negligenciadas.

A própria ausência de tal aspecto, tão importante, em todas as fontes de enredo de *Rei Lear* traz à mente uma outra peça – *Gorboduc* – que, muito embora não trate da história de Lear, não deixa de tratar de um tema estreitamente semelhante ao da tragédia de Shakespeare. *Gorboduc*, que foi elogiada por Sir Philip Sidney, quase certamente terá sido conhecida por Shakespeare, e parece existir toda razão para que se investigue se na realidade esse drama trágico não tenha operado no sentido de dirigir a imaginação do poeta quando ele resolveu escrever sua própria tragédia, baseada diretamente em elementos não trágicos.

A semelhança entre as histórias de *Gorboduc* e *Rei Lear* é estreita sob muitos aspectos. Em ambas as peças há um rei idoso que deseja descansar e julga que é hora de seus filhos arcarem com o peso da responsabilidade:

> Suas idades ora pedem outro lugar e ofício /
> E a minha também pede outra mudança: /
> A deles pra mais trabalho, a minha pra
> mais conforto[4].

e

> É nossso intento
> Livrar nossa velhice de cuidados,
> Deixando-os para jovens de mais forças,
> Enquanto nós, sem cargas, rastejamos
> A caminho da morte[5].

3. As principais fontes usadas foram: J. F. Danby, *Shakespeare's Doctrine of Nature* (London, Faber and Faber, 1951) e Theodore Spencer, *Shakespeare and the Nature of Man* (New York, The Macmillan Company, 1949).

4. *Gorboduc*, I.i., 55-57. Todas as citações são tiradas do texto em J. Q. Adams, *Chief Pre-Shakespearian Drama* (Boston, Houghton Mifflin & Co., 1924).

5. *King Lear*, I.i. , 39-42.

266 FALANDO DE SHAKESPEARE

Em ambas a divisão do reino já estava planejada quando a peça se inicia e, antes das cenas na corte, é discutida – em *Gorboduc* por Videna e Ferrex, em *Rei Lear* por Kent e Gloucester. Em ambas as peças, igualmente, o país a ser dividido é a (Grã-)Bretanha e os reis agem contra a ponderável advertência de sábios conselheiros.

Já que as duas peças narram histórias diversas, não se pode esperar paralelos exatos, porém em ambas vemos que as ações iniciais levam os monarcas a sofrimentos extremos e morte, trazendo o mal a suas nações; os sentimentos humanos tornam-se anormais, há uma atmosfera "antinatural" que permeia todo o ambiente, o bem e o mal são desnudados e colocados em combate mortal, exatamente como era feito nas antigas *morality plays*. Esse aspecto de moralidade de *Rei Lear*, inclusive uma relação com *Gorboduc* nesse único e restrito sentido, foi discutido por Theodore Spencer[6], porém nem ele nem, aparentemente, nenhum outro crítico, sugeriu a existência de qualquer relação mais íntima entre as duas peças.

E no entanto tal relação parece patente. *Gorboduc* trata, fundamentalmente, do tipo de tema, preocupado com a estrutura política da sociedade, que Shakespeare explorou em suas peças históricas e mais tarde debateu de forma tão pungente em *Troilo e Créssida*:

> But nowe the head stoupe beneth them bothe
> Ne kind, ne reason, ne good order bears.
> And oft it hath ben seene, whene Natures course
> Hath bene peruerted in disordered wise,
> When fathers cease ti know that they shoud rule
> The children cease to know they should obey...[7]

> Eche chaunge of course vnioynts the whole estate
> And yekdes it thrall to ruyne by debate...[8]

> One kinsman shall bereaue an-others life;
> The father shall vnwitting sly the sonne;
> The sonne shall slay the sire, and know it not
> ....
> These mischiefs spring when rebells will arise
> To work revenge and iudge their princes fact.
> This, this ensues when noble-men do faile
> In noble trouth and subjects will be kings[9].

(Mas agora, abaixada a cabeça sob ambos, /
Não carrega bondade, razão ou boa ordem / E
muitas vezes se vê, quando o curso da

6. T. Spencer, *op. cit.*, pp. 60-62.
7. *Gorboduc*, I. i., 203-208.
8. *Idem*, Coro Final, Ato I, 5-6.
9. *Idem*, V. ii, 212-214 e 242-245.

A INFLUÊNCIA DE *GORBODUC* EM *REI LEAR* 267

Natureza / Foi pervertido de forma desordenada, /
Quando os pais para de saber que deveriam
Governar / Os filhos de saber que devem
obedecer.

....

Cada mudança desarma todo o Estado / E o
conduz a afundar-se em ruína com debates –

....

Um parente irá cortar a vida do outro; / O pai,
sem saber, matar o filho. / O filho matará o pai,
sem o saber.

....

Esses males nascem quando rebeldes se levantam /
Pra vingar-se e julgar atos de seus príncipes. /
Isso, isso acontece quando os nobres falham / Em
nobreza de verdade, e súditos querem ser reis.)

Rei Lear, escrita poucos anos após *Troilo e Créssida*, é um exemplo
vivo dessas ideias, e muito embora estas fiquem manifestas apenas em
passagens breves e fases partidas, principalmente a respeito de *unnatu-
ralness*, a peça inteira fala das terríveis consequências da quebra da ordem predeterminada do universo, tanto política quanto natural. Uma
decisão precipitada do rei implica, em *Gorboduc*, a morte de todos aqueles a quem toca o acontecimento, inclusive a do *giltlesse king*, *without
desert at all*[10], justificando-se sua falta de culpa, podemos supor, na falta
de intenção malévola na divisão do reino, que resulta ser, mesmo assim,
um ato *unnatural*. Não poderia esse implacável massacre de todos os
envolvidos, inclusive daqueles que não teriam qualquer má intenção,
ter apontado o caminho para a tão largamente discutida morte de Cordélia, cuja natureza amorosa (porém inflexível) involuntariamente contribuiu para a criação de um conflito antinatural irreparável?

A própria ambientação de *Rei Lear* e *Gorboduc* coloca-as à parte
das fontes de enredo. O Deus de Abraão de *King Leir*[11] e o Deus cristão
sugerido nas outras fontes são substituídos na tragédia de Shakespeare
pela atmosfera mitológica de *Gorboduc*. Abundam em *Rei Lear* as referências à mitologia clássica, com seus Júpiter, Apolo e Febo, enquanto
em *Gorboduc* Febo é mencionado e Júpiter (Jove) domina a cena. À
parte essas referências específicas a divindades, ambas as peças têm
grande número de referências a "deuses", em gritante contraste com a
incidência da palavra nas fontes de enredo. Há 28 referências desse tipo
em *Rei Lear* e 31 em *Gorboduc*, valendo a pena mencionar que enquanto na peça de Shakespeare a palavra *God* aparece apenas uma vez,
na tragédia mais antiga ela aparece apenas duas vezes. Uma análise da

10. *Idem*, V.i, 15.
11. *The True Chronicle History of King Leir* em *King Lear* (The Arden Shakespeare,
London, Methuen & Co.,1057), Appendiz I, p. 233.

268 FALANDO DE SHAKESPEARE

tabela mostrará que há marcante diferença de uso entre as duas tragédias e as fontes Lear.

O que, naturalmente, é de particular importância é a significação do uso das próprias palavras. A preocupação com o estabelecimento de uma significação – moral e religiosa – mais elevada, por intermédio de referências ou invocações frequentes aos deuses, ajuda a criação de uma atmosfera trágica. O mesmo efeito é alcançado pelo uso de *death*, que aparece não mais de cinco vezes em nenhuma das fontes de enredo, porém é usada vinte vezes em *Rei Lear* e nada menos de 43 na muito mais sanguinolenta *Gorboduc*; um clima de fatalidade está presente por toda parte em ambas as peças. A significação política de ambas as obras, por outro lado, fica refletida no emprego de palavras como *state, realm, rule, war, kingdom, govern* e *governance*; há nada menos de 142 palavras dessa categoria em *Gorboduc*, e embora *Rei Lear* apresente umas meras trinta e quatro, até mesmo a fonte de enredo com o maior número delas, a *History of the Kings of England* de Geoffrey of Monmouth, apresenta apenas 17, das quais só 12 são usadas até o momento da morte de Lear. Pode-se acrescentar que em *Gorboduc* e *Rei Lear* as palavras *realm* e *kingdom* são muitas vezes usadas em conexão com a ideia de governo, enquanto nas fontes de enredo praticamente todos os exemplos têm o significado de nação.

Estreitamente relacionadas com esse sentido político são as palavras *traitor* e *treacherous*, bem como *treason* ou *treachery*; elas não são usadas de todo nas fontes de enredo, porém aparecem, respectivamente, 15 e 9 vezes em *Rei Lear* e 23 e 8 vezes em *Gorboduc*; as duas peças distinguem-se, portanto, das outras obras correlatas em mais um outro sentido que sugere identificação de enfoques. É interessante notar que o único tema usado em todas as obras que estamos examinando com incidência semelhante – na verdade o único comum a elas todas – é o mais mesquinho, o mais individual e menos trágico: *flattery* e seus derivados aparecem com maior frequência nas três cenas de *King Leir* relevantes para qualquer comparação (nove vezes); todas as outras fontes contêm ao menos uma referência, havendo sete exemplos em *Rei Lear* e seis em *Gorboduc*. A ideia é tratada em *Gorboduc* na pantomima senecana que precede o Ato II, na qual o rei prefere beber veneno em uma taça dourada oferecida por um *brave and lusty young gentleman* a aceitar a bebida saudável apresentada por conselheiros idosos e sábios em uma taça simples.

Ainda outra relação estreita e importante entre *Lear* e *Gorboduc* revela-se quando nos voltamos para o tema da natureza. Ao empostar sua ação de encontro a um pano de fundo de estudo da natureza do homem, Shakespeare emprestou à sua história significação que até então ela jamais tivera – ao menos no que tange às proporções. É verdade que as palavras *nature, natural, kind* (no sentido de natureza ou espécie) bem como *unnatural* e *unkindly* aparecem esporadicamente nas antigas

A INFLUÊNCIA DE *GORBODUC* EM *REI LEAR*   269

fontes de enredo; uma *nature*, uma *unnatural* e uma *unkind* estão incluídas nas cenas de *Leir* que têm relação com a tragédia de Shakespeare, duas *unnatural* e uma *unkind* em John Higgins, uma *nature* na *Lamentable Song* e, finalmente, três *nature* e quatro *unnatural* em Sidney. Que a presença de tal uso revela a compreensão da trama como história exemplar é certo, porém novamente os números demonstram que *Gorboduc* e *Rei Lear* têm algo mais em comum do que se pode encontrar nas fontes de enredo; existem em *Gorboduc* 37 casos de uso das palavras *nature*, *kind* e *kindly*, enquanto em *Lear* a palavra *nature* é mais frequentemente usada do que em qualquer outra peça de Shakespeare, com um total de quarenta ocorrências, às quais podemos acrescentar dois casos de *natural*. Para contrabalançar esses casos, *unnatural* e *unkind* aparecem nove vezes em *Lear*, dez em *Gorboduc*.

Dois outros grupos de palavras são consequência lógica dessa preocupação com a natureza do homem e com as consequências trágicas de ações "antinaturais". O primeiro é composto pelas palavras *foul*, *monster* ou *mostruous* e *heinous*; entre as fontes de enredo elas ocorrem, porém, apenas três vezes – no *Paphlagonian King* –, enquanto há 16 casos de *foul*, oito de *monster* ou *monstruous* e uma de *heinous* em *Lear*, com seis, duas e quatro correspondentes em *Gorboduc*. Tal ênfase no que é malévolo na natureza do homem é especificamente característica em ambas as peças, e dificilmente poderia ser acidental. O segundo grupo, que é baseado em imagens de animais, foi examinado por Bradley em sua *Shakespearian Tragedy* e por Caroline Spurgeon em seu *Shakespeare's Imagery*. A balança pendia acentuadamente na direção de *Gorboduc* na questão das imagens políticas; agora ela fica avassaladoramente desequilibrada para o lado de *Rei Lear*. Os poucos exemplos de *Gorboduc* expandem-se em quase uma centena de tais imagens em *Lear*, cerca de metade das quais podendo ser classificada ao lado das cinco de *Gorboduc*, que têm sentido depreciativo, comparando o homem com animais que sugerem as mais repugnantes qualidades. Será talvez interessante notar que três dos casos de uso de tais imagens de animal em *Gorboduc* são ligados a uma relação pai/filhos[12], o que acontece sonstituir uma das formas mais comuns de seu uso em *Rei Lear*[13].

Mais importante do que a efetiva contagem numérica dessas palavras é o tom geral que elas criam nos dois trabalhos. Em *Rei Lear*, como em *Gorboduc*, a patente intenção dos autores é a de emprestar a suas histórias uma significação para além da ação em si. Uma significação moral deve ser deduzida não só da história individual de Lear e suas filhas, que é encontrada em todas as versões anteriores no nível

---

12. *Gorboduc*, IV.i, é inteiramente tomada pelo monólogo de Videna que trata do assassinato de Ferrex por Porrex.

13. *Women will all turn monsters*, III,ii, 102, é apenas um exemplo; *Tigers, not daughters*, outro.

270 FALANDO DE SHAKESPEARE

da moral de conto de fadas, como também da retratação muito mais ampla das abrangentes consequências de ações apresentadas como *unnatural*. A natureza desenfreada, expressão tantas vezes usada em relação a *Rei Lear*, descreve *Gorboduc* de forma igualmente verdadeira, e a principal diferença entre essas duas peças e as fontes de enredo da tragédia de Shakespeare reside no fato de existir nas primeiras um uso efetivo da natureza como tal.

Esse uso da natureza, que é a grande dominante em *Rei Lear*, aparece em *Gorboduc* na simbólica pantomima que antecede o Ato I. O Lear louco não existe nas fontes de enredo, à exceção de *A Lamentable Song*, na qual ele

> Grew frantick mad; for in his mind
> He bore the wounds of woe,
>
> (Tornou-se freneticamente louco; pois em sua
> mente / Ele ostentava os ferimentos da dor.)

e, no entanto, em *Rei Lear*, o rei aparece *tearing off his clothes*[14] e, mais tarde, *fantastically dressed with wild flowers*[15]. Não é provável que a figura fantástica, "vestida de folhas", tenha tocado a imaginação de Shakespeare quando chegou o momento de colocar em cena um rei enlouquecido pela dor? Em ambos os casos as cenas são simbólicas dos temas centrais das peças nas quais aparecem.

Ainda um outro incidente, ausente de todas as fontes de enredo, aparece em ambas as tragédias e estabelece ainda mais a possibilidade de uma influência direta de *Gorboduc* em toda a concepção shakespeariana do tema de *Lear*; em ambas há o julgamento de maus filhos por seus pais. Em *Gorboduc* tal julgamento é real, porém ele pode muito bem ter sugerido o estranho e fantasmagórico julgamento das ausentes Regan e Goneril pelo ensandecido Lear[16]. Ainda uma vez, não pode parecer que se trate de alguma semelhança casual.

Uma outra peculiaridade das tragédias poderá ser ressaltada: em todas as fontes o tom de crônica ou romance determina um andamento um tanto ou quanto lento para o desenvolvimento da narrativa. Em Holinshed podemos ler a respeito de *a process of time* e, depois, de dois anos de reinado após a restauração de Lear ao trono; em Geoffrey of Monmouth Lear passa dois anos com Goneril, um ano com Regan e tem três anos de reinado; na *Gesta Romanorum* há uma permanência de quase um ano com Goneril, *scarcely a year* com Regan, um mês na França e, novamente, três anos de reinado; em *The Faery Queene* a permanência com Goneril é "longa", fica sugerida permanência semelhante

14. III.iv, 114.
15. *Idem*, IV.vi., 80.
16. As cenas são, respectivamente, *Gorboduc*, IV, 2, e *King Lear*, III, 4.

A INFLUÊNCIA DE *GORBODUC* EM *REI LEAR*　　271

com Regan, enquanto, muito embora não seja feita qualquer menção à duração de seu reinado após a restauração de Lear, ele morre de velhice. Até mesmo em John Higgins, que nos dá a mais curta permanência com Goneril (seis meses), há um ano com Regan e novamente três anos no trono; e até mesmo em *A Lamentable Song*, única entre as versões análogas a nos mostrar Lear e Cordélia morrendo antes que possam usufruir devidamente da vitória alcançada, o tempo passa lentamente, assim como em todas as outras: há referência a *a while* e Lear visita (ou pelo menos tenta visitar) duas vezes cada uma das filhas mais velhas.

Esse andamento ralentado é estranho tanto a *Rei Lear* quanto a *Gorboduc*. Há em ambas um clima de urgência, e em ambas (muito particularmente na peça mais antiga) a ação é precipitada, cada acontecimento impingindo-se imediatamente sobre o anterior, em uma tensão crescente que leva inexoravelmente a um final trágico. Em *Lear*, se a divisão do reino é apresentada em I.1, na cena 2 Edmund expõe seus planos, e ao tempo em que se abre a cena 3 já foi configurada uma crise no relacionamento entre Lear e Goneril que termina a permanência do pai em casa da filha. No final do Ato II Lear já foi rejeitado por ambas as filhas mais velhas, e a avalanche continua a crescer em proporções avassaladoras e tremenda velocidade até as mortes de Lear e Cordélia[17]. A mesma precipitação existe em *Gorboduc*: em I.1, sabemos dos planos do rei; na cena 2 o rei divide seu reino; as duas cenas do Ato II terminam com a notícia da morte de Ferrex; o Ato IV é tomado pela grande fala de Videna (cena 1), seguida na cena 2 pelo julgamento de Porrex e sua morte imediata nas mãos de sua mãe. Na cena que se segue (V.1) o rei e a rainha já foram assassinados, todo o país é presa de total perturbação, e a última cena da obra (V.2) mostra devastação completa, a integral destruição do Estado.

O final trágico não é semelhante nas duas peças que estamos investigando porque o problema proposto tem bases diferentes em cada uma delas. Na obra de Shakespeare a questão é completamente centrada na figura de Lear – apresentado tanto como homem quanto como símbolo do Estado – e é à sua destruição (e purificação) que, necessariamente, devem levar a ação e seu fim. Em *Gorboduc*, o Estado em si é a questão principal, o próprio Gorboduc tornando-se apenas instrumento da solução trágica final, ou seja, a destruição de todo o Estado (e sua purificação prevista). Ambas as peças desenrolam-se contra um

---

17. Oliphant Smeaton, em seu *The Life and Works of William Shakespeare* (Everyman's Library, 1937), cita o seguinte esquema de cronologia para *King Lear*, de P. A. Daniel, Transactions of the New Shakespeare Society, 1877-0: Dia II, i; Dia III,ii, um intervalo de duas semanas ou menos; Dia III, iii-iv; Dia IVII, i-ii; Dia VII, iii-iv, III, i-iv; Dia VIIII, vii, IV, i; Dia VIIIV,ii, talvez um intervalo de um dia ou dois; Dia VIIIIV, iii; Dia IXIV, iv-vi; Dia XIV, vii, V,i-iii; Tal esquema indica claramente a qualidade de precipitação da peça.

272   FALANDO DE SHAKESPEARE

pano de fundo mais ou menos atemporal; as ações e suas consequências
são de tal ímpeto que sua real duração no tempo cronológico não tem
importância. Cada acontecimento particular leva inevitavelmente ao
seguinte e, a partir de uma decisão precipitada de dividir seus reinos
ainda em vida, dois reis são levados a sofrimento extremo e morte, e
seus Estados respectivos levados a sofrer os horrores da guerra civil,
manifesta em *Gorboduc*, sugerida em *Rei Lear*[18].

As consequências da divisão do reino, tão amplamente analisadas
na última cena de *Gorboduc*, são ecoadas do final do último ato de *Rei
Lear* pela dolorosa fala de Albany:

> For us, we will resign
> During the life of this olf majesty,
> To him our absolute power[19];
> ....
> Our present business
> Is general woe. Friends of my soul, you twain,
> Rule in this realm, and the gor'd state sustain[20].

> (Quanto a nós, abrimos mão / Durante a vida de
> sua velha majestade, / A ele nosso poder
> absoluto.
> ....
> Nossa tarefa de agora / É a dor geral. Amigos do meu
> peito, / Governemos pra curar o mal feito,)

Todas essas coisas acontecem a certos indivíduos em determinados
Estados; seu impacto na vida desses indivíduos e desses Estados é a
impressão que fica conosco no final de cada uma dessas tragédias –
quando elas acontecem ou quanto tempo foi necessário para que tais
acontecimentos atingissem sua maturação integral é completamente
irrelevante. No final tanto de *Rei Lear* quanto de *Gorboduc*, após toda
uma série de ocorrências cruéis e mortíferas, a nação é restaurada, por
intermédio de um penoso processo de purificação, a um governo ordenado e hierárquico.

Tal não é, a não ser no mais primário dos níveis, a significação das
fontes de enredo de *Rei Lear* até aqui conhecidas. Existe um número
exagerado de pontos de contato entre *Rei Lear* e *Gorboduc* no tom, na
concepção geral e na linguagem para que não se admita um estreito
relacionamento entre as duas obras. A peça mais antiga parece na verdade ter fornecido o estímulo que ativou a visão poética de Shakes-

---

18. *King Lear*: "Have you heard of no likely wars toward?" (II. 1, 11). "I hold you
but a subject in this war,/ Not as a brother" (V. 3,60).

19. *Idem*, V.3, 297-299.

20. *Idem*, V.3, 318-320.

A INFLUÊNCIA DE *GORBODUC* EM *REI LEAR*　　　273

peare, levando-o a entrever na história de Lear material para uma de suas maiores tragédias.

TABELA DE INCIDÊNCIA DE PALAVRAS

	Gorboduc	Lear	Leir	Hohn-shed	Man-mouth	Roma-norum	Faery Queen	Higgins	Lament-able Song	Paph. King
Mythological gods	12	6	–	–	–	–	–	–	–	–
Gods	31	28	8	–	1	1	–	1	–	2
Death	43	20	4	1	2	1	1	1	2	5
State, Realm, Kingdom, war, govern	142	34	5	12	14	17	6	6	3	3
Treacherous, Traitor	23	15	–	–	–	–	–	–	–	–
Treachery, Treason	8	9	–	–	–	–	–	–	–	–
Flattery	6	7	9	–	1	2	3	3	1	–
Nature, natural, kind	37	42	1	–	–	–	–	1	1	3
Unnatural, unkindly	10	9	2	3	–	–	–	1	–	4
Foul, monster, monstrous, heinous	10	25	–	–	–	–	–	–	–	3
Imagens de Animais	5	40	1	–	–	–	–	2	–	1

NOTA: A *Concordance to Shakespeare* (1927), de John Bartlett, foi amplamente usada na organização desta tabela. As outras obras mencionadas, com a exceção de *Rei Lear* e *Gorboduc*, foram consultadas em Arthur A. Baker, op. cit., e na edição Arden de *Rei Lear*. Os números apresentados para *King Leir* referem-se apenas às três cenas dessa obra nas quais é válida uma comparação entre ela e a tragédia de William Shakespeare.

Publicado em *Shakespeare Survey*, n. 13.

Otelo, uma Tragédia Construída sobre uma Estrutura Cômica

Na *Shakespearian Tragedy* do Professor H. B. Charlton existe uma interpretação extremamente satisfatória de *Otelo*[1] na qual dois pontos principais devem ser notados: a tragédia nasce do casamento de duas pessoas de origens e formações vastamente diversas, e Otelo deve ser aceito não como vítima de Iago mas como um herói trágico inteiramente desenvolvido e integralmente responsável pela tragédia e suas consequências. Minhas próprias conceituações quanto à linha mestra de interpretação de *Otelo* são tão semelhantes às de Charlton que pressuponho que qualquer encenação da tragédia deve, em última análise, criar o quadro que ele desenha através de sua análise crítica. Tal quadro foi, inicialmente, criado por Shakespeare por meios dramáticos e teatrais, e o objetivo deste artigo é o do esclarecimento de um aspecto muito específico da linguagem teatral que o autor usou em uma obra de arte que só atinge seu significado completo quando apresentada em um palco.

Muito embora ele jamais barateie sua obra a fim de ser compreendido, estou convencida de que Shakespeare, habituado como era a escrever para uma plateia das mais variadas, a todos os momentos desejava que a estrutura principal de suas peças, seus enredos e personagens fossem o mais claro possível. Isso não significa que suas peças não tenham muitos níveis de significação mais profunda, ou que para sua plena compreensão não dependessem da capacidade de cada indi-

---

1. H. B. Charlton, *Shakespearian Tragedy* (Cambridge, 1952).

víduo para reagir imaginativamente a tudo que lhe era oferecido por diálogos, personagens, enredo e poesia; mas significa sem dúvida que em *Otelo*, como em outras ocasiões, Shakespeare buscava seu público por meio de elementos visuais e eminentemente cênicos que o tempo nos fez esquecer ou negligenciar.

Ao escrever a tragédia de *Otelo* Shakespeare usou com suprema mestria um idioma teatral inesperado porém de imensa eficácia, que só poderia ser usado por alguém com grande capacidade de penetração em sua observação da natureza humana e grande domínio de técnicas dramáticas e teatrais. Se *Otelo* teria de tratar do casamento entre "um bárbaro errante e uma veneziana supersofisticada", a consideração primordial de Shakespeare teria de ser – dado que a obra estava sendo escrita para palco e plateia – que a ideia de tal contraste ficasse clara e facilmente reconhecível para o público. O Ato I, que tem lugar em Veneza, tem de ser considerado em sua plena significação, ou seja, como instrumento da definição do mundo ao qual Desdêmona pertence e ao qual Otelo muito significativamente não pertence.

Como haveria o elizabetano médio, naqueles dias de dificuldades para se viajar, de identificar Veneza? Shakespeare escolheu os meios mais simples e óbvios ao alcance de alguém que vivia no mundo do teatro e escrevia para frequentadores regulares de espetáculos teatrais: a *commedia dell'arte*, instrumento altamente teatral, que era não só italiano mas, em grande parte, veneziano. Que tanto Shakespeare quanto os elizabetanos conheciam bem a *commedia dell'arte* é fácil de provar pela documentação transcrita, por exemplo, em *The Elizabethan Stage* de Sir Edmund Chambers, e para esta peça em particular a forma tinha a vantagem de não só identificar o ambiente veneziano como também de criticá-lo, técnica que é a base de todas as melhores formas da comédia. Se o bárbaro errante havia de ser apresentado como mais exigente, do ponto de vista moral, do que a supersofisticada veneziana, a postura crítica em relação à sociedade veneziana era indispensável. Situar a ação de *Otelo* contra esse pano de fundo de *commedia dell'arte* veneziana abre, para mim, tais possibilidades cênicas para a retratação correta dos temas em jogo que estou hoje convencida de que é necessário que se aceite o estranho fato de ela ser uma tragédia construída sobre uma estrutura cômica. Desse fato, por exemplo, poderia nascer a explicação para a noção amplamente difundida da excepcional crueldade de *Otelo*: a obra é excepcionalmente cruel porque, a partir da situação dramática inicial, não se espera uma tragédia mas uma comédia, sendo a mestria de Shakespeare só o que torna possível uma tragédia emergir do enredo de Cinthio sem qualquer quebra de tom e sem qualquer evasão do tema proposto. O segredo, é claro, reside na presença, na estrutura, do elemento não veneziano, o próprio Otelo.

A influência da *commedia dell'arte* em *Otelo* pode ser sentida de vários modos, sendo necessário examinar diálogo, caracterização de

OTELO, UMA TRAGÉDIA CONSTRUÍDA...   277

personagens e conflito separadamente. Para começarmos com a estrutura é preciso lembrar, em primeiro lugar, que de todas as tragédias *Otelo* é a única que para seu desenvolvimento apoia-se em grande escala sobre uma intriga, o que em si é mais característica de comédia do que de tragédia. Nessa estrutura cômica devemos considerar a posição de Iago como *menneur-de-jeu*, como Zanni, como Arlequim, acima de tudo como Briguela; não importa o nome, ele é um criado que trabalha para seu próprio interesse quando deveria estar servindo seu amo. A própria ideia de promoção, tão importante em Shakespeare, não existe em Cinthio, porém é um dos aspectos mais significativos de Zanni.

A estrutura da cena de abertura de *Otelo* pode levar a conclusões um tanto surpreendentes, se tomada em separado e com o conhecimento da peça como um todo sendo omitido. A cena, pela ação, pode ser identificada como tendo lugar em uma rua de Veneza, em frente a uma casa com uma janela ao alto e uma porta embaixo. Tal disposição cênica específica é descrita por Emilio Del Carro em seu *Nel Regno delle Maschere* como típica da *commedia dell'arte*, onde portas e janelas tornavam o cenário fixo mais flexível[2]. Quando se inicia a ação, dois homens estão conversando e um deles, Iago, está obviamente indignado porque não foi promovido a tenente (um crime de *lèse majesté* em termos do ego de qualquer Zanni), afirmando, também, que três figuras importantes da cidade pediram por ele ao general. Trata-se de óbvia mentira, porque se tais homens efetivamente existissem Iago saberia seus nomes e os citaria em todas as ocasiões possíveis. Somos também informados de que o general, que é descrito nos mais desmoralizantes termos, casou-se com a filha do velho em frente a cuja casa estão os dois, e que Iago planeja que o velho pai seja despertado e informado da fuga para o casamento. Porém, quando Brabâncio aparece em sua janela, Iago toma cuidado para ficar escondido e não identificado, empurrando para a frente o tolo Rodrigo como ostensivo portador das novas. Rodrigo, a quem faltam inteligência e coragem, tem de ser empurrado, o que não constitui problema para Iago, que, é preciso que se note, não só faz piadas ("Tu és um vilão"/ "E tu um senador") como também usa a linguagem obscena com que Arlequim ou Briguela sempre contaram a Pantalão que este perdera sua filha.

Há mais episódios na história que ficam mais próximos do mundo da comédia do que do da tragédia: a perda de um artigo (como o lenço de Desdêmona) e seu uso subsequente por alguém em condições de emprestar à perda significado comprometedor é um deles, porém a situação mais classicamente cômica de toda a peça é a conversa entre Iago e Cássio sobre Bianca, jogada de modo a fazer Otelo pensar que os dois falam sobre Desdêmona. Tais convicções enganadas, tais truques, dificilmente podem ser incluídos entre as situações trágicas con-

2. E. Del Carro, *Nel Regno delle Maschere* (Napoli, 1914).

278   FALANDO DE SHAKESPEARE

sagrada. Sem levar em consideração as intenções de Iago, e tratando exclusivamente de aspectos exteriores de suas ações, Richard Flatter, em *The Moor of Venice*, compara Iago com um personagem de *commedia dell'arte*, na medida em que ele se decide por determinada linha de ação em relação a esta ou aquela pessoa e então age – ou improvisa – segundo a mesma[3]. A inventividade de Iago, sua habilidade aparentemente inesgotável de continuar contando uma história diferente a cada pessoa, bem como o prazer e virtuosismo com os quais fica impedindo os outros personagens de verificar cada versão, talvez sejam de todas as facetas de Iago as mais claramente emprestadas a um Zanni típico.

Em seu *Shakespeare and the Allegory of Evil*, Bernard Spivack afirma, com justiça, que Iago é descendente direto do Vício das moralidades medievais[4], porém a tal ideia muito válida eu gostaria de acrescentar a sugestão de que, em termos teatrais, Shakespeare pedira empréstimo àquele ancestral mais próximo, o Zanni-Arlequim-Briguela da *commedia dell'arte*, onde o Vício já se tornara menos alegórico, mais flexível, mais adaptado ao drama individualizado da época elizabetana.

De todas as encarnações de Zanni, Iago parece ser a mais intimamente ligada ao mal-humorado e cruel Briguela. No *Harlequin Phoenix* de Thelma Niklaus, por exemplo, encontramos a seguinte descrição de Briguela: "[...] sua máscara, de um verde amarelado encardido, dava-lhe a expressão cínica de um homem para o qual a vida não reserva mais qualquer surpresa... Sua abusada autoconfiança sustentava-o de forma vitoriosa ao longo de sua carreira de vigarista e baderneiro profissional. Ele era o intruso aproveitador, o faroleiro, o bisbilhoteiro, sub-reptício e sinistro em suas idas e vindas, não trazendo bem algum a quem quer que seja que entrasse em contato com ele, sempre pronto a vender sua honra, seu amo... Ele tinha selvagem prazer em derrubar amigo ou inimigo, em criar conflitos, em cometer crimes. Enquanto Arlequim sempre ficava atônito diante das consequências de seus erros, a vilania de Briguela era consciente e premeditada[5]." Seria difícil fazer qualquer objeção a uma tal descrição para o próprio Iago.

No livro que acabamos de citar os dois primeiros temas relacionados como característicos da comédia italiana em sua primeiras formas renascentistas estão o engano de um amo e o fazer de um marido um *cornuto*, o que nos leva ainda a outra interessante ligação entre *Otelo* e a comédia: desde tempos imemoriais que o marido traído tem sido, por alguma razão misteriosa, fonte de riso irreprimível, e a conclusão surpreendente a que chegamos ao examinar os objetivos de Iago a criar toda a sua intriga é a de ter sido sua única intenção tornar Otelo ridículo.

3. R. Flatter, *The Moor of Venice* (London, 1950).
4. B. Spivack, *Shakespeare and the Allegory of Evil* (New York, 1958).
5. T. Niklaus, *Harlequin Phoenix* (London, 1956).

OTELO, UMA TRAGÉDIA CONSTRUÍDA... 279

Como se enquadra tal ideia em um esquema trágico? Comparem as intenções de outros personagens em outras tragédias em relação a seus oponentes: Cláudio planeja exílio e morte para Hamlet, Hamlet morte para Cláudio; Macbeth, Brutus, Antônio, Tybalt, Tito, todos pensam em ações extremas, irreversíveis, contra aqueles que sabem ter de combater para poder sobreviver; mas somente Iago, de todos os personagens principais das tragédias, aparece com a extraordinária ideia de, para cumprir plenamente sua vingança contra o general que não o fez seu tenente, fazer o dito general pensar que sua mulher o trai. É claro que é uma vingança, porém uma vingança em nível mesquinho, cômico, porque a imaginação fértil porém superficial de Iago não o leva além do simples desejo de desmoralizar Otelo. No mundo veneziano supersofisticado, Otelo tornar-se-ia então motivo de galhofa da sociedade e – graças a providências tomadas por Iago – do exército. Porém Zanni não contou com o elemento desconhecido, as reações do "bárbaro errante" a suas provocações mesquinhas. Dessa desproporção Shakespeare cria a tragédia.

O uso de máscaras da *commedia dell'arte* por Shakespeare em seu quadro de personagens tem também de ser considerado. Seria ocioso esperar que todas as máscaras aparecessem ou que as que aparecem incluíssem todas as muitas possíveis facetas de cada uma; no entanto, será mostrado que alguns personagens de *commedia dell'arte* aparecem em *Otelo* e podem ser facilmente identificados.

Iago, inevitavelmente, é o primeiro que nos ocorre, em função de seu papel de *meneur-de-jeu* do qual se origina a difundida noção de que ele seria o mais importante elemento da tragédia. Porém, além de ser responsável pelo desenvolvimento mecânico da intriga, Iago tem muitos outros aspectos que o ligam a Zanni-Briguela. Em primeiro lugar aparece o tema da promoção, que não está presente em Giraldio Cinthio, porém é fundamental em Shakespeare e um dos traços mais característicos dos criados da comédia italiana. Em suas encarnações como Zanni e Arlequim o próprio figurino do criado, com seu desenho de losangos, é uma evolução dos retalhos e remendos de suas origens de mendigo, sendo sua atividade mais típica armar tramas para ganhar alguma coisa, seja em promoção, comida ou dinheiro, a despeito do fato de ele, como seu ancestral, o Vício, quase invariavelmente acabar levando uma boa surra ao invés de obter sua melhoria. Porém, o que é surpreendente e realmente semelhante a Zanni-Arlequim-Briguela é o fato de a momento algum, até o virtual final da tragédia, Iago não parecer ter como objetivo a queda trágica de Otelo; seu objetivo é a desmoralização de seu amo e sua própria promoção, a ser obtida por seu desempenho do triste papel de delator e "protetor" da honra de Otelo. Até mesmo no final da primeira cena do último ato, Iago ainda diz: "Esta é a noite/ Que ou me faz ou me destrói inteiramente", donde devemos deduzir que mesmo já tendo chegado ao assassinato, Iago ainda

280 FALANDO DE SHAKESPEARE

espera conseguir, por sua esperteza, uma solução satisfatória para o problema de sua promoção. Tal cegueira em relação ao grande alcance das consequências de suas ações é típico de Zanni e, em última instância, de Briguela. Junte-se a isso a vulgaridade (para não dizer obscenidade) de Iago, seu intenso prazer em encontrar ou imaginar podridão em toda pureza e bondade (simplesmente por serem estas alheias à sua própria natureza) e o quadro do criado italiano da *commedia dell'arte* fica completo.

Como último toque de extraordinária semelhança entre Iago e Zanni temos o estranho fato de o homem descrito nas *dramatis personae* como "um vilão" ser conhecido como "honesto Iago". Também na *commedia dell'arte* muita intriga depende do fato de um criado ardiloso ser considerado confiável e, consequentemente, ser encarregado de toda espécie de tarefa importante. Tanto Iago quanto Zanni – como todo vigarista bem-sucedido – dependem para o sucesso de suas intrigas da mesma noção enganosa de serem eles "honestos"; e em função dessa reputação ficarem em posição privilegiada para conhecer tanto os anseios quanto os pontos fracos de seus amos. Se Otelo pode ser levado pelo nariz, como um asno, também o podem muitos outros personagens da peça; se outros se recusam a acreditar nas acusações a Desdêmona feitas por Iago, é por este não ser seus pontos fracos particulares, sendo levados a acreditar em outras histórias. Se Otelo é tantas vezes criticado por acreditar em Iago, é porque há uma espécie de reação natural, resultante de nosso conhecimento de que desse fato nascerá a tragédia; porém criticar Otelo e não Cássio, e não Desdêmona, e não Rodrigo, e não Emília por exatamente a mesma coisa, ou seja, acreditar em alguma história cuidadosamente planejada para ser aceita por determinado indivíduo, é criticar emocionalmente, sob influência de conhecimento *a posteriori*; em seu verdadeiro universo, cômico, todos sempre acreditam em Zanni pelas mesmas razões que dão crédito a Iago: ele conta histórias plausíveis às pessoas mais indicadas para acreditar nelas.

Outra máscara clássica de *commedia dell'arte* a aparecer quase intacta em *Otelo* é Pantalão. Sobre a relação Brabâncio-Pantalão, escreveu Miss K. M. Lea: "A descrição de Brabâncio como um 'magnífico' em *Otelo* é apropriada sem qualquer sugestão de comédia italiana, porém sua posição como pai desatinado é tão semelhante à de Pantalão que dificilmente podemos evitar a dupla alusão[6]." Brabâncio é, de fato, apresentação surpreendentemente convencional do papel do velho tolo cuja filha se casa contra sua vontade. Ser tirado por gritos da cama, no meio da noite, e debochado por personagens de má fama de pé sob sua janela, que lhe dizem para examinar a casa para ver se nada lhe foi roubado, é o destino de Pantalão em seu papel de pai. Além do mais,

---

6. K. M. Lea, *Italian Popular Comedy* (Oxford, 1934).

OTELO, UMA TRAGÉDIA CONSTRUÍDA... 281

considerando que Shakespeare usou elementos de estrutura cômica para criticar a sociedade veneziana, vale a pena pensar na têmpera moral de um pai que, para vingar-se de Otelo, está disposto a conceder, sem maiores problemas, que sua filha seja capaz de adultério: "Ela enganou o pai, pode enganá-lo". Se o próprio pai de Desdêmona foi capaz de fazer tal previsão, é de surpreender que Otelo acredite na acusação de Iago? Mas, de Pantalão, frase como essa é de ser esperada.

Rodrigo, que não existe em Cinthio e aparece pela primeira vez na cena cômica de abertura da peça, é o trouxa que dá dinheiro ao *meneur--de-jeu* para obter a mão ou os favores da heroína, personagem muito conhecido na comédia italiana que aparece mais tarde, por exemplo, na *Escola de Mulheres* de Molière, exemplo clássico de influência do gênero sobre o genial autor francês. Pensando que sua amada possa ser comprada, esta triste figura serve o duplo objetivo de não só revelar-se um todo, a todo corrupto, além do mais, como também o de nos mostrar Zanni-Iago em um de seus aspectos mais baixos, o de alcoviteiro.

Não é difícil identificar Desdêmona com a "amorosa" ou "innamorata" da comédia dos profissionais. Ela é doce, encantadora, fiel a seu amor mas, como todas as suas irmãs shakespearianas, não tem mãe e é resolutamente pronta a enfrentar a autoridade paterna em defesa de seu amor. Por certo isso não será tudo o que se possa dizer a respeito de Desdêmona, mas é significativo que mesmo ao dar-lhe muitas outras características, assim como uma textura moral muito mais rica, tenha preservado tais traços fundamentais. Cinthio, por exemplo, menciona que o casamento de Desdêmona com o Mouro tinha a oposição de "*i parenti*", ou seja, pais ou parentes, de modo que a clara falta de mãe aparece como mais um detalhe acrescentado por Shakespeare que se adequa ao esquema da *commedia dell'arte*.

A comédia dos profissionais não era exclusivamente veneziana e o termo deve ser em parte aceito como italiano ou europeu, em oposição ao não europeu Otelo. De modo que não há nada na cidadania florentina de Cássio que o impeça de ser identificado com o *innamorato*. De tal identificação Iago depende para a aparente plausibilidade de suas acusações; Cássio tem todas as graças sociais e todas as virtudes (e os vícios) normalmente atribuídos ao italiano renascentista bem--nascido. É possível, hoje, fazer objeções ao tratamento de Bianca por Cássio, porém de acordo com os usos e costumes de seu tempo, ele é tão convencional em seu desrespeito por Bianca quanto em seu respeito por Desdêmona. A própria Bianca não pode ser considerada como indivíduo mas apenas como mais aquela habitante rotineira do mundo da *commedia dell'arte*, a cortesã, cuja função dramática sempre foi a de tornar intrigas complicadas mais complicadas ainda.

Tampouco Emília fica fora do âmbito do quadro de personagens da comédia italiana. No *The World of Harlequin*, de Allardyce Nicoll, por exemplo, podemos encontrar as seguintes referências à criada tí-

282 FALANDO DE SHAKESPEARE

pica: "Por ativa que a *servetta* normalmente se mostre, ela não forma um dos pontos focais da comédia... em 1600 ela era mais velha e mais vulgar do que em 1700... fica bem claro que a intenção era mostrá-la como mulher de ampla experiência dos descaminhos mundanos... Alegre e leal à sua ama... ela carrega parte da intriga, porém tal parte é periférica, não central[7]." Não há muito mais que se possa dizer a respeito de Emília.

Seria ocioso buscar outros paralelos em personagens menores; estes não estão envolvidos na intriga em si e Shakespeare não estava escrevendo *commedia dell'arte* mas, sim, apenas fazendo uso de alguns de seus aspectos para estabelecer determinados pontos de referência em sua tragédia.

Mais gratuito ainda seria incluir qualquer possibilidade de interpretação do próprio Otelo (a despeito da presença bastante comum de elementos orientais e mouriscos em textos de *commedia dell'arte*), já que a própria essência do conflito reside no fato de ele não ser um veneziano supersofisticado. Depois da cena de abertura na linha da *commedia dell'arte*, onde toda espécie de comentário desmoralizante foi feito a respeito do Mouro, e ainda em uma ambientação veneziana, temos a primeira aparição em cena do próprio Otelo, que, mesmo conversando com um Iago, que insiste em falar em termos de intriga, deve ser tão impressionante, inesperada e contrastante quanto a presença de Hamlet com o preto do luto em meio à colorida corte da Dinamarca. O que muitas vezes é chamado de a ingenuidade de Otelo, na verdade, é algo muito semelhante à paixão por absolutos morais que faz Hamlet reagir diante de certos fatos de modo diverso do daqueles que o cercam. Sendo aceito como um homem tal, Otelo dificilmente poderá ser condenado por acreditar em um homem de inacreditável capacidade para inventar histórias plausíveis e para identificar os pontos fracos dos outros, em particular quando sabemos que ele não é o único personagem na peça que não investiga a veracidade das afirmações de Iago. O que Iago provoca não é só o ciúme de Otelo mas, também, seu implacável senso de justiça; e a não ser por aquele tristíssimo momento durante o qual ele tenta escapar da responsabilidade pelo assassinato de Desdêmona, Otelo efetivamente age de acordo com seu exigentíssimo sentido de justiça tanto em relação a Desdêmona quanto em relação a ele mesmo.

O Ato I veneziano, então, serve admiravelmente o objetivo de estabelecer tanto visual quanto psicologicamente a natureza do pano de fundo em que estão vivendo essas duas pessoas que se casam tendo como única base um avassalador amor romântico; o mundo de Desdêmona é visto em mais detalhe porque o público tem de poder ver, como pôde Otelo, a que mundo ela pertencia – social mesmo que não

7. A. Nicoll, *The World of Harlequin* (Cambridge, 1963).

moralmente. O mundo de Otelo é implicitamente criado pelo contraste entre sua própria e fortíssima personalidade e tudo o que o cerca. Uma vez que Veneza desempenhou seu papel, somos transportados para Chipre, para a neutralidade de uma fortaleza militar; nesse local estranho e distante os protagonistas da tragédia são deixados sem a proteção de qualquer um de seus dois mundos, com Otelo no comando absoluto, com autoridade e responsabilidade para punir todos os que infringem a lei.

O que nos leva à situação trágica. Os meios que Shakespeare usa para criar uma tragédia com o melodrama de Cinthio são em si bastante sutis; a momento algum Otelo é apresentado como *gauche* ou sob qualquer aspecto socialmente inadequado; pelo contrário, raramente, talvez nunca, Shakespeare criou personagem tão nobre, majestoso, respeitado e amado quanto Otelo. O conflito fundamental entre o Mouro e Veneza não nasce de comportamento social mas de convicções morais mais apaixonadas e exigentes que as dos supersofisticados venezianos que viviam em um mundo excessivamente civilizado cujos gestos sociais permitiam certas atitudes que o hábito já esvaziara de todo significado, mas que poderiam – em particular em momentos de tensão emocional – ser explorados por Iago como sendo aspecto exterior de supostas falhas morais. Um desses casos seria os cumprimentos trocados entre Desdêmona e Cássio na chegada a Chipre; para um veneziano tal comportamento seria perfeitamente natural, porém Iago já procura dar-lhes interpretação comprometedora.

O próprio Iago é veneziano, porém sua contínua e excludente preocupação consigo mesmo e seus problemas pessoais dá-lhe condições para ver os "venezianos" da peça sem qualquer espécie de aproximação emocional. Seu mundo pessoal e o de Otelo são tão completamente diferentes que uma tragédia pode se desenvolver a partir da confrontação de seus respectivos pontos de vista. Já tem sido dito muitas vezes, por exemplo, que as reações de Otelo são desproporcionalmente violentas ante as provocações de Iago, porém o que não parece ser dito nunca é que Shakespeare se desvia muito especificamente de seu caminho para mostrar que um veneziano não reagiria a uma questão de adultério do mesmo modo que Otelo. Iago, de fato, sugere por duas vezes que desconfia de Emília por infidelidade com o general, e muito embora o faça em solilóquios (e portanto não para impressionar ninguém) e afirma que tomará providências violentas a respeito, ele nunca o faz e parece, após algum tempo, esquecer-se completamente da possibilidade. Argumentar que Otelo é um tolo de reagir como faz a Iago na questão da infidelidade de Desdêmona é omitir o ponto principal a respeito de toda a tragédia, que é o de, para Otelo, o adultério dela ser considerado a partir de uma atitude moral completamente diferente da de todos os outros personagens da peça. Além do que, todos os venezianos que não acreditam sequer na possibilidade de Desdêmona ser

284   FALANDO DE SHAKESPEARE

infiel já a conheciam bem, e no caso de Otelo a acusação não era feita a respeito de uma conhecida mas a respeito de sua mulher: seu adultério o afetaria diretamente, na honra como nas emoções, não os outros. Por certo Iago jamais acredita ele mesmo na história e, mais do que certamente, não espera que Otelo reaja como o faz. A intriga libera paixões que Iago não só jamais experimentara como nem sequer testemunhara em qualquer das pessoas que normalmente o circundavam. O mundo dos absolutos, o mundo no qual não pode haver concessões morais, não existe para Iago, do mesmo modo que sem absolutos, com concessões morais, não pode existir mundo para Otelo. Se este pode ser levado pelo nariz, como um asno, é só porque não lhe era possível conceber ser possível alguém não ter sua própria retidão moral, dedicação à justiça e imparcialidade de julgamento. Destituído de malícia, Otelo é levado ao assassinato e ao suicídio porque não lhe ocorre, sequer em relação a Desdêmona, a quem ama, que afirmação de natureza tão grave, feita com aparente seriedade (e aparentemente apoiada pelo menos em provas circunstanciais) pudesse ser falsa.

O significado da distância entre esses dois mundos nunca pode ser por demais ressaltado, e na encenação de *Otelo* a mudança progressiva dos valores venezianos da *commedia dell'arte* para os valores extremos, brutos e violentos de Otelo tem de ser uma das chaves para a apavorante emergência de uma tragédia do que deveria ter sido, segundo seus dados dramáticos iniciais, uma situação cômica. A tragédia que emerge é do tipo que séculos mais tarde seria definida por Harold Pinter na frase "O ponto a respeito da tragédia é que *ela não é mais engraçada*"[8], e a mais absoluta seriedade passa a dominar o quadro porque um homem, Otelo, não pode aceitar ser transformado em motivo de chacota como um típico marido traído.

Iago jamais chega a compreender totalmente os valores em jogo. Seu alvo não era a tragédia, e seu objetivo principal nunca fora o de provar a infidelidade de Desdêmona. A verdadeira tristeza da tragédia é que a motivação inicial de Iago, sua promoção, e a intriga a respeito de Desdêmona e Cássio não alcançassem o significado que ele esperava. Iago está tão ansioso por iniciar sua sórdida campanha, pela vingança por não ter sido nomeado tenente, que ele fala cedo demais, isto é, antes que um período de tempo se tivesse passado para solidificar o casamento e fortalecer os laços de conhecimento mútuo e confiança entre Otelo e Desdêmona, ao mesmo tempo tocando em assunto excessivamente delicado, dados a natureza e os antecedentes de Otelo. Seu único motivo autêntico, o da promoção, fica perdido da intriga porque para Otelo a única coisa que importava era a questão moral do adultério. Só quando essa mudança inesperada na motivação da ação é tomada em consideração que se pode ver não ser inteiramente correto

8. Em M. Esslin, *The Theatre of the Absurd* (London, 1962).

acreditar que Iago realmente conduza a sequência dos acontecimentos. Sua ideia inicial o leva a circunstâncias imprevistas, e o que ele realmente faz, a partir do Ato III, é improvisar constantemente, à medida que cada nova situação aparece, na tentativa de levar a ação de volta para seu objetivo de ser o tenente. Como seu protótipo, o criado da comédia italiana, ele é incapaz de pensar em quaisquer termos que não o seu próprio interesse.

Por que, na verdade, haveria Iago de silenciar quanto a seus motivos no final da tragédia, senão porque, como todos os Zanni, não haveria nada que pudesse dizer. Aqui, mais do que a qualquer outro momento, ele é mantido próximo de suas origens: Zanni, como Iago, tem motivos tão mesquinhos para elaborar suas complicadíssimas intrigas que confessá-los, no final, em particular depois de serem reconhecidos como culpados, seria revelar que não passavam de tolos trapalhões. Em *Otelo*, onde a intriga cômica alcançou proporções trágicas, seria ainda mais impossível confessar que várias vidas haviam sido perdidas – para não falarmos do trágico desperdício da crise moral de Otelo – porque um homenzinho queria um emprego que Otelo, general de grande competência, sabia que ele não tinha condições para ocupar.

Se aceitarmos 1604 como a data de *Otelo*, não podemos ignorar o fato de que, como homem de teatro, Shakespeare deve ter assistido com interesse e curiosidade aos espetáculos apresentados em Londres em 1602 por Flaminio Curtese e sua companhia de atores italianos; com a história de Cinthio nas mãos, e no auge de seu amadurecimento dramático e poético, o que poderia existir para impedi-lo de alcançar a tarefa aparentemente impossível de usar uma estrutura cômica para construir uma tragédia? Zanni, a tecer sua teia de mentiras, não só é apanhado nela ele mesmo, como libera paixões que ele não podia nem sentir emocionalmente e nem compreender intelectualmente. Por uma vez, em sua longa e variada carreira, Zanni tropeça por engano no mundo da tragédia, porém foi necessário um Shakespeare para vislumbrar todo o potencial teatral de um tal engano.

Publicado em *Shakespeare Survey*, n. 20.

Troilo e Créssida:
O Amor Romântico Revisitado

Em seu artigo intitulado "Shakespeare's Study in Culture and Anarchy"[1] afirma Tucker Brooke: "*Troilo e Créssida* eu gostaria de apresentar como um dos estudos mais sutis de Shakespeare sobre o efeito do ambiente sobre o caráter, e sua mais definitiva retratação das forças sociais operando em Londres no final do reino da Rainha Elizabeth", referindo-se mais adiante aos amantes como uns "Romeu e Julieta mais frágeis", cuja *derrota em trágicos perigos* "não podia ser romanticamente glorificada como vitória moral". Por outro lado, Sir Edmund Chambers[2] disse que "em *Troilo e Créssida* um Shakespeare desiludido dá as costas a seus próprios ideais anteriores e aos antigos ideais do mundo de heroísmo e romance, questionando-os. O amor da mulher, a honra do homem; existem eles realmente, ou serão eles apenas tênues véus que o sentimento poético elegeu para recobrir debochadas realidades da luxúria e do egoísmo?", acrescentando que nessa peça Shakespeare retorna aos ideais enunciados em *Romeu e Julieta* e *Henrique V*, para desmascará--los, ou ao menos para mostrar que eles não eram mais confiáveis.

Embora Shakespeare não seja jamais autor particularmente didático, *Troilo e Créssida* pode ser, como ficou sugerido, uma instância particularmente notável do estudo da relação entre o meio ambiente e o caráter, sendo porém essencial, creio, aceitar tal relacionamento como elemento regularmente subjacente na obra do autor, não incidência atí-

---

1. Em *Essays on Shakespeare and Other Elizabethans* (Yale University Press, 1948).
2. Em *Shakespeare: A Survey* (New York, Hill and Wang, s.d.).

288   FALANDO DE SHAKESPEARE

pica. Em função da ênfase inusitada dada a tal relacionamento em *Troilo e Créssida*, no entanto, permite que a obra seja considerada como talvez a mais "moderna" das peças de Shakespeare, pois nesse sentido ela é mais próxima de um dos mais significativos fenômenos do século XX, a dramaturgia épica de Bertolt Brecht, que é basicamente um reviver da dramaturgia shakespeariana[3] e muito particularmente a das peças históricas, ou seja, das peças mais comprometidas com o pensamento político. Se evitarmos encontrar em *Troilo e Créssida* mensagens políticas que nela não existem, e se não supervalorizarmos a relação Shakespeare--Brecht, vamos descobrir mesmo assim uma peça que expressa tanto a posição de Tucker Brooke quando a de Sir Edmund Chambers dentro de uma moldura ético-política que pode sem dificuldade ser encontrada em um grande número das peças de Shakespeare. Evitando de modo geral os perigos da justiça poética, as peças de Shakespeare parecem trazer em seu bojo uma ligação orgânica entre a moralidade do governo e a da conduta individual, ligação essa expressada em termos de ação dramática: qualquer exame do cânone mostrará que o amor romântico não pode sobreviver materialmente, ou sequer ser bem-sucedido moralmente, em uma sociedade corrupta; a ligação entre a desordem no Estado e a corrupção moral do indivíduo é inextricável.

Entre *Romeu e Julieta* e *Troilo e Créssida* quase uma década se passou, período não só durante o qual o autor amadureceu e aprofundou sua visão, mas também no qual a política e a sociedade apodreceram sob o cetro da rainha envelhecida. Além do mais, durante tal período Shakespeare escreveu sua segunda tetralogia, ao longo da qual certas convicções políticas receberam expressão dramática, a mais importante das quais sendo a responsabilidade do governante em relação ao governado, e o reconhecimento do bem-estar da nação, mais do que a bravura pessoal, como a preocupação primordial de um príncipe. Depois do doloroso processo do desenvolvimento das convicções políticas encontradas na tetralogia, Shakespeare deve ter visto no fracasso da expedição das Ilhas, na rivalidade entre Essex e Raleigh, na má condução das guerras na Irlanda, assim como no favoritismo e na corrupção na corte, o esfacelamento do sonho e da promessa da dinastia Tudor. A intenção óbvia de *Troilo e Créssida* é a de retratar a decadência, o mau governo e a corrupção, e condições locais podem ter determinado sua escolha de tema; porém a mente de Shakespeare sempre foi por demais penetrante para ficar restrita a significados locais. *Troilo e Créssida* tornou-se, como *Romeu e Julieta*, uma história exemplar, desta vez relacionada a todo comportamento humano em circunstâncias corruptas. O paralelo entre essas duas peças seria, portanto, mais íntimo e significativo do que o sugerido por Tucker Brooke, e podemos encarar as duas peças como, *grosso modo*, duas versões diferentes do mesmo problema.

3. John Willett, *The Theatre of Bertolt Brecht* (London, Methuen, 1959).

TROILO E CRÉSSIDA: O AMOR ROMÂNTICO REVISITADO 289

Tomada como corporificação do conceito de que a irresponsabilidade no governo resulta inevitavelmente no colapso da sociedade, e que o resultado final de tal colapso é a impossibilidade da preservação de valores absolutos em um plano individual, *Troilo e Créssida* apresenta-se como comentário natural sobre o que fora afirmado, em forma mais positiva e otimista, no desenho geral de *Ricardo II*, 1 e 2 *Henrique IV* e *Henrique V*. A partir de Chaucer e muitas outras fontes, a história dos dois amantes era muito conhecida por Shakespeare, mas não era difícil rememorar o teste da separação a que fora submetido um outro par de amantes em *Romeu e Julieta*, e imaginar se seu comportamento moral teria sido o mesmo se vivessem em Troia. Por outro lado, já que não só a história dos amantes teria de ser contada, mas também as circunstância em que esta ocorrera – fatores decisivos para sua resolução –, não é de surpreender que Shakespeare voltasse à construção épica, panorâmica, expositória, que usara em *Henrique V*, a única outra peça na qual o autor tentara captar o clima de toda uma comunidade na qual o protagonista existisse e se justificasse. A mesma relação existe entre Henrique V e a peça em que ele existe do que a existente entre os personagens de Troilo e Créssida e a peça (isto é, o clima) em que eles existem.

O problema de *Troilo e Créssida* parece ser, ocasionalmente, obscurecido pela necessidade de se chegar a raciocínios quase que sobre o sexo dos anjos: o Prof. O. J. Campbell[4] discorre sobre a ideia de que o governo é mau na peça porque os homens perderam seu senso moral e a noção de responsabilidade, quando me parece não só importante como efetivamente essencial que os personagens de *Troilo e Créssida* sejam aceitos como corruptos individualmente porque o governo é em si corrupto. É claro que um "governo" não pode tornar-se corrupto por si só, mas a ideia que me parece implícita nas peças de Shakespeare é a de que a força da corrupção – mesmo quando exista apenas em um número muito reduzido de pessoas –, uma vez alcançando o poder de governar, causará inevitavelmente a queda de toda a sociedade. Em contraste com *Hamlet*, onde Cláudio só vinha governando havia cerca de dois meses quando a ação se inicia; em contraste com *Macbeth*, na qual efetivamente testemunhamos os primeiros estágios da corrupção; em contraste com *Lear*, na qual nem a precipitada irresponsabilidade do rei no processo da divisão do reino nem a oportunidade para os elementos realmente malévolos terem parte ativa no governo são manifestados antes dos primeiros estágios da ação, *Troilo e Créssida* não é a história do princípio ou das causas da corrupção: quando a peça começa, a corrupção já vinha, há algum tempo, sendo a ambientação dominante. Uma guerra irresponsável já vinha devastando o país e, com intensidade sempre crescente, espalhando a corrupção por toda a população.

---

4. *Comicall Satyre and Shakespeare's Troilus and Cressida* (San Marino, California: Henrique E. Huntingdon Library, 1959).

290 FALANDO DE SHAKESPEARE

A teoria do Prof. Campbell, de que Shakespeare, em *Troilo e Créssida*, está tentando usar os princípios da sátira cômica de Ben Johnson, não me parece inteiramente aceitável porque Shakespeare não era, basicamente, nem teórico e nem moralista, enquanto Jonson parece ter sido as duas coisas. Shakespeare repetidamente trata do problema do bem e do mal, porém jamais conclui seus combates mortais seja com falas moralizantes, seja com mensagens explícitas; ele consegue, antes, organizar determinadas crises de comportamento humano em ações dramáticas auto evidentes, que o colocam mais perto, em termos modernos, de Tchekhov do que de Ibsen.

Interessado na conduta humana, Shakespeare sentira naturalmente a necessidade de tratar de seu próprio tempo; mas, sendo um poeta dramático, não poderia evitar transmutar a corrupção que o cercava e preocupava em uma visão válida não para o seu tempo mas para sempre: sua visão da corrupção, para atingir seu alvo, precisaria de um foco, um microcosmo que refletisse o macrocosmo, e depois de quase uma década ele pode ter sorrido ante o pensamento de outrora haver escrito uma história de amor romântico na qual dois amantes alcançavam uma vitória moral sobre um corpo social em conflito, comprando a paz com suas vidas. Mais velho e menos confiante, ele se volta novamente para o amor romântico e escreve *Troilo e Créssida*, a história de Romeu e Julieta com um final moralmente infeliz. O amor romântico não pode sobreviver – ou sequer acontecer – em uma sociedade tal como a que ele retrata na nova peça; a moralidade fundamental de sua obra substancia tal fato. Mesmo em *Romeu e Julieta* um crime cívico privado – a luta entre duas grandes casas – é suficiente para matar os amantes, e se estes não são corruptos devemos lembrar que um governante responsável[5] defende com empenho a paz e a ordem da cidade contra tal irresponsabilidade privada. Há muito pontos de semelhança entre as duas peças: amantes pertencentes a facções opostas, um intermediário que organize seus encontros, uma separação forçada após uma primeira noite passada juntos, até mesmo um novo amor a ser aceito (ou não) após a separação. A não ser por certo grau de sofisticação, não há grande diferença entre Pândaro e a Ama: sua forma de expressão é vulgar, grosseira, e seu temperamento natural o de uma alcoviteira; ela desempenha o papel sem qualquer hesitação, e suas ações só retêm dignidade porque Romeu e Julieta são eles mesmos honrados. Seu conselho a Julieta quanto ao casamento com Paris não é sob qualquer aspectos superior ao de Pândaro em relação a Troilo.

Em *Romeu e Julieta* há um sentido de desperdício trágico compensado pela conquista da paz entre Montecchios e Capuletos, e a atmosfera é livre de efetiva corrupção: trata-se, antes, de uma questão de orgulho e cegueira. Mas *Troilo e Créssida* foi escrita pouco tempo depois de

5. *Romeo and Juliet*, I.i, 88-110.

Hamlet, na qual o desperdício trágico atinge talvez seu mais alto índice em toda a obra do poeta: o mal é destruído ao preço da vida do homem que tanto a corte de Elsinore quanto a plateia podiam crer que "Se ele vivesse e ocupasse o trono/ Tornar-se-ia um grande soberano", preço realmente muito alto. E no entanto mesmo em *Hamlet* nem tudo está perdido, porque mesmo após sua morte restavam homens como Horácio, Fortinbrás, Marcelo e Bernardo, que, mesmo não sendo excepcionais, ao menos representavam uma postura honrada e responsável em relação a problemas de Estado. No *Hamlet*, em verdade, temos um caso de começo de corrupção, e podemos ver por nós mesmos a velocidade com que esta cresce e se multiplica; após um breve período de corrupção a integridade de um Estado podia ser comprada por um Hamlet ao preço de sua própria vida, mas após um longo período, com o Estado corrupto até o âmago, será que restaria alguma coisa que merecesse ser salva, ou haveria ainda algum homem suficientemente forte para salvá-la? A resposta em *Troilo e Créssida* parece dolorosamente negativa.

Só dois personagens em *Troilo e Créssida* parecem ter qualquer noção de responsabilidade ou ter consciência da necessidade de uma reavaliação moral: Ulisses e Heitor. No entanto, nenhum desses dois homens fica à altura de seus proclamados princípios em suas ações. Quando Ulisses diz sua famosa fala a respeito da ordem e gradação das coisas em um conselho de guerra, ninguém lhe dá ouvidos, e quando chega o momento de fazer Aquiles lutar, Ulisses recorre aos mais baixos meios, indignos de sua posição anterior, meios que fazem apelo exclusivo à glória e à vaidade pessoais, ignorando todos os argumentos válidos ligados ao bem-estar da nação. A escolha entre a ideia medieval de glória individual e a moderna de responsabilidade ante o bem-estar comum já fora feita por Shakespeare no conflito entre Hotspur e Hal (sem dúvida com um toque de tristeza, já que um personagem dramaticamente tão encantador teve de ser sacrificado), do modo que a crítica a Ulisses fica implícita em suas próprias ações. Igualmente Heitor, a certa altura, pensa no Estado, porém suas ações são tão infiéis a suas palavras quanto as de sua contrapartida grega. O código de honra que em teoria regula a vida desses supostos heróis permanece não mais do que palavras ocas; não é que eles não tenham intenção de respeitar o código, antes ele não têm a menor ideia a respeito de o que estão falando, já que só a forma exterior, a aparência cerimonial, foram preservadas, muito tempo depois de o sentido interior haver sido perdido. Heitor é a corporificação de tal falácia, já que tem o discernimento para saber que Helena não é causa digna para uma guerra (*Trói*, II.ii), mas mesmo assim acaba concordando em continuar a lutar, já que não devolver Helena se tornara um "ponto de honra".

Como pode o amor romântico sobreviver em um tal ambiente? Que dignidade têm os seres humanos quando a corrupção grassa de tal modo que podemos de fato aceitar Pândaro como símbolo dos gre-

292 FALANDO DE SHAKESPEARE

gos, bem como dos troianos (ver Tucker Brooke)? Shakespeare não parece desesperar diante desse mundo, no entanto; sua atitude é antes de repugnância. Não é que ele tenha parado de acreditar em valores absolutos, mas que o repugna ver tais valores volitivamente ignorados em sua própria ou qualquer outra época decadente. Sob nenhum aspecto a peça é tão moderna, tão pouco renascentista, quanto nessa sujeição do destino dos amantes ao da sociedade que os cerca, e sejam quais forem os sentimentos que possamos nutrir a seu respeito, temos de encarar o fato de que, acima de tudo, eles são produto de seu ambiente. Troilo pode ser um tanto romântico e tocante, mas quando chegamos a valores absolutos ele não é muito melhor do que seus colegas heróis: prolongada e romanticamente ele defende a ideia de não mandar Helena de volta para Menelau (*Trói*, II.ii), porque retê-la era "ponto de honra", porém não faz qualquer espécie de esforço para reter a seu lado Créssida, que não tem marido ao qual deva ser devolvida. Seu amor apaixonado e romântico por certo jamais teve em mente o casamento como objetivo, e Créssida, de algum modo, não chegava a ser para ele um "ponto de honra". Já foi sugerido que Troilo alcança uma vitória sobre a queda de Créssida[6], porém não consigo encontrar nada senão ódio e vingança pessoal em sua atitude final. Como Aquiles, Troilo volta à luta sem ter atingido qualquer sentido real de responsabilidade em relação aos interesses de seu país: ambos estão dispostos a sair e matar mais homens depois de passarem por determinadas crises pessoais, mas não passa disso. Por outro lado, não encontro muita base de grandes convicções morais no desprezo que Troilo sente por Pândaro na última cena da peça (*Trói*, V.x, 33-34); sua atitude parece ser puramente emocional, originária do fato de ele ter sido recém traído por Créssida e decidido compensar o fato com a morte de alguns indivíduos que são muito convenientemente chamados de inimigo (pois por certo ele não dá qualquer mostra de saber por que deveria lutar contra eles). Troilo é adequadamente altivo e moralizante mas, do ponto de vista moral, o quanto melhor que Pândaro é o homem que usa os serviços de Pândaro? "E sempre guerras e luxúria!"; Shakespeare dificilmente sugere que a nova atitude de Troilo venha a mudar o quadro geral das coisas: nem seus gestos guerreiros e nem seus protestos de amor têm a integridade ou a força para triunfar da corrupção geral; eles sequer estão canalizados em tal direção. O personagem de Troilo pode ser um tanto mais romântico e menos repulsivo do que o de Créssida, porém ele é moralmente ineficaz, e nem tem a perspectiva correta que poderia emprestar significação a seus atos.

Créssida não é melhor do que Troilo, porém é difícil determinar o quanto ela seria pior em uma sociedade na qual Cassandra é tida como louca, já que seu comportamento difere muito pouco do com-

6. John F. Danby, *Shakespeare's Doctrine of Nature* (London, Faber and Faber 1949).

TROILO E CRÉSSIDA: O AMOR ROMÂNTICO REVISITADO 293

portamento sensato de Helena. Embora apresentada como devassa, ela é também apresentada como vítima das circunstâncias: seu marido estava morto, seu pai fugira para o lado dos gregos, e sua posição em Troia era, portanto, altamente insegura. Em um mundo no qual a adúltera Helena era não só o centro de toda vida social mas também o ponto de honra pelo qual se fazia toda uma guerra, é difícil que seja surpreendente Créssida receber de seu mais que corrupto tio a sugestão de que sua melhor oportunidade seria a de estabelecer uma ligação com um troiano de alta posição. Ela é, ao longo dos primeiros estágios da peça, totalmente passiva, enquanto Pândaro lidera cada um de seus passos até o quarto de dormir: ela é preparada para aceitar um amante com o mesmo cuidado que Julieta para aceitar um marido. Na verdade, Ofélia não age nada melhor do que Créssida quando concorda em servir de isca para Hamlet, e se aceitamos sua obediência a seus maiores como atenuante para Ofélia, temos de aceitá-la também para Créssida; ambas traem a causa de seu amor, muito embora Ofélia não o faça por meio da infidelidade sexual – a diferença sendo devida principalmente às pessoas que as aconselham. Por acaso, Polônio estabelece um limite entre a desonestidade sexual e a moral, enquanto Pândaro não tem qualquer espécie de limite. Créssida fora cuidadosamente treinada para agradar o sexo oposto, e a coisa sensata a se fazer em Troia era aceitar Troilo como amante: ao chegar no acampamento grego, após ter saído de Troia sem uma única tentativa por parte de Troilo para retê-la lá, ela repete o comportamento "sensato" que supostamente a ajudaria a conquistar maior segurança, apenas com um pouco mais de facilidade do que o fizera da primeira vez. Seu comportamento é, é claro, imoral, e até consegue chocar tanto gregos quanto troianos; porém em vista da corrupção reinante em seu mundo, ele é também, lamentavelmente, lógico: o comportamento de Créssida pode ter colidido com o código de honra segundo o qual aquela gente proclamava viver, mas por certo não colidia com o modo pelo qual eles efetivamente viviam. Não podemos sequer excluir a possibilidade de Créssida pensar em voltar para Troilo mais tarde, já que os troianos não viam nada de errado na ideia de mandar Helena de volta para Menelau depois de seu episódio com Paris. A intenção de Shakespeare parece ter sido a de lembrar-nos que não podemos romantizar Helena por que era dela o rosto que lançou ao mar mil naves: ela e Créssida não são diferentes, e na verdade Créssida é o resultado inevitável de uma guerra iniciada por causa do rosto de uma Helena.

Uma década foi suficiente para alterar a esse ponto o conceito de Shakespeare do amor romântico, e o destino que esperava Troia e o império grego era suficientemente conhecido para completar o quadro que sua peça épica apresentava. *Troilo e Créssida* sofre muito em função de um desejo universal de a ver seguramente classificada como comédia ou tragédia; e como a abrangente visão de decadência que é, a peça não pode ser facilmente definida. A decadência jamais é integralmente cômica, e no entanto não pode atingir estatura trágica porque as pessoas que vivem nela não sabem nada a respeito de responsabilidade moral. Amargura e repugnância são os únicos sentimentos que podem orientar qualquer encenação desta visão de tal modo triunfante do mal que este não é mais sequer reconhecido como tal por aqueles que ele domina. Se a peça termina com nota um tanto fraca e indecisa, pode bem ser que Shakespeare soubesse que o que ele mostrara, em cinco atos, só podia levar a um afundamento cada vez maior na corrupção, para acabar em destruição total e expiação final. Quando Romeu e Julieta são aconselhados por Pândaro e não por Frei Lourenço, o amor romântico não pode sobreviver: em Verona foi possível triunfar de uma forma restrita de irresponsabilidade cívica, porém *Troilo e Créssida* mostra o destino inevitável de todo amor e honra em uma sociedade corrupta governada por homens que se esqueceram de seus deveres para com sua nação e seu povo.

Publicado em *Shakespeare Quarterly*, vol. XV, n. 4.

Obras de Shakespeare Citadas

Antônio e Cleópatra – 89, 98, 135, 142, 156, 172, 188, 233, 257, 260, 263

Bom é o que Bem Acaba – 209, 215

Comédia dos Erros, A – 11, 12, 18, 19, 20, 24, 35, 42, 55, 101, 116, 148, 207, 229, 246, 257

Como Quiserem – 9, 16, 44, 137, 229, 245, 246

Contos de Inverno – 148

Coriolano – 43, 89, 90, 91, 142, 147, 155, 158, 159, 160, 161, 164, 165, 166, 167, 168, 169, 172, 243

Cymbeline – 148, 149

Dois Cavalheiros de Verona – 9, 12

Dois Parentes Nobres – 133, 151

Hamlet – 15, 69, 95, 99, 100, 101, 103, 115, 117, 118, 119, 140, 142, 172, 179, 184, 210, 216, 229, 241, 244, 257, 258, 259, 262, 289, 293

Henrique IV (1) – 62, 66, 67, 68, 78, 90, 156, 210, 263, 289

Henrique IV (2) – 62, 66, 67, 68, 78, 80, 81, 156, 165, 210, 263, 289

Henrique V, 55, 62, 78, 80, 82, 83, 133, 150, 165, 189, 239, 241, 258, 263, 289

Henrique VI (1) – 12, 28, 29, 62, 75, 156, 168, 172, 173, 245, 247, 263

Henrique VI (2) – 12, 25, 29, 62, 75, 156, 161, 167, 168, 172, 173, 247, 258, 263

Henrique VI (3) – 12, 29, 57, 59, 62, 156, 168, 172, 173, 247, 263

Henrique VIII – 133, 151

Júlio César – 49, 52, 89, 93, 95, 98, 99, 116, 117, 136, 156, 157, 161, 165, 257, 258, 261, 263

Macbeth – 15, 30, 69, 116, 117, 118, 142, 150, 172, 174, 187, 244, 247

Medida por Medida – 207, 208, 209, 210, 211, 212, 215, 216, 218, 261

Megera Domada, A – 41, 42, 229, 258

Mercador de Veneza, O – 44, 207, 221, 223, 225, 228, 229, 230, 233, 234, 235, 241, 244, 262

Muito Barulho por Nada – 9, 229

Noite de Reis – 9, 44, 47, 48, 188, 211, 229, 242

Otelo – 25, 114, 117, 118, 119, 120, 121, 123, 124, 137, 142, 143, 172, 187, 208, 229, 277, 278, 279, 280, 284, 285, 287

Péricles – 148

Rapto de Lucrécia, O – 115

Rei João – 60, 62

296 FALANDO DE SHAKESPEARE

Rei Lear – 12, 15, 52, 75, 117, 124, 125, 126, 131, 142, 171, 172, 173, 174, 175, 176, 184, 187, 188, 189, 190, 191, 193, 203, 262, 266, 267, 268, 269, 270, 271, 272, 273, 289

Ricardo II – 42, 62, 66, 78, 156, 265, 289

Ricardo III – 12, 15, 29, 38, 60, 62, 66, 75, 89, 116, 156, 172, 210, 244, 246, 247, 263

Romeu e Julieta – 15, 24, 41, 42, 43, 62, 75, 77, 78, 135, 216, 247, 254, 258, 287, 288, 290, 291

Sonetos – 10, 11

Sonho de Uma Noite de Verão – 23, 44, 62, 244, 262

Tempestade, A – 55, 148, 149, 150, 151, 207

Timão de Atenas – 147, 172

Tito Andrônico – 9, 12, 18, 24, 25, 55, 75

Trabalhos de Amor Perdidos – 12, 14, 21, 24, 246, 254

Troilo e Créssida – 215, 287, 288, 289, 290, 291, 292, 293, 294

Vênus e Adônis – 115

Autores e Obras Citadas

Absalom and Achitophel – 190
Adams, John Cranford – 188
Agostinho, Sto. – 249
Alcebíades – 155, 159
Amyot, Jacques – 155
Ana da Boêmia – 64
Anna Karênina – 13
Anfitrião – 11, 19
Antígona – 76, 209
Aragão, Catarina de – 6
Arcadia – 264
Aristóteles – 13, 93
Ascham, Roger – 251
Astrophel and Stella – 254
Auto da Compadecida – 229
Bacon, Delia – 7
Bacon, Sir Francis – 7, 8
Baker, Arthur E. – 264n
Bartlett, John – 273
Beckerman, Bernard – 234
Beckett, Samuel – 194
Betterton, Thomas – 190
Bíblia – 5, 73, 222, 252
Boécio – 249
Bolena, Ana – 6
Book Named the Governor, The – 251

Booth, Edwin – 193
Bradbrook, Muriel – 257
Bradley, A. C. – 94, 95, 111, 271
Brecht, Bertolt – 112, 288
Brook, Peter – 193, 197
Brooke, Arthur – 75, 76
Brown, John Russell – 230
Calvino, João – 156
Campbell, Prof. Oscar – 226, 289, 290
Canterbury Tales, The – 250
Casson, Lewis – 193
Caxton, William – 249
Chamberlain (Camerlengo) Lord – 8, 9, 147
Chambers, Sir Edmund – 276, 288
Charlton, H. B. – 275
Chaucer, Geoffrey – 4, 24, 289
Chelidonius – 82
Chillester – 82
Cinthio, Giovanni Battista Giraldi – 208, 209, 281
Círculo de Giz Caucasiano, O – 112
Clemen, Wolfgang – 15, 117, 204, 234, 253, 258
Colet, John – 250
Colleman, Sir George – 192

298 FALANDO DE SHAKESPEARE

Comicall Satyre and Shakespeare's Troilo and Créssida – 289n

Commedia dell'arte – 21, 278, 279, 280, 281, 282, 284

Concordance to Shakespeare – 273

Coverdale, Miles – 252

Craig, Hardin – 264, 264n

Cramner, Thomas – 252

Cromwell, Oliver – 89, 189, 234

D'Avenant, Sir William – 190

Danby, J. F. – 265n

David Copperfield – 13

De Mille, Cecil B. – 193

Decadas de las Vidas de los Cesares – 208

Dell Carro, Emilio – 277

Development of Shakespeare's Ima--gery, The – 117

Devine, George – 193

Ditos dos Filósofos – 249

Doctor Faustus – 256

Donne, John – 251

Dryden, John – 190

Dumbar, William – 250

Eduardo III – 64

Eduardo VI – 6

Edward, the Black Prince – 64

Elizabeth I – 5, 6, 28, 147, 163, 164, 211, 243, 251

Elizabeth of York – 33

Elizabethan Stage, The – 276

Elyot, Sir Thomas – 208, 251

English Tragedy Before Shakespeare – 253

Erasmo de Rotterdam – 5, 82, 250

Essex, Conde de – 8, 168, 288

Esslin, Martin – 284n

Everyman – 244

Faery Queene, The – 270

Famous Victories of Henrique the Fifth, The – 68

Felipe II – 87

Fiorentino, Ser Giovanni – 231

Fletcher, John – 3, 151

Form and Meaning in Drama – 176

Froissart, Jean – 28

Frulovisi, Tito – 250

Galeno – 250

Garrick, David – 192

Gêmeos, Os – 11, 17

Gentillet, Innocent – 157

Gesta Romanorum – 264, 270

Gielgud, Sir John – 193

Goethe, Johann Wolfgang – 94

Gorboduc – 171, 182, 253, 265, 266, 267, 268, 269, 270, 271, 272, 273n

Gower, John – 250

Granville-Barker, Harley – 193

Greene, Robert – 12, 13, 28, 57

Greet, Sir Ben – 193

Groatsworth of wit bought with a million of repentance – 57

Grocyn, William – 250

Guiness, Sir Alec – 193

Hall, Edward – 68, 167

Harlequin Phoenix – 278

Hecatommithi – 208

Henrique IV – 29, 66, 67, 68

Henrique V – 29, 75

Henrique VI – 29, 75

Henrique VII – 5, 147

Henrique VIII – 5, 6, 147, 211, 243, 251, 252

Heywood, John – 5, 251

Hibbard, G.R. – 161

Higgins, John – 264, 268

History of the Kings of England – 269

Hitler, Adolf – 160

Holbein, Hans – 5

Holinshed, Raphael – 68, 167, 264

Hooker, Ricardo – 163

Humanidade – 230

Ibsen, Henrik – 290

Il Pecorone – 231

Ilíada – 94

Imagem da Governança, A – 208-209

Institutio Principis – 82

Irving, Sir Henrique – 193

Isabela de Valois – 64

Italian Popular Comedy, 280n

James I e VI – 147

James IV – 28

Johnson, Dr. Samuel – 13, 198

Jonson, Ben – 3, 7, 8, 190, 290

Judeu de Malta – 223, 225

Kean, Edmund – 192

Kemble, John Philip – 192

King's Men, The – 147

AUTORES E OBRAS CITADAS

Kitto, H. D. F. – 176, 179
Kott, Jan – 194
Kozintzev, Grigori – 197
Kury, Mário da Gama – 209
Kyd, Thomas – 3, 100, 256
Lamentable Song – 269, 270, 271
Lampridius – 208
Lawrence, Herbert – 7
Lea, K. M. – 282, 282n
Lenda Dourada – 250
Lily, John – 250
Lily, Wiliam – 250
Linacre, Thomas – 250, 251
Livro Comum de Orações – 5, 252
Livros das Homílias – 5, 243
Lutero, Martinho – 156
Lydgate, John – 250
Maquiavel, Nicolau – 86, 157, 168
MacCollum – 244
Mallory, Sir Thomas – 250
Marlowe, Christopher – 3, 18, 24, 25, 222, 228, 255
Marx, Karl – 160
Master of the Revels – 62
Maxwell, J. C. – 24
MacReady, George – 192, 193
Medici, Lorenzo dei (Il Magnifico) – 250
Memórias do Cárcere – 13
Middleton, Thomas – 3
Mirror for Magistrates, A – 252-253
Molière – 11, 212, 240
Monmouth, Geoffrey of – 264, 268, 270
Montaigne – 184
More, Sir Thomas – 5, 250, 251, 252
Mulcaster, Thomas – 5
Nel Regno delle Maschere – 279
Nicoll, Allardyce – 282n
North, Sir Thomas – 155
Norton, Thomas – 171
Nossa Cidade – 239
Of the Institution and First Beginning of Christian Princes – 82
Of the Laws of Ecclesiastical Polity – 163
Olivier, Lord Laurence – 193
Oxford English Dictnionary – 261
Paphlagonian King, The – 269
Parlamento das Aves, O – 24

Partridge, Eric – 8
Paulo, São – 11, 18
Pembroke, Condessa de – 18
Phelps, Samuel – 193
Pinter, Harold – 284
Platão – 73, 250
Plauto – 11, 17, 20, 21
Plutarco – 155, 156, 157, 158, 159, 162, 165, 243
Poel, William – 236
Prefaces to Shakespeare – 193
Primeiro Fólio – 149
Promos e Cassandra – 208
Queen Cordélia – 264
Recherche du Temps Perdu, À la – 13
Richardson, Sir Ralph – 193
Romeus and Juliet – 75, 253
Rutland, Conde de – 8
Sackville, Thomas – 171
Scofield, Paul – 193
Sêneca, Lúcio Aenneus – 18, 94, 222
Severo, Alexandre – 208
Shakespeare, John – 3
Shakespeare, Mary – 3
Shakespeare and the Allegory of Evil – 279, 279n
Shakespeare and his Comedies – 230
Shakespeare and the Populace – 161
Shakespeare Quarterly XV 4 – 294
Shakespeare Survey 13 – 273
Shakespeare Survey 20 – 285
Shakespeare our Contemporary – 194
Shakespeare's Doctrine of Nature – 265n
Shakespeare's Imagery and What It Tells Us – 117, 269
Shakespearian Tragedy (Bradley) – 269
Shakesperian Tragedy (Charlton) – 277
Shaw, George Bernard – 229
Sidney, Sir Philip – 265
Sir Thomas More – 62
Smeaton, Oliphant – 271n
Sófocles – 76
Southampton, Conde de 8, 9
Southern, Ricardo – 240
Spencer, Theodore – 266, 266n
Spider and the Fly, The – 251

300 FALANDO DE SHAKESPEARE

Spurgeon, Caroline – 15, 117, 203, 269

Stirling, Brents – 161

Stoll, E. E. – 94

Stuart, Mary – 147

Suassuna Ariano – 229

Tamburlaine – 18, 24, 222, 255, 256

Tate, Nahum – 190, 191, 192, 194

Tchekhov, Anton – 234, 292

Teodósio – 24

Theatre of the Absurd, The – 284n

Thorndyke, Russell – 193

Thorndyke, Sybil – 193

Tourneur, Cyril – 3

Tragédia de Vingança – 102

Tragédia Espanhola, A – 24, 100, 103, 256

Troublesome Reign of John, King of England, The – 60

True Chronicle of King Leir, The – 264, 267n

Tudor, Mary – 6

Tudor, Henrique (v. Henrique VII) – 33

Tyndale, William – 252

Varões (ou Vidas Paralelas) – 155

Vicente, Gil – 103

Wagner, Ricardo – 94

Webster, John – 3, 190

Whetston, George – 208

Willett, John – 288n

Willians, Harcourt – 193

Woodstock, Thomas of – 78

World of Harlequin, The – 282n

Wyatt, Sir Thomas – 252

TEATRO NA PERSPECTIVA

O Sentido e a Máscara
Gerd A. Bornheim (D008)
A Tragédia Grega
Albin Lesky (D032)
Maiakóvski e o Teatro de Vanguarda
Angelo Maria Ripellino (D042)
O Teatro e sua Realidade
Bernard Dort (D127)
Semiologia do Teatro
J. Guinsburg, J. T. Coelho Netto e
Reni C. Cardoso (orgs.) (D138)
Teatro Moderno
Anatol Rosenfeld (D153)
O Teatro Ontem e Hoje
Célia Berrettini (D166)
Oficina: Do Teatro ao Te-Ato
Armando Sérgio da Silva (D175)
*O Mito e o Herói no Moderno Teatro
Brasileiro*
Anatol Rosenfeld (D179)
*Natureza e Sentido da Improvisação
Teatral*
Sandra Chacra (D183)
Jogos Teatrais
Ingrid D. Koudela (D189)
*Stanislávski e o Teatro de
Arte de Moscou*
J. Guinsburg (D192)
O Teatro Épico
Anatol Rosenfeld (D193)
Exercício Findo
Décio de Almeida Prado (D199)
O Teatro Brasileiro Moderno
Décio de Almeida Prado (D211)
Qorpo-Santo: Surrealismo ou Absurdo?
Eudinyr Fraga (D212)
Performance como Linguagem
Renato Cohen (D219)
Grupo Macunaíma: Carnavalização e Mito
David George (D230)
Bunraku: Um Teatro de Bonecos
Sakae M. Giroux e Tae Suzuki
(D241)
No Reino da Desigualdade
Maria Lúcia de Souza B. Pupo
(D244)
A Arte do Ator
Richard Boleslavski (D246)

Um Vôo Brechtiano
Ingrid D. Koudela (D248)
Prismas do Teatro
Anatol Rosenfeld (D256)
Teatro de Anchieta a Alencar
Décio de Almeida Prado (D261)
A Cena em Sombras
Leda Maria Martins (D267)
Texto e Jogo
Ingrid D. Koudela (D271)
O Drama Romântico Brasileiro
Décio de Almeida Prado (D273)
Para Trás e Para Frente
David Ball (D278)
Brecht na Pós-Modernidade
Ingrid D. Koudela (D281)
O Teatro É Necessário?
Denis Guénoun (D298)
*O Teatro do Corpo Manifesto: Teatro
Físico*
Lúcia Romano (D301)
O Melodrama
Jean-Marie Thomasseau (D303)
Teatro com Meninos e Meninas de Rua
Marcia Pompeo Nogueira (D312)
*O Pós-Dramático: Um conceito
Operativo?*
J. Guinsburg e Sílvia Fernandes
(orgs.) (D314)
Contar Histórias com o Jogo Teatral
Alessandra Ancona de Faria (D323)
Teatro no Brasil
Ruggero Jacobbi (D327)
40 Questões Para um Papel
Jurij Alschitz (D328)
Teatro Brasileiro: Ideias de uma História
J. Guinsburg e Rosangela Patriota
(D329)
*Dramaturgia: A Construção da
Personagem*
Renata Pallottini (D330)
Caminhante, Não Há Caminho. Só Rastros
Ana Cristina Colla (D331)
Ensaios de Atuação
Renato Ferracini (D332)
A Vertical do Papel
Jurij Alschitz (D333)

*Máscara e Personagem: O Judeu no Teatro
   Brasileiro*
   Maria Augusta de Toledo
   Bergerman (D334)
Teatro em Crise
   Anatol Rosenfeld (D336)
Estética e Teatro Alemão
   Anatol Rosenfel (D340)
João Caetano
   Décio de Almeida Prado (E011)
Mestres do Teatro I
   John Gassner (E036)
Mestres do Teatro II
   John Gassner (E048)
Artaud e o Teatro
   Alain Virmaux (E058)
Improvisação para o Teatro
   Viola Spolin (E062)
Jogo, Teatro & Pensamento
   Richard Courtney (E076)
Teatro: Leste & Oeste
   Leonard C. Pronko (E080)
Uma Atriz: Cacilda Becker
   Nanci Fernandes e Maria T.
   Vargas (orgs.) (E086)
TBC: Crônica de um Sonho
   Alberto Guzik (E090)
Os Processos Criativos de Robert Wilson
   Luiz Roberto Galizia (E091)
*Nelson Rodrigues: Dramaturgia e
   Encenações*
   Sábato Magaldi (E098)
José de Alencar e o Teatro
   João Roberto Faria (E100)
Sobre o Trabalho do Ator
   M. Meiches e S. Fernandes (E103)
Arthur de Azevedo: A Palavra e o Riso
   Antonio Martins (E107)
O Texto no Teatro
   Sábato Magaldi (E111)
Teatro da Militância
   Silvana Garcia (E113)
Brecht: Um Jogo de Aprendizagem
   Ingrid D. Koudela (E117)
O Ator no Século XX
   Odette Aslan (E119)
Zeami: Cena e Pensamento Nô
   Sakae M. Giroux (E122)
Um Teatro da Mulher
   Elza Cunha de Vincenzo (E127)
Concerto Barroco às Óperas do Judeu
   Francisco Maciel Silveira (E131)
*Os Teatros Bunraku e Kabuki: Uma
   Visada Barroca*

Darci Kusano (E133)
O Teatro Realista no Brasil: 1855-1865
   João Roberto Faria (E136)
Antunes Filho e a Dimensão Utópica
   Sebastião Milaré (E140)
O Truque e a Alma
   Angelo Maria Ripellino (E145)
A Procura da Lucidez em Artaud
   Vera Lúcia Felício (E148)
*Memória e Invenção: Gerald Thomas em
   Cena*
   Sílvia Fernandes (E149)
O Inspetor Geral de Gógol/Meyerhold
   Arlete Cavaliere (E151)
O Teatro de Heiner Müller
   Ruth C. de O. Röhl (E152)
Falando de Shakespeare
   Barbara Heliodora (E155)
Moderna Dramaturgia Brasileira
   Sábato Magaldi (E159)
*Work in Progress na Cena
   Contemporânea*
   Renato Cohen (E162)
Stanislávski, Meierhold e Cia
   J. Guinsburg (E170)
Apresentação do Teatro Brasileiro Moderno
   Décio de Almeida Prado (E172)
Da Cena em Cena
   J. Guinsburg (E175)
O Ator Compositor
   Matteo Bonfitto (E177)
Ruggero Jacobbi
   Berenice Raulino (E182)
Papel do Corpo no Corpo do Ator
   Sônia Machado Azevedo (E184)
O Teatro em Progresso
   Décio de Almeida Prado (E185)
Édipo em Tebas
   Bernard Knox (E186)
Depois do Espetáculo
   Sábato Magaldi (E192)
Em Busca da Brasilidade
   Claudia Braga (E194)
A Análise dos Espetáculos
   Patrice Pavis (E196)
*As Máscaras Mutáveis do
   Buda Dourado*
   Mark Olsen (E207)
Crítica da Razão Teatral
   Alessandra Vannucci (E211)
Caos e Dramaturgia
   Rubens Rewald (E213)
Para Ler o Teatro
   Anne Ubersfeld (E217)

Entre o Mediterrâneo e o Atlântico
Maria Lúcia de Souza B. Pupo
(E220)
*Yukio Mishima: O Homem de Teatro
e de Cinema*
Darci Kusano (E225)
O Teatro da Natureza
Marta Metzler (E226)
Margem e Centro
Ana Lúcia V. de Andrade (E227)
Ibsen e o Novo Sujeito da Modernidade
Tereza Menezes (E229)
Teatro Sempre
Sábato Magaldi (E232)
O Ator como Xamã
Gilberto Icle (E233)
A Terra de Cinzas e Diamantes
Eugenio Barba (E235)
A Ostra e a Pérola
Adriana Dantas de Mariz (E237)
A Crítica de um Teatro Crítico
Rosangela Patriota (E240)
O Teatro no Cruzamento de Culturas
Patrice Pavis (E247)
*Eisenstein Ultrateatral: Movimento
Expressivo e Montagem de
Atrações na Teoria do Espetáculo
de Serguei Eisenstein*
Vanessa Teixeira de Oliveira
(E249)
Teatro em Foco
Sábato Magaldi (E252)
*A Arte do Ator entre os
Séculos XVI e XVIII*
Ana Portich (E254)
O Teatro no Século XVIII
Renata S. Junqueira e Maria Gloria
C. Mazzi (orgs.) (E256)
A Gargalhada de Ulisses
Cleise Furtado Mendes (E258)
Dramaturgia da Memória no Teatro-Dança
Lícia Maria Morais Sánchez (E259)
A Cena em Ensaios
Béatrice Picon-Vallin (E260)
Teatro da Morte
Tadeusz Kantor (E262)
Escritura Política no Texto Teatral
Hans-Thies Lehmann (E263)
Na Cena do Dr. Dapertutto
Maria Thais (E267)
A Cinética do Invisível
Matteo Bonfitto (E268)
*Luigi Pirandello: Um Teatro para Marta
Abba*

Martha Ribeiro (E275)
Teatralidades Contemporâneas
Sílvia Fernandes (E277)
Conversas sobre a Formação do Ator
Jacques Lassalle e Jean-Loup
Rivière (E278)
A Encenação Contemporânea
Patrice Pavis (E279)
As Redes dos Oprimidos
Tristan Castro-Pozo (E283)
O Espaço da Tragédia
Gilson Motta (E290)
A Cena Contaminada
José Tonezzi (E291)
A Gênese da Vertigem
Antonio Araújo (E294)
*A Fragmentação da Personagem no Texto
Teatral*
Maria Lúcia Levy Candeias (E297)
*Alquimistas do Palco: Os Laboratórios
Teatrais na Europa*
Mirella Schino (E299)
*Palavras Praticadas: O Percurso Artístico
de Jerzy Grotowski, 1959-1974*
Tatiana Motta Lima (E300)
*Persona Performática: Alteridade e
Experiência na Obra de Renato
Cohen*
Ana Goldenstein Carvalhaes
(E301)
Como Parar de Atuar
Harold Guskin (E303)
*Metalinguagem e Teatro: A Obra de Jorge
Andrade*
Catarina Sant Anna (E304)
Enasios de um Percusro
Esther Priszkulnik (E306)
Função Estética da Luz
Roberto Gill Camargo (E307)
Poética de "Sem Lugar"
Gisela Dória (E311)
Entre o Ator e o Performer
Matteo Bonfitto (E316)
*A Missão Italiana: Histórias de uma
Geração de Diretores Italianos no
Brasil*
Alessandra Vannucci (E318)
*Além dos Limites: Teoria e Prática do
Teatro*
Josette Féral (E319)
Ritmo e Dinâmica no Espetáculo Teatral
Jacyan Castilho (E320)
A Voz Articulada Pelo Coração

Meran Vargens (E321)

Beckett e a Implosão da Cena
Luiz Marfuz (E322)

Teorias da Recepção
Claudio Cajaiba (E323)

A Dança e Agit-Prop
Eugenia Casini Ropa (E329)

O Soldado Nu: Raízes da Dança Butô
Éden Peretta (E332)

Teatro Hip-Hop
Roberta Estrela D'Alva (E333)

Alegoria em Jogo: A Encenação Como Prática Pedagógica
Joaquim C.M. Gama (E335)

Jorge Andrade: Um Dramaturgo no Espaço-Tempo
Carlos Antônio Rahal (E336)

Campo Feito de Sonhos: Os Teatros do Sesi
Sônia Machado de Azevedo (E339)

Os Miseráveis Entram em Cena: Brasil, 1950-1970
Marina de Oliveira (E341)

Teatro: A Redescoberta do Estilo e Outros Escritos
Michel Saint-Denis (E343)

Isto Não É um Ator
Melissa Ferreira (E344)

Autoescrituras Performativas: Do Diário à Cena
Janaina Fontes Leite (E351)

Do Grotesco e do Sublime
Victor Hugo (EL05)

O Cenário no Avesso
Sábato Magaldi (EL10)

A Linguagem de Beckett
Célia Berrettini (EL23)

Idéia do Teatro
José Ortega y Gasset (EL25)

O Romance Experimental e o Naturalismo no Teatro
Emile Zola (EL35)

Duas Farsas: O Embrião do Teatro de Molière
Célia Berrettini (EL36)

Giorgio Strehler: A Cena Viva
Myriam Tanant (EL65)

Marta, A Árvore e o Relógio
Jorge Andrade (T001)

O Dibuk
Sch. An-Ski (T005)

Leone de'Sommi: Um Judeu no Teatro da Renascença Italiana
J. Guinsburg (org.) (T008)

Urgência e Ruptura
Consuelo de Castro (T010)

Pirandello do Teatro no Teatro
J. Guinsburg (org.) (T011)

Canetti: O Teatro Terrível
Elias Canetti (T014)

Idéias Teatrais: O Século XIX no Brasil
João Roberto Faria (T015)

Heiner Müller: O Espanto no Teatro
Ingrid D. Koudela (org.) (T016)

Büchner: Na Pena e na Cena
J. Guinsburg e Ingrid Dormien Koudela (orgs.) (T017)

Teatro Completo
Renata Pallottini (T018)

Barbara Heliodora: Escritos sobre Teatro
Claudia Braga (org.) (T020)

Machado de Assis: Do Teatro
João Roberto Faria (org.) (T023)

Luís Alberto de Abreu: Um Teatro de Pesquisa
Adélia Nicolete (org.) (T025)

Teatro Espanhol do Século de Ouro
J. Guinsburg e N. Cunha (orgs.) (T026)

Tatiana Belinky: Uma Janela para o Mundo
Maria Lúcia de S. B. Pupo (org.) (T28)

Peter Handke: Peças Faladas
Samir Signeu (org.) (T030)

Dramaturgia Elizabetana
Barbara Heliodora (org.) (T033)

Um Encenador de si Mesmo: Gerald Thomas
J. Guinsburg e Sílvia Fernandes (S021)

Três Tragédias Gregas
Guilherme de Almeida e Trajano Vieira (S022)

Édipo Rei de Sófocles
Trajano Vieira (S031)

As Bacantes de Eurípides
Trajano Vieira (S036)

Édipo em Colono de Sófocles
Trajano Vieira (S041)

Agamêmnon de Ésquilo
Trajano Vieira (S046)

Antígone de Sófocles
Trajano Vieira (S049)

Lisístrata e Tesmoforiantes
Trajano Vieira (S052)

Os Persas de Ésquilo
Trajano Vieira (s55)
Teatro e Sociedade: Shakespeare
Guy Boquet (ko15)
Alda Garrido: As Mil Faces de uma Atriz
Popular Brasileira
Marta Metzler (pers)
Caminhos do Teatro Ocidental
Barbara Heliodora (pers)
O Cotidiano de uma Lenda: Cartas do
Teatro de Arte de Moscou
Cristiane L. Takeda (pers)
Eis Antonin Artaud
Florence de Mèredieu (pers)
Eleonora Duse: Vida e Obra
Giovanni Pontiero (pers)
Linguagem e Vida
Antonin Artaud (pers)
Ninguém se Livra de seus Fantasmas
Nydia Licia (pers)
Sábato Magaldi e as Heresias do Teatro
Maria de Fátima da Silva Assunção
(pers)
Vsévolod Meierhold: Ou a Invenção da
Cena
Gérard Abensour (pers)
Ziembinski, Aquele Bárbaro Sotaque
Polonês
Aleksandra Pluta (pers)
Macunaíma no Palco
Nissim Castiel: Do Teatro da Vida Para o
Teatro da Escola
Debora Hummel e Luciano Castiel
(orgs.) (mpo1)
O Grande Diário do Pequeno Ator
Debora Hummel e Silvia de Paula
(orgs.) (mpo2)
Um Olhar Através de... Máscaras
Renata Kamla (mpo3)
Performer Nitente
Adriano Cypriano (mpo4)
O Gesto Vocal
Mônica Andréa Grando (mpo5)
Stanislávski em Processo: Um Mês no
Campo –Turguêniev
Simone Shuba (mpo6)
A Incorporação Vocal do Texto
Marcela Grandolpho (mpo7)
O Ator no Olho do Furacão
Eduardo de Paula (mpo7)
O Livro dos Viewpoints
Anne Bogart e Tina Landau (pco1)
Treinamento Para Sempre

Jurij Alschitz (pco2)
Br-3
Teatro da Vertigem (lsc)
Com os Séculos nos Olhos
Fernando Marques (lsc)
Dicionário de Teatro
Patrice Pavis (lsc)
Dicionário do Teatro Brasileiro: Temas,
Formas e Conceitos
J. Guinsburg, João Roberto Faria
e Mariangela Alves de Lima
(coords.) (lsc)
História do Teatro Brasileiro, v. 1:
Das Origens ao Teatro Profissional
da Primeira Metade do Século xx
João Roberto Faria (dir.) (lsc)
História do Teatro Brasileiro, v. 2:
Do Modernismo às Tendências
Contemporâneas
João Roberto Faria (dir.) (lsc)
História Mundial do Teatro
Margot Berthold (lsc)
O Jogo Teatral no Livro do Diretor
Viola Spolin (lsc)
Jogos Teatrais: O Fichário de Viola Spolin
Viola Spolin (lsc)
Jogos Teatrais na Sala de Aula
Viola Spolin (lsc)
Léxico de Pedagogia do Teatro
Ingrid Dormien Koudela; José
Simões de Almeida Junior
(coords.)(lsc)
Meierhold
Béatrice Picon-Vallin (LSC)
Queimar a Casa: Origens de um Diretor
Eugenio Barba (lsc)
Rastros: Treinamento e História de Uma
Atriz do Odin Teatret
Roberta Carreri (lsc)
Teatro Laboratório de Jerzy Grotowsky
Ludwik Flaszen e Carla Pollastrelli
(cur.) (lsc)
Últimos: Comédia Musical em Dois Atos
Fernando Marques (lsc)
Uma Empresa e seus Segredos:
Companhia Maria Della Costa
Tania Brandão (lsc)
Zé
Fernando Marques (lsc)
Rumo a um Novo Teatro &Cena
Edward Gordon Craig (lsc)

Este livro foi impresso na cidade de Cotia,
nas oficinas da Meta Brasil,
para a Editora Perspectiva.